Torsten Brügge
Besser als Glück

Torsten Brügge,
geboren 1968 in Hamburg, 1990 – 1992 Medizinstudium, 1992 – 1995 Ausbildung zum staatlich anerkannten Heilpraktiker und Shiatsu-Therapeuten, 1995 – 2007 Psychologie-Studium, 1995 – 1997 Tätigkeit als Heilpraktiker, 2000 – 2011 tätig in der sozialpsychiatrischen Betreuung psychisch kranker Menschen, seit 1998 spiritueller Lehrer mit Nähe zur Advaita-Tradition nach Sri Ramana Maharshi, 2007 Eröffnung der »Praxis für Meditation und Selbsterforschung«, 2010 Gründung der Bodhisattva Schule, lebt und arbeitet seit 14 Jahren in Partnerschaft mit Padma Wolff in Hamburg.

www.besseralsglueck.de

Torsten Brügge

Besser als Glück

Wege zu einem erfüllten Leben

Verlag der Ideen

Bibliografische Information der Deutschen Nationalbibliothek
Die Deutsche Nationalbibliothek verzeichnet diese Publikation in der
Deutschen Nationalbibliografie; detaillierte bibliografische Daten sind im
Internet über http://dnb.d-nb.de abrufbar.

1. Auflage 2013

© 2012 Verlag der Ideen, Volkach
www.verlag-der-ideen.de
Alle Rechte vorbehalten

ISBN 978-3-942006-09-5

Fotografie, Covergestaltung und Layout:
Jonas Dinkhoff, www.starkwind-design.de

Printed in Germany

Dieses Buch ist meiner geliebten Lehrerin
Gangaji gewidmet,
meine Dankbarkeit für ihre Unterstützung ist ohne Ende.

Inhalt

Zweiter Teil: Das Feuer der direkten Erfahrung 187

Dritter Teil: Die Herausforderung der Wahrheit 251

Vierter Teil: Den Schatten erleuchten 287

Fünfter Teil: Fragen und Antworten 341

Epilog: Die unspektakuläre Geschichte eines Erwachens 367

Vorwort

Immer wieder sehe ich, dass Menschen für sich selbst oder in Kontakt mit Lehrern intensive Einblicke in ihre wahre Natur erfahren. Es sind Momente tiefer Berührung und Übereinstimmung mit dem Absoluten. Augenblicke echter Befreiung. Die Leid erzeugende Identifikation mit dem persönlichen Ich-Gefühl fällt weg. Die Gegenwart lebendigen Erwachens leuchtet auf.

So ein Einblick ist von großem Wert für die spirituelle Entwicklung. Es ist gut, ihm volle Aufmerksamkeit zu widmen. Zugleich bedeutet so ein Moment nicht, dass von nun an ein befreites Leben geführt wird. Bei den meisten Menschen bleiben die Kräfte Leid schaffender Gedankenmuster vorerst noch erhalten. So kann es geschehen, dass die Lebendigkeit des Erwachens wieder eingeschläfert wird. Das Denken rutscht in die gewohnten Bahnen. Das Leiden scheint so real wie zuvor. Freiheit wird zur bloßen Erinnerung oder zur Theorie.

Doch es gibt andere Möglichkeiten. Wir können das Wiederauftauchen Leid erzeugender Gedankenmuster als Abenteuer willkommen heißen; als Herausforderung, den alten Gewohnheiten auf frische Weise zu begegnen. Sind wir dazu bereit, werden wir unserem Rest-Ich nach und nach die Kraft entziehen. Es wird sich allmählich auflösen. Das erste Erwachen wandelt sich zur unaufhörlichen Vertiefung eines wahrhaft befreiten Lebens.

Dabei begegnen wir Schichten unseres Seelenlebens, die bis dahin im Verborgenen schlummerten. Diese Anteile nennt man auch den »Schatten«. Uns dieser dunklen Seiten bewusst zu werden, ist keine Kleinigkeit. Zu Zeiten fühlt es sich unerträglich an. Und doch lohnt es sich.

Meiner Erfahrung nach ist die Begegnung mit dem Schatten ein Muss der spirituellen Entwicklung – jedenfalls für die meisten Menschen. Es ist notwendig, dass wir uns dieser Seiten bewusst werden, dass wir sie würdigen und liebevoll umarmen. Sonst besteht die Gefahr, dass wir in einer seichten Wohlfühlspiritualität stecken bleiben, oder dass wir in der Verleugnung menschlichen Schmerzes erkalten. Dann wird Erwachen, Erleuchtung, Befreiung zu philosophischer Abstraktion, der das Herz fehlt.

Die Thematik des »Schattens« tauchte schon in der ersten Fassung des Buches auf. Doch mir ist es wichtig, dem Thema mehr Raum zu geben. Deshalb wird ihm jetzt ein eigener Abschnitt gewidmet.

Ein weiterer neuer Teil befasst sich mit Mystik* (alle mit Sternchen versehenen Namen und Begriffe werden im Glossar erklärt) und Hirnforschung. Hier geht es um die spannenden Parallelen moderner neurowissenschaftlicher Erkenntnisse und spiritueller Erfahrungen. Die beiden Erkenntnisweisen können sich gegenseitig befruchten. Beide zu betrachten fördert außerdem eine breitere gesellschaftliche Akzeptanz authentischer Spiritualität.

Inhaltlich wurden alle Abschnitte des ursprünglichen Buches in Hinsicht auf eine praktische Umsetzung im Alltag hin erweitert. Jedes Kapitel ist um eine Zusammenfassung und Anregungen zur Erforschung im Alltag ergänzt worden. Überdies entstand ein Abschnitt mit Fragen und Antworten. Darin stellen Leser von »Wunschlos glücklich« charakteristische Fragen zu spiritueller Selbsterkenntnis. Ich beantworte sie ausführlich.

Wie kommt die Entdeckung innerer Freiheit zustande? Was führt zum Erwachen, zur Befreiung aus dem Traum der Identifikation mit einer Person? Wie geschieht die Erlösung vom Leiden? Ich glaube, es gibt drei Grundvarianten. Die erste können wir »Gnadenvolle Momente« nennen. Sie zeigt sich in jenen Augenblicken, in denen uns das Leben – das Sein, Gott – wie aus dem Nichts mit befreienden Einsichten beschenkt. Ohne jegliche Vorleistung der Person, manchmal ohne jedes Interesse, tritt die Erkenntnis einer absoluten Seinsebene ins Leben. Plötzlich erkennen wir die Nichtigkeit aller persönlichen Probleme. Wir erfahren uns selbst als etwas, das jenseits von Erfolg und Misserfolg, von Vergnügen und Schmerz, von Geburt und Tod, von der Person und ihrer Geschichte besteht.

Die zweite Variante können wir »Entdeckung des Nicht-Tuns« nennen. Die Anteile unseres Ichs, die zuvor krampfhaft ersehnte Ziele erreichen wollten oder mit Macht gegen vermeintliche Bedrohungen angekämpft haben, lassen los. Etwas in uns entspannt sich von allem Machen und Tun. Das Rennen und Flüchten hört auf. Die Suche kommt zum Ende. Wir spüren: »Ich kann nichts tun«. Und wir merken erleichtert: »Ich brauche auch nichts zu tun, um Frieden und Erfüllung zu erfahren. Denn beides ist schon da.« Wir erleben direkt, dass es möglich ist, alles so anzunehmen, wie es sich gerade zeigt; ohne Gegenwehr, ohne Vermeidung, ohne Getriebensein nach anderen Erfahrungen. Das ist eine befreiende Hingabe.

Die dritte Variante ist die Selbsterforschung. Hier kommen Hilfsmittel und Techniken ins Spiel. Meditationsanleitungen, Bewusstseinsübungen, Gebete, Selbst-Reflexion, Konfrontation mit Gefühlen, Schattenarbeit. Ein vermeintlich existierendes Ich untersucht mit Konzentration, Entschlossenheit und unter Verwendung von Hilfsmitteln seine Wahrnehmungs- und Identifikationsmuster. Dringt diese Erforschung in größere Tiefe vor, stößt sie auf ein Paradox: Das Ich erkennt, dass es selbst nicht existiert. In Wirklichkeit, so wird es direkt erlebt, gibt es in uns selbst und der Welt nichts

Statisches, nichts, das eine eigene unabhängige und bleibende Existenz haben könnte. Unser gewohntes Ich-Empfinden entlarvt sich als illusorisches Konstrukt. Es hat keine Substanz. Diese Erkenntnis führt zur Befreiung.

Die meisten Menschen erfahren eine aufwärtsgerichtete Spirale wechselnder Varianten. Vielleicht beginnt das Interesse an der spirituellen Dimension durch gnadenvolle Momente. Dann wenden wir uns einer aktiveren Selbsterforschung zu. Darin zeigen sich Momente der bewussten Hingabe ans Nicht-Tun. Unterdessen vertieft sich die Freiheit wieder durch unerwartete, gnadenvolle Geschenke. Eines löst das andere ab. In einem natürlichen Entwicklungsprozess ergänzen sich die Varianten zu einer Freiheitsspirale, die sich in immer größere Höhe schraubt.

Diese Spirale kann auch ins Stocken geraten. Und zwar immer dann, wenn wir eine der Varianten in ihrem Wert überhöhen und die anderen abwerten oder gar für nichtig erklären. Dann schneiden wir uns vom Potential der Freiheitsentfaltung ab.

Jede spirituelle Ausrichtung hat ihren Schwerpunkt in einer der drei Varianten. Doch sollte jede Ausrichtung ein Spektrum anbieten, bei der jede Variante einbezogen oder zumindest nicht ausgegrenzt wird.

In der Satsang-Szene gerät das gelegentlich aus der Balance. Dann wird vorrangig die Tatsache betont, dass unser Ich nur illusorischen Charakter hat und in Wahrheit nicht existiert. Daraus wird konzeptuell gefolgert, nur die passiven Varianten von Freiheitsoffenbarungen (»Gnade« und »Nicht-Tun«) seien zulässig, der aktive Zugang sei verfehlt. »Mich gibt es nicht, deshalb kann ich auch nichts tun«. Dergleichen Aussagen sind Ausdruck eines beschränkten Verständnisses. Sie entspringen nicht der direkten Erfahrung von Ichlosigkeit, sondern sind Versuche des Denkens, sich in einem sicheren Vorstellungsgebäude zu verbarrikadieren.

Jeder mag für sich prüfen, welche Zugänge hilfreich sind. Ich möchte dazu einladen, eine weite Perspektive beizubehalten und das gesamte Spektrum zu nutzen und wünsche den Leserinnen und Lesern, dass die Texte für ihre befreiende Selbst-Erkenntnis dienlich sind.

Torsten Brügge,
Hamburg, Oktober 2012

Einleitung

Wir alle sehnen uns nach echter Erfüllung. Meist suchen wir außerhalb von uns danach: in Wohlstand, in Beziehungen, im Beruf, in verheißungsvollen Träumen vom großen Glück. Im Laufe der Zeit machen wir die Erfahrung, dass diese Suche uns immer wieder frustriert. Nichts kann den dauerhaften Frieden bringen, den wir uns erhoffen. Der Grund ist einfach: Wir haben bisher nur in den oberflächlichen Schichten unseres Seins gesucht. Mit diesem Buch unternehmen wir eine Forschungsreise in die Tiefen unseres Bewusstseins.

Dabei geht es nicht um philosophische Theorien und spirituelle Konzepte, sondern um den Versuch, auf radikale Weise jene Glaubensmuster zu sprengen, die uns suggerieren, wir seien ein getrenntes Ich, das sich darum bemühen müsste, Glück und Erfüllung in der Zukunft zu erlangen. Dieses Buch ist eine Einladung, die Konditionierungen des persönlichen Ichs zu durchschauen und hinter uns zu lassen. Wir entdecken unser ursprüngliches Wesen: Stille, Frieden, Erfüllung.

Wonach sehnen wir uns wirklich? Was ist echtes Glück? Wodurch entsteht Leiden? Wie lassen sich Glück und Frieden jetzt, in diesem Augenblick, entdecken?

Im ersten Teil des Buches beginnen wir, unseren Geist zu erforschen. Wir betrachten zunächst einige spannende Parallelen zwischen Mystik und moderner Hirnforschung. Dieser Abschnitt dient als erste theoretische Einführung.

Dann erforschen wir ganz praktisch mit Fragen und Experimenten, wie unser Geist funktioniert, wie er sich mit einem scheinbaren persönlichen Ich identifiziert, welche Glaubenssätze unsere Weltsicht und unsere Selbstbilder prägen, und wie wir uns davon befreien können. Im Laufe dieser Untersuchung wird sich der Fokus unserer Wahrnehmung weiter ausdehnen: Von den Inhalten des Bewusstseins, mit denen wir uns normalerweise beschäftigen, gelangen wir zum direkten Erleben des Bewusstseinsraumes selbst.

Ein weiterer Zugang zu der Weite unseres wahren Wesens wird im zweiten Teil beschrieben: das Feuer der direkten Erfahrung. Wir erforschen die kollektiv verbreiteten Strategien des Ich, das unmittelbare Erleben von Gefühlen zu vermeiden und damit die Identifikation mit uns als getrenntem Wesen aufrechtzuerhalten. Wir erschließen Wege, allen inneren Erfahrungen, angenehm oder unangenehm, direkt und offen zu begegnen, nicht urteilend und still.

Der dritte Teil spricht diejenigen an, die ihre Erkenntnis innerer Freiheit vertiefen wollen. Was unterstützt Selbsterforschung? Wie steht es mit spirituellen Lehrerinnen, Lehrern und Lehren? Welche Potenziale birgt ein spiritueller Weg – und welche Gefahren? Es geht um Herausforderungen, Missverständnisse und Stolpersteine.

In Teil vier beschäftigen wir uns mit dem »Schatten«. Das sind Schichten unseres Seelenlebens, die bis dahin im Verborgenen schlummerten. Durch unsere spirituelle Entwicklung treten sie oft wieder ins Licht des Bewusstseins. Wir werden uns ihrer bewusst, lernen sie zu würdigen und liebevoll zu umarmen. Das bewahrt uns vor spirituellen Irrwegen und verfeinert unsere Selbsterkenntnis.

In Teil fünf stellen Leser und Kursteilnehmer charakteristische Fragen zu spiritueller Selbsterkenntnis. Hier geht es um »Glücksstress«, »aktive und passive Gnade«, »natürliche Ethik« und viele andere Themen. Die Fragen werden ausführlich beantwortet.

So vielschichtig der Inhalt der Texte auch sein mag, jedes einzelne Wort, jede Übung, einschließlich all dessen, was zwischen den Zeilen steht, dient nur einem einzigen Zweck: Ihnen zu ermöglichen, sich der friedvollen Stille des Seins gewahr zu werden. Diese Stille ist bereits in diesem Moment als unser innerstes Wesen gegenwärtig. Das wahre Glück, nach dem wir uns so sehr gesehnt haben, hat auf seine Wiederentdeckung gewartet: genau hier, genau jetzt und es ist besser als das, was wir uns zuvor unter Glück vorgestellt haben.

Erster Teil: Vom bedürftigen Ich zum erfüllten Sein

Glückseligkeit ist unsere Natur

»Glückseligkeit ist die wahre Natur des Menschen.« Das ist eine der Kernaussagen des indischen Weisen Sri Ramana Maharshi*. Es ist eine erstaunliche Behauptung. Sie stellt alles auf den Kopf, was wir normalerweise über Glück und Erfüllung zu wissen meinen. Wir verstehen uns eher als jemand, der Mangel leidet und eine lange Liste von Wünschen mit sich trägt. Die Liste ist voller Dinge und Erfahrungen, die wir noch zu brauchen meinen. Irgendwann, wenn alle Sehnsüchte erfüllt sind, wenn wir angekommen sind am Ende des Regenbogens, glauben wir, das Glück zu finden – samt der Gewissheit, dass es bleibt.

Es ist genau umgekehrt. Tatsächlich ist die Erfüllung, die wir suchen, bereits hier anwesend. Genau in diesem Moment. Wenn wir sie nicht wahrnehmen, liegt das nur daran, dass sie verdeckt ist. Und was verdeckt die Erfüllung? All unsere Gedanken und Wünsche, die vorgeben, wir müssten an einem anderen Ort und in der Zukunft nach Glück suchen. Aber Glück besteht nicht darin, dass unsere Wünsche erfüllt werden. Es offenbart sich von allein, wenn wir unsere Wünsche los sind. In diesem Augenblick merken wir, dass wir bereits jetzt wunschlos glücklich sind. Glückseligkeit ist nichts, das erreichbar wäre, indem wir uns anstrengen. Sie ist unsere Natur. Die Suche kann uns nicht dorthin bringen. Sie entfernt uns davon. Wünschen und Suchen verdecken unsere wahre Natur.

Die Weisen, Heiligen, Erleuchteten aller Zeiten haben das erkannt und sagen uns: Wenn wir glauben, wir seien getrennt von Glück und Frieden, irren wir. Wenn wir überzeugt sind, Erfüllung gäbe es an anderer Stelle, zu einem anderen Zeitpunkt, dann gleichen wir Fischen im Ozean, die nach Wasser verlangen. Das Beeindruckende an den Weisen war und ist, dass ihre Aussagen auf Erfahrung beruhen. Und diese Erfahrung war ihnen anzusehen. Sie war spürbar in ihrer Gegenwart. Es waren Menschen, die nicht nur kluge Worte sprachen, sondern eine Aura des Friedens, der Liebe und der Klarheit ausstrahlten. Manchmal – wie bei Buddha* oder Jesus – machte das einen so tiefen Eindruck, dass ihr Einfluss einige tausend Jahre überdauerte und uns heute noch inspiriert.

In der Vergangenheit scheinen solche Menschen rar gewesen zu sein. Die befreiende Erfahrung der natürlichen Glückseligkeit wurde nur wenigen zuteil. Heute gibt es Anzeichen dafür, dass immer mehr Menschen Einblick in diese grundlegende Natur erfahren. Ihr Leben wird durch diese Einsicht radikal befreit.

Dieses Buch ist ein Ausdruck dieser Möglichkeit. Und es ist eine Einladung, diese Erfahrung selbst zu machen.

Zwischen der Botschaft, dass Erfüllung unser innerstes Wesen ist, und unseren Gedanken, die uns etwas ganz anderes sagen, existiert eine tiefe Kluft. Für die meisten Menschen ist die Möglichkeit der Befreiung zunächst nur Theorie. Sie fühlen sich eher unruhig als in Frieden, eher bedürftig als erfüllt, eher gefangen als befreit.

Tatsächlich leben die meisten von uns in einem Gefängnis. Die

Gitterstäbe bestehen aus Gedanken und Glaubensmustern. Wir befinden uns in einem Zustand kollektiver Trance. Unser Verstand spult immer wieder dieselben Gedanken ab. Durch die pure Wiederholung sind wir von ihrer Realität überzeugt. Doch sie konstruieren eine Scheinwelt. Sie suggerieren, wir seien Einzelwesen, die Mangel, Frustration und Angst erleiden müssen. Die von Generation zu Generation weitergegebenen Glaubensmuster haben uns mehr im Griff, als wir vermuten – zumal sie uns nicht bewusst sind. Doch jetzt können wir sie durchschauen. Wir können erkennen, dass sie bloße Illusion sind und die Wahrheit dahinter zugleich einfach und großartig ist: Sie ist der Frieden und das Glück unserer innersten Natur.

Mystische Erfahrung und Hirnforschung

Geisteswissenschaft Selbsterforschung

Zentrale Aussagen wie »unser Ich ist pure Illusion«, »es gibt keinen Handelnden«, »unser Geist kreiert sich seine Wirklichkeit selbst« können abgehoben wirken. Zumindest erschüttern sie grundsätzliche Vorstellungen.
Es ist wie in der Wissenschaft. Nehmen wir an, wir würden einen mathematischen Beweis überprüfen wollen. Dann würde es nicht genügen, darüber nachzudenken. Wir müssten uns intensiv mit mathematischen Prinzipien vertraut machen. Wir müssten tief ins

Thema einsteigen und es von innen heraus beleuchten. Erst wenn wir selbst schon halb zum Mathematiker geworden wären, könnten wir die Schlussfolgerungen des Beweises nachvollziehen und mit Sicherheit sagen: »Ja, das ist korrekt« oder »Nein, dieser Beweis ist falsch«. Mit spiritueller Selbsterforschung verhält es sich genauso. Erst wenn wir uns in die direkte Erfahrung begeben, können wir ihren Wahrheitswert erkunden.

Auch die kühlsten und kühnsten Köpfe der reinen Naturwissenschaft stehen einem spirituellen Erleben oft näher, als es nach außen erscheint. Albert Einstein schrieb: »Das schönste und tiefste Gefühl, das wir erfahren können, ist die Wahrnehmung des Mystischen. Es ist die Säerin aller echten Wissenschaft.«

Revolution Hirnforschung

Mystik und Wissenschaft? Ja. Die modernen Neurowissenschaften bestätigen nicht nur die Echtheit spiritueller Sichtweisen und Erfahrungen, sie untermauern sogar. Zwischen tiefen mystischen Erkenntnissen und der harten Wissenschaft der Hirnforschung finden sich faszinierende Parallelen.

Längst ist klar, dass unser Gehirn die Außenwelt keineswegs objektiv wiedergibt, wie wir gern glauben und wie es sich in unsere Selbstwahrnehmung eingeprägt hat, sondern dass das Gehirn die Wirklichkeit selbst konstruiert. Die Welt »da draußen« wird in unseren neuronalen Netzwerken konstruiert, und das in einem Ausmaß, das staunen lässt.

Illusorische Wahrgebung

Ein Beispiel: Für das Zustandekommen unseres Seheindruckes sind Millionen von Nervenzellen miteinander verbunden. Wir würden erwarten, dass die meisten von ihnen eine Verbindung zur Netzhaut haben. Wir glauben, das Bild, das uns bewusst wird, sei ein ziemlich präzises Abbild der Außenwelt. Weit gefehlt! Nur etwa zehn Prozent dieses Nervengeflechtes hat tatsächlich Kontakt zu unseren Sehorganen. Die anderen neunzig Prozent der Nervenzellen sind nur untereinander verschaltet. Sie bearbeiten und interpretieren die vom Auge kommenden Impulse, bis wir schließlich ein Bild in unserem Bewusstsein wahrnehmen. Salopp ausgedrückt: Neunzig Prozent blinde Nervenzellen halten ein Schwätzchen darüber, wie das Material von den zehn Prozent sehenden Zellen zu interpretieren ist. Obwohl die neunzig Prozent noch nie einen Lichtstrahl zu Gesicht bekommen haben, bestimmen sie mit erdrückender Neunzu-eins-Mehrheit, was wir zu sehen glauben.

Der Hypnotherapeut Gunther Schmidt vertritt daher die Auffassung, wir sollten anstelle des Begriffs »Wahrnehmung« lieber das Wort »Wahrgebung« verwenden. In seinen Vorträgen scherzt er mit seinen Zuhörern: »Wie Sie für mich aussehen, bestimme immer noch ich - beziehungsweise die Verarbeitungsprozesse in meinem Gehirn. Sie können noch so schön sein, wenn mein Gehirn es will, sehe ich Sie hässlich. Oder Sie können noch so hässlich sein, mein Gehirn kann Sie locker schönsehen.«

Dass unsere Wahrnehmung einen zutiefst illusionären Charakter hat, erfahren wir vor allem bei tiefen spirituellen Einsichten. Für Meditierende ist es nicht verwunderlich, wenn sie Raum und Zeit ganz anders erleben als im gewöhnlichen Bewusstseinszustand. In tiefer Versenkung kann sich die Zeit dehnen oder verkürzen. Unser Raumgefühl kann sich unendlich weiten oder in einem Punkt kollabieren. Vielleicht vergessen wir in tiefer Versenkung Raum und Zeit vollkommen. Unsere gesamte gewohnheitsmäßige Identität löst sich ins Nichts auf. Hartnäckiges inneres Leiden kann sich innerhalb von Sekunden in selige Verzückung verwandeln. Genau solche Erlebensmöglichkeiten werden durch harte naturwissenschaftliche Fakten zunehmend bestätigt. Spirituelle Erfahrungen sind nicht Spinnereien; sie sind eine vollkommen andere Möglichkeit der Wahrnehmung.

Freiheit von der Willensfreiheit

Interessant wird es, wenn sich Hirnforschung und mystisches Erkennen mit dem Thema der Willensfreiheit beschäftigen.

Die klassische Diskussion über die Freiheit des Menschen bleibt in einer Ambivalenz stecken. Die einen bejahen persönliche Willensfreiheit und denken, sie wäre die höchstmögliche Freiheit. Die anderen verneinen sie, halten sie für Schein, geraten jedoch schnell in einen depressiven Nihilismus.

Es gibt eine umfassendere Perspektive. Darin erkennen wir unser gewöhnliches Konstrukt von persönlicher Willensfreiheit als illusionär. Das klassische Experiment dazu stammt von der University of California im Jahr 1979: Versuchspersonen sollten nach eigenem Gutdünken entscheiden, wann sie eine Bewegung ausführten, etwa den Zeigefinger hoben. Parallel wurde ihre Hirnaktivität gemessen. Ergebnis: Noch vor der bewussten Willensentscheidung leitete das Gehirn die Handlung ein! Also nicht die Person entscheidet, sondern etwas in ihr handelt – und anschließend glaubt sie, sich entschieden zu haben. Diesem ersten Experiment sind mittlerweile so viele und so präzise Untersuchungen gefolgt, dass von einem freien Willen, Denken und Handeln keine Rede mehr sein kann.

Das Ich-Bewusstsein interpretiert als eigene Entscheidung, was ohne sein Zutun geschehen ist.

Wir werden das Gefühl der Willensfreiheit weiter empfinden. Doch wir wissen jetzt, dass dieses Gefühl eine Täuschung ist. Wir haben keinen Einfluss auf unser Denken, Fühlen und Handeln im Sinne einer verstandesmäßigen Kontrolle. Die neuronalen* Prozesse sind unserem Bewusstsein verborgen. Wir können sie nicht willkürlich steuern. Wir können allenfalls nachträglich eine Begründung suchen für das, was auf anderen Ebenen schon längst entschieden wurde. Der Verstand hinkt immer ein paar Zehntelsekunden hinterher.

Der Philosoph Arthur Schopenhauer* hat das Ergebnis dieses Aspektes der Hirnforschung schon vor 150 Jahren gewusst und war überzeugt, dass wir zwar tun können, was wir wollen, aber nicht frei sind zu wollen, was wir wollen.

Sinn und Unsinn von Vernunft

Unser Gehirn besitzt viele Funktionen. Eine davon ist das rationale Denkvermögen. Nicht umsonst fassen wir uns an die Stirn, wenn wir angestrengt nachdenken. Gleich dort hinter der Schädeldecke wird der Sitz der Vernunft verortet.

Logische Denkfähigkeit, die sogenannte Ratio, hat sich seit dem Zeitalter der Aufklärung als gesellschaftlich beherrschende Denkform durchgesetzt. Zunächst war das ein Segen. Die Entwicklung der kritischen Vernunft ermöglichte die Befreiung aus den den Fesseln abergläubischer, auf bloßer Überlieferung beruhender Dogmen. Die Ratio schuf eine wirksame Trennung zwischen Moral, Ästhetik und Wissenschaft. Sie waren bis dahin in einem Schmelztiegel religiöser und machtpolitischer Einflüsse vermischt.

Für die Entwicklung der Wissenschaft war die Machtübernahme der Vernunft von enormer Bedeutung. Ohne sie würden wir heute noch eingetrichtert bekommen, die Erde sei Mittelpunkt des Universums und Gott habe die Welt tatsächlich in sieben Tagen erschaffen. Ein aufgeklärter Geist wird logisches Denkvermögen also als hohes Gut der menschlichen Entwicklung wertschätzen.

Doch der Glaube an die Macht der Vernunft hat auch unheilvolle Aspekte. Sie zeigen sich im wissenschaftlichen Reduktionismus. Da schielt die Erkenntnis nur noch auf das beobachtbare und messbare Verhalten. Jede Art inneren Erlebens wird ausgeblendet oder auf das Wechselspiel von Neurotransmittern mit Nervenzellen reduziert. Die Missachtung der Gefühlswelten, der tieferen Sinnfragen, der spirituellen Dimension sind auf diese Begrenzung auf rational-analytische Erkenntnisweisen zurückzuführen.

Solche Verengung erleiden wir auch in uns selbst. Zum Beispiel als eine Art Begründungsdruck. Stimmen in unserem Kopf hämmern uns ein, vernünftig zu sein: »Diese Entscheidung musst du dir sehr gründlich überlegen. Hast du kritisch genug zwischen positiv und negativ abgewägt? Analysiere auch die Folgen der alternativen Wahlmöglichkeiten! Erst wenn Du alle Faktoren gründlich ausgewertet hast, kannst du die richtige Schlussfolgerung ziehen. Mache bei deiner Berechnung keine Fehler oder korrigiere sie sofort, indem du noch präziser vorgehst!« Hinter solchen Gedanken steckt die Idee, wir sollten und könnten unser Leben vorrangig rational und verstandesmäßig steuern. Die Hirnforschung räumt mit diesem Vorurteil gründlich auf.

Comeback der Intuition

Bei Entscheidungsvorgängen, zeigen die Neurowissenschaftler, sind zum größten Teil unbewusste Prozesse im Stamm und Mittelhirn beteiligt. Eine »vernünftige Entscheidung« spielt nur eine untergeordnete Rolle. Der Sitz von Vernunft und Sprache im Großhirn scheint lediglich als eine Art Pressesprecher für den Rest des Gehirns zu dienen. Dieser Pressesprecher – wie nennen ihn Vernunft – muss vor uns selbst und gegenüber anderen mit schönen Umschreibungen und Begründungen das rechtfertigen, was auf anderen Ebenen des Gehirns längst ohne seine Mitsprache entschieden wurde.

Die Macht der unbewussten Prozesse zeigt sich bei den sogenannten Spiegelneuronen. Das sind Zellstrukturen im Gehirn, die ein blitzartiges Einfühlen und Imitieren einer Wahrnehmung oder Handlung eines Anderen möglich machen. Wir beobachten, wie sich jemand mit einem Küchenmesser in den Daumen schneidet. Sofort werden unsere Spiegelneuronen wach. Und zwar diejenigen, die für das Empfinden und die Bewegung unseres eigenen Daumens verantwortlich sind. Es ist fast so, als würden wir den Schnitt im eigenen Daumen spüren und vielleicht schon darauf reagieren.

Spiegelneuronen werden als ein Faktor der Empathie betrachtet. Wir schauen Nachrichten. Ein verzweifelter Mensch berichtet unter Tränen, wie er bei einem Unfall gerade einen nahen Angehörigen verloren hat. Schock und Trauer sind ihm ins Gesicht geschrieben. Sofort erzeugen unsere Spiegelneuronen in unseren eigenen Gesichtsmuskeln ein ähnliches Muster. Wir spüren die Trauer mit, fast als wäre es unser eigenes Gefühl. Da mögen wir denken, »das sollte mich eigentlich nicht so berühren«, auf der unbewussten Ebene hat es das längst getan.

Andere unbewusste, aber wirksame Verarbeitungsprozesse geschehen im limbischen System* des Mittelhirns. Dabei spielt die Einfärbung durch Emotionen eine große Rolle. Hier bestimmen stammesgeschichtlich verwurzelte Antriebe und Reaktionen die Entscheidung. Dabei geht es um Flucht, Angriff und Verteidigung, um Erstarren oder Unterwerfung, um Macht, Dominanz und Imponieren. Diese instinkthaften Mechanismen laufen blitzschnell ab und nehmen Einfluss auf unser Handeln. Da hat der Verstand wenig mitzureden. Ein weiterer Bereich enthält ein emotionales Erfahrungsgedächtnis. Hier werden alle bedeutenden gefühlsbeladenen Erlebnisse gespeichert. Dieses Erfahrungswissen speist seine Informationen ebenfalls in Entscheidungsprozesse ein.

Die Eindrücke des limbischen Systems teilen sich nicht über abstrakte Gedanken, sondern über ein körperliches Signalsystem mit, über sogenannte somatische Marker. Bei einer Entscheidung zeigen sie sich als Gefühl körperlicher Stimmigkeit oder Unstimmigkeit. Wir kennen das »schlechte Gefühl im Bauch« bei einer Entscheidung, die nicht stimmig ist. Oder die »Herzensentscheidung« für etwas, das sich genau richtig anfühlt. Wir haben immer geahnt, dass solche Intuitionen den besseren Ratgeber im Leben darstellen als die reine Vernunftentscheidung. Die Hirnforschung liefert die Beweise dafür.

Ruhige Klarheit

Spirituelle Strömungen nutzen eher Nachspüren als Nachdenken, eher Erfühlen als Überlegen. Dafür betonen spirituelle Ausrichtungen seit Jahrhunderten die Wichtigkeit verschiedener Elemente: Wachsamkeit für das Wirken von Triebimpulsen, Achtsamkeit für den Körper, für muskuläre Spannung und Entspannung, für Körperhaltung, Atemfluss, Raumgefühl. Bewusstheit für Gefühle und unsere Reaktionen darauf. Genaue Wahrnehmung von Geistesregungen wie Verlangen, Anhaftung oder Widerstand. Aufmerksamkeitsausrichtung auf reines Gewahrsein. Solche Bausteine einer Geistesschulung stärken mentale Ruhe und geistige Offenheit. Sie fördern den Zugang zu innerem Frieden und eröffnen Fähigkeiten der Intuition.

Der buddhistische Mönch Thich Nhat Hanh* spricht in seinen Vorträgen viel darüber, welchen Einfluss Gefühle und unser Umgang mit ihnen auf unser Erleben haben. Lassen wir uns blind in negativen Emotionen wie Wut oder Angst gehen, wirkt sich das unheilvoll auf uns aus – auch auf unsere Entscheidungen. Das Erleben eines heftigen Gefühlssturmes, zum Beispiel wenn wir uns gerade gehörig ärgern, so Thich Nhat Hanh, stellt keine gute Basis für klare Entscheidungen dar. Er beschreibt das anhand einer alten buddhistischen Lehrmetapher:

Stellen wir uns einen Baum während eines kräftigen Sturmes vor. Oben werden seine Äste und Zweige wild durchgeschüttelt. Sein Wipfel neigt sich unstet mal in die eine, mal in die andere Richtung, dann wieder in eine dritte. An seiner Spitze findet er keine Ruhe. So getrieben zeigt sich unser Denken, wenn es von heftigen Emotionen durchgeschüttelt wird. Verfolgt man allerdings die Äste des Baumes nach unten, tiefer und tiefer zum Stamm hin, erscheint der Baum immer ruhiger und ruhiger. Ganz unten ist er tief in der Erde verwurzelt. Hier ruht er reglos und ist vollkommen stabil. Der Sturm kann ihm nichts anhaben, ja wird kaum bemerkt.

Ganz ähnlich, lädt der Mönch ein, können wir die Ruhe in uns selbst erspüren. Zum Beispiel dadurch, dass wir unsere Aufmerksamkeit durch Erspüren unseres Atems oder unserer Füße beim Gehen nach unten sinken lassen. So spüren wir wieder unseren Körper. Darüber sammelt sich unser Geist und gründet sich in der Stille. Das ist die beste Basis für ein ruhiges und klares Leben und für die bestmöglichen Entscheidungen in jedem Moment, auch während stürmischer Ereignisse.

Genialität durch Nicht-Wissen

Die Fakten der Hirnforschung zeigen die Begrenztheit unseres bewussten, rationalen Denkens deutlich auf. Spirituellen Sichtweisen ist das längst bekannt. Sie stellen die Überbetonung der Vernunft schon lange in Frage. Hier wird beispielsweise immer wieder betont, dass höhere Erkenntnisse und Einsichten oft erst in der Hingabe des Verstehen-Wollens aufleuchten. Die Bezeichnungen dafür variieren: Leeres Bewusstsein. Stille Intelligenz. Anfänger-Geist. Nicht-Wissen. No-Mind. Doch immer geht es um ein Wahrnehmen, das rationales Verstehen – zumindest zeitweise – hinter sich lässt und sogar überschreitet.

Ein Schüler tritt vor seinen Lehrer. »Meister, bitte lehre mich Weisheit«. Dann beginnt der Schüler dem Meister aufzuzählen, was er schon alles erkannt und verstanden hat. Der Meister unterbricht »Trink erst mal einen schönen heißen Tee. Ich schenk dir ein.« Der Schüler hält seine Tasse hin. Der Meister schenkt ein. Die Tasse füllt sich bis zum Rand. Der Meister schenkt weiter ein. Der heiße Tee fließt über die Hand des Schülers. »Aua, das tut weh! Meister, du hast viel zu viel Tee eingeschenkt«. Der Meister antwortet »So ist es mit deinem Geist. Er ist schon randvoll mit altem Wissen und Verstehen. Wie kann ich da noch frische Weisheit einfüllen. Entleere erst deinen Geist! Dann reden wir weiter.«

Dieses Entleeren des Geistes bedeutet keineswegs, dumm zu werden. Im Gegenteil. Ein stiller Geist stellt sogar ein um ein Vielfaches erweitertes Potential für geistige Klarheit und Einsicht zu Verfügung.

Der amerikanische Philosoph Ken Wilber beschreibt in seinem »integralen Modell« die Entwicklungsabfolge menschlichen Denkvermögens. Im kindlichen Bewusstsein ist das logische Denken wenig entwickelt. Das nennt Wilber die »prä-rationale« Stufe. Im Jugendlichen und Erwachsenen entwickelt sich die Vernunft. Der Mensch denkt logisch. Er erhebt sich auf die rationale Ebene. Doch damit hört die Entwicklung in Wilbers Modell nicht auf. Es gibt noch eine trans-rationale (trans = darüber hinaus) Entwicklungsstufe, die einen zu einem weisen und umfassend gereiften Menschen macht. Hier wird die Vernunft überschritten. Diese trans-rationale geistige Erkenntnisfähigkeit gibt sich dem Nicht-Wissen hin, kann aber auch logische Widersprüche und Begrenztheiten von einer höheren Warte aus überblicken, ausdeuten und dann mit völlig neuen Perspektiven aufwarten. Durch sie sind Erkenntnisse und Eingebungen möglich, die zuvor in der Beschränkung der Rationalität undenkbar schienen. Hört sich das sehr esoterisch abgehoben an? Einer der bekanntesten deutschen Hirnforscher, Gerhard Roth*, Inhaber des Bundesverdienstkreuzes 1. Klasse, würde solche Ideen wohl eher nickend bestätigen. In einem Artikel in der »Zeit« schrieb er 2008, dass von großen Wissenschaftlern ja bekannt sei, dass sie ihre bahnbrechenden Einfälle meist nach langen und quälenden Phasen des Nachdenkens intuitiv haben, in ihren Lehrbüchern oder Autobiografien diese dann jedoch als Ergebnis rationalen Suchens darstellen.

Phantomkörper mit Gummihand

Ein weiteres Feld in dem Hirnforschung Erstaunliches ans Tageslicht bringt, zeigt sich im Bereich unserer Körperwahrnehmung. Hier haben wir gewöhnlich den Eindruck, einen vermeintlich festgeschriebenen Körper zu besitzen. Dass dieses Empfinden einen illusorischen Charakter besitzt, zeigt sich schon den Menschen, denen ein Arm oder Bein amputiert wurde. Häufig spüren sie Reizungen oder Schmerzen immer noch genau dort, wo es kein Körperteil mehr gibt. Doch für sie fühlt es sich genauso an, als wäre es noch da. Sie spüren ein Phantomglied mit realem Schmerz.

Doch auch bei unversehrtem Körper lassen sich merkwürdige Phänomene beobachten. Sie bringen unser herkömmliches Empfinden, einen festgeschriebenen Körper zu haben, reichlich durcheinander. 1998 führten die Psychiater Botvinivck und Cohen an der Universität Pittsburgh ein mittlerweile klassisches Experiment durch: Versuchsteilnehmer betrachteten die Nachbildung einer Hand aus Gummi, die vor ihnen auf dem Tisch lag. Ihre eigene Hand lag auch dem Tisch wurde aber so abgedeckt, dass nur die Gummihand sichtbar war. Dann wurden Gummihand und echte Hand in einem synchronen Rhythmus mit einem Stäbchen jeweils an denselben Stellen gestreichelt. Es dauert nicht lange, dann stellt sich ein äußert sonderbares Symptom ein – die berühmte »Gummihand-Illusion«. Nach nur ein bis zwei Minuten erlebt der Versuchsteilnehmer die künstliche Gummihand tatsächlich als seine eigene Hand. Er beobachtet die Stimulation der Gummihand, hat aber das Gefühl als würde er diese von innen her spüren, als wäre sie das eigene Körperteil.

Der Philosoph und Experte für Bewusstseinsforschung Thomas Metzinger* erklärt dies mit Begriff »phänomenales Selbstmodell«. Dabei handelt es sich um ein inneres Modell unseres Organismus, das im Gehirn gespeichert ist, quasi ein dreidimensionales Abbild unseres Körpers, welches in unserem Nervensystem erzeugt wird und uns die Illusion unseres körperlichen Seins vorspiegelt. Das Gummihand-Experiment beweist, wie schnell sich dieses Modell beeinflussen und verändern lässt. Innerhalb von Minuten können ihm virtuelle Körperteile hinzugefügt werden. Daraus folgt, dass unser gesamtes Körperempfinden einer virtuellen Realität gleicht und keineswegs einer realen Begebenheit. Metzinger stellt sich in diesem Zusammenhang die aufregende und für manche vielleicht beunruhigende Frage: »Könnte man ein Ganzkörper-Analogon zur Gumminhand-Illusion erzeugen, eine Version des Experiments, die sich auf den ganzen Körper bezieht? Ließe sich das gesamte Selbst an einen Ort außerhalb des Körper versetzen?« Wie immer, man solche Fragen weiterverfolgen will, machen diese wissenschaftliche Erkenntnis deutlich, welch' illusionärem Charakter unser Selbstempfinden unterliegt.

Auch hier scheinen spirituelle Sichtweisen der Hirnforschung, zumindest auf der subjektiven Forschungsebene, zeitlich weit voraus zu sein. Philosophen des Advaita Vedanta*, wie zum Beispiel der um 800 n. Chr. lebende Adi Shankara* sprachen schon damals von der Macht der Illusion, aber auch davon, was jenseits der Illusionen zu entdecken ist: »Die gesamte Welt der Erfahrungen ist nichts als Traum und bloße Halluzination, geboren aus Einbildungen und Täuschungen. Erst wenn wir die Täuschung erkennen, können wir uns von den Verblendungen befreien und unsere wahre Natur wiedererkennen. Gib sowohl die Identifikation mit dem Klumpen deines Fleisches, als auch mit dem Denker auf, der glaubt, dieses Fleisch zu sein. Beides sind bloße gedankliche Einbildungen. Erkenne dein wahres Selbst als ungetrenntes Gewahrsein, unberührt von Zeit, Vergangenheit, Gegenwert oder Zukunft. Sinke zurück in den Frieden.«

Mich gibt es nicht

Die Hirnforschung stellt sowohl unser gewöhnliches körperliches Selbstempfinden radikal in Frage, als auch unser Verständnis eines zentralen Ichs überhaupt. Im Alltagsbewusstsein kommt es uns so vor, als gebe es unser Ich als eine lokalisierbare Instanz im Kopf, sozusagen als Kommandozentrale der Persönlichkeit. Die Forschungsergebnisse lassen davon nichts übrig. Es gibt keine zentrale Ich-Instanz. Spirituelle Traditionen wie Zen oder Advaita lehren schon lange, dass die Idee eines Ichs samt freiem Willen eine Illusion ist. Aussagen wie «Es gibt keinen Denker, nur Denken" oder «Niemand handelt, Handlung geschieht" bringen das schön zum Ausdruck.

Gehirnforschung ist Bewusstseinsforschung. Allerdings braucht der Begriff »Bewusstsein« eine Klärung. Die spirituellen Traditionen unterscheiden zwischen Bewusstseinsinhalten, also dem, was wir Denken, Fühlen und Wahrnehmen nennen und dem Bewusstsein selbst. Mit Letzterem ist eine übergeordnete Ebene gemeint: Der Raum, in dem die Inhalte auftauchen. Er wird zuweilen auch der «Beobachter" oder das «Zeugenbewusstsein" genannt. Was die Hirnforschung untersucht, sind die Bewusstseinsinhalte. Sie hat Mittel gefunden, die Verarbeitung dieser Bewusstseinsinhalte im Nervensystem zu beobachten. Das Phänomen des Bewusstseins an sich bleibt für die Neurowissenschaften unfassbar.

Die Mystiker erforschen das Bewusstsein von innen. Ihr gemeinsames Ergebnis lautet: Wir können das Bewusstsein nicht als fassbares Etwas finden, weil wir es selbst sind. Wenn man intensiv nach etwas sucht und es nicht findet, was lässt sich daraus schließen? Entweder dass es gar nicht existiert, oder, dass man selbst das Gesuchte ist.

Das Auge kann sich selbst nicht sehen. Das Subjekt kann sich nicht als Objekt erkennen. Das Bewusstsein kann sich selbst nicht sehen; es kann sich nur seiner selbst bewusst sein. Eine der Kernaussagen des Advaita lautet: «Es gibt nur Bewusstsein. Alles, einschließlich unserer selbst, ist Bewusstsein.« Ein Schüler fragt den Meister: «Wie komme ich ans andere Ufer?« Der Meister antwortet: «Du bist am anderen Ufer.«

Ein Manifest von elf führenden Neurowissenschaftlern erklärt: »In diesem zukünftigen Moment schickt sich unser Gehirn ernsthaft an, sich selbst zu erkennen.« Ich bin zuversichtlich, dass Wissenschaftler auch nun selbst einen Zugang zur inneren Bewusstseinsforschung finden.

Ein schönes Beispiel dafür stellt der amerikanische Professor James H. Austin dar. Er ist sowohl Experte der Neurowissenschaft als auch Zen-Praktizierender. In seinem Buch »Zen und das Gehirn« beschreibt er eigene befreiende Erfahrungen in Folge seiner Meditations-Praxis. Er vertritt die These: »Erwachen, Erleuchtung tauchen auf, weil das menschliche Gehirn eine substantiellen Veränderung durchmacht.« Und er stellt die Frage: »Hilft Meditation, im Gehirn eine solche Veränderung zu bewirken?«

Hirnforschung inwendig

Spirituelle Selbst-Erforschung, wie sie in diesem Buch beschrieben wird, zeigt auf, wie Bewusstseinsforschung inwendig geschieht. Wir untersuchen die Struktur von Empfindungen, Gefühlen und Gedanken, und wir durchschauen ihren illusionären Charakter. Dadurch können wir uns befreien von der Identifikation mit dem Körper, mit den Gefühlen und all den einengenden mentalen Konzepten von uns selbst und der Welt. Wir erkennen die allem zugrundeliegende Essenz: das Bewusstsein selbst. Wenn wir klar sehen, dass das persönliche, von anderen getrennte Ich gar nicht wirklich existiert, entdecken wir auch, dass wir frei sind von Leiden, und dass wir schon immer frei waren.

Die Bewusstseinsinhalte müssen dazu nicht verschwinden. Gedanken, Gefühle, körperliche Empfindungen, auch Schmerz tauchen nach wie vor im Bewusstseinsraum auf. Auch ein Bezug zur Individualität bleibt erhalten. Wir mögen vielleicht immer noch lieber Vollmilchschokolade als Zartbitter und interessieren uns vielleicht mehr für Hirnforschung als für Rechtswissenschaften. Was sich aber verändert, ist das Gefühl einer persönlichen Identifikation. Wir erleben uns nicht mehr nur als die kleine Person. Wir sind der Raum des Bewusstseins, in dem all diese Erfahrungen auftauchen und wieder verschwinden. Dieser Raum gleicht der unendlichen Weite des Himmels und nicht der Gefängniszelle, in die wir uns mit dem Aufrechterhalten eines persönlichen Ichs einsperren.

Das bedeutet auch, dass wir nicht davon abhängig sind, welche Erfahrungen unsere Person macht. Die tiefere Ebene unseres wahren Seins ist immer in Frieden, egal, welche Entscheidungen durch unser Gehirn getroffen werden. Daraus ergibt sich ganz natürlich ein Handeln, das durch Frieden und Mitgefühl geprägt ist.

Unser Verständnis von Freiheit wandelt sich. Wir brauchen nicht mehr auf der »Freiheit zu tun, was ich will« zu beharren. Wir entdecken die spirituelle Freiheit: eine offene Haltung, in der nichts vermieden und nichts festgehalten werden muss. Diese Freiheit führt hinaus über Trennung und Leiden. Sie ist vollkommen unabhängig von äußeren Umständen oder inneren Befindlichkeiten. Die Neuronen können verrückt spielen – wir sind jenseits davon. Wir sind das stille Gewahrsein, das allem zugrunde liegt. Das ist die wahre Freiheit, und sie ist grenzenlos.

Schmied unseres Unglücks

Der Wunsch, glücklich zu sein, ist der Kern aller menschlichen Wünsche. Für dieses ersehnte tiefe Glück existieren viele Bezeichnungen. Mancher mag es inneren Frieden oder echte Erfüllung nennen, andere sprechen von Wahrheit, Freiheit oder Einssein. In einem spirituellen Kontext wird es vielleicht als Sehnsucht nach Einheit mit Gott oder als Wunsch nach Erleuchtung zum Ausdruck gebracht. Wie auch immer die Bezeichnungen dafür ausfallen, wir suchen nach etwas, das verlässlicher ist als die übliche Achterbahn von Begeisterung und Enttäuschung, Vergnügen und Frustration.

Die Sehnsucht nach wahrhaftigem Glück spüren die wenigsten Menschen unmittelbar als ein inneres Brennen oder Verlangen ihrer Seele. Vielmehr verknüpfen wir diese Sehnsucht ungeheuer schnell mit ganz konkreten Vorstellungen und Erwartungen. Wir haben feste Überzeugungen davon, wie das Leben und die Welt aussehen müssten, damit wir dauerhaftes Glück erfahren können. Solche Überzeugungen melden sich als schlichte Gedanken: »Um glücklich zu sein, brauche ich genügend Geld und Freiraum.« »Wenn mein Ehepartner sich ändern würde … «. »Wenn ich mehr Anerkennung bekäme, wäre ich zufrieden.« Derartige Überzeugungen haben eine starke Kraft. Häufig sind wir uns ihrer nicht einmal bewusst, sondern erleben sie als unterschwellige, scheinbar unumstößliche Grundüberzeugungen. Einige dieser Grundsätze sind biologisch verankert und sind entstanden, um unser Überleben zu sichern. Andere haben wir von unseren Eltern übernommen, oder wir haben sie uns in der Auseinandersetzung mit Schule, Medien oder weiteren prägenden Instanzen angeeignet. Eines aber ist allen gemeinsam: Es sind Glaubensmuster darüber, welche Dinge, Situationen und Erfahrungen zu Glück führen. Diese Überzeugungen binden das Erleben wirklicher Erfüllung an Objekte, seien sie materiell oder aus dem inneren Erleben, und sie geben damit vor, dass Glück bedingt sei.

Die Suggestivkraft dieser Glücksvorstellungen ist überaus machtvoll. Vergleichbar einem geschickten Hypnotiseur, der seine Klienten in einen schlafähnlichen Zustand versetzt, indem er unentwegt wiederholt: »Du bist jetzt ganz müde und fühlst dich schwer, ganz schwer.« So reden uns unsere Erwartungen ein, dass wir zu unserem Glück etwas bräuchten. Der Schlaf, in den uns diese Suggestionen versetzen, ist allerdings keineswegs erholsam. Im Gegenteil, es ist ein unruhiger, rastloser Schlaf. Die Schwere, die wir spüren, ist nicht die angenehme Schwere der Entspannung, sondern die Last unerfüllter Sehnsüchte und unerreichbarer Ziele.

Unser Verstand gibt sich als selbstloser Heiler aus. Er verspricht uns Gesundheit und Glück. Doch in Wirklichkeit ist er ein Stümper. Seine jämmerliche Hypnose versetzt uns in eine Trance der Unzufriedenheit. Wir erleben keinen seligen Schlummer, sondern einen schlechten Traum. Die meisten von uns befinden sich mitten in diesem Alptraum – ohne zu ahnen, dass es tatsächlich nur ein Traum ist.

Doch wie sähe es aus, wenn wir aus dem Traum aufwachen würden? Wie fühlten wir uns, wenn wir plötzlich die Augen aufreißen würden, von der Couch aufstünden und den Hypnotiseur mit seinen ewig gleichen Sätzen, wie »Du bist jemand, dem etwas fehlt« sich selbst überließen? Es gibt Menschen, denen dieses Aufwachen geschah. Sri Ramana Maharshi erkannte: »Glückseligkeit ist die Natur des Menschen.« Buddha entdeckte, dass das »Ende allen Leidens« möglich ist. Jesus sprach davon, dass das »Himmelreich inwendig in uns ist«.

Das sind erwachte Perspektiven. Alle Glaubensmuster, die uns etwas anderes weismachen wollen, verdunkeln in Wirklichkeit die Wachheit, die wir bereits jetzt sind. Sie verdecken den natürlichen Frieden und verhindern die Entdeckung der Freiheit unseres wirklichen Seins.

Die Trance und Verdunklung ist nichts, was uns von außen übergestülpt wird. Bei unserem Meisterhypnotiseur handelt es sich weder um einen anderen Menschen noch um eine fremde, bedrohliche Macht. Es ist unser eigener Verstand, der uns in einen leidvollen Dämmerzustand der Unzufriedenheit versetzt. Es sind die Gedanken in unserem Kopf, die wir uns in einer Art Autosuggestion so lange selbst wiederholen, bis wir sie für wahr halten. Um aufzuwachen, müssen wir uns der Tatsache stellen: Unsere eigenen Gedanken sind der Schmied unseres Unglücks. Wahres Glück ist schon hier. Um es lebendig zu erfahren, ist es hilfreich zu durchschauen, was uns unser Hypnotiseur Dr. Wunsch anderes einzureden versucht: Was glauben wir zu brauchen, um glücklich sein? Sicherheit, Gesundheit, eine harmonische Beziehung, eine besondere Stellung in der Gesellschaft oder bestimmte sexuelle Erfahrungen?

Die folgenden Abschnitte laden dazu ein, uns darüber klar zu werden, an welche Ideen und Vorstellungen von bedingtem Glück wir glauben. Es ist ein Exkurs in den konditionierten Geist, eine Erforschung der Glückskonzepte, von denen wir beherrscht werden. Sind wir uns ihrer nicht bewusst, vertrauen wir ihnen blind und unterwerfen uns ihrer Macht. Sie lullen uns ein, machen uns falsche Versprechungen und führen uns in die Irre einer endlosen, unbefriedigenden Suche nach einem fernen Ziel. Solange wir glauben, für unser Glück müssten Bedingungen erfüllt werden, leben wir in einem Gefängnis aus Gedanken. Eine Möglichkeit der Befreiung besteht darin, die Gitterstäbe – unsere Gedanken – gründlich zu untersuchen. Und je genauer wir sie erforschen, desto deutlicher werden wir sehen: Sie sind bloße Fiktion, eingebildete Hirngespinste. Sie haben absolut keine Substanz. Ja, sie existieren nicht einmal! Wenn wir das erkennen, lösen sich sämtliche Mauern unseres Gefängnisses von alleine auf und wir stellen fest, dass wir schon immer frei waren.

Biologisch geprägte Wünsche – Selbsterhaltung, Sexuelle Fortpflanzung, soziale Anerkennung

Lassen Sie uns die Beschaffenheit des Gitters betrachten: Einige seiner Bestandteile entstammen einer uralten evolutionären Prägung. Sie dienen dem Überleben und der Fortpflanzung des Individuums und der Gattung. Dem Erhalt und der Vervielfältigung der Genmuster unseres Körpers.

Die Prägung der Selbsterhaltung zeigt sich beispielsweise in reflexhaftem Handeln: Unser Körper möchte sich schützen und springt beiseite, wenn ein Auto heranbraust. Das Bedürfnis nach Schutz und Sicherheit für unseren Körper ist ein natürlicher biologischer Instinkt. Daran ist nichts verkehrt. Doch unser Verstand verknüpft den Drang zur Selbsterhaltung mit unserem Idealbild von Glück: »Wenn ich ein großes Haus hätte oder in jener Gegend wohnen könnte, wäre ich zufrieden.« »Wenn ich genug Geld hätte, könnte ich sicher leben.« »Wenn ich nur gesund wäre, ginge es mir gut.« Solche Gedanken sind uns allen bekannt. Die Wunschvorstellungen, die aus dem Antrieb der Selbsterhaltung erwachsen, suggerieren uns, ein Leben in materieller Sicherheit und mit physischem Wohlbefinden sei der Schlüssel zum Glück. Wir glauben vielleicht, es handele sich hierbei um selbstverständliche und unabdingbare Wünsche. Aber in Wahrheit werden Erfüllung und Glück damit an die biologischen Zielstellungen des Körpers gekoppelt. Und das verführt uns dazu, an bedingtes Glück zu glauben. Es gibt wunderbare Gegenbeispiele. Vielleicht haben wir solche Menschen sogar selbst persönlich kennen gelernt. Sie sind nicht reich und vielleicht nicht einmal gesund. Und doch strahlen sie eine Zufriedenheit und Seelenruhe aus, die manchem wohl situierten und kerngesunden Menschen fehlt. Wie ist das möglich? Weil es einen tieferen Frieden in uns gibt, der vollkommen unabhängig vom Zustand unseres Körpers ist. Es ist der Frieden des Seins.

Neben den Wünschen nach Selbsterhaltung gibt es jene, die mit Selbstbehauptung und Status innerhalb eines sozialen Gefüges zu tun haben. Vielleicht suchen wir Sicherheit und Anerkennung durch einen gehobenen Platz in der Gesellschaft. Die soziale Zugehörigkeit scheint uns Erfüllung zu verheißen: »Hätte ich einen angesehenen Beruf, die Anerkennung der Kollegen, den passenden Partner und eine Familie – dann könnte ich endlich glücklich sein.« Auch diese und ähnliche Ideen haben wir bislang vielleicht für unsere ureigenen persönlichen Wünsche gehalten. In Wahrheit sind auch sie biologisch geprägt. Ein vorteilhafter Platz innerhalb der Gruppe sichert beziehungsweise erleichtert das Überleben und die Fortpflanzung. Und auch hier kommt erneut die konditionierte Koppelung zum Tragen: Soziale Zugehörigkeit wird mit Glück gleichgesetzt. Wenn wir dem nachspüren, merken wir schnell, wie einengend solche Glaubensmuster sein können. Wir begeben uns durch sie in die Abhängigkeit von der Zuwendung und Anerkennung anderer. Wir machen uns zu Sklaven gesellschaftlicher Normvorstellungen. Das hat wenig mit einem Leben in authentischer Freiheit zu tun.

Eine dritte Kategorie von Wünschen, die ihre Herkunft in den Mechanismen der Evolution haben, sind sexuelle Wünsche. Ihre Funktion ist es, die Weitergabe der eigenen Gene zu sichern. Doch unsere Gedanken machen auch daraus die Vision vom großen Glück. »Wenn ich die Partnerin hätte, die sexuell zu mir passt, wenn ich eine funktionierende Familie hätte, wenn ich meine erotischen Fantasien endlich ausleben könnte – dann wäre ich glücklich.« Solche Sehnsüchte kennen wir sicherlich alle. Wieder macht uns ein biologischer Impuls glauben, es müssten bestimmte Bedingungen gegeben sein, um tief greifendes Glück und echte Befriedigung zu erfahren. Sexualität zu leben und Kinder zu haben können wunderbare Erfahrungen sein. Doch vermutlich haben wir auch alle die Frustration und den enormen inneren Druck erfahren, die Glückserwartungen in diesen Lebensbereichen mit sich bringen können.

Kurz: Sowohl Wünsche im Bereich der Selbsterhaltung, der sozialen Zugehörigkeit als auch der Sexualität spiegeln uns vor, Glück sei an diese biologisch geprägten Ziele gebunden. Doch ist das wirklich wahr? Hat uns die Jagd danach wirklich zu tief greifender Erfüllung und zum Glück geführt? Oder handelt es sich nicht vielmehr um eine Straße ohne Ende?

Die Behauptung dieses Buches ist: Die Versprechen dieser Glückskonzepte sind eine große Täuschung. Wir irren uns zutiefst, wenn wir an bedingtes Glück glauben. Wir brauchen keine Bedingungen und Voraussetzungen. Im Gegenteil: Unser Warten und Sehnen hält uns in einem quälenden Schmachten gefangen und verhindert das Erleben des wahrhaftigen Glücks in diesem Moment.

Wir alle haben schon lebendige Erfahrungen von Erfüllung gemacht, die frei von Bedingungen ist. Jeder Mensch erlebt solche Momente in seinem Leben: Ein kurzes Aufwachen aus der üblichen Trance der Wünsche, ein Moment natürlichen Friedens, eine kurze Entspannung vom Suchen, ein Augenblick der inneren Stille, in dem eine mysteriöse Schönheit aufscheint. Dies kommt einem kurzen Augenaufschlag des Hypnotisierten auf der Couch gleich. Doch meist geschieht dies unbewusst. Die Wirkung der Hypnose ist damit nicht aufgehoben.

So bleiben die verdeckenden Konzepte für die meisten Menschen ein großes und hartnäckiges Hindernis. Die tief eingeprägten Glaubensmuster fallen erst dann von uns ab, wenn wir sie vollständig durchschauen.

Die Gesamtheit der täuschenden Glaubensmuster über bedingtes Glück können wir »konditionierten Geist« nennen. Der Begriff »konditioniert« stammt aus der Psychologie und bedeutet »erlernt«. Hier verwenden wir ihn in einer umfassenden Bedeutung. Er meint sowohl biologisch geprägte als auch sozial erlernte Verhaltensweisen und Glaubenssätze. Der Begriff »Geist« deutet darauf hin, dass diese Konzepte sich vor allem als Gedanken und innere Vorstellungen ausdrücken und ihre Kraft in diesem mentalen Raum ausüben.

Der »konditionierte Geist«, das sind all jene Glaubensmuster, die wir im Laufe unseres Lebens verinnerlicht haben – von unserer Familie beeinflusst, unseren Freunden und Vorbildern, von der Gesellschaft, ihren zeitgemäßen Wertvorstellungen und ihren Medien, von der Religion und ihren Erlösungsvorstellungen.

Was wir uns davon angeeignet haben, halten wir zunächst für unsere höchstpersönlichen Überzeugungen. Aber nichts davon ist persönlich. Es sind die Einflüsse der kollektiven, täuschenden Konditionierung, die in jedem menschlichen Wesen ihre Kraft ausüben. An sich ist nichts an ihnen auszusetzen. Sie sind Teil der menschlichen Kultur. Doch wenn wir darüber einschlafen und nicht merken, dass es sich lediglich um übernommene Vorstellungen handelt, dann halten wir diese Ideen und Bilder für die Wirklichkeit. Vor allem empfinden wir das uns daraus vermittelte Bild von uns selbst als real. Wir fühlen uns dann als ein Einzelwesen, getrennt von Erfüllung und abgeschnitten von Glückseligkeit. Außerdem haben sämtliche konditionierten Wünsche und Glücksvorstellungen die Macht, uns diese Täuschung überzeugend zu verkaufen. Dann scheint Glück nur in der Zukunft und an einem anderen Ort möglich zu sein. Für diese schlechte Trance zahlen wir einen hohen Preis: Wir werden blind für die Schönheit dieses Augenblicks, taub für den Klang der Stille hier und jetzt und gefühllos für den seligen Frieden unseres wahren Seins.

Unsere Wünsche an den Körper: Ewige Gesundheit und Schönheit

Wir können noch mehr über die Kraft der konditionierten Ich-Ideen herausfinden. Sie beziehen sich nämlich nicht nur auf äußere Situationen und Lebensumstände, sondern wirken sich auch auf Erwartungen aus, die wir an unser inneres Erleben stellen. Wir werden uns die Wünsche anschauen, die mit unserem Körper, unserer Gefühlswelt und schließlich unserem Intellekt zu tun haben.

Die folgenden Anregungen, Selbsterforschungsfragen, stellen eine Möglichkeit des kurzen Innehaltens und Nachspürens dar. Wir können sie lesen und lauschen, welche Antworten in unserem Geist auftauchen. Wie immer sie auch ausfallen mögen, wir brauchen sie weder zu zensieren, noch müssen sie besonders weise oder spirituell sein. Die Antworten sind ein Ausdruck der kollektiven, konditionierten Glaubensmuster, die wir alle mit uns herumtragen. Es ist sehr hilfreich, uns ihrer bewusst zu werden und uns dadurch aus ihrem Bann zu befreien.

Wie müsste Ihr Körper aussehen, damit Sie glücklich wären?
Wie sollte er sich anfühlen?

Wenn wir ehrlich sind, tauchen schnell einige Verbesserungswünsche auf: Unser Körper könnte etwas besser in Form sein, etwas schlanker, muskulöser, das Haar voller, die Nase gerader, die Augen strahlender, die Haut klar und rein. Unser Körper sollte sich gesund anfühlen und keine Schmerzen haben, keine Verspannungen oder Verschleißerscheinungen. Er könnte auch leistungsfähiger sein, sportlicher, kraftvoller, energiegeladen und nicht müde oder erschöpft. Er sollte sich zugleich beweglich, leicht und stark anfühlen – und das am besten rund um die Uhr.

Vermittels solcher Ideen verknüpfen wir unser Glück mit einem in die Zukunft projizierten Idealzustand unseres Körpers. Wir hoffen, wenn er nur gesund, vital und entspannt genug wäre, nicht beeinträchtigt durch Anspannung oder Schmerz, dann wäre das Leben leichter. Unser Geist verspricht uns, Gesundheit und körperliches Wohlbefinden wären die Basis für echtes Glück. Der Jugendwahn und die hochschießende Wellness-Welle sind ein Ausdruck dieser Glaubensmuster.

Auch wenn wir es an dieser Stelle vielleicht noch anzweifeln mögen, doch Gesundheit hat mit echtem Glück nichts zu tun. Es gibt eine Ebene vollkommenen Heilseins in uns, für die es bedeutungslos ist, in welchen Zustand sich unser Körper befindet oder wie er sich anfühlt.

Unsere Wünsche an die Gefühle: Immer gut drauf sein

Meist meinen wir, dass Glück irgendwie ein gutes Gefühl wäre. Oder zumindest, dass unser Glück davon abhängig wäre, wie wir uns fühlen. Das klingt durchaus plausibel, aber es stimmt nicht.

Wie müssten meine Gefühle und Stimmungen sein,
damit ich glücklich wäre?

Vermutlich wünschen wir uns, dass unsere Gefühle immer leichter und heiterer Natur sind. Zumindest sollen sie angenehm sein. Wir meinen, wenn unsere Stimmung möglichst positiv sei, wären wir glücklich. Wut, Ärger, Verletzung, Trauer, Angst und Verzweiflung sollen lieber außen vor bleiben. Wenn unser Gemüt frei von solchen dunklen Gefühlen wäre, dann... Wenn wir dauerhaft gute Laune, Offenheit und Herzenswärme spüren könnten – das, so meinen wir, wäre der Schlüssel zum Glück.

Diese Gedanken kommen im Gewand der Wahrheit daher. Doch tatsächlich sind sie nur ein Ausdruck jener kraftvollen unbewussten Glaubensmuster, die uns in einen leidvollen Zustand führen. Warum und wie gelingt ihnen das? Weil sie das Glück einzig an angenehme Erfahrungen koppeln und mit diesen Glücksvorstellungen eine aufreibende Jagd nach positiven Gefühlen eröffnen. Negative Gefühle werden abgelehnt. Das ist eine alte und sehr machtvolle Konditionierung. Wir streben Erfahrungen wie Freude, Heiterkeit, Liebe an und wollen sie festhalten. Unangenehme Gefühle wie Angst, Wut, Scham oder Hoffnungslosigkeit versuchen wir zu meiden. Wir sind überzeugt, dass Letztere für das Erleben von Erfüllung und Glück hinderlich sind. Dieses Spiel von Jagd und Flucht ist uns so selbstverständlich geworden, dass wir vollkommen aus den Augen verloren haben, wie einseitig und begrenzt unser Verstand sich das Glück der Gefühle ausmalt.

Der Buddhismus kennt dafür drastische Begriffe. Das unablässige Streben nach positiven Erfahrungen wird »Gier«, das Ablehnen von negativen Empfindungen wird »Hass« genannt (womit nicht die Emotion des Hasses gemeint ist, sondern der Widerstand gegenüber unerwünschten Gefühlen). Und die buddhistische Lehre besagt, dass es gerade diese Tendenzen unseres Geistes sind, die unser Leid erzeugen.

Auf den ersten Blick mag das nicht einleuchten. Das eine haben zu wollen und das andere abzulehnen scheint das Natürlichste der Welt zu sein. Doch wir übersehen, dass die Welt der Gefühle immer in dualistischen Gegensätzen auftaucht. Leicht ist nicht ohne schwer denkbar, Kraft nicht ohne Schwäche, Angenehmes nicht ohne Unangenehmes zu finden. Das eine ganz zu haben und vom anderen dauerhaft frei zu sein, ist unmöglich. Die scheinbar so erstrebenswerte Gefühlsmedaille hat immer zwei Seiten. Das einseitige Vermehren des Positiven und die totale Verbannung des Negativen können nicht funktionieren. Und das muss es auch nicht. Denn das Glück, von dem wir hier reden, die natürliche Erfüllung des Seins, ist kein Gefühl. Es ist der stille Bewusstseinsraum, in dem Gefühle auftauchen, vorüberziehen und wieder verschwinden. In diesem Raum treten sowohl positive, neutrale als auch negative Stimmungen auf. Doch der Raum selbst bleibt von diesen Schwankungen unberührt. Solange wir allerdings, den konditionierten Glaubensmustern folgend, verbissen das Lichte einfangen wollen und gegen das Dunkle ankämpfen, sind wir vollkommen auf die Objekte innerhalb des Raumes fokussiert. Wir spüren die allen Gefühlsbewegungen zugrunde liegende reglose Weite nicht mehr.

Im Kapitel »Hingabe – die rückhaltlose Annahme aller Erfahrungen« werden wir diese Mechanismen von Verlangen und Ablehnung noch genauer untersuchen.

Unsere Wünsche an den Verstand: Rationale Allwissenheit

»Ich weiß, dass ich nichts weiß«, ist ein berühmter Satz des griechischen Philosophen Sokrates. Dies scheint auf den ersten Blick eine merkwürdige Aussage. Denn in der Regel möchten wir alles Mögliche über den Verstand begreifen. Zumindest wollen wir herausfinden, wie die Unwägbarkeiten unseres Lebens so effektiv wie möglich unter Kontrolle zu bringen sind. Doch dieser Satz des Sokrates weist auf eine überraschende Perspektive hin: Weisheit hat nichts mit dem Sammeln von Kenntnissen und Wissen zu tun. Weisheit zeigt sich in einer Offenheit des Geistes, die sich der Begrenztheit des Verstandeswissens bewusst ist. Sie offenbart sich in der Hingabe an das Nicht-Wissen des gewöhnlichen Denkens, das postuliert, unsere persönlichen Meinungen und Kenntnisse wären die höchste Wahrheit.

Fragen Sie sich: Was will ich noch wissen oder verstehen, um besser leben zu können?

Antworten darauf könnten so klingen: »Wenn ich verstehen würde, warum ich in bestimmten Situationen Angst habe, dann könnte ich sie besser bewältigen.« Oder: »Wenn ich genügend Fachwissen hätte, würde ich mich kompetent und sicher fühlen.« Die Antworten auf diese Frage können noch so unterschiedlich sein, sie haben eines gemeinsam, nämlich die Hoffnung, mit Wissen und Verständnis mehr Kontrolle über das zu erlangen, was wir unser Leben oder unser Schicksal nennen. Umfassende Kenntnisse, das Wissen um Gesetzmäßigkeiten oder das richtige theoretische Verständnis von Sachverhalten scheinen uns Sicherheit zu verheißen. Am liebsten wäre uns Allwissenheit. Damit, so glauben wir, könnten wir all jene Lebenssituationen bewältigen, die uns verunsichern und die wir als bedrohlich empfinden. Für technische Fähigkeiten mag der Verstand ein brillantes Instrument darstellen. Und auch wissenschaftliche Forschung ist ohne intellektuelles Verständnis nicht möglich. Uns geht es hier allerdings um jenes Bestreben des Verstandes, das durch rationale Kontrolle innere Erfüllung erreichen möchte.
Doch so wird es nie funktionieren. Unser Verstand ist zu beschränkt, um den freien Strom des Lebens vorauszuberechnen. Und so können wir die Unsicherheit des Nicht- oder Nicht-genug-Wissens niemals aus unserem Leben verbannen. Die gute Nachricht lautet: Wir

sind auch gar nicht auf umfangreiches Wissen oder konzeptionelles Verstehen der Welt angewiesen. Wenn wir erkennen, dass alles intellektuelle Verstehen-Wollen immer unzureichend bleibt, kann sich unser Wunsch nach rationaler Kontrolle entspannen. Wenn der Zwang von uns abfällt, ständig für die Geschehnisse unseres eigenen Lebens und der Welt eine erklärende Theorie parat haben zu müssen, wird unser Geist von ganz alleine still. So still, dass eine tiefere Intelligenz durchscheinen kann. Es ist die Intelligenz des reglosen Gewahrseins. Eine gedankenfreie, allumfassende Geistesklarheit, die zugleich höchste Weisheit verkörpert. Sie kann den Verstand als Instrument nutzen, ohne von ihm beherrscht zu werden. Es ist diese tiefe Ruhe und Gelassenheit eines stillen Geistes, die wir in Wirklichkeit suchen. Sie ist schon jetzt hier. Wir erkennen sie, wenn wir bereit sind uns auf das Nicht-Wissen einzulassen.

Glückskonzepte – der verborgene Antrieb von Fantasie und Handlung

Unabhängig davon, welche Vorstellungen wir von Glück haben, wir glauben, dass es von gewissen Bedingungen abhängig ist. Von äußeren Umständen oder inneren Erfahrungen. Die Glückskonzepte binden Erfüllung somit an das Vorhandensein von Objekten. Die Objekte gelten als Ursache. Das Erleben von Glück scheint dann ihre Wirkung zu sein. Diese Dynamik können wir als den Glauben an objektgebundenes Glück bezeichnen.
Doch dieser Glaube ist nichts anderes als ein gewaltiger Mythos. Die Suche nach solcher Art Glück ist vergeblich. Sie gleicht dem Versuch, uns einen Ausschnitt des Himmels aneignen und ihn kontrollieren zu wollen. Es ist, als würden wir mit beiden Händen einen Kreis formen und durch diesen Kreis hindurch in den Himmel über

uns schauen. Das ist nun unser kleiner Himmel. Vielleicht ist er gerade schön blau und klar. Wunderbar! Zur vollkommenen Idylle fehlt nur noch ein zartes Wölkchen. »Wenn so eine kleine weiße Wolke in meinem Himmelsabschnitt wäre, das wäre perfekt.« Wir suchen uns eine solche Wolke daraufhin in anderen Bereichen des Firmamentes außerhalb unseres kleinen Himmels. Und tatsächlich, wir entdecken eine am Horizont – und nun versuchen wir, sie mit magischer Geisteskraft in unseren Himmelsabschnitt zu bewegen. Manchmal scheint uns das sogar zu gelingen, und prompt definieren wir das Ganze als Erfolg, den wir natürlich unseren aktiven Bemühungen zuschreiben. In Wirklichkeit ist das Ergebnis nur dem Zufall beziehungsweise dem Wind zu verdanken. Treibt stattdessen eine dunkle Wolke in unseren Himmelsausschnitt, versuchen wir verzweifelt, den unerwünschten Störfaktor zu entfernen. Auch das gelingt nur dann, wenn uns der Zufall in Gestalt des Windes zu Hilfe kommt. Wie sehr wir uns auch anstrengen mögen: Der Himmel lässt sich nicht beeinflussen. Die Wolken folgen ihren eigenen Bahnen. Jeder Versuch, unseren persönlichen Himmel zu kontrollieren, ist ein sinnloses Unterfangen, das früher oder später in Frustration mündet.

In dieser Metapher ist das vollkommen offensichtlich. Doch auch in unserem persönlichen Leben bemühen wir uns auf diese Weise vergeblich um unser Glück, indem wir es an bestimmten Objekten festmachen und versuchen, das Auftauchen oder Verschwinden dieser Objekte zu kontrollieren.

Das eine Gefühl wollen wir haben, das andere nicht. Ein schöner Gedanke erscheint wertvoll, ein negativer dagegen sollte besser verschwinden. Wir strengen uns an, mühen uns ab, sträuben uns und kämpfen. Wir sind einer Art unbewusstem primitiven Aberglauben verfallen, der uns vormacht, bestimmte Objekte hätten die besondere Macht, uns Glück herbeizuzaubern, und andere würden Unglück verheißen – nach dem Motto: »Mit der Feder eines Adlers könnte ich fliegen, aber der Anblick einer Schlange wird mich töten.« So praktizieren wir einen magischen Kult des Herbeizauberns und Verbannens. Uns entgeht dabei vollkommen, dass es sich bei den Objekten nur um Gedanken und innere Bilder handelt und dass diese keineswegs das halten, was wir uns von ihnen versprechen, oder uns das antun, was wir befürchten.

Doch die Macht dieser Vorstellungen ist groß. Immer wieder schweift unsere Sehnsucht ab in jene Gefilde, in denen wir das Glück zu finden meinen.

Fragen Sie sich: Zu welchen Glück versprechenden Fantasien schweift mein Geist ab? Und in welchen Situationen geschieht das? Wann und wie beschäftigt sich mein Geist mit Gedanken über objektgebundenes Glück?

Vielleicht während einer Busfahrt in die Stadt. Wir schauen aus dem Fenster, und unter den vielen Menschen draußen taucht plötzlich jemand auf, der uns äußerst attraktiv erscheint. Unser Geist verliert sich in angenehme Fantasien, wie schön es doch wäre, die sympathische Frau oder den gut aussehenden Mann kennen zu lernen. Was für eine aufregende Begegnung das wäre. Vielleicht sehen wir uns schon mit ihr oder ihm als Paar einen romantischen Waldspaziergang machen.

Oder wir gehen unserer alltäglichen Arbeit nach, die uns gerade langweilt, und unsere Gedanken schweifen ab in die Zukunft. Wir malen uns aus, was wir nach Feierabend unternehmen werden. Wir könnten rausfahren, ins Kino gehen, Freunde treffen. Das würde uns gut tun – und nicht dieser öde Alltagskram hier. Oder wir schlendern durch die Fußgängerzone, werfen einen Blick in die Schaufenster und stellen uns vor, welche Freude wir mit einem Paar neuer Schuhe hätten. Sofort fühlen wir uns ein wenig attraktiver. Und dann ist da noch dieser neue Laptop. Einfach cool.

Natürlich beschäftigt sich unser Geist auch mit angstbesetzten Fantasien. Vielleicht sehen wir einen Rollstuhlfahrer. Wir stellen uns vor, dass uns das auch passieren könnte. Das wäre schrecklich – denken wir. Also besser gar nicht weiter darüber grübeln, und wir kehren wieder zu den reizvollen Fantasien zurück.

»Der Geist«, sagte der Buddha, »ist schneller als der Blitz.« Wobei mit Geist die Gesamtheit der Gedanken, Gefühle und inneren Bilder gemeint ist. Blitzschnell reagiert der Geist auf einen äußeren Reiz und entwirft binnen kürzester Zeit ganze Fantasiewelten. Jeder Tagtraum macht das deutlich. Sekundenschnell erleben wir uns an einem anderen Ort, zu einer anderen Zeit.

Zunächst scheint es so, als wären solche Fantasien ziemlich bedeutungslose Erscheinungen: »Das ist doch normal, dass man sich was Schönes vorstellt, wenn man unzufrieden ist.« Doch wenn wir genauer hinsehen, stellen wir fest, wie tief greifend und umfassend solche Vorstellungen unser Bewusstsein beherrschen, wie zahlreich sie auftauchen und sich unablässig wiederholen. Wir versetzen uns selbst in eine Trance, indem wir wieder und wieder unsere Glücksfantasien im Geist durchspielen, bis sie unsere innere Welt vollständig dominieren. Und genau das ist der Grund, weshalb sie einen solch mächtigen und zwingenden Einfluss auf unsere Entscheidungen und Handlungen, ja, auf die grundlegende Ausrichtung unseres Lebens ausüben.

Warum glauben wir, uns einen bestimmten Lebensstandard leisten zu müssen? Warum geben wir uns solche Mühe, anziehend oder interessant auf andere zu wirken? Weshalb ist uns das Bild einer harmonischen Familie so wichtig? Warum sind wir so darauf bedacht, guter Laune zu sein? Weshalb ist es uns so wichtig, auf keinen Fall dumm dazustehen, sondern möglichst souverän und geistreich zu wirken? Motor all dieser Verhaltensmuster sind diese unbewussten Glücksvorstellungen. Wir beschäftigen uns tagtäglich damit. Unzählige Gedankenkreise drehen sich um dieses Thema. Sie sind unsere ständigen Begleiter. Regelmäßig hegen und pflegen wir so die Trance und verlieren uns in endlosen Fantasien über unser zukünftiges Glück. Und unser gesamtes Verhalten ist darauf ausgerichtet, sie in die Wirklichkeit umzusetzen. Doch halten sie ihre Versprechungen? Oder stellen sie nicht vielmehr ein inneres Sprechen dar, das aus lauter Versprechern besteht?

Zusammenfassung

In diesem Kapitel haben wir untersucht, wie Wünsche nach objektgebundenem Glück unser Leben beeinflussen und oft beherrschen. Diese Wunschvorstellungen gaukeln uns vor, Glück und Erfüllung wären an Ziele in der Zukunft gebunden. Folgen wir ihnen unbewusst, versetzen sie uns in einen Zustand des unerfüllten Sehnens. Manche Vorstellungen machen Glück an äußeren Faktoren fest: Das Verlangen nach Sicherheit und Gesundheit. Die Bedürftigkeit nach Anerkennung und Liebe. Das Sehnen nach der Befriedigung unserer sexuellen Wünsche. Andere Ideen binden Erfüllung an innere Erfahrungen. An körperliches Wohlgefühl. An positive Stimmungen und Gefühle. An Geisteszustände des Verstehens und Begreifens. Von Zeit zu Zeit mögen wir Momente der Befriedigung kosten, wenn unseren Wunschideen entsprochen wird. Doch solche Augenblicke sind rar und dauern nur kurz. Anhaltend befriedigend ist das objektgebundene Glück nicht.

Wir haben auch erörtert, das Glücksvorstellung einen starken Antrieb für unsere gedanklichen Vorgänge und unser Verhalten darstellen. Sie sind das Benzin für den Motor der unruhigen Fantasiemaschine in unserem Kopf. Sie erzeugen hektisches Suchen. Gefühlsduselige Träumereien. Getriebenes Handeln. Damit führen sie uns nicht in Richtung wahren Glücks, sondern weg von ihm.

Wir haben auch schon Hinweise auf tieferes Glücksempfinden entdeckt. Erfüllung, die unabhängig von Umständen und Bedingungen immer schon anwesend ist. Sie leuchtet sofort auf, wenn wir unsere Glücksvorstellungen beiseite lassen. Erlauben wir uns, die Hirngespinste vom »großen Glück« nur für den Bruchteil einer Sekunde zu vergessen, strahlt die Unmittelbarkeit dieses Momentes hervor. Hier und jetzt ist uns echte Erfüllung näher als nah.

Anregung ──────────────────────────────

Drei-Minuten-Pause vom Wünschen

Nehmen Sie sich im Laufe eines Tages zwei Gelegenheiten, bei denen Sie für drei Minuten innehalten. Beobachten Sie ihr inneres Erleben. Haben Sie schon jetzt Zugang zu einer natürlichen Zufriedenheit? Können Sie das einfache Hiersein ihres Köpers in genau diesem Augenblick erspüren? Sehr gut. Dann erlauben Sie sich, die Erfahrungen ganz zu genießen. Eine Pause von überflüssigem Tun. Ein Zur-Ruhe-Kommen des Geistes. Ein Durchatmen. Schlicht oder prickelnd lebendig – wie auch immer es sich gerade zeigt.

Fühlen Sie sich zu Beginn des Innehaltens eher unzufrieden, irgendwie unruhig oder getrieben? Dann nehmen Sie Ihren Gedankenstrom genauer unter die Lupe. Forschen Sie neugierig nach: Können Sie Glücksvorstellungen ausfindig machen, mit denen sich Ihr Denken gerade beschäftigt. Welche sind das ganz konkret? Wünscht sich Ihr Denken ein körperliches Wohlgefühl? Sehnt es sich nach Liebe und Anerkennung? Sucht Ihr Denken nach Kontrolle oder Sicherheit?

*Nach Verstehen? Oder nach etwas ganz anderem? Vielleicht finden
Sie konkrete Wunschvorstellungen. Vielleicht bleibt es ein vages Gefühl des Suchens. Egal.*

*Erlauben Sie sich jetzt mitten in diesem Wunschwirrwarr inne zu hal-
ten. Nehmen Sie zwei oder drei tiefe Atemzüge. Spüren Sie das Atmen
Ihres Körpers im Bauch oder Brustraum. Das Gewicht Ihrer Glieder.
Was spüren sie noch im Körper? Werden Sie sich bewusst, dass Sie
bewusst sind. Lassen Sie die Fantasien über ein fernes Glück ziehen,
wie weiße Wolken am Himmel. Sie schweben von ganz alleine davon.
Was bleibt zurück? Können Sie sich tiefer in die Erfahrung dieses Momentes hinein entspannen? Eine Pause vom Denken. Eine Pause vom
Wünschen. Ein echter Genuss dessen, was jetzt gerade wahrgenommen wird. Überprüfen Sie am Ende jeder der Drei-Minuten-Einhei-
ten durch einen kurzen Vergleich: Was fühlt sich erfüllender und
friedvoller an? Das Abdriften in die Wunschfantasien oder das
schlichte Hiersein mit den gerade gegenwärtigen Erfahrungen?*

Mogelpackung Wunsch

Unsere Wünsche versprechen uns viel. Voller Hoffnung stellen wir uns eine Zukunft vor, in der das heiß Ersehnte eintritt. Jetzt müssen wir darben, aber später, wenn unsere Wünsche in Erfüllung gehen, wird alles ganz anders sein. Dann endlich werden wir das Leben wirklich genießen können. Doch halten diese Wunschvorstellungen ihre Versprechen tatsächlich ein?

Manchmal haben wir das, was wir uns sehnlich gewünscht haben, tatsächlich bekommen. Wenn wir auf einen solchen Moment zurückschauen: Wie lange hat das Gefühl der Erfüllung angehalten?

Jeder von uns kennt solche Augenblicke. Ein Wunsch geht in Erfüllung. Wir halten in Händen, wonach wir uns lange gesehnt haben. Endlich haben wir es uns leisten können. Endlich haben wir die schicke Wohnung, das nagelneue Auto, den Traumurlaub. Wir finden den idealen Job, den begehrten Partner. »Ein Traum wird wahr.« Der Moment der Wunscherfüllung scheint alles wunderbar zu verwandeln.

Aber dann: Wie schnell verliert das lang ersehnte Glück seinen Zauber wieder? Wie rasch verblasst doch die prickelnde Freude? Und die Faszination des Erlangten verebbt allmählich ganz und gar. Wie lange dauert es, bis das Glücksgefühl, das an ein Objekt und Bedingungen gebunden war, wieder schal und leer wird?

Am deutlichsten ist dieser Prozess auf der materiellen Ebene zu erkennen. Für kurze Zeit genießen wir unsere neu erstandenen Besitztümer intensiv, erfreuen uns am Reiz des Neuen, dann landen sie in einer Ecke. Das Gleiche spielt sich auf allen Ebenen ab. Die Anerkennung anderer Menschen macht uns stolz und selbstbewusst, doch nicht lange. Dann tauchen die alten Zweifel wieder auf, und von neuem beginnt die Suche nach Bestätigung. Verliebtsein versetzt uns in einen ekstatischen Rausch. Doch nach einigen Wochen oder Monaten verfliegt auch diese Magie, und die ursprüngliche Faszination weicht schließlich alltäglicheren oder gar problematischen Erfahrungen. Schon suggerieren unsere Gedanken, es wäre Zeit für ein neues Abenteuer. Eine neue Liebe, sich wieder frisch verlieben, das wäre toll. Aber wie lange wird das anhalten? Dasselbe Phänomen gilt auch für spirituelle Erfahrungen. Wir haben ein inspirierendes Erlebnis in der Meditation oder in der Begegnung mit einem spirituellen Lehrer, eine Zeit lang sind wir »esoterisch high« und denken: »Das muss es sein.« Kaum haben wir die Erfahrung festgezurrt, mutiert das High zum Down, und dieselbe Meditation, dieselbe Lehrerin scheint bald nicht mehr halb so interessant und vielversprechend zu sein.

Dieser Kreislauf spielt sich immer nach dem gleichen Muster ab. Wir sind überzeugt, dass uns das Erreichen dieses Ziels und die Erfüllung jenes Wunsches glücklich machen werde, dass es uns dann viel besser gehen würde und wir endlich zufrieden sein könnten. Angetrieben durch diese Idee, setzen wir all unsere Energie ein, um das Ersehnte zu bekommen. Gelingt es uns, das Objekt unserer Begierde zu erobern, sind wir für einen Tag, einen Monat, vielleicht sogar etwas länger glücklich und zufrieden. Wir genießen das neue Accessoire, das Schwindel erregende Gefühl, den gelifteten Zustand. Das bewunderte Objekt, die ersehnte Erfahrung selbst scheint eine Art magischen Glanz zu verstrahlen, der die Erfüllung bewirkt. Doch auch dieser Glanz stumpft ab, und der anfängliche Zauber weicht früher oder später einem schalen Geschmack.

Dieser Achterbahn von Begeisterung und Enttäuschung zum Trotz bleibt unser konditionierter Verstand hartnäckig bei seiner Gewohnheit, dem nächsten Glück verheißenden Objekt nachzujagen.

Wie kommt es, dass unser Verstand so schnell reagiert und auf ein neues Wunschprogramm umschaltet? Die Antwort: Er will uns ablenken und uns vor dem Gefühl der elementaren Enttäuschung schützen. Schon die vielen kleinen und großen Reinfälle, die uns im Laufe unserer Suche nach Glück widerfahren, sind im Grunde zutiefst enttäuschend und frustrierend. Wir verzehren uns nach dem ersehnten Objekt – das allein ist qualvoll –, und verfehlen wir unser Ziel, schmerzt uns das zweifellos. Doch wenn wir bekommen, was wir wollen, und trotzdem feststellen müssen, dass es uns keine dauerhafte Erfüllung gibt, erzeugt das eine weit schmerzhaftere Desillusionierung. Gleichzeitig will sich unser Verstand diese Frustration nicht eingestehen. Er glaubt ja an die magische Welt der Wünsche und tut alles, um deren Einsturz zu vermeiden. Er verdrängt die Enttäuschung, beißt die Zähne zusammen und nimmt das nächste vielversprechende Objekt ins Visier.

Damit vermeidet er aber die wortwörtliche Ent-Täuschung. Denn das Ende der Täuschung würde offenbar, wenn wir den ewigen Kreislauf des Wünschens als das erkennen, was er tatsächlich ist: unbefriedigend und leidvoll. In der Regel erwacht die Bereitschaft zur Selbsterforschung erst dann, wenn wir schon in allen möglichen Richtungen unterwegs waren und immer wieder unbefriedigt, mit leeren Händen dastanden. Erst durch die ständige Frustration unserer Wunschkonzepte kommt es schließlich zu einem tieferen Hinterfragen der gewöhnlichen Denkmuster. Dann können wir in uns die Bereitschaft entdecken, den Schmerz der Enttäuschung und des Versagens wirklich zuzulassen, ohne uns gleich mit der nächsten Suche abzulenken. Dieses Innehalten eröffnet uns die Möglichkeit zu echter Befreiung.

Der Mythos schöner Fantasien

Der Mechanismus unserer inneren Wunschmaschine läuft in der Regel reibungslos. Wir hegen die Hoffnung, dass das Wünschen uns irgendwann dauerhafte Erfüllung bringt. Mehr noch: Wir sind der Überzeugung, dass das Wünschen selbst schon Erfüllung in sich birgt. Das, was wir Vorfreude nennen, fußt auf diesem Glauben. Unser Verstand suggeriert uns, die Beschäftigung mit einer Wunschfantasie sei an sich schon etwas Befriedigendes. Aber stimmt das? Was ist unsere Erfahrung, wenn wir Fantasien darüber nachgehen, was uns glücklich machen könnte?

Vielleicht empfinden wir bei diesen Tagträumen ein Gefühl von Freude und Entspannung. Unser Geist hat die erstaunliche Fähigkeit, durch innere Bilder und Vorstellungen Wohlgefühle auszulösen. Im positiven Denken wird das zur Methode erhoben, etwa mit der Hilfe von Affirmationen. Und in der Tat ist eine positive Vorstellung auf den ersten Blick angenehm. Sehen wir jedoch genauer hin: Im Moment des Wohlempfindens genießen wir die Auswirkung der Affirmation. Das Affirmieren selbst ist zur Ruhe gekommen. Wenn wir uns selbst sagen: »Es geht mir gut, ich bin ganz gelassen«, kann das spürbar entspannen. In der Entspannung selbst können wir uns die Wiederholung der Formel sparen. Ständig zu wiederholen »Es geht mir gut …, es geht mir gut …«, wäre eher weitere Anstrengung. Dasselbe gilt, wenn wir uns vorstellen, im Urlaub am Strand zu liegen und das Meeresrauschen zu hören. Ist die Fantasie nur intensiv genug, fühlen wir uns wohl. Im Genuss dieses behaglichen Gefühls selbst müssen wir das innere Bild nicht länger aufrechterhalten. Die entspannende Wirkung genügt uns völlig.

Die Tatsache, dass das Affirmieren im Moment des Genießens innehält, wird meist übersehen. Wir halten die positiven Vorstellungen für die Ursache der Glückserfahrung. Warum aber nutzen sie sich dann ab? Derselbe positive Gedanke, der uns eine Zeit lang zu Entspannung und Optimismus verholfen hat, büßt mehr und mehr an Kraft und Wirkung ein. Irgendwann greift der Mechanismus nicht mehr. Die Kraft des inneren Bildes hat sich verbraucht, ähnlich wie der neue Wagen, der uns anfangs durch den puren Anblick entzückt hat. Jetzt benötigen wir einen neuen Kick. Und auch dessen Zauber wird rasch wieder verfliegen.

Uns die Erfüllung unserer Wünsche in der Fantasie auszumalen hat zwei wesentliche Aspekte: Zum einen nutzen sich diese Affirmationen schnell ab und bringen keine dauerhafte Befriedigung. Zum anderen ist mit der Produktion solcher Vorstellungen immer eine innere Anstrengung verbunden. Ein künstliches Bemühen des Denkapparates, Mehrarbeit in der inneren Fabrik für synthetische Gefühle. Sehr deutlich wird die Anspannung, die in den Wunschfantasien steckt, wenn wir an dem Glauben festhalten, unser Glück wäre wirklich von der Erfüllung der Wünsche abhängig.

Lassen Sie folgenden Gedanken in sich aufsteigen:
»Ich brauche einen Partner, um glücklich zu sein.«
Wie fühlen Sie sich damit?

Wir können auch etwas anderes für »Partner« einsetzen: Urlaub, Geld, eine andere Wohnung, mehr Selbstbewusstsein, ein besseres Aussehen, tiefere Meditationserfahrungen. Etwas, das uns das lang ersehnte Glück bescheren würde. Wir können damit experimentieren, indem wir mit ganzer Kraft an diesem Gedanken festhalten.

»Um glücklich zu sein, brauche ich …«
Halten Sie intensiv an diesem Gedanken fest, und spüren Sie in sich hinein: Was nehmen Sie dabei in Ihrem Körper wahr? Was nehmen Sie an Gefühlen wahr?

Wenn wir dem Mythos erliegen, dass Erfüllung erst in der Zukunft zu erreichen ist, und nur unter bevorzugten Umständen und mit ausgewählten Personen – dann entsteht in unserem Geist eine Spaltung. Auf der einen Seite dieses Spaltes glänzt die Vorstellung eines Idealbildes, ein Modell der vollkommenen Erfüllung. Auf der anderen Seite des Spaltes, der Schattenseite, steht das innere Bild eines Zustandes, der nicht gut genug ist. Ein Hier und Jetzt mit Defiziten. Ein Ich mit Mängeln.

Sind wir beispielsweise der Auffassung, ein schönerer Körper würde uns stolz und glücklich machen, und verleihen wir diesem Wunsch Kraft, indem wir ihn fleißig wiederholen, dann produziert unser Geist keineswegs nur Bilder des angestrebten Idealzustandes (wie die Prediger des positiven Denkens postulieren).

Zugleich bewertet unser Geist nämlich den jetzigen Zustand als unbefriedigend. Das, was jetzt ist, erscheint unzulänglich, dürftig, vielleicht sogar verachtenswert. Bereits das pure Wünschen spaltet in ein »Was ist« und in ein »Was sein sollte«. Je mehr mentale Energie in Form von Aufmerksamkeit wir diesem Wunsch schenken, desto mehr wird aus dem inneren Zwiespalt ein innerer Kampf. Wir geraten in einen unbewussten Krieg, der das Ziel verfolgt, unser von Mängeln behaftetes Selbstbild auszurotten und unserem Idealbild zur Herrschaft zu verhelfen.

Können wir diese Disharmonie in uns wahrnehmen, wenn wir an einem Wunschgedanken festhalten? Im Körper macht sie sich vielleicht als Enge oder Druck bemerkbar. In unseren Gefühlen können wir sie als Aura der Minderwertigkeit spüren oder als Furcht, dem Idealbild nicht zu genügen. Vielleicht fühlen wir auch den Selbsthass oder die Verzweiflung, die das Abwerten des jetzigen Zustandes mit sich bringt.

Eines wird dadurch klar: Das Wünschen an sich hat weder befriedigenden noch beglückenden Charakter. Das scheint nur so. In Wahrheit ist es einengend und leidvoll. Es schürt einen inneren Kampf, der das Gefühl von Mangel und Bedürftigkeit erzeugt und verstärkt.

Jeder Wunsch ist eine Mogelpackung. Der erste Eindruck ist zwar verlockend, weil er Entspannung verspricht. Doch beim Auspacken erleben wir eine böse Überraschung.

Glühende Kohle in der Hand

Eine buddhistische Metapher beschreibt das Leiden in einem einfachen Bild: Ein Mensch steht da und hält eine glühende Kohle in seiner Faust. Er hält die Kohle fest umklammert, als sei sie etwas sehr Wertvolles. Die Kohle verbrennt die Haut, ja, sogar das Fleisch seiner Hand. Er merkt es nicht, so verbissen versucht er, seinen vermeintlichen Schatz festzuhalten. Was muss passieren, damit er die Kohle loslässt? Nicht viel: Er muss nur die Glut fühlen. Sobald ihm der Schmerz bewusst wird, lässt er los. Und das ist nicht einmal aktives Tun. Es ist ein natürlicher Reflex.

Also, die Kohle glüht. Der Wunsch ist mit Energie aufgeladen. Die Suche nach Glück ist heiß. Das Gefühl des Brauchens brennt in der Seele.

»Um glücklich zu sein, brauche ich ...« Halten Sie an diesem Gedanken fest: Was fühlen Sie bei dieser Wunschvorstellung?
Lassen Sie diesen Gedanken wieder los: Wie fühlt es sich an, wenn die Vorstellung für einen Moment zur Ruhe kommt?

Unser Denken strickt endlose Geschichten aus all den Idealvorstellungen, wie es sein könnte oder nicht sein sollte, was anders werden müsste, was noch gebraucht wird und was auf keinen Fall sein dürfte.

Gedankenketten von Plänen, Zielen und Wünschen, die sich ständig in unserem Kopf wiederholen.

Vielleicht haben wir bis hierhin eine Ahnung davon bekommen, wie anstrengend und schmerzhaft das Festhalten an diesen Vorstellungen ist. Vielleicht können wir auch wahrnehmen, wie erleichternd und friedlich es sich anfühlt, für einen Moment vom Abspielen dieser Schallplatten abzulassen. Um aus dem Trancezustand der ewigen Unzufriedenheit zu erwachen, genügt es manchmal, uns eine einfache Frage zu stellen:

Wie ist es ohne den Gedanken an ein Ziel? Wie ist es ohne die Vorstellung, etwas sollte anders sein, als es jetzt gerade ist?
Wie ist es ohne einen Gedanken an Vergangenheit und Zukunft?
Was zeigt sich in diesem Augenblick ohne Wunsch?
Spüren Sie die Entspannung, wenn Sie sich diesem Anhalten öffnen?
Spüren Sie den Frieden, wenn der Kampf zwischen dem »was ist« und dem »was sein sollte« zur Ruhe kommt?
Können Sie wahrnehmen, wie einfach und erfüllend es ist, wenn Sie keinem äußeren Objekt mehr hinterherjagen und kein unerwünschtes Objekt aus Ihrer Erfahrung verbannen?

Wenn bei diesen Fragen nur ein winziger Moment der Freiheit durchscheint, nur ein Hauch von Entlastung spürbar wird, genügt das vollkommen. In diesem Moment des Innehaltens teilt sich uns das natürliche Sein mit. Es zeigt sich als friedliche, entspannte Gegenwärtigkeit. In einem solchen Moment öffnet sich die Hand, die die glühende Kohle des Wünschens umklammerte, von selbst. Und dann wird offenbar, dass in Wahrheit nichts verletzt oder verbrannt worden ist. Der schmerzhafte Kampf zwischen dem von Mängeln behafteten Selbstbild und dem Ideal war nur die Spukgeschichte eines schlechten Traumes. Wenn wir aufwachen, merken wir, dass sich diese quälenden Gedanken ins Nichts verflüchtigen. Jetzt scheint die tiefe, bedingungslose Glückseligkeit wieder durch. Das friedvolle Sein war nur verschleiert. Es hat geduldig darauf gewartet, dass sich unser Bewusstsein von der Anstrengung des Wünschens entspannt.

Zusammenfassung

In diesem Kapitel haben wir erforscht, wie sich das Festhalten an Wunschgedanken auf unser inneres Erleben auswirkt. Wir haben erlebt, wie Wunschfantasien kurzzeitig schöne Gefühle erzeugen können, aber auch, wie ein einziger Wunschgedanke blitzschnell ein schmerzhaftes Mangelgefühl erzeugt.

Der Glaube, dass Glück an Bedingungen in der Zukunft gebunden ist, hat sich als ein Schummelpaket herausgestellt. Es ist in glänzendes Geschenkpapier eingepackt und mit einer Schleife verziert. Doch machen wir es auf, finden wir nur verbrauchte Luft. Unsere Wunschfantasien halten nicht, was sie versprechen. Sie haben sogar die gegenteilige Wirkung. Sie erzeugen unerfülltes Sehnen, Mangelgefühle und Unzufriedenheit. Bekommen wir, was wir uns ersehnt haben, erleben wir einen kurzen Rausch, einen Hauch von Vergnügen. Dann steht die alte Unzufriedenheit wieder auf der Matte. Die ratternde Wunschmaschine springt erneut an. Wir hetzen wieder weiter nach dem nächsten fernen Zielen. Ein ewiger Kreislauf. Das Rad des Leidens rollt weiter – so beschrieb es der Buddha.

In diesem Kapitel haben wir nachgespürt, wie es sich anfühlt, Wunschgedanken bewusst Energie zu geben – sogar sie aktiv zu verstärken. Wir haben gespürt, wie es dann eng in uns wird, wie sich ein Loch des Mangels in unseren Bauch oder unser Herz frisst.

Wir haben auch entdeckt, wie ungeheuer erleichternd es ist, wenn das Wünschen wieder von uns abfällt. Oft geschieht dies fast von allein. Wir brauchen uns nur kurz bewusst zu werden, dass ein Wunsch gerade Anspannung erzeugt. Schon im nächsten Augenblick lässt etwas in uns los. Befreit vom Verlangen genießen wir die Zufriedenheit dieses Moments.

Zu anderen Zeiten geht es über den Zwischenschritt der Enttäuschung. Manchmal tut es höllisch weh, wenn eine Sehnsucht nicht erfüllt, ein Bedürfnis nicht befriedigt wird. Vielleicht werden wir darauf wütend. Wir haben Angst, das Gewünschte nie zu bekommen. Oder wir sind einfach nur traurig, dass es im Augenblick nicht möglich ist. Diese Gefühle bieten eine Chance. Können wir uns dafür öffnen, die Enttäuschung schmerzen zu lassen? Lassen wir sie für einen Augenblick doch mal ganz da sein. Ohne sie zu überspringen. Ohne sie gleich lösen zu wollen. Dann entdecken wir, dass im Zulassen dieser Enttäuschung eine Wohltat liegt: Der Schmerz flackert vielleicht noch einmal auf, glüht noch etwas nach, aber schließlich erlischt er auch. Er löst sich auf und macht einem natürlichen Wohlgefühl Platz. Das war die ganze Zeit da. Wir hatten es nur übersehen. Wir waren abgelenkt durch die Neonlichter der Wunschfantasien. Jetzt spüren wir es wieder. Es ist ein wohliges Glück, in sich selbst ruhend, zutiefst befriedigt – auch wenn unser Wunsch nicht erfüllt wurde.

Diese Entdeckung eröffnet uns jene Freiheit und Unabhängigkeit, nach der wir in all unseren Wunschfantasien vergeblich gesucht haben. Die Mogelpackung tauscht sich wie von Geisterhand aus. Was bleibt ist das Geschenk echter Erfüllung.

Anregung

Wunschlosigkeit genießen – Enttäuschung nutzen

Dieser Übung können Sie sich in kurzen, untätigen Momenten widmen. Während des Wartens an einer Haltestelle. Bei einer Fahrt mit Bus oder Bahn. Beim Arzt im Wartezimmer. Beobachten Sie Ihre Gedanken und inneren Bilder. Tauchen gerade Wunschfantasien auf? Nein? Wunderbar! Dann spüren sie der natürlichen Erfüllung in diesem Moment nach. Seien Sie neugierig, ob Sie einem Gefühl von Zufriedenheit auf die Spur kommen. Sind keine ablenkenden Wunschgedanken da, muss dies irgendwo zu finden sein. Manchmal macht es sich durch ein zunächst unauffälliges Wohlgefühl im Körper bemerkbar. Der schlichte Genuss der Atembewegungen im Brust- oder Bauchbereich. Die angenehme Schwere der Glieder. Die Berührung der Haut mit der Luft. Oder Sie fühlen die Zufriedenheit als einen Anflug einer friedlichen Atmosphäre in Ihrem Herzen. Ein hauchzartes inneres Lächeln. Ein unspektakulärer Frieden. Zu anderen Zeiten fühlt es sich intensiver an - manchmal sogar freudvoll oder gar ekstatisch. Gute Laune aus heiterem Himmel. Grundlose Freude. Schallendes Lachen. Einfach so. Ob vage oder überdeutlich, erlauben Sie sich, die Erfüllung dieses Moments ganz und gar zu kosten.

Tauchen während dieser Übung Wunschvorstellungen auf, spüren Sie nach, welche Auswirkungen diese haben. Führen Sie diese Fantasien in ein wohltuendes Erleben, dann erlauben Sie sich, das zu genießen. Erzeugen die Wunschfantasien Anspannung und Leiden, seien Sie sich dieser Auswirkung bewusst. Spüren Sie, wie sich das körperlich zeigt? Gibt es irgendwo Anspannung? Stockt der Atem? Welche Gefühle werden durch die Vorstellungen erzeugt? Welcher innerer Monolog kreist im Kopf? Es mag sein, dass alleine diese Bewusstwerdung schon befreit. Die Wunschvorstellungen verlieren an Kraft. Sie

lassen nach. Sie hören auf. Wie ist es dann? Der Körper atmet durch und entspannt sich. Die Last des Wünschens fällt von Ihren Schultern ab. Sie fühlen sich wieder leicht und in Frieden.
Seien Sie auch wachsam für Momente der Enttäuschung. Hier zeigen sich Wünsche, an denen Sie bisher gehangen haben, die aber im Moment unerfüllt bleiben. Werden Sie konkret. Welcher Wunsch ist nicht erfüllt worden? Ein materieller Wunsch? Das Sehnen nach Anerkennung? Ein sexuelles Verlangen? Etwas Anderes? Wir wäre es, dieser Enttäuschung jetzt mit offenem Herzen zu begegnen? Geben Sie dem Gefühl der Frustration und Enttäuschung Raum. Können Sie sich selbst traurig sein lassen, ohne es wegzuschieben, zu überspringen oder gleich nach etwas anderem Ausschau zu halten? Nehmen Sie zwei oder drei bewusste Atemzüge. Atmen Sie liebevolle Annahme in das Gefühl der Enttäuschung hinein: Sie dürfen auch seufzen, jaulen oder murren. Aber verzichten Sie darauf, inneren Klage- oder Widerstands-Geschichten nachzuhängen. Was geschieht, wenn Sie diese Offenheit für die pure Enttäuschung aufbringen? Verändert sich das Gefühl? Ist es möglich den inneren Frieden zu entdecken, für den die Erfüllung des akuten Wunsches gar nicht notwendig ist? Mag sein, dass Sie zunächst nur eine leichte Ahnung dieser Freiheit erspüren – das reicht schon. Die Entlastung wird sich ihren eigenen Weg bahnen. Das echte Glück bricht durch – früher oder später. Oder schon jetzt?

Erfüllung unmittelbar

Wenn uns zunehmend klarer wird, dass unsere Glücksvorstellungen lediglich aus Gedanken bestehen, wenn wir merken, dass sie nur ein mentales Muster sind, eine Wiederholung der immer gleichen Glaubenssätze, dann durchschauen wir ihren Automatismus und ihre falschen Versprechungen. Und dann eröffnet sich die Möglichkeit eines tieferen Erforschens. Dieses Erforschen kann zu einer Ebene in uns vordringen, die nicht durch Glaubenssätze und Konzepte begrenzt und beherrscht wird. Wir entdecken Erfüllung, die nicht an Bedingungen geknüpft ist; inneren Frieden, der unabhängig von äußeren Umständen ist – eine Ebene unseres Seins, die frei ist von den einengenden Vorstellungen eines bedürftigen persönlichen Ich. In diesem Kapitel werden wir die Natur von dauerhafter Glückseligkeit jenseits der objektgebundenen Glückskonzepte untersuchen.

Jeder Mensch kennt Erfahrungen von tiefer Zufriedenheit und Glückseligkeit. Vielleicht kommen solche Momente bei einigen Menschen häufiger vor als bei anderen. Vielleicht unterscheiden sie sich in ihrer Intensität. Doch solche Augenblicke der Erfüllung leuchten irgendwann in jedem Leben auf. Es sind Momente, in denen alle Rastlosigkeit zur Ruhe kommt, alle Anspannung abfällt, alle Sorgen sich auflösen. Augenblicke, in denen das Leben als heil und ganz erfahren wird und in denen sich die tiefe Schönheit und Perfektion aller Dinge offenbart.

Wann haben Sie Momente tief greifender Zufriedenheit und Erfüllung erlebt? Wie war die Situation? Was haben Sie dabei empfunden?

Vielleicht haben wir dieses tiefe Erfülltsein in einer liebevollen Begegnung mit einem anderen Menschen erfahren. Oder der Anblick einer Landschaft oder das Hören von Musik hat uns tief berührt. Möglicherweise ist solch ein Moment aber auch vollkommen spontan aufgetreten, ohne äußeren Anlass. Was auch immer der Auslöser oder die Situation war, wir wollen diesen Moment rückblickend mit ein paar Fragen weiter untersuchen.

Wenn Sie ganz in diesen Moment hineinspüren:
Ist Ihr Verstand mit Fantasien darüber beschäftigt, was Sie
glücklich macht?

Diese Frage verlockt womöglich zu einer einfachen Antwort. Doch es lohnt sich, genauer hinzusehen, denn hier zeigt sich erneut die enorme Geschwindigkeit des Verstandes. Rasend schnell versucht er, die unmittelbare Erfahrung zu fassen und festzuhalten. Die direkte Antwort auf die Frage nach den Fantasien lautet: Nein. In einem Moment unmittelbarer Erfüllung ist der Verstand einfach still. Wenn wir wirkliche Schönheit erleben, wenn tiefe Berührung stattfindet, stoppt der gewöhnliche Strom der Gedanken. Für einen Moment gibt es keine Bewegung in die Fantasie, kein »Was ich jetzt noch brauche …« oder »Das Einzige, was stört, ist …«. Zumindest für den Bruchteil einer Sekunde ist unser Denken zur Ruhe gekommen. Und in diesem Augenblick der Stille verschwinden die Verhüllungen der Wahrheit. Der Lärm der konditionierten Vorstellungen verklingt. Wir staunen wortlos über die Anmut dieses Moments, und etwas Tieferes scheint durch.
Dieses Tiefere ist unsere wahre Natur. Ihre Aspekte drücken sich als Seligkeit, Klarheit, Liebe und Intelligenz aus. Sie sind wie die Spektralfarben des weißen Lichtes, sichtbare Teilaspekte des unsichtbaren Seins. In einem Moment des echten Glücks leuchten diese Far-

ben des Seins durch die Äußerlichkeiten der aktuellen Situation hindurch. Für den konditionierten Geist wirkt es so, als ob auf einmal die äußere Welt in ein Licht von Frieden und Klarheit getaucht wäre. Der sonst mehr oder weniger dicke, graue Nebel unserer Belastungen ist wie weggeblasen, und die Sonne scheint wieder. Was unbedeutend und wertlos schien, glänzt plötzlich im Licht von Schönheit und Fülle. Was langweilig und trist anmutete, ist auf einmal faszinierend und höchst lebendig. Was problematisch und belastend wirkte, ist nun wunderbar einfach und unkompliziert. Alle Bekümmertheit löst sich auf.

In Wirklichkeit hat sich die äußere Welt kein bisschen verändert. Lediglich die Verhüllungen sind weggefallen. Die Verzerrungen, die der unruhige Geist zuvor wie eine dunkel gefärbte Folie über alles gelegt hat, sind verschwunden. Die unmittelbare Erfahrung eines Momentes von Glück ist frei von konditioniertem Denken – genau diese Tatsache ist der entscheidende Punkt. Das allerdings wird selten bewusst wahrgenommen, da unser flinker Verstand sofort in diesen Moment der Stille eingreift.

Wie macht er das? Dafür hat er seine Werkzeugkiste parat. Stellen wir uns vor, wir erleben staunend die Schönheit eines grandiosen Sonnenuntergangs. Was macht unser Verstand aus diesem Moment höchster Lebendigkeit? Das Erste, was er herausholt, ist die Zange der Benennung. Der Verstand gibt der Erfahrung einen Namen: »Sonnenuntergang«. Was folgt, ist das Maßband – die Bewertung. Sie macht sich in einem kommentierenden Gedanken bemerkbar: »Oh, dieser Sonnenuntergang ist aber schön!« Das Berührtsein von der Schönheit geschieht in einem Moment der Stille. Die Benennung und der Kommentar dagegen sind der Beginn eines inneren Lärms, der die lebendige Schönheit schon ein wenig verdeckt. Unser Denken will eine mentale Einordnung schaffen. Eine begriffliche Schublade wird geöffnet und ein geistiges Abbild der unmittelbaren Erfahrung abgelegt. Nun haben wir ein Werkstück, das der Verstand bearbeiten kann. Er kann es abmessen und – das ist das nächste Werkzeug – mit anderen vergleichen: »Dieser Sonnenuntergang ist sogar noch schöner als der, den ich gestern gesehen habe.« Oder er kann es in einen rationalen Schraubstock zwängen und weiter analysieren: »Dieser Sonnenuntergang ist so atemberaubend, weil er so viele Violetttöne enthält.« Der Verstand hat noch jede Menge anderer Bearbeitungsverfahren in petto. Vielleicht schweißt er schon eine feste Verbindung zu den Glücksvorstellungen: »Einen Sonnenuntergang zu beobachten bringt einen zur Ruhe, deshalb fühle ich mich jetzt so gut.« Und womöglich zimmert er sich schon eine verheißungsvolle Strategie für die Zukunft zurecht: »Ich sollte mir öfter solche Momente gönnen, dann wird es mir insgesamt besser gehen. Man kann das auch anderen nur empfehlen.«

Diese Prozesse des Benennens, Bewertens, Vergleichens und Analysierens laufen – wie bereits erwähnt – in Lichtgeschwindigkeit ab. Sie sind für den konditionierten Geist so gewohnt und vertraut, dass er sie als selbstverständlich betrachtet. Und sie sind derart normal, dass sie uns gar nicht erst bewusst werden. Nur, dass auf einmal der lebendige Moment des Glückes entschwunden ist.

Für die konditionierte Aufmerksamkeit ist es das Alltäglichste der Welt, sich im Strom der Gedanken und der abstrakten Vorstellungen zu verlieren. Für sich genommen ist ein Gedanke noch annähernd transparent und daher noch keine Verhüllung der unmittelbar empfundenen Schönheit. Doch wenn sich unsere Aufmerksamkeit vom direkten Erleben abwendet und sich in den Gedankenketten verliert, in den Geschichten, die unser Geist über das Erleben erzählt, verblassen Schönheit und Frieden schnell. Die Lebendigkeit des Momentes verabschiedet sich. Und wir bleiben zurück mit trockenen Verstandeskonstrukten. Die Gedanken über die Erfahrung sind Eingrenzungen, Surrogate, Reduktionen. Es sind tote Objekte der mentalen Welt, aufgespießte Schmetterlinge als vorzeigbare Erinnerung an einst pulsierendes Leben.

Und uns entgeht dabei völlig, dass der Moment des Glücks ein Moment der Stille ist. In einem solchen Moment ist der Geist eben nicht mit seinem normalen Spiel beschäftigt. Er macht sich keine Vorstellungen über das Glück. Er ist vollkommen frei vom Zwang, alten Wünschen hinterherzujagen. Er ist zur Ruhe gekommen. Die Glückseligkeit, die wir in diesem Augenblick spüren, ist ohne Ursache. Sie ist das feine Vibrieren unseres natürlichen Zustands – in sich selbst erfülltes Sein.

Zusammenfassung

In diesem Kapitel sind wir dem Geschmack von Zufriedenheit und Erfüllung auf die Spur gekommen. Schlichtes Glück ist nie weit von uns entfernt. Es wartet gleich unter der Oberfläche unseres Denkens darauf, dass wir kurz eine Pause machen; vom Grübeln und Sorgen; vom Planen und Erinnern; von Zukunft und Vergangenheit. Wir müssen nur für einen Atemzug innehalten; kurz unser Denken beiseite legen. Als wenn wir nach einer langen Reise endlich wieder zuhause ankommen, unser schweres Gepäck zu Boden und uns selbst aufs Sofa fallen lassen. Wir atmen tief durch. Wir spüren, dass wir weich gelandet sind. Dann macht es sich von ganz alleine bemerkbar. »Hallo hier bin ich. Dein Glück. Deine Zufriedenheit. Habe hier die ganze Zeit auf Dich gewartet. Genieß' mich bitte in vollen Zügen«.

Wir haben damit experimentiert, innerer Erfüllung unsere volle Aufmerksamkeit zu schenken. Dazu müssen wir nicht herausfinden, woher sie kam. Wir müssen sie auch nicht analysieren oder gar versuchen, sie zu konservieren. Viel leichter und befriedigender ist es, die Zufriedenheit einfach nur zu spüren. Egal wie sie sich bemerkbar macht. Vielleicht zeigt sie sich als nichts weiter als die angenehme Abwesenheit vom quälenden Problemdenken. Allein das ist schon Erleichterung. Oder wir spüren sie deutlicher. Als entspanntes Wohlempfinden. Als friedliches Herzgefühl. Als Ruhe in unseren Gedanken oder innere und äußere Weiträumigkeit. Das dürfen wir uns gönnen. Einfach so.

Natürlicher Erfüllung auf der Spur

Achten Sie einen ganzen Tag auf die kurzen – oder langen – Zeitphasen, in denen natürliche Erfüllung für Sie spürbar wird. Wird Ihnen ein solcher Augenblick bewusst, halten Sie kurz inne – vielleicht nur für drei Atemzüge oder auch länger. Wo und wie spüren Sie die Qualität von Erfüllung? Eher körperlich, gefühlsmäßig oder geistig? Wie fühlt sich dabei Ihr Atem an? Wie die Muskeln und Gelenke? Wie die Herzgegend? Vielleicht ist die Erfüllung auch gar nicht deutlich fassbar. Dann überlassen Sie sich der unbestimmten Ahnung von Zufriedenheit. Sie dürfen sie auch genießen, ohne dass Sie Worte dafür finden.

Sind Sie gerade unter Menschen, gönnen Sie sich ein paar unbemerkte Sekunden des Genusses – niemand muss es mitbekommen. Sind Sie gerade alleine, können Sie sich auch vollständig in das schlichte Glück des Augenblicks hineinfallen lassen. Als würden Sie ein Bad in Zufriedenheit nehmen.

Stellen Sie am Abend im Bett kurz vor dem Einschlafen eine Bilanz mit folgender Frage auf: »Welche zufriedenen Momente habe ich heute erlebt?« Wertschätzen Sie die Augenblicke mit einer kurzen intensiven Erinnerung, dann verabschieden Sie sich von dieser Erfahrung. Falls dabei ein Gefühl von Dankbarkeit auftaucht, dürfen Sie sich auch dorthinein fallen lassen und damit einschlafen.

Spirituelle Unterscheidungskraft

Wir alle sind auf der Suche nach unvergänglichem Glück. Uns treibt eine vage Ahnung von einer Dimension des Lebens um, die beständig und unveränderlich ist. Es ist die Erinnerung an den Frieden unseres wahren Seins, dessen Spur uns auf die Fährte setzt. Doch dieser Frieden ist nicht auf jener Ebene zu finden, auf der wir gewöhnlich suchen, auf der Ebene der Objekte. Egal ob es äußere Dinge oder innere Erfahrungen sind, die wir herbeisehnen und festhalten wollen: Auf dieser Ebene ist alle Anstrengung, alle Glückssuche nur »ein Haschen nach dem Wind« – wie es in der Bibel heißt; ein Greifen nach etwas, das nicht zu fassen ist, weil es sich sofort wieder verflüchtigt. Wir haben schon zigtausend Mal in die Luft gegriffen und mögen es doch nicht glauben, dass wir nichts in den Händen halten. Wir haschen weiter nach dem Wind. Aber warum lässt sich Glück und Zufriedenheit nicht einfangen, einpacken und konservieren?

Die Weisen der Advaita-Philosophie* haben darauf eine einfache Antwort. Sie erkannten: Unser Geist spiegelt uns eine Welt vor, die real scheint, aber in Wahrheit bloße Illusion ist. Wir halten die wandelbaren Erscheinungen des Lebens für die höchste Wirklichkeit und führen uns so selbst in die Irre. Erforschen wir unser Erleben genauer, dann entdecken wir die Realität wieder, die hinter dem Kommen und Gehen der Erscheinungen liegt. Wir entwickeln eine spirituelle Intelligenz, die uns befähigt, Wirkliches von Unwirklichem zu unterscheiden, und so beenden wir die Irrfahrt in die Welt der unbefriedigenden Wünsche.

Vergänglichkeit und Wandel – die grundlegende Eigenschaft aller Dinge

Eine wesentliche Betrachtungsweise zur Unterscheidung von Illusion und Wirklichkeit entdeckte der Buddha vor 2500 Jahren. Nüchtern und zugleich radikal stellte er fest: »Alles, was geboren wurde, wird sterben.« Mit dieser Aussage stellte er die Vergänglichkeit aller Phänomene in den Mittelpunkt seiner Lehre.

In einigen Bereichen können wir dieses Urprinzip des Wandels klar wahrnehmen. Eine Blume blüht nur kurz. Eine Jahreszeit beginnt und ist schnell verflogen. Auch, dass unser Körper nicht ewig leben wird, ist uns zu einem gewissen Grad bewusst. Aber tatsächlich ist die Wahrheit der Vergänglichkeit noch viel umfassender. Sie gilt für alle Ebenen unserer Welt – seien sie unendlich groß oder winzig klein.

Unser Bewusstsein scheint allerdings oft blind für die grundlegende Flüchtigkeit der Dinge. Es spiegelt uns zunächst eine Welt der Beständigkeit vor. Das Haus, in dem wir wohnen, scheint auch noch in einer Woche dasselbe Haus sein. Aber ist es das wirklich? Schauen wir genauer hin, sehen wir den neuen kleinen Riss in der Fassade und den verrutschten Dachziegel. Wir wissen, dass Börsenkurse dem Wandel unterworfen sind, dass die Wirtschaft wechselnden

Zyklen unterliegt, dass Regierungen abgewählt werden und dass Bündnisse und Staatengrenzen nicht ewig halten. Doch ist uns bewusst, dass nicht nur Länder und Reiche, sondern ganze Kontinente ihre Formen und Grenzen über die Zeiten verändert haben? Afrika und Südamerika hingen einmal zusammen, und die Alpengipfel lagen unter dem Meer. Unser blauer Planet war einst ein glutheißer Feuerball. Und aus noch größerer Distanz können wir sehen, dass selbst die Existenz von Sonnensystemen und Galaxien dem Zyklus von Geburt und Sterben unterliegt. Das Universum befindet sich in ständiger Veränderung.

Wandel und Vergänglichkeit sind das Gesetz aller Erscheinungen. Das können wir auch bei unserem eigenen Körper beobachten. In seinem Inneren findet ein unaufhörlicher Fluss von Ereignissen statt. Millionen von Zellen teilen sich, andere sterben ab, neue entstehen – genau in diesem Moment. Jede Zelle tauscht permanent Stoffwechselprodukte mit dem umgebenden Gewebe aus, ständig werden komplexe Moleküle aus anderen erzeugt, weitere Stoffe umgewandelt oder abgebaut. Unablässiger Wandel ist das Prinzip. Im Inneren der Zellen bewegen sich Moleküle, in den Molekülen schwingen Atome, in den Atomen kreisen Elektronen um einen Kern aus Neutronen und Protonen. Und selbst diese Elementarteilchen sind keine starren, unveränderlichen Einheiten, sondern setzen sich aus kleineren, vibrierenden Einheiten zusammen. Hier ist die Materie nicht mehr fassbar. Sie kann nur noch mit Begriffen wie Welle und Energie beschrieben werden. Kurz, was zunächst fest und solide schien, erweist sich als ein Phänomen dynamischer Energiebewegungen. Ist es nicht erstaunlich? Schauen wir genau hin, besitzen wir nicht einmal für den Bruchteil einer Sekunde denselben Körper.

Vergänglichkeit als unmittelbare Erfahrung – der Strom des gegenwärtigen Erlebens

Das Urprinzip der Vergänglichkeit und des Wandels können wir in der dynamischen Struktur des Universums und in den lebendigen Bausteinen des menschlichen Körpers beobachten. Noch spannender ist es aber, die eigene unmittelbare Erfahrung unserer Sinne und unseres Körpers auf dieses Prinzip hin zu untersuchen. Ein berühmtes Wort über die Vergänglichkeit stammt von dem griechischen Philosophen Heraklit: »Niemand steigt zweimal in denselben Fluss.« Unser Verstand sagt uns: »Dies ist die Donau. Und auch in einer Stunde ist es immer noch derselbe Fluss.« Und so bildet er sich ein, der Strom sei ein definierbares Etwas. Doch sitzen wir nah am Ufer, können wir sehen: Die Donau vor unseren Augen ist nicht ein festes, unveränderliches Objekt, sondern ein fließendes, sprudelndes Geschehen.

Warum ist es so wesentlich, sich der Vergänglichkeit aller Erscheinungen bewusst zu werden? Weil wir sonst weiterhin an der vollkommen falschen Stelle nach Erfüllung suchen. Dann er geht es uns wie dem Narren Mulla Nasrudin*: Bei Nacht sucht er unter dem Schein einer Straßenlaterne angestrengt auf dem Boden nach einem Gegenstand. Ein Freund kommt des Weges und fragt ihn: »Nasrudin. Was suchst du?« – »Meinen Schlüssel.« Der Freund bohrt nach: »Wo hast du ihn denn verloren?« »Genau vor der Tür meines Hauses«, erwidert der Mulla. Der Freund ist verdutzt: »Aber dein Haus ist doch ganz am anderen Ende der Straße.« Mulla Nasrudin antwortet: »Ja, das weiß ich auch. Aber am Ende der Straße ist es dunkel, hier habe ich Licht zum Suchen.« Wir suchen den Schlüssel zum Glück in der Welt sich ständig wandelnder Empfindungen, Gefühle und Gedanken. Doch wenn dort alles vergänglich ist, wie können wir darin bleibende Befriedigung finden? Erst wenn wir in unserer eigenen Erfahrung erkennen, dass nichts von dem, was wir für fest und beständig hielten, verlässlich ist, hören wir auf, an der falschen Stelle zu suchen.

Um zu sehen, wie veränderlich selbst die uns scheinbar so vertrauten Erfahrungen unseres eigenen Körpers sind, können wir den Strom unseres eigenen inneren Erlebens nun genauer untersuchen. Woraus ist er zusammengesetzt? Wie ist er beschaffen? Beginnen wir mit den Sinneseindrücken unserer Augen.

Jetzt, in diesem Augenblick: Was sehen Sie in diesem Moment?

Die nächstliegende Antwort mag sein: »Dieses Buch« oder »Buchstaben auf Papier« oder »vor mir ein Buch, und unscharf im Hintergrund die Umgebung«. Solche Antworten suggerieren eine Beständigkeit des optischen Feldes, die es nicht gibt. Sehen wir genauer hin.

Bleibt das Bild, das Ihre Augen wahrnehmen, wirklich gleich?

Das Bild vor unseren Augen wandelt sich ständig. Haben wir das Buch nicht eben noch ein bisschen anders gehalten? Vielleicht haben sich in den letzten Sekunden die Lichtverhältnisse im Raum leicht verändert – es ist ein wenig heller oder dunkler geworden. Und haben sich nicht unsere Lider geschlossen? Ganz kurz, nur einen Augenblick lang, so, wie sie es regelmäßig tun?

Im Moment des Lidschlages war das, was wir vorher gesehen hatten, verschwunden. Ganz kurz, kaum wahrnehmbar, doch für den Bruchteil einer Sekunde war es dunkel hinter den Augenlidern. Ist uns aufgefallen, dass sich unser Kopf und also auch unsere Augen bei jedem Ein- und Ausatmen bewegen, nur wenig zwar, aber immerhin so, dass sich das optische Bild immer ein paar Millimeter verschiebt? Das Bild vor unseren Augen bleibt nicht gleich, nicht einmal, wenn wir den Blick starr auf etwas Unbewegtes richten. Nur bemerken wir das gewöhnlich nicht.

Wie steht es mit Sinneseindrücken des Hörens?

Was hören Sie jetzt gerade?

Auch bei dem, was unsere Ohren wahrnehmen, bedient uns der Verstand rasch mit Antworten. Sie klingen vertraut: »Die Verkehrsgeräusche draußen«, »das Vogelgezwitscher«, »das Ticken einer Uhr«, »mein eigener Atem.« Was ich höre, ist etwas Konkretes, suggerieren uns diese Antworten. Mit dergleichen Benennungen – ein Auto, ein Vogel, eine Uhr – geht das Gefühl einer bleibenden Realität einher. Aber mit diesen Benennungen schaffen wir erst eine Realität, die es so gar nicht gibt. Was geschieht wirklich?

Welchen Klang hören Sie in diesem Moment?

Horchen wir genauer hin, stellen wir fest, dass ein Ton, ein Klang, ein Geräusch meist von kurzer Dauer ist. Wir behaupten: »Ich höre Straßenlärm.« Doch die unmittelbare Wahrnehmung ist eine andere: Wir hören jeweils nur einzelne kurze Geräusche: ein Brummen, ein Rattern, ein Rauschen, das anschwillt und schwächer wird. Oder wir sagen: »Ich höre ein Musikstück.« In Wahrheit hören wir das Zusammenspiel von Tönen, die erklingen und verklingen. Die Benennungen schaffen eine vermeintliche Festigkeit und Beständigkeit, die es in der direkten Sinneswahrnehmung nicht gibt. Tatsächlich nehmen wir auch im Hören immer ein lebhaft sich wandelndes Fließen wahr. Und wie steht es um die anderen Sinne?

Ist die Erfahrung eines Geschmacks von Dauer?
Hält die Erfahrung eines Geruchs über längere Zeit an? Sind die
Empfindungen des Tastsinns von Dauer?

Egal, um welche Sinnesempfindung es geht: Sobald wir ihr genauer nachspüren, zeigt sich, wie wenig Konstanz vorhanden ist. Die Realität ist nie fest, sondern ein Strom des wechselhaften Erlebens, ein schneller und lebendiger Wandel. Dasselbe nehmen wir im Inneren unseres Körpers wahr. Unsere Gedanken suggerieren, der Körper sei eine fest strukturierte Einheit. Was sagt die Erfahrung?
Wie spüren Sie Ihren Körper – jetzt?

Vielleicht denken Sie: »Ich spüre Spannung in den Armen, die dieses Buch halten.« »Ich nehme wahr, dass meine Wirbelsäule aufrecht ist.« »Mein Nacken scheint etwas verspannt zu sein.« »In diesem Körperbereich fühle ich einen leichten Schmerz.« »Ich spüre Wärme im Bauch.« Solche Antworten scheinen konkrete Aussagen über das Erleben des Körpers zu sein. Betrachten wir sie ein bisschen genauer:

Lassen Sie sich ein paar Augenblicke Zeit, in den Körper
hineinzuspüren:
Wo sind im Moment die stärksten körperlichen
Empfindungen wahrnehmbar?
Wie fühlt es sich dort an?
Beobachten Sie für ein paar Augenblicke die Empfindungen
in diesem Bereich.
Bleiben die Empfindungen dieselben? Oder ändern sie sich?
Welche Empfindungen tauchen noch auf?

Beim Hineinspüren in unseren Körper können wir feststellen, dass sich das Wahrgenommene ununterbrochen verändert. Vielleicht wird eine Spannung intensiver, wenn wir unsere Aufmerksamkeit darauf richten. Oder ihre Intensität nimmt ab. Vielleicht ist ein Schmerz erst schneidend, beim Hinspüren aber pulsierend und dann für kurze Momente gar nicht mehr wahrnehmbar. Oder wir stellen fest, dass sich der Bereich, in dem wir den Schmerz wahrgenommen haben, während des Spürens verlagert. Wenn wir zunächst gedacht haben: »Mein Rücken ist gerade«, wie ist es beim genaueren Hinfühlen? Gibt es nicht eine leichte Veränderung in der Haltung? Eine kleine Verschiebung der Balance? Möglich auch, dass die Wahrnehmung hin und her springt: Mal kribbelt es in den Beinen, dann im Rücken, plötzlich ist der Atem im Vordergrund des Bewusstseins.

Die inneren Empfindungen des Körpers gleichen weit mehr einem Strom in wirbelnder Bewegung als einer festen Einheit. In diesem Strom wechselnder Erfahrungen ist es unmöglich, eine Empfindung festzuhalten und sie für dingfest zu erklären. Keine Empfindung ist dauerhaft. Und wie ist es mit unseren Emotionen? Gibt es in ihnen etwas Beständiges? Auch das können wir ganz konkret im gegenwärtigen Moment untersuchen:

Welche Emotionen, welche Stimmung nehmen Sie gerade jetzt wahr?

Vielleicht denken Sie: »Ich fühle mich im Moment gut und energiegeladen.« Oder: »Ich bin müde und erschöpft.« Möglicherweise schwingen auch andere Gefühle mit: Traurigkeit, Dumpfheit, Ärger. Egal, was wir fühlen, der Verstand hat die lang gehegte Angewohnheit, solche Gefühle mit einem einzigen Begriff zu benennen. Er stempelt sie und sagt: »Das ist Angst.« Oder: »Das ist Begeisterung.« Doch der Stempel ist nicht das, worauf er gedruckt wird. Wie ist die unmittelbare Erfahrung?

Wie und wo spüren Sie die Stimmungen in Ihrem Körper?

Unsere Gefühle sind eine Kombination aus körperlichen Empfindungen und Gedanken. Das Gefühl namens Angst zum Beispiel ist körperlich spürbar als Engegefühl im Bauch oder im Brustkorb, als Herzklopfen, Schwitzen, muskuläre Spannung. Damit verknüpft sind Gedanken und innere Bilder: Erinnerungen an frühere Angst auslösende Situationen, dazu Fantasien und Vorstellungen davon, was passieren könnte.

Beim genaueren Hinspüren offenbaren diese Wahrnehmungen etwas Überraschendes: Sie verändern sich viel schneller, als der Verstand uns glauben macht. Der Verstand neigt dazu, eine Vorstellung zu verfestigen. Mit der plakativen Benennung »Ich habe Angst« friert er ein Bild aus der schnellen Abfolge unmittelbarer Empfindungen ein. Wir neigen dazu, dieser pauschalen Benennung zu glauben, und bekommen dann den Eindruck, dass es da tatsächlich ein bleibendes Gefühl gibt. Unser Geist meint dann auch noch, auf dieses eingebildete Gefühl reagieren zu müssen, und so entwickeln wir zum Beispiel Angst vor der Angst oder Wut auf die Wut, statt das Gefühl direkt zu erfahren.

Wenn wir mit unserer Aufmerksamkeit direkt in das Gefühl eintauchen – und dazu genügt ein Moment – sehen wir, wie schnell die Empfindungen sich wandeln. Angst mag zunächst als Spannung im Bauch wahrgenommen werden, meist oberhalb des Nabels. Im nächsten Moment verändert sich diese Spannung schon wieder. Das Gefühl im Bauch weitet sich vielleicht, denn die Muskeln entspannen sich mit dem Ausatmen etwas – oder wir vergessen diese Empfindung, weil Pulsschlag oder Herzklopfen unsere Aufmerksamkeit auf sich ziehen. Die eilig vom Verstand gelieferte Bezeichnung »Ich habe Angst« verdeckt, was tatsächlich passiert – wie ein Betondeckel einen rasch fließenden Bach verdeckt. Der Blick auf diesen raschen Strom von Empfindungen offenbart Lebendigkeit, die Kategorisierung »Angst« zementiert den Schrecken.

Das direkte Erleben von Gefühlen jenseits ihrer Bezeichnungen offenbart ununterbrochenen Wandel. Scheinbare Zustandsbeschreibungen wie »Jetzt bin ich frustriert« oder »Die Enttäuschung sitzt tief« suggerieren, es gäbe eine konstante seelische Verfassung. In Wahrheit sind sie nicht nur eine grobe Vereinfachung des wirklichen Geschehens, sondern schaffen auch Leiden. Denn wenn wir erst mal an die Festigkeit von Gefühlen glauben, haben wir am Angelhaken des Verstandes angebissen. Er geht dann noch weiter und zieht uns rasch in die Welt der Dualität. Er macht uns nämlich glauben, dass bestimmte Gefühle erstrebenswert, andere abzulehnen sind. Er beginnt mit seiner leidvollen Jagd nach den Sonnenseiten und dem Krieg gegen das scheinbar Dunkle. Wir werden diese Mechanismen noch sehr viel genauer untersuchen. Doch ist an dieser Stelle vielleicht schon deutlich geworden: Im direkten Erleben von Sinneseindrücken, Körperempfindungen und Gefühlen, im unablässig sich wandelnden Strom der Erfahrungen, kann es kein Leiden geben. Hier herrscht einzig das frei sprudelnde Leben selbst.

Beständigkeit –
nur ein gedankliches Konstrukt

Wenden wir uns nun dem zu, was wir allgemein als »Geist« bezeichnen. Dies meint die mentale Ebene unseres Erlebens, und dazu zählen Gedanken, Vorstellungen und innere Bilder und auch deren Wechselwirkungen mit unseren Emotionen. Die Erforschung dieser Erlebensebene ist von entscheidender Bedeutung für die Entdeckung echter Freiheit. Denn das ist der Bereich, der uns die schein-

bare Beständigkeit und Festigkeit der Dinge und unseres begrenzten Ich-Gefühls suggeriert und sie konstruiert.

Wie wir gesehen haben, herrscht in der unmittelbaren Erfahrung
der Sinne, Gefühle und Emotionen ständiger Wandel. Und doch
glauben wir normalerweise wie selbstverständlich an das Phantom
der Beständigkeit. Gegenstände, die wir sehen und anfassen können, scheinen fest zu sein. Stimmungen und Gefühle wirken gleich-
bleibend und stabil. Auch unser Körper scheint für gewisse Phasen
ein und derselbe zu sein. Und doch ist Beständigkeit nur eine trick-
reiche Illusion – in Wirklichkeit gibt es sie nicht.

Wie schafft es der Verstand, uns immer wieder derart in die Irre zu
führen? Ganz einfach: Indem er unmittelbare Erfahrungen mit Namen belegt, erzeugt er den Anschein von Dauerhaftigkeit. Blitzschnell klebt er Etiketten auf Sinneseindrücke und Empfindungen
und beschriftet sie: »Buch«, »Tisch«, »Tasse«, »Schmerz«, »Wärme«,
»Sympathie«, »Angst«. Diese Benennungen machen die zunächst
ungeordneten Eindrücke leichter handhabbar. Nur: Sind sie erst
einmal benannt und eingeordnet, stellen sie nicht mehr die reine
Erfahrung dar, sondern sind nur noch mentale Abbilder derselben,
bereit, in den Schubladen des Gedächtnisses abgelegt zu werden.
Dort nehmen sie den Anschein von Festigkeit und Berechenbarkeit
an. Sie lassen sich vergleichen, bewerten und zum Planen und Asso-
ziieren verwenden.

Was ist daran problematisch? Erst einmal gar nichts. Die Fähigkeit
des Bewusstseins, Abbilder von Erfahrungen zu schaffen, hat im
evolutionären Prozess zu großen Vorteilen geführt. Allerdings
wohnt dieser Fähigkeit ein enormes Täuschungspotenzial inne. Wir
sind nämlich versucht zu glauben, dass die Wahrnehmung in mentalen Kategorien die Wirklichkeit selbst ist. Diese Verwechslung
führt zu Verwirrung und ist damit eine wesentliche Ursache unseres Leidens.

Dass feste Vorstellungen uns täuschen, wird beim Thema Vorurteile deutlich. Wir alle kennen wohl einige typische, voreingenommene Einschätzungen: »Deutsche sind obrigkeitshörig.«, »Reiche Menschen sind arrogant.«, »Wer Sozialhilfe bekommt, leistet nichts für die Gesellschaft.« Gleichgültig, wie bewusst uns solche Vorurteile sein mögen, sie üben einen großen Einfluss auf uns aus. Wir sind der festen Überzeugung, dass unser Urteil der Wirklichkeit entspricht. Wir verwechseln unsere Gedanken mit der Realität.

Natürlich haben wir alle schon die Erfahrung gemacht, dass eine feste Vorstellung sich als falsch erwies. Jemand, den wir als unsympathisch abgestempelt hatten, wirkt beispielsweise nach genauerem Kennenlernen liebenswert. Ein anderer, den wir für einfältig hielten, überrascht uns plötzlich mit ungeahnten Talenten. Bei solchen Gelegenheiten erfreut uns die Einsicht, dass das, was uns unumstößlich als Wirklichkeit erschien, revidiert werden kann. Es war also nicht die Wirklichkeit. Es war eine Idee über die Wirklichkeit. Bei Vorurteilen wird der illusorische Charakter von Vorstellungen schnell offenbar. Doch diese Art der Täuschung durchdringt auch alle anderen Funktionen unseres Geistes. Sie ist bereits in den schlichtesten mentalen Aktivitäten wirksam, wie etwa in der schnellen Benennung von Dingen.

Was geschieht im Moment einer Benennung? Wir gehen spazieren und denken: »Ein schöner Baum.« Ein ganz normaler Gedanke. Allerdings gehört zu dieser Benennung ein inneres Bild, das den Geschmack der Festigkeit und Beständigkeit mit sich bringt. Wir haben es als Kind bereits mit festen Umrissen gezeichnet und später ein wenig erweitert. Jetzt verlassen wir uns darauf, dass wir Bescheid wissen: »Ja, hier handelt es sich um einen Baum.« Der Verstand suggeriert uns, dass wir die Wirklichkeit ausreichend kennen. Und doch ist das Einzige, was wir kennen, das Bild in unserem Kopf.

Denn wenn wir nur ein wenig genauer hinschauen, zeigt sich uns auch hier wieder etwas ganz anderes: Die Abgrenzungen des Baumes zur Umwelt sind nämlich keineswegs so fest, wie sie scheinen. Der Baum nimmt Gase aus der Luft auf, verarbeitet sie in seinem Stoffwechsel und gibt andere Gase wieder ab. Aus der Erde fließen Wasser und Nährstoffe in seine Wurzeln, gleichzeitig fallen Blätter, Blüten, Samen herunter und werden zu Nährstoffen der Erde. Seine Form wandelt sich kontinuierlich. Neue Sprossen, neue Blätter, neue Äste wachsen, andere altern und brechen ab. Botaniker wissen, dass an vielen Punkten dieses dynamischen Austauschprozesses nicht mehr festzulegen ist, was noch Teil des Baumes oder schon Teil der Umwelt ist.

Wir müssen uns allerdings noch nicht mal auf die Aussagen von Wissenschaftlern berufen, sondern können den Baum mit unseren eigenen Sinnen erforschen. Auch hier wird deutlich, dass unser festes Bild vom Objekt keineswegs der Wirklichkeit entspricht. Schauen wir uns den Baum nur für ein paar Sekunden aus der Entfernung an, dann stellen wir fest: Das optische Bild verändert sich ständig. Die Krone wiegt sich im Wind, Blätter fallen, ein Vogel landet auf einem Ast, der Ast neigt sich. Und würden wir den Baum mit unserem Tastsinn erforschen, könnten wir viele unterschiedliche Sinneseindrücke sammeln. Einige Blätter fühlen sich weich und seidig an, andere sind rauer und fester, die Rinde in der Krone des Baumes fühlt sich glatter an als die am Stamm. Wir können die vielfältigsten sinnlichen Erfahrungen dessen machen, was unser Verstand so vereinfachend als »Baum« etikettiert.

Sowohl unsere unmittelbare Wahrnehmung über die Sinne als auch die Fakten der Naturwissenschaft sprechen also gegen die Annahme eines festen Objekts. Sie deuten auf ein dynamisches und in seiner Gesamtheit kaum zu fassendes Phänomen. Irrt unser Verstand demnach mit seiner begrifflichen Vorstellung vom Baum? Nein, denn er macht lediglich seinen Job: Er versucht mit Hilfe mentaler Abbilder zu erfassen und abzugrenzen. Er bemüht sich um Einordnung. Und so liefert er uns ein grobes Standbild eines in Wahrheit fließenden Geschehens. Er bringt den Strom des Erlebens zum Stehen. Der Verstand will Verstehen – und das auf seine Weise. Die Ausbildung dieser Fähigkeiten war entwicklungsgeschichtlich gesehen natürlich ein großer Fortschritt. Sprachliche Kommunikation, logisches und technisches Denken sind erst dadurch möglich geworden. Der Nachteil besteht darin, dass wir uns daran gewöhnt haben, Standbilder für die Wirklichkeit zu halten. Wir sehen also nur noch unsere Vorstellungen und nicht die Realität. Wir glauben, die Welt zu kennen – und kennen doch nur eine Interpretation des Verstandes. Nur ist uns das selten bewusst. Wir halten unsere Vorstellungen nicht für Vorstellungen. Wir glauben, die Welt sei so und denken: »Dieser Pförtner ist unfreundlich.« Ohne uns darüber im Klaren zu sein, dass dieser Satz lediglich eine gedankliche Interpretation ist. Wir sind zutiefst davon überzeugt, dass dieser Mann tatsächlich unfreundlich ist. Wir verwechseln unsere Gedanken mit der Wirklichkeit. Und genau das Gleiche geschieht mit den Gedanken über uns als Person, die unsere Unzufriedenheit und unser Leiden zementieren: »Ich bin unglücklich.« »Ich bin nichts wert.« »Ich müsste anders sein.« Auch dies sind nur Interpretationen und Vorstellungen – und nicht die Wirklichkeit. Wir leiden also nicht an der Wirklichkeit, sondern ausschließlich an den mentalen Bildern, die wir für wirklich halten. Und wir hängen an diesen Überzeugungen. Wir lieben unsere Interpretationen und verteidigen sie mit allen Mitteln. Ja, wir fürchten sogar, sie zu verlieren. »Das ist meine tiefe Überzeugung«, erklären wir – und sind stolz darauf.

Wir haben den Eindruck, unsere mentalen Ansichten, Meinungen und Standpunkte seien etwas Greifbares und Verlässliches. Wir glauben, sie hätten große Bedeutung, und empfinden sie als unseren persönlichen Besitz, ein kostbares Gut, über das wir uns definieren und das uns keiner wegnehmen darf. Doch auch hier klammern wir uns an etwas fest, das vollkommen den Gesetzen von Vergänglichkeit und Wandel unterworfen ist.

Der Gedanke – ein substanzloses Phänomen

Wir halten Gedanken und innere Bilder für real, weil wir sie normalerweise nicht genauer untersuchen. Mit den folgenden Fragen können wir sie unmittelbar erforschen:

Welchen Gedanken erleben Sie jetzt gerade?

Keinen? Vielleicht entsteht nach dem Lesen der Frage ein kurzes Vakuum im Kopf. Ein Moment der Geistesleere, eine kurze Pause des Denkens. Und dann taucht eine Frage auf wie:»Soll ich jetzt an etwas Bestimmtes denken?« Oder es erscheint ein Gedanke, der sich noch auf das eben Gesagte bezieht:»Ja, das leuchtet mir ein.« Oder vielleicht:»Damit kann ich nun gar nichts anfangen.« Vielleicht schweifen wir auch vom gegenwärtigen Moment ab und denken an etwas ganz anderes. »Gestern hätte ich eigentlich meine Mutter anrufen müssen.« Oder:»Heute Abend gibt es wieder nichts Interessantes im Fernsehen.«
Normalerweise sind wir es gewohnt, die Inhalte unserer Gedanken ernst zu nehmen. Wir reagieren auf sie. Wir folgen dem ersten Gedanken mit weiteren Gedanken. Das nennen wir Nachdenken. Es ist ein Versuch, den vorherigen Gedanken auszuführen, zu analysieren, zu bewerten – oder auch den ursprünglichen Gedanken zu unterdrücken oder abzumildern. So bilden sich im Nu Gedankenketten. Doch der Inhalt eines Gedankens ist für unsere jetzige Er-

forschung gänzlich bedeutungslos. Es geht nicht darum, über einen einzelnen Gedanken nachzudenken, sondern ihn – was immer er auch aussagen mag – einfach zu beobachten.

Welchen Gedanken erleben Sie gerade?
Und wie nehmen Sie ihn wahr?

In der buddhistischen Psychologie zählt das Erleben von Gedanken zu den Sinneswahrnehmungen, nicht anders also als Sehen, Hören, Riechen, Schmecken und Tasten. Denn auch Gedanken sind Objekte, die wahrgenommen werden. So wie wir Farben und Formen sehen und Klänge und Geräusche hören, können wir auch Gedanken innerlich sehen oder hören.
Die Frage »Wie nehme ich diesen Gedanken wahr?« richtet die Aufmerksamkeit auf diese besondere Art des Wahrnehmens. Vielleicht sehen wir den Gedanken wie eine Art Schriftzug in unserem inneren Raum. Oder er zeigt sich in Bildern und Formen, die mit ihm assoziiert sind, so als würden wir einen inneren Film sehen. Möglicherweise erleben wir auch mehr ein Hören, wie eine Art innere Stimme, die den Gedanken formuliert, ohne dass er tatsächlich von den Stimmbändern intoniert wird. Jedenfalls zeigt sich, dass auch ein Gedanke ein Objekt der Wahrnehmung ist. Die mentalen Objekte mögen subtiler sein als die Objekte, die wir durch unsere Sinne wahrnehmen, doch das Prinzip ist dasselbe: Sie sind Gegenstand unserer Wahrnehmung.
Ein Gedanke ist ein Objekt. Wir nehmen wahr, wie er auftaucht. Wie lange dauert er eigentlich?

Was geschieht mit dem Gedanken, wenn Sie ihn für
etwa zehn Sekunden beobachten?

Vielleicht steht der Gedanke im Bewusstseinsraum wie eine Leuchtreklame. Vielleicht ist er ein von der inneren Stimme wiederholter Klang. Sonderlich stabil ist er nicht. Selbst wenn wir uns auf ihn konzentrieren, wird er innerhalb von zehn Sekunden schnell von anderen Gedanken abgelöst. Dem ursprünglichen Gedanken, etwa »Was soll schon geschehen?«, folgt der nächste, zum Beispiel »Wie soll ich denn bitte die zehn Sekunden messen?« oder »Muss man hier eigentlich dauernd Fragen beantworten?«

In jedem Moment kann nur jeweils ein einziger Gedanke im Bewusstsein existieren. Wir können entweder »Ja« denken oder »Nein«, »rechts« oder »etwas weiter links« denken, doch diese Gedanken werden nie gleichzeitig, sondern in einer Abfolge im Bewusstsein wahrgenommen. Auch diese Tatsache ist uns im Allgemeinen nicht bewusst, da unsere Aufmerksamkeit meist von einem schnellen Strom von Gedanken beherrscht wird. Es ist wie mit einem Kinofilm. Auch ein Film besteht nur aus der schnellen Abfolge vieler Bilder. Auf dem einzelnen Bild findet keine Bewegung statt. Jedes Bild ist ein Standbild eines einzigen Moments. Erst durch den schnellen Ablauf entsteht die Illusion von Bewegung und Aktivität. Fasziniert von der Bewegung des mentalen Geschehens vergessen wir den illusorischen Charakter des Gedankenfilmes. Es wirkt so, als würden wir eine große Anzahl von Gedanken gleichzeitig wahrnehmen. Ja, unser Bewusstsein scheint mitgerissen zu werden vom Strom der inneren Bilder. Würden wir auf Zeitlupe schalten, wäre der Mechanismus des Denkens zu erkennen: Bild folgt auf Bild, Gedanke auf Gedanke, niemals gleichzeitig, sondern in einer raschen Abfolge hintereinander. Und in einem hohen Tempo. Selbst in einem Zeitraum von wenigen Sekunden können Gedanken einander jagen.

Gewöhnlich laufen die Gedankenketten und Fantasien automatisch ab. Selten wird uns klar, wie viel Unruhe dieser mentale Film mit sich bringt und welchen enormen Einfluss er auf uns hat. Auch und gerade wenn der innere Strom unbewusst abläuft, handelt es sich um eine gewaltige Kraft. Gedanken und Fantasien bestimmen unser gesamtes Erleben. Sie prägen unsere Sicht der Welt. Sie legen fest, wann wir ein Drama erfahren und wann eine Liebesszene beginnt. Wer die Helden und wer die Bösewichte sind. Sie bestimmen unser gesamtes Identitätsgefühl. Erst wenn wir sehen, wie wir von diesem mentalen Strom beherrscht werden, in welchem Ausmaß wir die Gefangenen von Gedanken sind, eröffnet sich die Möglichkeit zur Befreiung. Ein wirkliches Happy End kann es nur dann geben, wenn wir erkennen, dass der Film bloß ein illusorisches Schauspiel ist. Dann entdecken wir uns wieder als den wahren Zuschauer, als das stille Gewahrsein, das nicht in die Handlung des Films verwickelt ist. Solange wir von der Wirklichkeit des Films überzeugt sind, glauben wir an die Festigkeit unserer Ideen über die Welt und uns selbst. Unser Identitätsgefühl setzt sich aus dem Baustoff unserer Vorstellung zusammen und scheint ein solides Gebäude mit Stockwerken, Gängen und Zimmern zu sein. Um uns über die Tragfähigkeit dieses Bauwerks klar zu werden, müssen wir den fundamentalen Baustein – den einzelnen Gedanken – prüfen. Nehmen wir den nächsten Gedanken, der uns jetzt in den Sinn kommt – egal welcher.

Was geschieht, wenn Sie Ihre ganze Aufmerksamkeit
auf diesen Gedanken richten?

Zu Beginn kann es schwierig erscheinen, einen einzelnen Gedanken zu beobachten. Oft ist unser Geist so zerstreut, dass der erste Gedanke blitzschnell von einem weiteren abgelöst wird. Und dennoch ist es möglich. Es geht genauso, als lauschten wir dem Gesang eines Vogels. Alle Nebengeräusche bleiben dann unbeachtet. Oder wir legen den Gedanken wie einen Grashalm unter die Lupe. Alles, was über den Rand der Lupe hinausgeht, interessiert uns jetzt nicht. Wenn es mit einem beliebigen Gedanken schwierig erscheint, nehmen wir einen vertrauten, oft wiederholten Gedanken. Einen der ersten, den wir kennen gelernt haben: unseren Vornamen. Auch das ist ein Gedanke. Wir können ihn jetzt ganz bewusst auftauchen lassen, ihn als inneren Klang hören oder als inneren Schriftzug sehen. *Was geschieht, wenn Sie diesen Gedanken an Ihren Vornamen ganz direkt beobachten?*

Auch hier bedarf es einer kleinen Anstrengung, den Gedanken präsent zu halten. Tatsächlich ist es die natürliche Eigenschaft eines jeden Gedankens, sich wieder von alleine aufzulösen. So wie ein Gong, einmal angeschlagen, einen Ton produziert, der eine Weile im Raum schwebt und dann verklingt, hat auch ein Gedanke nur eine begrenzte Lebensdauer – und diese Zeitspanne ist sehr kurz. Doch diese Auflösung von Gedanken ist uns zumeist nicht bewusst. Wir nehmen gleich den nächsten Gedanken wahr und den folgenden und so fort.

Schauen wir aber den einzelnen Gedanken ganz direkt an, stellen wir fest, dass er von selbst wieder verschwindet – ohne dass sofort der nächste erscheint. So geschieht es auch mit dem Gedanken an unseren Vornamen. Er verschwindet. Wie ein Klang löst sich auch der Gedanke in die innere Stille hinein auf. Zumindest für den Bruchteil einer Sekunde kann uns das Verfolgen des Verschwindens eines Gedankens die allen Wahrnehmungen zugrunde liegende Stille zugänglich machen. Die Stille ist die Quelle. Aus ihr taucht jeder Gedanke auf. In sie kehrt er zurück. Das zu beobachten, ist alles andere als banal. Es eröffnet eine andere Dimension des inneren Erlebens.

Während an der Oberfläche des Bewusstseins der Strom von Gedanken, Vorstellungen und Fantasien über unsere Person und unsere Welt abläuft, herrscht in der Tiefe diese beständige Stille. Sie ist wie eine Art tragender Untergrund, auf dem die Bewegung des Geistes stattfindet. Die Stille selbst wird von dieser Bewegung weder verändert noch beeinträchtigt. Gedanken kommen und gehen. Die Stille bleibt. Sie ruht in sich selbst.

Diese Stille ist unsere essenzielle Natur. Sie ist das Sein, das unberührt ist von den Bewegungen des Geistes, unangetastet vom Strom der sich ständig wandelnden Empfindungen, Gefühle und Gedanken. Das zu erkennen ist das kostbare Geschenk von Selbsterforschung.

Die Dinge sehen, wie sie wirklich sind

Das berühmteste Gleichnis der westlichen Philosophie ist Platons »Höhlen-Gleichnis«. Darin wird unsere Wirklichkeitssicht mit dem Starren auf Schatten, die über eine Höhlenwand flackern, verglichen. Wir sehen nur dunkle und verzerrte Abbilder – nicht die wahre Realität der Dinge. Doch wir halten diese Schatten für die Wirklichkeit. Aus ihnen versuchen wir, das Leben zu erklären. Befreiung ist nach Platon nur durch die Erkenntnis der Wahrheit möglich: durch das Umwenden zur Lichtquelle, zur Sonne, zur unwandelbaren Essenz.

Gemäß der buddhistischen Tradition heißt Erkenntnis der Wahrheit, »zu sehen, wie die Dinge wirklich sind« – oder, wie die indische Philosophie des Advaita es ganz ähnlich ausdrückt, »zu sehen, was wirklich und was unwirklich ist«. Unwirklich ist nach diesem Verständnis alles, was – wie die Schatten an der Höhlenwand – kommt und geht. Unwirklich ist alles, was dem Wandel und der Vergänglichkeit unterworfen ist, was allenfalls vorübergehend den Eindruck von Wirklichkeit macht. Wirklich hingegen ist nur, was bleibt.

Was heißt das in Bezug auf unsere Erfahrungen? Was bedeutet es, diese Sichtweise auf den Strom des Erlebens anzuwenden? Was wir nach alter Gewohnheit als wirklich ansehen – unsere Sinneseindrücke, Gedanken und Gefühle – ist zweifellos dem Wandel und der Vergänglichkeit unterworfen. Hier findet ein ständiges Kommen und Gehen statt. Da gibt es nichts, das bleibt. Nichts, das Verlässlichkeit bieten könnte.

Auf diese Art betrachtet, sind alle unsere Erfahrungen unwirklich, schattenhaft, illusorisch. Selbst Vorstellungen und Bilder, die uns gewöhnlich ein Gefühl von Realität und Beständigkeit vermitteln, erweisen sich als Konstrukte aus flüchtigem Gedankenmaterial, nichts anderes als nebelhafte Phänomene, die sich beim genaueren Hinsehen auflösen.

Und hierbei handelt es sich nicht bloß um eine »interessante« philosophische Überlegung. Wir können es ganz konkret in unserer eigenen Erfahrung überprüfen und zu einer radikalen Einsicht gelangen, die unser herkömmliches Denken entwurzelt. Wenn wir die mentale Welt als unwirklich erkennen, was bleibt übrig von der Wirklichkeit? Wenn all unsere Vorstellungen, all unsere Meinungen, selbst unsere Weltanschauung – inklusive der spirituellen – wenn sie alle illusorischen Charakter haben: Woran können wir uns orientieren? Was bedeutet dann überhaupt noch Wirklichkeit? Was ist dann Wahrheit?

Sie ist jedenfalls nichts, über das man nachdenken könnte.

Nichts, das man mit den Werkzeugen des Verstandes erfassen könnte. Nichts, das man sich vorstellen könnte. Und so ist die Wahrheit auch nichts, was ein Buch erklären könnte. Die Ausführungen in diesem Buch können allerdings eines: Sie können hinweisen auf unsere eigene direkte Erfahrung von Wahrheit. Und diese Erfahrung ist jenseits jeglicher Vorstellungen von Wahrheit ihr eigener Beweis.

Wir haben schon einen Geschmack davon bekommen, wenn wir
einfach nur einen Gedanken beobachten und zu seinem Ursprung
zurückverfolgen. Wenn wir Zeuge sind, wie sich jeder einzelne Gedanke in unserem Bewusstsein ins Nichts auflöst, dann leuchtet
eine Ahnung von einer anderen Dimension des Erlebens auf. Wir
entdecken, dass es auch während des Stroms der Sinnesempfindungen und mentalen Eindrücke einen unbewegten Hintergrund gibt.
Etwas, das alle Aktivität wahrnimmt und doch selbst nicht in sie
verstrickt ist. Eine Dimension des Seins, die ruhig ist, während der
Lärm der Gedanken vorüberzieht. Eine Instanz, die auf mysteriöse
Weise immer gegenwärtig ist. Das Gespür für dieses Gewahrsein ist
die Ausrichtung unserer Aufmerksamkeit auf das direkte Erleben
von Sein.

Wenn wir verstrickt sind in die körperlichen, seelischen, gedanklichen Erscheinungen, scheinen sie Realität zu besitzen. Die Dimension des stillen Gewahrseins wirkt dann wie abwesend. In der
Selbsterforschung kehrt sich diese Perspektive um. Die real erscheinenden Erfahrungen werden als substanzlose Phänomene erkannt.
Die Aufmerksamkeit öffnet sich für die ewige Gegenwart des Seins,
für die bleibende Wirklichkeit, die hinter den Dingen steht und die
ihr Urgrund sowie ihre Quelle ist. Dann werden »die Dinge gesehen,
wie sie wirklich sind«, und wir lassen uns nicht mehr von unwirkli-
chen Schatten in die Irre führen.

Zusammenfassung

In diesem Kapitel haben wir alle Elemente unseres Erlebens
untersucht. Wir haben uns die Natur von Körperempfindungen,
Gefühlen und Gedanken angeschaut. Aus ihnen setzt sich unsere
Wahrnehmung der Außenwelt zusammen.

Dabei haben wir ein entscheidendes Hauptkriterium all dieser Erscheinung ausmachen können: Vergänglichkeit. Jede Empfindung, jedes Gefühl, jede gedankliche Vorstellung erweist sich bei genauer Betrachtung als äußerst kurzlebig. Sie tauchen in unserem Bewusstsein auf, scheinen eine kurze Zeit anzudauern und verschwinden dann wieder. Je genauer wir eine einzelne Erscheinung beobachten, desto weniger fassbar wird sie. Eine Körperempfindung wechselt ständig ihren Charakter. Ein Gefühl wandelt sich innerhalb von Sekunden. Ein Gedanke taucht fast blitzartig auf und ab.

Unsere gewohnte Art der Wahrnehmung scheint uns Beständigkeit und Festigkeit wiederzuspiegeln. Doch wir haben herausgefunden, dass uns vermeintlich dauerhafte Eigenschaften von Dingen und Erfahrungen nur vorgetäuscht werden. Erst durch Benennungen und Beschreibungen unseres Denkens erscheinen uns die Dinge als ein stabiles Etwas. Erst dann kommt uns unsere Welt wirklich »wirklich« vor.

Daran ist nichts verkehrt. Auch im Kino genießen wir die Illusion. Das Filmgeschehen erscheint nahezu real. Zugleich wissen wir aber, dass es »nur ein Film« ist.

Mit unserem eigenen »Lebensfilm« verhält sich das anders. Insbesondere wenn wir in unserer illusorischen Welt nach verlässlichen Erfahrungen und beständigem Glück suchen, werden wir immer wieder enttäuscht. Die substanzlosen Elemente unserer Erfahrungswelt können wir nicht festhalten. Der Buddha formulierte es so: »Alle Dinge sind leer von einem eigenen, beständigen Wesenskern. Deshalb sind sie ihrem Wesen nach unbefriedigend«. Je deutlicher wir das erkennen, desto klarer wird uns auch eine ganz andere Dimension unserer Wahrnehmung: Sämtliche Erfahrungen kommen und gehen, aber das Bewusstsein, das sich ihrer gewahr ist, bleibt bestehen.

Stellen wir uns vor, jemand zeigt uns sämtliche Fotos seiner letzten Weltreise. Auf hunderten von Bildern sehen wir die verschiedensten Landschaften, Gebäude und Menschen. Mal ist der Reisende mit auf dem Foto – erst blass, dann braungebrannt. Dann sind wieder andere Menschen zu sehen, andere Städte, andere Länder, anderes Wetter. Jedes Bild stellt etwas anderes dar. Doch es gibt auch etwas, das in jeder aufgenommenen Szene immer dabei, immer unverändert anwesend war. Die Kamera! Ohne sie wäre kein Foto möglich gewesen. Sie war der unverzichtbare Beobachter. Das Auge im Hintergrund. Zugleich ist die Kamera auf keinem der Fotos zu sehen.

Mit unserem Bewusstsein ist es genauso. Es bezeugt sämtliche vergänglichen Erfahrungen von Körper, Geist und Seele. Während sich im Vordergrund alles ständig verändert, ruht unser Bewusstsein als beständiger, unwandelbarer Hintergrund, als der ewige, stille Zeuge.

Anregung —————————————————————————

Dem Hintergrund nachspüren

Nehmen Sie sich 15 Minuten Zeit für eine meditative Erforschung. Beobachten Sie, was Sie gerade sinnlich wahrnehmen. Gehen Sie die einzelnen Sinneskanäle einzeln ab. Betrachten Sie jeden Sinneskanal für eine Weile und werden Sie sich der Veränderlichkeit der jeweiligen Sinneseindrücke bewusst. Entdecken Sie frisch, dass sich das gesehene Bild vor Ihren Augen, oder hinter Ihren geschlossenen Augenlidern, stetig verändert. Lauschen Sie aufmerksam auf das Konzert sich wandelnder Klänge. Riechen Sie die Veränderungen der Luft. (Wenn vorhanden, probieren Sie ein Stückchen Frucht oder einen Keks. Verfolgen Sie das Kommen und Gehen der Geschmacksnuancen.) Spüren

Sie ihren Körper dort, wo Empfindungen gerade deutlich zu spüren sind. Vielleicht die Atembewegung oder den Kontakt der Füße mit dem Boden. Bemerken Sie, dass sich verschiedene Körperempfindungen gegenseitig ablösen. Wenn Sie mögen, kommentieren Sie bei der Beobachtung: »Diese Erfahrung kommt und geht« *oder* »Dieses Erleben verändert sich«.

Werden Sie dann neugierig, was das bleibende Bewusstsein ist, welches all den Wandel der Erfahrungen beobachtet. Dazu können Sie sich fragen: »Was beobachtet den Wandel?« *oder* »Was ist im Hintergrund immer da, während sich der Vordergrund verändert?« *Sie brauchen auf diese Frage keine formulierbare Antwort zu finden. Es geht vielmehr darum, ihr still nachzuspüren. Falls sich dabei eine Ahnung einer angenehmen Ruhe oder eines reglosen Hintergrunds auftut, erlauben Sie sich, sich dort hinein zurücksinken zu lassen und es zu genießen.*

Beenden Sie die Meditation mit einer letzten Phase, in der Sie sich völlig passiv werden lassen. Sie brauchen weder auf die Sinne im Vordergrund, noch auf den Hintergrund des Bewusstseins zu achten. Sie müssen gar nichts mehr tun. Alle bewusste Aktivität darf zur Ruhe kommen.

An der Oberfläche des Ozeans

Die Tradition des Advaita-Vedanta kennt eine wunderbare Lehrmetapher – die Metapher des Ozeans. Der gewaltige Ozean besteht aus zwei Ebenen. Da gibt es zum einen die Oberfläche, an der reichlich Aktivität stattfindet. Aus den Wasserfluten heben sich Wellen, einige sanft und flach, andere wild und rau. Während sie unablässig in Bewegung sind, verändern sich Größe, Kraft und Aussehen. Es entstehen neue Wellen, die anschwellen, brechen, um wieder in den Ozean zu versinken. Hier spielt sich ein ständiges Entstehen und Vergehen ab. Jede Welle ist scheinbar getrennt von den anderen und unterscheidet sich von ihnen.

Die andere Ebene des Ozeans ist seine Tiefe. Sie besteht aus den Wassermassen, die die schmale Schicht der Oberfläche tragen. Je tiefer man in den Ozean eintaucht, desto mehr verliert das Auf und Ab der Wellen an Bedeutung. Tief unten ist es vollkommen still und unbewegt. Hier ruht der Ozean in sich selbst, unbeeinflusst vom Kommen und Gehen der Wellen. Und hier ist auch die Trennung der einzelnen Wellen, die an der Oberfläche so deutlich ist, vollkommen aufgehoben. Jede Unterscheidung verliert sich im umfassenden Einssein.

Die einzelne Welle steht für unser Gefühl, ein persönliches Ich zu sein. Identifizieren wir uns mit diesem Ich, geht es uns wie ihr. Durch das nächste Wellental ist sie von den Nachbarwellen abgeschnitten. Die einzelne Welle fühlt sich isoliert. Sie erlebt heftige Regungen, ein ständiges Auf und Ab, prallt auf andere Wellen und wird ordentlich durchgeschüttelt. Und die einzelne Welle ist stets von Vergänglichkeit bedroht. Sie läuft aus und verschwindet.

Die Tiefe des Ozeans ist davon unberührt. Sie wird weder beeinträchtigt von den Schwankungen an der Oberfläche noch von Geburt und Tod der Wellen. Hier herrscht eine Ruhe, die allen Wandel überdauert. Auch die Trennung in verschiedene Wellen existiert hier nicht. Die Wassermassen sind ein ungeteiltes Sein. Sie bilden den tragenden Urgrund für alle bewegten Erscheinungen. Die Oberfläche selbst ist nur ein Spiel, kreativer Ausdruck der tiefen Basis des Seins.

Die Vielfalt und Unterschiedlichkeit aller Erscheinungen ist also nicht getrennt von der sie tragenden Tiefe. Es ist ein harmonisches Ganzes. Die tiefe Harmonie allen Seins spüren wir, wenn wir in uns selbst als stillem Gewahrsein ruhen. Wenn wir uns allerdings in Disharmonie und ins Leiden verstricken, geschieht etwas anderes: Gefangen in der Vielfalt, verlagert sich unser Bewusstsein von der Tiefe an die Oberfläche. Dort setzt es sich mit der Erscheinung einer einzelnen Welle gleich: mit unserem persönlichen Ich. Diese Identifizierung wirkt derart suggestiv und machtvoll, dass wir die zugrunde liegende Identität mit dem Ozean darüber vergessen.

Das Gespür von Einheit wird von einem Gefühl der Trennung überschattet. Wir empfinden uns als abgeschnitten von der friedvollen Tiefe des Seins – und von den anderen. Der Frieden, das natürliche Merkmal der Tiefe, verliert sich im Erleben bedrohlicher Schwankungen. Die zeitlose Ewigkeit wird überschattet von innerer Unruhe und Getriebensein, weil wir glauben, irgendwohin kommen zu müssen. Das Wissen um die eigene Unsterblichkeit, das in der Tiefe präsent ist, scheint sich in der Angst vor der Vergänglichkeit aufgelöst zu haben. Kurz: Was für den Ozean ein freudvolles Spiel ist, hat sich zum leidvollen Drama des sich mit einer Welle identifizierenden Bewusstseins gewandelt. Die Welle weiß nicht mehr, dass ihre eigene Natur der des Ozeans gleicht und dass sie von ihm getragen wird. In uns selbst erfahren wir das als einen grundlegenden Mangel, als Unzufriedenheit mit dem Leben, als Angst vor dem Tod. Doch trotz des scheinbar verlorenen Kontaktes zum essenziellen Sein bleibt in uns, wenn auch verborgen, das Wissen um die Tiefe erhalten. Wir ahnen, dass es so etwas wie ein fundamentales Einssein aller Dinge gibt. Dass tiefer Frieden und wahrhaftige Erfüllung möglich sind. Dass es etwas gibt, das den Tod unseres Körpers überdauert. So entsteht eine Spannung zwischen dem Gefühl des Mangels und der Ahnung von echter Erfüllung. Aus dieser Spannung heraus erwächst die Motivation, die verloren gegangene Einheit wiederzuerlangen. Es beginnt eine lange und vielfältige Suche.

Ist die Identifikation mit der Oberfläche noch frisch und stark, bleibt die Suche zunächst in bekanntem Terrain. Wir schreiben das grundlegende Mangelgefühl uns selbst als Individuum zu. Unser persönliches Ich erscheint uns unzureichend für die Welt, nicht wertvoll genug für echte Erfüllung und dauerhaftes Glück. Gleichzeitig hegen wir die Hoffnung, die entsprechende Veränderung unserer Persönlichkeit könne diesem Gefühl von Unzulänglichkeit und Getrenntheit abhelfen. Oder wir vermuten die Erfüllung in der Ferne, in anderen Lebensumständen, bei anderen Menschen. Doch alle Hoffnungen und Sehnsüchte, dort Frieden und Erfüllung zu finden, sind Bewegungen der Welle entlang der Oberfläche des Ozeans. Selbst da, wo eine solche Suche zum Erfolg zu führen scheint, löst sie die Kernproblematik des Mangels und der Getrenntheit nicht grundlegend auf. Denn diese besteht nicht in der Unzulänglichkeit unserer persönlichen Eigenschaften oder Lebenssituationen, sondern in der Identifikation des Bewusstseins mit dem persönlichen Ich – in der Gleichsetzung des Ozeans mit einer Welle. Alle Versuche, uns, die anderen oder die Welt zu verändern, sind in Bezug auf die Beendigung des Leidens vollkommen vergeblich.

Was das Leiden wirklich beendet, ist einzig das Zurücksinken unseres Bewusstseinsschwerpunktes in die Tiefe des stillen Gewahrseins.

Erst in der Tiefe vermögen wir zu erkennen, dass die Suche nach Erfüllung in Wirklichkeit unnötig ist. Glückseligkeit ist die Natur des Ozeans, ist unsere eigene Natur. Lediglich der Gedanke, »ich bin eine Person, der etwas fehlt«, und die daraus folgende Suche verdecken diese einfache und gütige Wahrheit.

Mechanismen der Identifikation – Schritte der Verwirrung

Die Identifikation mit dem persönlichen Ich hat weniger Substanz, als wir glauben. Im spirituellen Jargon spricht man manchmal davon, eine Person sei mit ihrem Körper, ihren Gefühlen oder Gedanken identifiziert. Das klingt nach etwas Beharrlichem und Bleibendem. Doch jede Identifikation ist flüchtig. Bereits im Tiefschlaf löst sich diese Identifikation mit dem persönlichen Ich samt seinen Erfahrungen vollständig auf. Der Verstand kommt zur Ruhe und erzeugt keine inneren Fantasien mehr. Es gibt keine Beschäftigung mit Vergangenheit oder Zukunft. Wir spüren weder Begrenzungen eines physischen Körpers, noch empfinden wir Raum und Zeit. Wir genießen einen seligen Zustand der absoluten Abwesenheit jeglicher Erfahrungen.

Und selbst wenn wir den Wachzustand genauer betrachten, entdecken wir, dass es im Laufe eines Tages immer wieder Momente gibt, in denen die Identifikation mit unserem persönlichen Ich nicht vorhanden ist. Das können beglückende Momente sein, Augenblicke vollkommenen Genusses. Bei einem guten Essen, dem Anblick eines Sonnenunterganges oder beim Hören schöner Musik vergessen wir unsere gewöhnlichen Ich-Gedanken. Für eine Weile sind alle persönlichen Sorgen, Belastungen, Pflichten und Sehnsüchte wie weggeblasen und wir sind einfach zutiefst zufrieden – und sei es auch nur für einige Sekunden. Aber auch bedrohliche Erfahrungen können uns eine andere Dimension des Seins eröffnen. Bei einer Gefahr, etwa im Straßenverkehr, wird das normale Gefühl der Identifikation abrupt unterbrochen. Plötzlich übernehmen die Körperreflexe das Handeln. Blitzschnell lassen sie uns das Auto zur Seite lenken, um einem anderen auszuweichen. In einer solchen Situation ist es offensichtlich: Die Handlung ist geschehen, ohne dass wir sie bewusst beabsichtigt haben oder gar über sie nachdenken mussten. Das Gefühl, selbst der Handelnde zu sein, fehlte.

Identifikation stellt also keinen stabilen Zustand dar. Sie ist an ein Erscheinen und Vergehen gebunden. Doch wie entsteht Identifikation, und wie wird sie aufrechterhalten?

Das erste Auftauchen: Der Gedanke »Ich bin dieser Körper«

Die Identifikation mit unserem persönlichen Ich beginnt mit einem fundamentalen Gedanken: »Ich bin dieser Körper.« Mit »Körper« ist hier nicht nur der physische Aspekt unseres Organismus gemeint, sondern auch die über den Körper vermittelten emotionalen und mentalen Erfahrungen. Meist ist uns dieser innere Prozess der Identifikation nicht bewusst. Das Gefühl, unser Körper, unsere Emotionen und unsere Gedanken wirklich zu sein, ist so selbstverständlich, dass jede andere Möglichkeit zunächst abwegig erscheint. Wenn wir eine Brille mit grünen Gläsern tragen und längst vergessen haben, dass wir sie ständig auf der Nase haben – dann scheint alles, was wir sehen, wirklich grün zu sein. Wir kennen die ursprünglichen Farben nicht mehr. Ähnlich verhält es sich mit unserer Überzeugung, unser Körper, unsere Emotionen, unsere Gedanken zu sein. Wir merken nicht mehr, dass es nur ein Gedankenfilter ist, durch den wir schauen. Doch auch hier finden wir wieder Hinweise im Alltag, dass die Identifikation nicht so real ist, wie sie scheint. Etwa in der Sprache. Wir sagen: »Ich habe einen Körper.« »Ich habe Schmerzen.« »Ich habe ein ungutes Gefühl.« Durch solche Formulierungen schimmert bereits die innere Distanz zwischen dem tieferen Seinsgefühl und dem Erleben von körperlichen, emotionalen und mentalen Objekten. Was man hat, kann nicht das sein, was man ist.

Wenn wir sagen, »Ich habe einen Körper«, ist der Körper ein Besitz. Doch wer ist dieses Ich, das ihn besitzt? Wenn ich ein Gefühl »habe«, kann das Ich selbst nicht auch ein Gefühl sein. Aber was ist es dann? Wenn ich einen »dummen Gedanken habe«, kann das Ich, das ihn hat, nicht selbst ein Gedanke sein. Was ist es also? Wer oder was ist der Zeuge des Gedankens?

Die Identifikation mit dem Körper wird auch zweifelhaft, wenn wir die Entwicklung unseres Organismus innerhalb einer Lebensspanne anschauen. Jeder würde wahrscheinlich behaupten, dass er ein Gefühl von einem Ich hat, das über die zeitliche Entwicklung seines Körpers hinweg gleich bleibt. Keiner würde behaupten, dass er in der Kindheit jemand anderes war, als er jetzt ist. In uns existiert demnach ein Gefühl von »Ich bin immer noch ich«, das sich von der Kindheit über die Jugend bis ins Alter hinein fortsetzt. Worauf bezieht sich dieses Gefühl von einem Ich? Im Kindesalter ist der Körper zart, das emotionale Erleben durch kindliche Gefühle geprägt, das Denken einfach und bildlich. Im Erwachsenenalter ist der Körper ausgereift, Emotionen und Denken sind komplexer geworden. Mit dem Alter setzen sich die Wandlungen fort. Das grundlegende Gefühl eines bleibenden Ich kann sich also nicht auf die physischen, emotionalen oder mentalen Erscheinungen beziehen. Diese sind ständig im Wandel und nicht von Dauer. Was also ist dieses Ich, das bleibt und das der Zeuge all dieser Wandlung und Entwicklung ist? »Erkenne dich selbst«, ist ein berühmter Satz der Philosophie des alten Griechenlands. Er stand in Stein gemeißelt über dem Orakel von Delphi. Diese eindringliche Aufforderung verweist darauf, unser ureigenstes Ich-Gefühl gründlich zu erforschen. Welche zentrale Stellung es in unserem unmittelbaren Erleben hat, können wir daran ersehen, wie häufig der Gedanke »Ich« in unserem Bewusstsein auftaucht. Wie oft am Tag schwirrt der Ich-Gedanke uns durch den Kopf? »Ich bin so, aber nicht so.« »Ich sollte anders sein.« »Das brauche ich noch.« »Das muss ich heute noch erledigen.« Ich, ich, ich. Hundertmal? Tausendmal? Noch öfter? Und doch ist er uns so wenig als Gedanke bewusst. Deshalb übersehen wir so leicht, welch große Wirkung er auf unsere Wahrnehmung hat. Machen wir ein Bewusstseinsexperiment.

Lassen Sie den Gedanken aufsteigen: »Ich bin dieser Körper mit dem Namen … « (Ihr Vorname). Lassen Sie diesen Gedanken in Ihrem Bewusstseinsraum schweben. Vielleicht sehen Sie ihn als Schriftzug vor Ihrem inneren Auge, oder Sie hören ihn wie eine innere Stimme. Während der Gedanke in Ihrem Bewusstsein präsent ist, achten Sie auf die Resonanz in Ihrem Erleben.
Gibt es eine Veränderung der Körperwahrnehmung?
Gibt es eine Veränderung der Stimmungen und Gefühle?
Tauchen andere Gedanken auf, innere Bilder, Pläne, Erinnerungen?
Lassen Sie das Denken an Ihren Körper und Ihren Namen wieder ganz zur Ruhe kommen. Sie können sich jetzt völlig in die Entspannung dieses Momentes hineinfallen lassen.
Nehmen Sie in dieser Entspannung wahr, wie es sich anfühlt, ganz ohne diesen Gedanken zu sein.
Diesen Wechsel können Sie zwei- bis dreimal wiederholen: vom bewussten Aufsteigenlassen des Gedankens »Ich bin dieser Körper mit dem Namen …« zur Entspannung ohne diesen Gedanken. Nehmen Sie die unterschiedlichen Qualitäten wahr.

Mit dem Gedanken »Ich bin dieser Körper« wird das Bewusstsein auf die Empfindungen und Körpergrenzen aufmerksam. Wir spüren die Grenzen der Haut deutlicher. Unsere Körperhaltung wird uns bewusst, vielleicht ein Druckgefühl hier, ein Kribbeln dort. Oder wir erinnern uns an den Gesundheitszustand, in dem sich unser Körper im Moment befindet. Möglicherweise bemerken wir auch zwischen den Phasen der geistigen Ruhe und des aktiven Denkens eine Veränderung unserer physischen Wahrnehmung: Unser Gefühl des Daseins kann sich in der Entspannung weiten und sich wie in den umgebenden Raum hinein ausdehnen. Mit dem Auftauchen des Ich-Gedankens wird es sich wieder verengen und eine festere, greifbarere Struktur annehmen.

Auf der emotionalen Ebene können mit dem Gedanken »Ich bin dieser Körper mit dem Namen…« Gefühle und Stimmungen auftauchen. Vielleicht erleben wir die Tagesstimmung wieder, die beim Lesen in den Hintergrund geraten war, oder andere Gefühle, die mit unserer aktuellen Lebenssituation einhergehen. Es mag auch sein, dass ein Gespür für ganz fundamentale, belastende Emotionen auftaucht: Sobald wir uns als Individuum definieren, spüren wir eine subtile Sorge oder Angst, wir als Person könnten körperlich oder seelisch verletzt werden. Oder das Gefühl der Trennung lässt die Sehnsucht nach emotionaler Wärme entstehen. In der Entspannung vom Identifikations-Gedanken dagegen spüren wir eine stille, erfüllte Seligkeit: ein Auflösen von Trennung, ein Abklingen von Bedürftigkeit, einen natürlichen Frieden des Seins.

Auf der mentalen Ebene könnte der Gedanke an unseren Namen Situationen unserer Lebensgeschichte ins Bewusstsein rufen, kurze Erinnerungsblitze an vergangene Ereignisse. Oder Gedanken an die Zukunft tauchen auf – Erwartungen, Hoffnungen, Wünsche, Befürchtungen. Auch komplexere Formen der Identifikation werden wachgerufen: Wir werden uns wieder unserer Rollen im sozialen

Umfeld, in der Familie und im Berufsleben bewusst. »Ich bin dieser Körper« ist der primäre Gedanke, die Wurzel der Identifikation. Alle weiteren Identifikationen beginnen an dieser Wurzel. Er ist das erste Auftauchen des Bewusstseins aus dem Ozean formlosen Seins, hinein in eine einzelne, scheinbar abgetrennte Welle. Ohne die Identifikation mit einem persönlichen Ich gibt es kein »Du«, kein »wir« und keine »Welt«. Ohne »Ich« gibt es keine Identifikation mit einem Geschlecht oder einer sozialen Rolle. Es gibt niemanden, dem eine Geschichte von Vergangenheit und Zukunft zuzuordnen wäre. Und es gibt niemanden, der sich getrennt und unbefriedigt fühlen könnte.

Wir spüren bei diesem Bewusstseinsexperiment, dass es einer subtilen Anstrengung bedarf, um diesen Gedanken der Identifikation zu erzeugen und aufrechtzuerhalten. Er muss hervorgebracht und wiederholt werden, damit er im Bewusstsein bleibt. Und zugleich spüren wir, welche Entspannung, welche Weite und welcher Frieden sich zeigen, wenn dieser Gedanke nicht weiter verfolgt wird. Er löst sich dann von alleine auf.

Was erfahren wir in dem Moment, in dem wir einfach nur anwesend sind – ohne Namen, ohne eine Rolle, ohne die Geschichte einer Person? Lassen wir uns auf diese Frage ein, kann sie uns zum Ausgang aus dem Leiden unserer persönlichen Dramen führen. Und sie ist gleichzeitig ein Eingangstor zu unserer wahren Identität: dem stillen ICH BIN jenseits der Gedanken über ein Ich als Person.

Schwimmstile des sich identifizierenden Geistes

Die Natur jeden Gedankens ist es, von allein wieder in die Stille zurückzufallen, wie ein schwerer Gegenstand, der im Meer ganz von selbst nach unten sinkt. Würden wir das bewusst bemerken, so würde unser Bewusstseinsschwerpunkt mit in die Tiefe gerissen werden. Doch meist scheint es so, dass die Leid erzeugenden Gedanken der Identifikation keineswegs so schnell von alleine abtauchen. Es macht den Eindruck, sie blieben an der Oberfläche bestehen, und unser Ich-Gefühl bliebe dort mit ihnen hängen. Wie kommt das? Wie schafft es unser Geist, sich über Wasser zu halten? Wie hält er die anstrengende Identifikation mit dem Ich aufrecht?

Es ist wie beim Schwimmen. Nur durch heftiges Paddeln an der Oberfläche gelingt es unserem Geist, Auftrieb zu erzeugen, um nicht zu ertrinken. Doch seine Schwimmstile heißen nicht Kraulen, Brust- oder Rückenschwimmen, sondern Benennen, Bewerten und Vergleichen. Es sind diese mentalen Aktivitäten, die den Geist an der Oberfläche halten. Solange sie unbewusst ablaufen, merken wir nicht einmal, dass wir (geistig) schwimmen. Wir merken höchstens, dass wir uns abstrampeln und doch nirgendwo ankommen. Schauen wir uns aber genauer an, welchen Bewegungen wir bisher blind gefolgt sind, eröffnet sich uns die Möglichkeit, damit aufzuhören. Wir werden uns die Schwimmstile des Geistes im Einzelnen ansehen.

Benennen: Die Reduzierung der Lebendigkeit auf ein Symbol

Im folgenden Bewusstseinsexperiment können wir den Prozess des Benennens am Beispiel des Atmens erkunden.

Entspannen Sie sich, und gehen Sie mit Ihrer Aufmerksamkeit zum Ein- und Ausatmen.
Nehmen Sie wahr, wie sich Ihr Brustkorb beim Einatmen hebt und weitet und wie er sich beim Ausatmen wieder senkt.
Nehmen Sie einfach wahr, ohne etwas zu verändern, so als ob Sie am Strand liegen, auf das Meer schauen und beobachten würden, wie Wellen am Strand auflaufen und sich wieder zurückziehen.
Lassen Sie sich etwas Zeit für dieses entspannte Beobachten.
Und lassen Sie dann die benennende Funktion des Verstandes aktiv werden: Benennen Sie jede Phase des Atemzuges ganz bewusst mit den Gedanken »Dies ist Einatmen« und »Dies ist Ausatmen.«
Bleiben Sie für ein paar Atemzüge bei diesem Benennen, und beobachten Sie, wie sich Ihr Erleben verändert.

Unmittelbar zu erleben bedeutet, ohne Mittel zu erleben – auch ohne Mittel des Verstandes. Also, zum Beispiel, ohne eine Erfahrung zu benennen. In dieser Unmittelbarkeit des Spürens zeigt sich selbst in der einfachsten Wahrnehmung – wie der des Atmens – eine entspannte Lebhaftigkeit und befriedigende Fülle. Diese friedvolle Lebendigkeit existiert vor jeglicher Benennung. Der Kontrast macht deutlich, dass das Benennen eingeschränkt und trocken wirkt. Die dynamische Erfahrung wird mit dem sprachlichen Begriff »Dies ist Atmen« ergriffen, eingeschlossen und verhärtet.
Untersuchen wir diesen Prozess auch in Bezug auf visuelle Reize:

Nehmen Sie eine Sitzhaltung ein, in der Sie sich wohl fühlen. Schlie-
ßen Sie für ein paar Minuten die Augen, und entspannen Sie sich.
Dann öffnen Sie die Augen langsam und schauen mit weichem Blick nach vorne, ohne einen bestimmten Gegenstand zu fokussieren.
Werden Sie sich einfach bewusst, dass Farben und Formen auftau-
chen. Sie brauchen Ihren Blick auf nichts zu fokussieren, aber

wenn Fokussierung stattfindet, können Sie auch das geschehen lassen. Nehmen Sie die Formen, Umrisse, Farben wahr, ohne sie zu benennen. Werden Sie sich auf diese Weise Ihres gesamten Blickfeldes gewahr. Vielleicht stellen Sie fest, dass im Zentrum die optische Wahrnehmung schärfer ist, während am Rand die Dinge weicher gezeichnet sind. Bleiben Sie für ein paar Minuten mit dieser offenen Wahrnehmung, diesem weichen Blick. Lassen Sie das Bild vor Ihren Augen ohne Worte auf sich wirken.

Dann lassen Sie die benennende Funktion Ihres Verstandes auftauchen. Benennen Sie bewusst die Formen und Farben, die Sie sehen. Vielleicht gibt es konkrete Gegenstände, dominierende Farbnuancen oder verschiedene Oberflächen.

Richten Sie Ihre Aufmerksamkeit für einige Minuten auf diese Aktivität des Findens von Namen und Bezeichnungen.

Was unterscheidet das »Benennen« von der Phase des weichen Blickes?

Nun lassen Sie diese Aktivität des Benennens wieder zur Ruhe kommen. Kehren Sie zurück zur wortlosen Wahrnehmung.

Jetzt muss nichts mehr definiert oder eingeordnet werden. Nehmen Sie einfach das unmittelbare Sehen wahr. Es geschieht von selbst. Nehmen Sie die Qualität wahr, die Stimmung, die mit dieser einfachen Wahrnehmung einhergeht.

Sie können diesen Wechsel zwischen den beiden Phasen (»weicher Blick« und »Benennung«) zwei- bis dreimal in Ruhe wiederholen.

Die Phase des weichen Blickes lädt dazu ein wahrzunehmen, wie abwechslungsreich der visuelle Eindruck eines Momentes sein kann. Unabhängig davon, was wir gerade sehen, vor unseren Augen stellt sich ein fantastisches Kaleidoskop von Färbungen, Lichtreflexen, Helligkeitsstufen und Kontrasten dar. Wenn unser Verstand sich von der Aktivität des ständigen Benennens entspannt, wird die Faszination und Anmut dieses Bildes bewusst. Vielleicht bemerken wir, dass selbst der Anblick einer gewöhnlichen Tischplatte, einer Teetasse oder eines Telefons vollendete Ästhetik offenbart. Eine strahlende Farbe hier, ein auffallender Kontrast da, eine Lichtspiegelung dort. Ohne das Gewicht der Definition zeigt sich eine unerwartete Schönheit, ein überraschender Glanz in allem, was in unserem Blickfeld erscheint.

Vielleicht wird uns auch klar, wie schnell die Reaktion des Benennens abläuft. In Sekunden bietet uns der Verstand Bezeichnungen für das Gesehene an. Mehr noch, er drängt sie uns förmlich auf. Da das Benennen und Kategorisieren eine tief verankerte Konditionierung ist, macht es keinen Sinn, es ausschalten zu wollen – das wäre nur eine weitere Anstrengung. Stattdessen können wir sehen, was sich zeigt, bevor der Verstand den Bezeichnungen Gewicht und Bedeutung verleiht. Tauchen in der Phase des weichen Blicks Benennungen auf, ist es weder nötig, sie zu unterdrücken noch ihnen Aufmerksamkeit zu schenken. Wir brauchen den Gedanken über Namen und Formen nicht zu folgen und können zur schlichten Schönheit des direkten Erlebens zurückkehren.

Im Benennen wird deutlich, wie der Verstand Formen aus dem Gesamtbild zu identifizieren beginnt. Auf Grund seiner Erfahrung ist er in der Lage, Gestalten, Umrisse, Farben zu erkennen und zu abgespeichertem Wissen in Beziehung zu setzen. Der Name eines Objektes wird als Gedanke bewusst: »Tisch«, »Fenster«, »Teppich«. Diese Verstandesfunktion unterteilt das Gesamtbild in lauter getrennte Einzelteile. Mit dem weichen Blick sehen wir das Bild vor uns eher als Ganzes, als Gemälde, dessen Teile eine untrennbare, harmonische Einheit bilden.

Im Prozess der Namensgebung spüren wir wieder die Einschränkung der lebendigen Erfahrungswelt ins Korsett mentaler Abbilder.

Die Begriffe sind wie geistige Kartons mit Etiketten. Die Sinneseindrücke werden einsortiert. So werden sie für den Verstand wieder
greifbare Objekte. Sie können gelagert, transportiert, ausgetauscht
werden. Doch diese Kartons sind nicht so lebendig wie die unmittelbare Erfahrung. Ein Orange kann wunderbar warm strahlen, ein
Grün als Inbegriff von Lebenskraft leuchten, ein goldenes Schimmern kann uns entzücken, der Umriss des Mondes am Nachthim-
mel vermag uns zum Staunen zu bringen. Die geistigen Kartons mit
den Etiketten »Orange«, »Grün«, »Gold«, »sichelförmig« haben alle
dieselbe kartongraue Farbe und monotone rechteckige Form.
Nichtsdestotrotz bleibt die Fähigkeit des Benennens eine nützliche
Funktion. Entscheidend ist, ob wir uns dieser Funktion als Mecha-
nik des Geistes bewusst sind. Sind wir es nicht, bleiben wir dem
Irrglauben verhaftet, die Welt sei so, wie der Verstand sie sich einbil-
det. Dann halten wir die symbolischen Begriffe, die Gedanken über
Objekte und Formen für die Realität selbst. Dann sind wir im
Mythos gefangen, in der Welt gebe es konkrete und feste Objekte.
Und auch unser eigenes Sein als Körper und Person nehmen wir als
eine Art festen Gegenstand wahr, der vom Rest der Welt getrennt ist.
Wir übersehen, dass unsere Empfindungen, Gefühle und Vorstel-
lungen einen sich stetig wandelnden Fluss von Erfahrungen darstel-
len, in dem nirgends ein festes Ich auszumachen ist.
Ist uns dagegen das Benennen als mentaler Prozess bewusst, dann
können wir die tiefere Dimension erahnen, die die ganze Zeit als
stiller Hintergrund gegenwärtig ist. Vor, während und nach dem
Auftauchen mentaler Begriffe und Symbole vibriert da diese kaum
spürbare, hochfeine Schwingung einer grenzenlosen, friedvollen
Weite. Sie ist unser wahres Sein und begleitet das Auftauchen und
Verschwinden jeglicher mentalen Erfahrung mit der Ruhe wortloser
Stille.

Bewerten: Der Geist als ewig nörgelnder Perfektionist

Die Benennung macht aus der unmittelbaren Erfahrung mentale Objekte. Das Bewerten folgt ihr auf dem Fuße. Bewerten bedeutet: Unser Geist erstellt eine Skala und misst alles daran. Auch diese Verstandesfunktion war evolutionär von Vorteil. Wenn wir über das mentale Abbild eines »Astes« verfügen und ihm eine Eigenschaft wie »Stabilität« zuordnen, können wir seine Belastbarkeit messen. Die Kategorisierung »Ein Ast trägt zwei schwere Steine« ermöglicht Berechnungen für eine komplexere Konstruktion aus Ästen. Bewerten und Messen sind also fundamentale Verstandesfunktionen, besonders für das technische Denken.

Doch darauf beschränkt sich diese Funktion des Verstandes nicht. Sie trägt noch zu etwas anderem bei: Sie hält uns in der Gefangenschaft des Leidens.

Wie bereits gesagt, beginnt der erste Schritt der Identifikation mit dem Gedanken: »Ich bin dieser Körper.« Die Funktion des Benennens verfestigt diesen Glauben, weil sie den Strom unmittelbarer Erfahrung in einer mentalen Symbolwelt festschreibt. Damit einher geht das Gefühl einer grundlegenden Unzufriedenheit. Wenn wir glauben, unser wirkliches Ich sei der Körper, engen wir unser Seinsgefühl erheblich ein. Ohne Identifikation haben wir ein natürliches Gespür für die grundlegende Einheit und Fülle aller Dinge und ruhen in der Erfüllung des stillen Gewahrseins. Mit der Identifikation scheint es ein reales »Ich« und damit auch ein reales »Du« und eine »Welt« zu geben. Von diesem Gegenüber fühlen wir uns jedoch abgetrennt. Wir haben das Gefühl, etwas würde fehlen.

Wir sind uns der Ursache für dieses Leiden, unserer Fehlidentifizierung, allerdings nicht bewusst. Deshalb projizieren wir die Gefühle des Mangels und der Angst auf das, was wir zu kennen glauben: auf unser persönliches Ich. Dies wird in den negativen Bewertungen deutlich, die wir uns immer wieder selbst vorhalten: »Mein Körper ist alles andere als perfekt.« »Ich bin nicht liebenswert genug.« »Ich bin zu langsam.« »Ich müsste interessanter für andere sein.« Auch wenn wir ein vergleichsweise neutrales Selbstbild haben, ist das Gefühl des Mangels nie ganz abwesend. Es hat sich nur anders verkleidet: »Ich bin intelligent, nur mein Wissen reicht nicht.« »Ich fühle mich eigentlich ganz gut, aber es könnte sicher besser sein.« »Wenn ich nur mehr Charme hätte …« Nie zufrieden zu sein stellt ein Charakteristikum des sich identifizierenden Geistes dar. Er ist ein ewiger Perfektionist. »Nicht gut genug«, »noch ein bisschen mehr«, »ein wenig besser«, »etwas höher« sind seine typischen Nörgeleien.

Natürlich sind wir manchmal von uns überzeugt und besitzen in einigen Bereichen Selbstvertrauen. Dann verspüren wir Stolz: »Mein Körper sieht doch wirklich gut aus.« »Ich bin ein witziger und intelligenter Typ.« Allerdings sitzt uns dabei eine diffuse Furcht im Nacken. Es ist die Basis-Angst der Identifikation. Insgeheim fürchten wir uns davor, jemand anders könnte doch schöner, besser oder schlauer sein, oder wir könnten die hoch geschätzten Eigenschaften wieder verlieren. Denn im Inneren wissen wir um das Gesetz der Vergänglichkeit, das auch nicht Halt machen wird vor den erfreulichen Eigenschaften des Körpers, vor guten Stimmungen und einem intelligenten Verstand.

Im folgenden Experiment schauen wir uns an, wie es sich anfühlt, den eigenen Körper zu bewerten.

Nehmen Sie sich Zeit, zur Ruhe zu kommen. Wenn Sie mögen, schließen Sie die Augen. Lassen Sie alle Aktivität im Geist los. Genießen Sie einfach die Entspannung in diesem Moment. Dann lassen Sie den Gedanken aufsteigen: »Ich bin dieser Körper.« Werden Sie sich dabei Ihres Körpers gewahr.

Spüren Sie die Füße und Beine, den Rumpf und den Rücken, die Arme und Hände, die Schulter, den Hals und den Kopf.
Spüren Sie Ihren ganzen Körper und seine Grenzen zu der ihn umgebenden Welt.
Und nun lassen Sie im Geist die Frage auftauchen: »Empfinde ich meinen Körper als schön?« Sie können sich innerlich einige Male vorsagen: »Empfinde ich meinen Körper als schön?«, und spüren Sie nach:
Welche Körperempfindungen treten mit dieser Frage auf? Welche Stimmungen und Gefühle schwingen mit?
Welche Gedanken oder Assoziationen tauchen auf? Beobachten Sie, was Sie in Ihrem Inneren mit dieser Frage erleben.
Dann lassen Sie die Aktivität des Fragens und Bewertens wieder zur Ruhe kommen. Genießen Sie für ein paar Minuten die Stille des Geistes, wenn Sie nicht über Ihren Körper nachdenken.

Bei der Frage, »Empfinde ich meinen Körper als schön?«, können wir beobachten, wie der Verstand bewertet. Wir werden uns jener Bereiche bewusster, die für unsere Vorstellung von körperlicher Schönheit Bedeutung haben. Wir sehen, wie unser Verstand zuerst Körperbereiche und Eigenschaften benennt. Im nächsten Schritt hat er schon eine Skala zur Hand. Sie sieht ungefähr so aus: abstoßend – hässlich – mittelmäßig – neutral – schön – ideal. Und dann folgen die Messergebnisse: »Mein Bauch ist immer noch zu dick.« »Mein Haar ist ganz okay.« »Meine Haut ist toll gebräunt.« Wie fühlt sich dieses Bewerten an? Schwingt nicht unterschwellig immer ein Gefühl der Minderwertigkeit mit – »Das ist nicht gut genug, es könnte besser sein, da fehlt noch was«? Dieses elementare Gefühl der Unzulänglichkeit und Unvollkommenheit ist der Ausdruck des Basismangels, es ist die krank machende Begleiterscheinung jeglicher Identifikation.

Dabei bedarf unser Körper keineswegs der Verbesserung. In Wahrheit ist er perfekt, genauso wie er ist – in diesem Moment. Aus der Perspektive des Ozeans hat jede Welle ihre ureigene Schönheit. Doch wenn sich unsere Aufmerksamkeit im Strudel von Bewertungen verliert, übersehen wir die stille Perfektion, die bereits jetzt allem innewohnt. Wir glauben dann, wir müssten die Vollkommenheit selbst wiederherstellen, zum Beispiel indem wir unseren eigenen Körper oder unsere Persönlichkeit perfektionieren. Das ist die beste Garantie für dauerhafte Frustration.

Dabei ist die tief greifende Zufriedenheit, die wir suchen, ganz nah. In dem Moment, da wir uns vom Nachdenken über die Eigenschaften unseres Körpers entspannen, können wir befreit aufatmen. Wenn wir uns nicht mental mit unserem Körper beschäftigen, spüren wir eine erstaunliche »körperlose« Leichtigkeit. Das ist die wirkliche Leichtigkeit des Seins – ohne Definitionen, ohne Identifikation, ohne Vorstellungen von uns als leiblichem Wesen.

Vergleichen: Auf der Streckbank der Idealbilder

Der nächste mentale Prozess, den wir unter die Lupe nehmen wollen, ist das Vergleichen. Tatsächlich ist Vergleichen schon Teil der Bewertung. Eine Bewertung kann nur vorgenommen werden, wenn wir zwei Eindrücke haben und sie nebeneinander stellen. Sobald unser Verstand eine Bewertung vornimmt, gibt es auch ihr Gegenstück. Finden wir etwas schön, muss es auch etwas Hässliches geben. Glück gibt es nicht ohne Pech, Gutes nicht ohne Schlechtes, immer in dynamischem Wandel und gegenseitiger Balance. Im chinesischen Yin-Yang-Symbol gehören Schwarz und Weiß zueinander wie Spiegelbilder, mal dominiert das Dunkle, mal das Helle, doch das eine ist nicht ohne das andere denkbar. Das ist das Gesetz der Dualität. In der Welt des Verstandes ist es unumstößlich.

Tief im Inneren ahnen wir, dass es eine umfassende Vollkommenheit und Schönheit des Lebens geben muss, die über dieses Gesetz hinausgeht. Doch wir haben unseren denkenden Geist zur höchsten Instanz erhoben und glauben an seine Festlegungen. Und diese sind immer in den dualistischen Gegenpolen gefangen. Deshalb projizieren wir unsere Sehnsucht nach Perfektion auf den hellen Pol. Wir sind der Überzeugung, alles müsse weiß, positiv, angenehm und leicht sein. Wir setzen alles daran, unsere Lebensumstände und unsere Persönlichkeit solchen imaginären Bildern der Vollkommenheit anzugleichen. Das ist der Beginn einer langen Odyssee auf dem Meer der dualistischen Erfahrungen.

Wir glauben uns an einem Punkt A, der sich nicht gut genug anfühlt. Wir schwimmen los zum Punkt B, der in der Ferne Glück versprechend glänzt. Dort muss die Erfüllung warten, dort ist Licht und Frieden zu finden – diese Hoffnung ist unser Antrieb. Doch es gibt kein Ankommen. Oder nur scheinbar und lediglich für kurze Zeit. Denn schnell erweist sich das, was aus der Ferne lockte, wieder als fade und unbefriedigend. Punkt B scheint dem Punkt A sogar sonderbar zu ähneln. Und so ist es. An der Oberfläche ist jeder Punkt dem dualistischen Wandel unterworfen. Also weiter auf der unendlichen Reise. Punkt C sieht so verlockend aus. Unsere Devise lautet: »Die Hoffnung stirbt zuletzt.«

Alles, was wir mit unserem Herumschwimmen erreichen, ist, dass wir nicht untergehen. Doch ausgerechnet das Untergehen wäre die Lösung. Die Loslösung von der mühsamen oberflächlichen Suche. Das Versinken in die Erkenntnis der erfüllten Einheit.

Am deutlichsten wird unsere ungestillte Sehnsucht in den Idealbildern, die wir uns eingeprägt haben. Geformt werden diese durch biologische Überlebensmuster, geschlechtsspezifische Wertvorstellungen, durch politische und religiöse Normen, durch kulturelle Denksysteme und Ideologien. Manche davon bringen wir schon in unseren Genen mit auf diese Welt, andere inhalieren wir mit der Erziehung in der Familie oder sie werden uns durch die Medien, in der Schule und im Beruf vermittelt. Idealbilder müssen nicht notwendig Leid erzeugen. Auch sie haben ihre Funktion in der Entwicklung der Psyche. Zum Leiden führen sie, wenn wir sie unbewusst benutzen, um wahrhaftige Erfüllung zu finden. Um das Leiden am Basismangel unserer Identifizierung zu beheben, ist kein Ideal, kein Hoffnungsbild, kein Ziel geeignet. Denn in den Phänomenen der oberflächlichen, dualistischen Welt kann es Frieden, Beständigkeit und Vollkommenheit nicht geben.

Sehen wir uns an, wie sich die erfolglose Jagd nach Glück in unserem Geist anfühlt. Am deutlichsten zeigt sie sich in der Verstandesfunktion des Vergleichens. Beim folgenden Experiment zu unseren Idealbildern können wir diese Aktivität live beobachten.

Nehmen Sie sich einen Moment Zeit zum Innehalten. Wenn Sie mögen, schließen Sie die Augen. Lassen Sie alles Nachdenken zur Ruhe kommen.

Die folgenden Fragen dienen als eine Art Sonde. Achten Sie beim Lesen auf die Resonanz in Ihrem Inneren.

Wie sollte mein Körper aussehen?

Werden Sie sich gewahr, welche Empfindungen und welche Stimmung mit dieser Frage auftauchen. Beobachten Sie, welche Fantasien und inneren Bilder in Resonanz zur Frage erscheinen. Lassen Sie sich Zeit.

Dann lassen Sie sie wieder aus Ihrem Bewusstsein verschwinden. Erlauben Sie sich, ohne jegliche Ideen darüber zu sein, was Ihnen fehlt oder wie Sie sein sollten.

In diesem Wechsel von Fokussierung auf die Frage und Entspannung vom Denken können Sie sich auch die folgenden Fragen stellen:

Was müsste sich an meiner Persönlichkeit ändern? Welches Wissen, welche Kenntnisse brauche ich noch? Wie müssten meine Beziehungen aussehen, damit ich zufrieden wäre?

Wann immer sich unser Verstand mit Wünschen oder Zielen in Bezug auf unser persönliches Ich beschäftigt, tut er Folgendes: Er konstruiert zunächst ein Selbstbild. Er erzeugt eine Zusammenstellung mentaler Entwürfe: Bilder von der Gestalt unseres Körpers, von unserem typischen Verhalten im Kreis von Freunden oder an unserem Arbeitsplatz, Erinnerungen an vergangene Ereignisse unseres Lebens, Einschätzungen und Aussagen anderer Menschen über unsere Person und vieles mehr.

Das läuft mit ungeheurer Geschwindigkeit ab. So schnell, dass wir es meist nicht bemerken. Aber wenn wir genau hinsehen, können wir es wie einen Kinofilm vor unserem inneren Auge sehen. Hier ein kurzes Standbild, wie wir unser Gesicht betrachten. Gleich darauf eine bewegte Sequenz, wie wir uns im Streit mit einer Freundin verhalten haben. Dann eine Einblendung mit einer unangenehmen Erfahrung in unserer Kindheit. Und jetzt wieder ein Schnitt: Wir werden in einer mündlichen Prüfung befragt und wissen keine Antwort.

Der Aufbau unseres Selbstbildes geschieht auch mit vorformulierten Gedanken: »Ich bin ein männlicher Typ.« »Ich bin ziemlich temperamentvoll.« »Ich habe ein gutes räumliches Vorstellungsvermögen, aber wenig Allgemeinwissen.« Mit dieser Abfolge von Bildern und Gedanken versucht unser Verstand, eine fest umrissene Person aufzubauen: »Das macht mich aus. So bin ich. Das bin ich.«

Ein weiterer Bereich, für den sich unser Verstand begeistert, ist die Spielwiese der Idealbilder. Das sind ebenfalls innere Vorstellungen, und sie verkörpern machtvolle Symbole des Glücks.

Wir sehen vielleicht die Figur einer Claudia Schiffer vor uns oder das coole Auftreten eines Brad Pitt. Wir malen uns aus, dass wir die charismatische Ausstrahlung eines George Clooney besitzen, ein geniales Einstein-Gehirn oder die Aura der Weisheit des Dalai Lama. Unser Geist jongliert mit einem Gedankensammelsurium von »Wenn ich wäre, hätte, könnte…«. Die Verheißungen einer zukünftigen Vollendung üben eine magische Anziehungskraft auf uns aus.

So wohnen zwei Seelen in unserer Brust: ein mängelbehaftetes Selbstbild auf der einen Seite und ein fantasiertes, hoffnungsschwangeres Ideal auf der anderen. Das führt zu einer enormen inneren Spannung. Wir finden uns in der Folterkammer des perfektionistischen Geistes wieder und liegen auf der Streckbank. Unser Geist versucht, das unwerte, zu klein geratene Selbstbild dem großen Ideal anzugleichen, indem er an der Kurbel der Persönlichkeitsveränderung zerrt und immer wieder zwanghaft vergleicht. Er hofft, die eigene Person endlich dem glanzvollen Vorbild angleichen zu können. Diese Hoffnung verspricht Erlösung, doch in Wahrheit ist sie eine Qual. Sie ist pures Leiden. Unser Geist ist ein dilettantischer Folterknecht, der sich als seriöser Schönheitschirurg aufspielt.

Das Benennen und Bewerten ist die Einstiegsdroge in die siechende Welt der Dualität. Die Idealbilder und der Vergleich damit sind der Stoff, der süchtig macht. Doch wie bei jeder Droge wird das Gefühl des Mangels auch hier nur oberflächlich und kurzfristig gedämpft. Im Grunde verstärkt sich nur die Sucht der Suche.

Wenn sich dagegen unser Geist vom Benennen, Bewerten und Vergleichen entspannt, machen wir eine erstaunliche Entdeckung. Wir brauchen keine Anstrengungen zu unternehmen, um einem Idealbild hinterherzurennen. Es ist nicht einmal nötig, dass wir uns als ein persönliches Ich und dessen Eigenschaften definieren. Wir sind schon – auch ohne Vorstellungen von uns als Individuum. Dieses einfache unpersönliche Sein fühlt sich zutiefst zufrieden und ganz an. Ihm fehlt absolut nichts. Es ist – wir sind – vollkommen.

Die Trance der Suche

Der Ich-Gedanke, das Benennen und Bewerten sind unsere grundlegenden Schwimmbewegungen. Damit hält sich der Geist an der Oberfläche und schwimmt auf der Stelle. Mit dem Vergleichen und dem Nacheifern von Idealbildern wird er noch geschäftiger. Er erzeugt nicht nur Auftrieb, sondern setzt sich auch in horizontale Bewegung, immer in Richtung des goldenen Topfes am Ende des Regenbogens.

Was ist dieses Gold, das wir suchen, wirklich? Es ist die Tiefe. Wir sehnen uns nach dem Glück, der Erfüllung und dem Frieden der Tiefe des Seins. An der Oberfläche können wir die Suche unendlich fortsetzen, sie wird uns niemals befriedigen. Das, was die Suche beendet, ist nicht an einem anderen Ort und nicht in der Zukunft, sondern genau an dem Punkt, an dem wir uns befinden, und exakt zu dem Zeitpunkt, der gerade gegenwärtig ist. Still und unbewegt ruht die Tiefe genau unter uns, ja sie trägt uns sogar. Wenn wir nur eine Sekunde nicht nach vorne auf das nächste Ziel starren, können wir in diesem Augenblick die ungeheure Stille und den Frieden erfahren, die sich unter uns ausbreiten.

Wir kennen Momente, in denen offensichtlich wird, dass keine Suche erforderlich ist, um zutiefst glücklich zu sein. Augenblicke, in denen wir spüren, dass alles vollkommen in Ordnung ist, so, wie es sich gerade zeigt. Ohne dass das Geringste zu ändern wäre. Augenblicke, in denen nichts fehlt, sondern alles von einer friedlichen Fülle überfließt und sich selbst genug ist; in denen klar wird, dass nichts gesucht und nichts gefunden werden muss. Es sind Durchbrüche, in denen eine wesentliche Wahrheit aufscheint. Diese Wahrheit lässt sich nicht als Erfahrung abspeichern. Sie kann durch mentales Wissen nicht bestätigt werden. Sie beweist sich durch ihre eigene, unverkennbare Anwesenheit – ein Wissen, das tiefer ist als alle erworbenen Kenntnisse, verankert im Urgrund des Seins. Doch selbst wenn diese Erfahrungen so intensiv waren, dass sie einen verwandelnden Impuls in unser Leben brachten, so wirken häufig die Konditionierungen des Geistes machtvoll weiter.

Im Advaita-Vedanta werden diese Kräfte Vasanas* genannt. Das sind Glaubensmuster, nach denen es ein Ich gibt, das irgendwohin kommen muss, das Ziele zu erreichen hat und etwas Besonderes sein muss, um Erfüllung zu finden. Solche Neigungen können trotz authentischer Einblicke wirksam bleiben. Und irgendwann im Laufe unseres Lebens werden sie wieder aktiviert. Dadurch wird unser Bewusstseinsschwerpunkt wieder an die Oberfläche geschwemmt, und jene starken Impulse werden geweckt, die die alte anstrengende Suche wieder aufnehmen.

Wirkliche Macht haben diese Vasanas nur dann, wenn sie unbewusst ablaufen. Deshalb ist es gut, uns klar zu machen, an welchen Stellen wir noch in ihnen gefangen sind. Eine einfache Frage reicht dazu aus.

Wonach suchen Sie in Ihrem Leben?

Wenn wir bereits ein wenig vertraut sind mit dem natürlichen Sein in uns, spüren wir, dass diese Frage eine Bewegung weg vom gegenwärtigen Moment ist. Weg vom bedürfnislosen Hier und Jetzt, hin zu einer Vorstellung über uns als Person und über das, was uns ungenügend erscheint. Die Absurdität liegt darin, dass im unmittelbaren Moment, bevor die Frage gestellt wird, nichts fehlt und deshalb nichts gesucht werden muss. Die Frage »Was suche ich?« führt zwangsläufig zu einem Gefühl des Mangels, das dann die Dringlichkeit und Notwendigkeit einer Suche erst produziert. Diesem Impuls zu folgen und mit der Suche zu starten ist ein Akt der Anstrengung, der die natürliche Bedürfnislosigkeit überschattet.

Sind wir mit dem natürlichen Sein vertraut, nehmen wir vielleicht schon während des Lesens der Frage die Anstrengung und das subtile Leiden wahr, das mit der Suche einhergeht. Dann mag es sich unnatürlich anfühlen, dieser und den folgenden Fragen überhaupt weiter nachzugehen. Dennoch erlaubt dieses Experiment einen Ausflug in den konditionierten Geist. Wir können direkt nachvollziehen, wo der Geist herumschwirrt und zu landen versucht.

In einem vorherigen Kapitel haben wir schon die Wünsche nach Selbsterhaltung, sexueller Befriedigung und sozialer Anerkennung als wesentliche Antriebe für unsere Suche angesprochen. Wir können diese Aspekte noch einmal aus einer etwas anderen Perspektive beleuchten und schauen, welche subtileren Ebenen von Suche es darüber hinaus noch gibt.

Selbsterhaltung: Die Suche nach Besitz und Sicherheit

Nach welchen materiellen Dingen suchen Sie?

Im Kern der Suchkonzepte auf der materiellen Ebene steht unser biologischer Selbsterhaltungstrieb. Unser Körper will überleben. Und dazu braucht er Schutz und Sicherheit. Mehr noch: Er will es im Leben möglichst behaglich und bequem haben. In unserem Geist finden wir diese Bedürfnisse in den konkreten Ideen über Dinge, Gebrauchsgegenstände oder Luxusgüter, die wir gerne besitzen würden – ein Haus in idyllischer Lage, einen neuen Computer, ein komfortables Auto, teure Kleidung. Eine abstraktere Variante ist die Suche nach finanzieller Absicherung, das Verlangen, über ein dickes Bankkonto oder andere Wertanlagen zu verfügen. Wie viel Aufmerksamkeit richten wir auf diese materielle Ebene? Wie oft geben wir uns Alltagsfantasien darüber hin, was wir besitzen möchten? Welche dieser Ideen zieht die größte Aufmerksamkeit auf sich?

Es geht hier nicht darum, solche Wünsche als unspirituell oder verwerflich zu entlarven. Sie sind Teil der kollektiven Konditionierung und damit Teil jeder menschlichen Psyche. Sie sollen lediglich ans Licht des Bewusstseins gebracht werden, damit wir erkennen, welchen Einfluss sie auf uns ausüben und in welchen Lebensbereichen sie uns in Leid verstricken.

Wenn wir hinschauen, wie es wirklich um die Dinge steht, erkennen wir, dass es auf der materiellen Ebene für unseren Körper keine Sicherheit geben kann. Unser Haus, unser Auto, unser Geld, all unser lieb gewordener Besitz kann uns ganz leicht verloren gehen. Ein Börsencrash, eine Naturkatastrophe, ein Unfall, ein Hausbrand, ein Betrug oder sonstige widrige Umstände können uns das Erreichte im Nu zwischen den Fingern zerrinnen lassen. Auch unser Körper selbst ist sehr verletzlich und jederzeit von Krankheit und vom Tod bedroht.

Diese Suche nach Sicherheit ist der Versuch, die Verlässlichkeit des Seins, zu der wir den bewussten Kontakt verloren haben, zu ersetzen. Erst wenn wir unsere wahre Natur wieder entdecken, ändert sich unsere Perspektive radikal. Das stille Gewahrsein, das unsere Essenz ausmacht, wurde nie geboren und kann deshalb nicht sterben. Es ist unzerstörbares Sein und damit absolute Sicherheit. In der lebendigen Erkenntnis dessen werden wir nicht mehr durch die Suche nach Besitz und materieller Sicherheit beherrscht, sondern können ein Leben führen, das unabhängig von solchen Umständen in tiefem Vertrauen, in Gelassenheit und Sorglosigkeit gegründet ist.

Sexuell: Die Suche nach orgastischen Erfahrungen und Fortpflanzung

Welchen Stellenwert nimmt Sexualität in Ihrem Leben ein?
Wonach suchen Sie in diesem Bereich?

Die Suche nach sexueller Befriedigung wird uns schon in den Genen mitgegeben. Unser Körper will zwar überleben, aber in gewisser Weise ist er nur eine Hülle für unser Erbmaterial. Und das ist es, was den Drang zur Selbsterhaltung tatsächlich erzeugt. Wenn unser Körper stirbt, löst sich mit ihm auch die Erbsubstanz auf. Um trotzdem zu überleben, braucht sie die sexuelle Fortpflanzung. So kann sie sich – wenn auch in leicht abgewandelter Form – in die nächste Hülle retten.

Bei uns selbst können wir diesen Überlebenstrieb in den ganzen Gedanken rund um das Thema Sex beobachten. Wie oft und zu welchen sexuellen Fantasien schweift unser Geist ab? Was erhoffen wir uns von bestimmten erotischen Erfahrungen? Gibt es Bilder eines Traumpartners, mit dem wir irgendwann den Orgasmus unseres Lebens erfahren und mit dem wir gerne ein Kind haben würden? Wie mächtig sind die Ideen, dass ein Leben ohne Sexualität oder ohne Kinder sinnlos und unbefriedigend wäre?

Sexualforscher haben herausgefunden, dass sich der Umgang mit dem Thema Sexualität bei Männern und Frauen teilweise stark unterscheidet. Männer sollen demnach mehr die Neigung haben, »ihren Samen zu verstreuen« und in der Realität oder in der Fantasie eine Tendenz zu zahlreichen Sexualpartnerinnen haben. Frauen dagegen »beschützen das Ei« und suchen deshalb eher nach einem einzelnen, starken und verlässlichen Erzeuger für ihr Kind. Ob das stimmt oder nicht, für beide Geschlechter ist der Drang zur Sexualität und Fortpflanzung eine mächtige, treibende Kraft. Das können wir daran ablesen, wie sehr unser Geist damit beschäftigt ist.

Auch hier gilt wieder: Sexualität und Fortpflanzung sind weder verwerflich noch verachtenswert. Es handelt sich um natürliche biologische Funktionen, die den Erhalt und die Evolution der Gene unseres Körpers bezwecken. Der Moment einer erotischen Begegnung kann ein wunderschönes Erlebnis sein. Problematisch wird es nur, wenn wir glauben, dadurch dauerhafte, tiefe Erfüllung und Befriedigung erreichen zu können. Denn so erregend und prickelnd sexuelle Erfahrungen auch sein können, der Zauber der Erotik verschwindet früher oder später wieder. Ein Orgasmus ist ein Höhepunkt. Aber für wie lange? Sexuelle Befriedigung dauert nur kurz, und danach landen wir in der altbekannten Unzufriedenheit. Da der sexuelle Trieb so stark und in gewisser Weise natürlich – weil biologisch – scheint, können wir allerdings schnell zum Sex-Junkie werden. Dann brauchen wir immer mehr und immer neue Erfahrungen, die uns den Kick der Erregung verschaffen. Wir werden abhängig von den kurzen orgastischen Momenten, die uns zumindest für ein paar Augenblicke befreiende Gedankenleere schenken und uns alle Sorgen vergessen lassen. Die andere Variante ist die Vorstellung, wir müssten unbedingt Sex und Kinder haben, sonst hätte unser Leben keinen Sinn. Doch solange wir Erfüllung, Genuss und orgastische Erfahrungen an Sexualität und Fortpflanzung festmachen, bleiben wir unbefriedigt, denn unsere Existenz als biologisches Wesen ist nur eine Oberflächenerscheinung.

Entdecken wir die Tiefe des allumfassenden Seins, dann stellt sich uns das Thema ganz anders dar. Prickelnde Lebendigkeit und das Fließen ekstatischer Energie sind nicht auf körperliche Erotik und sexuelle Erregung begrenzt. Die Stille selbst kann als wunderbare Ekstase erlebt werden, die den sexuellen Orgasmus weit in den Schatten stellt. Und vor allem: Wir entdecken das ewige Bewusstsein, das allen biologischen Wesen innewohnt und ihre Essenz darstellt. Wir hängen nicht mehr fest in dem Glauben, Sex und Kinder wären unabdingbar für ein erfülltes Leben. Der Ozean genießt es, wenn seine Wellen einen verzückten und erregenden Tanz aufführen und kleine Babywellen produzieren. Aber seine Erfüllung ist darauf in keiner Weise angewiesen. Er ruht schon immer in seiner eigenen Befriedigung. Die Wellen haben Angst zu vergehen und daher das Gefühl, sie müssten sich fortpflanzen. Der Ozean nicht – er ist ja bereits überall gegenwärtig.

Emotional: Die Suche nach Anerkennung und Liebe

Wo suchen Sie nach Anerkennung in Ihrem Leben?

Vielleicht zeigen sich in der Resonanz auf diese Frage bestimmte Idealbilder, etwa das einer romantischen Liebesbeziehung oder eines harmonischen Familienlebens. Oder wir streben nach einem bestimmten Status im Berufsleben oder auf anderen gesellschaftlichen Ebenen, durch den wir uns Anerkennung von anderen versprechen.

Nichts spricht dagegen, es zu genießen, wenn andere uns mögen und wertschätzen. Allerdings sind solche Wohlgefühle keineswegs verlässlich. Liebevolle Zuwendung kann uns schnell wieder entzogen werden. Jemand, der uns heute Sympathie entgegenbringt, lässt uns morgen möglicherweise links liegen oder verachtet uns sogar. Persönliche Anerkennung durch andere kann das fundamentale Gefühl des Mangels in unserer Person niemals zuverlässig ausgleichen. Und: Solange wir in diese Suche verstrickt sind, sind wir unecht und spielen Rollen, um von anderen gemocht zu werden. Wir neigen dazu, uns mit diesen Rollen gleichzusetzen und uns darin zu verlieren. Wir verkaufen uns für ein paar Krumen Bewunderung und Zuwendung. Gefangen in der Trance unserer Suche nach Liebe erscheint uns diese als etwas, das wir von außen bekommen müssten, das nur durch oder mit anderen Menschen erlebt werden kann. Das Spielen der sozialen Rollen benutzen wir dann dazu, andere dahingehend zu manipulieren, uns diese Liebe zu geben.

Entdecken wir unsere wahre Natur wieder, erfahren wir dagegen, dass die Essenz von Liebe nicht im Außen zu finden ist, sondern

eine natürliche, innere Qualität unseres ureigensten Seins ist. Die
Suche nach wärmender, emotionaler Zuwendung durch andere stellt
sich als vollkommen überflüssig heraus, weil wir uns selbst als bedingungslose Liebe erfahren. Und wir merken: Es ist das liebende
Sein selbst, das alle sozialen Rollen spielt. Jene, die weiterhin in unserem Leben auftauchen, dienen dann nicht mehr dazu, das Loch
der Bedürftigkeit nach Liebe und Anerkennung zu stopfen. Jede
Rolle kann jetzt zu ihrer Zeit frei von persönlicher Identifizierung
eingenommen werden, als Ausdruck des inneren Friedens und des
natürlichen Überfließens liebender Fülle.

Mental: Die Suche nach Wissen und Kenntnissen

Wo suchen Sie nach Wissen und Kenntnissen?

Die Suchobjekte auf dieser Ebene sind subtiler als die bisher erwähnten. Aber auch hier geht es um Besitz und Sicherheit: Der Verstand sucht mentale Objekte – Vorstellungen und innere Bilder – zu
fassen, zu begreifen und festzuhalten. Dadurch will er sich sicher
sein, die Welt zu kennen. Nur dann kann er – zumindest dem
Anschein nach – diese auch kontrollieren. Doch auch das ist eine
Illusion. Denn was auch immer wir uns an Kenntnissen und Wissen
aneignen, es sind nur Konzepte und Theorien. Sie tragen keine
absolute Wahrheit in sich – es handelt sich lediglich um begrenzte
Hypothesen. Außerdem ist alle Theorie grau, verliert die Lebendigkeit der unmittelbaren Erfahrung und bietet uns keineswegs die
Garantie, die Unwägbarkeiten des Lebens praktisch bewältigen zu
können. Und vor allem: Unser mentales Wissen ist genauso der Vergänglichkeit unterworfen wie unser Körper. Vielleicht erleben wir
einen kurzen Blackout. Unsere einst ausgefeilten Kenntnisse fallen
schlicht dem Vergessen anheim. Oder unser Gehirn erleidet die

Alzheimer-Krankheit, und der Inhalt unseres Gedächtnisses wird rasch und vollständig ausgelöscht. Definieren wir unser Sein also über die Ansammlung von Wissen und Konzepten, ist das Leiden vorprogrammiert.

Auch der denkende Geist erfüllt natürlich wichtige Funktionen. Er kann uns bis zu den äußersten Randbereichen intellektuellen Verstehens führen. Doch spätestens hier muss er sich einer höheren Macht hingeben: der Stille des Gewahrseins. In dieser Hingabe können wir eine große Erleichterung entdecken. Wir brauchen nicht mehr angestrengt Wissen und Theorien in unserem Kopf anzusammeln, um intelligent und gebildet zu erscheinen. Wir können uns erlauben, nichts zu wissen – absolut nichts. Diese Leere von konzeptionellem Verstehen hat nichts mit Dummheit oder Naivität zu tun, sondern sie offenbart eine weitaus höhere Intelligenz – die Weisheit eines stillen Geistes. Der Verstand nimmt dann wieder seine angemessene Stellung ein. Die zuvor auf den Kopf gestellte Hierarchie wird wieder zurechtgerückt. Das Denken bleibt nicht länger despotischer Alleinherrscher, sondern wird zum Diener des friedliebenden stillen Gewahrseins, das wir sind.

Im Laufe des Lebens erstreckt sich die Suche auf immer subtilere Ebenen. Es spricht für ein höheres Bewusstseinsniveau, nicht nur auf materielle und sexuelle Ziele hin orientiert zu sein, sondern auch soziales Zugehörigkeitsgefühl zu entwickeln. Und auch die Heranbildung des Intellekts und eines kritischen, rationalen Geistes ist ein Schritt der Reifung. Doch selbst wenn eine solche Entwicklung gut verläuft, selbst wenn unser Leben durch Wohlstand, relative Harmonie in den Beziehungen und intellektuelle Zufriedenheit gekennzeichnet ist, bleibt das Gefühl eines grundsätzlichen Mangels. Immer noch nagt die Ahnung an uns, dass es noch etwas Wesentlicheres im Leben geben muss, etwas außerhalb des bisher Erreichten. Es ist das innere Wissen um unser wahres Wesen.

Nehmen wir diese Sehnsucht nach etwas Tieferem bewusst wahr, führt sie zu dem, was man spirituelle Suche nennt. Wie sich diese Suche für jeden Einzelnen entfaltet, ist unterschiedlich. Authentische Spiritualität beschäftigt sich nicht primär mit der gewöhnlichen Welt der Erfahrungen, sondern wendet sich der Grundlage der Erfahrungen selbst zu – dem, was die Erfahrungen erfährt. Spirituelle Erkenntnis ist eine Entzauberung der Faszination der Erscheinungen. Wir erkennen, dass alle körperlichen, emotionalen und mentalen Erfahrungen begrenzt sind. Dass sie ihrer Natur nach vergänglich und substanzlos sind. Solange wir ihre Natur nicht durchschauen, bleiben wir bei der leidvollen Suche nach immer neuen Erfahrungen, in der Hoffnung, irgendeine davon möge uns irgendwann wahrhaftige Erfüllung schenken. Authentische Spiritualität führt zur Beendigung dieser leidvollen Suche. Die Seligkeit und Freiheit des absoluten Seins, das unberührt von dieser Suche blieb, wird offenbar.

Dieses Verständnis von Spiritualität ist keineswegs mit dem vereinbar, was im allgemeinen Sprachgebrauch damit assoziiert wird. Im Gegenteil. Gewöhnlich bezeichnet »Spiritualität« eher die Beschäftigung mit Erfahrungen auf subtilen Ebenen: energetische Körpererfahrungen, außersinnliche Wahrnehmung, außerkörperliche Erfahrungen, Gedankenübertragung, Visionen, Telekinese, Versenkungszustände. All diese Phänomene können auch als Begleiterscheinung authentischer Spiritualität auftreten. Doch in der so genannten spirituellen Suche wird häufig derselbe grundlegende Fehlmechanismus des Leidens weiter übernommen. Wir verlagern das gewohnte Streben nach neuen und Glück verheißenden Erfahrungen lediglich auf die feineren Ebenen der subtilen Erscheinungen. Wir können zwar Durchbrüche zur Ebene absoluten Seins erleben, doch der Irrglauben an die Konzepte über objektgebundenes Glück ist damit noch nicht abgefallen. Wir sind noch immer in dem

Glauben gefangen, wir wären ein Ich, das irgendwohin kommen und irgendwelche besonderen Erfahrungen machen müsste. Gerade feinstoffliche Erfahrungen können dann weiterhin eine große Faszination auf uns ausüben und uns in einer Suchtrance gefangen halten.

Feinstofflich: Die Suche nach übersinnlichen Wahrnehmungen und Fähigkeiten

Nach welchen außergewöhnlichen, übersinnlichen oder feinstofflichen Erfahrungen suchen Sie?

In der Regel hat der Verstand Bilder, Vorstellungen und Gefühle über so genannte spirituelle oder feinstoffliche Erfahrungen gespeichert. Vielleicht stellen wir uns vor, dass wir Erfahrungen von All-Einheit machen müssten und dass sich das so anfühlte, als würde alles miteinander verschmelzen. Oder dass wir Energiezentren im Körper spüren müssten, die für eine höhere Entwicklungsebene stehen. Es mag sein, dass wir den Wunsch haben, uns an vergangene Leben zu erinnern. Oder wir hegen die Hoffnung auf Kräfte wie Gedankenlesen, Aura-Sehen oder auf heilende Fähigkeiten. Es gibt viele spirituelle Ziele, die der Geist meint erreichen zu müssen. Das Erleben subtiler energetischer Phänomene an sich ist nicht leidvoll. Es gibt eine Fülle an außergewöhnlichen Erfahrungen, die sich häufig ganz von selbst einstellen, wenn wir in Kontakt mit der wahrhaft spirituellen Dimension des Seins kommen. Leiden entsteht auch hier nur dann, wenn wir bestimmte Erfahrungen als Bedingung für Glück oder Freiheit ansehen und ihnen zwanghaft nachjagen. Dadurch wird wiederum die Identifikation mit einem individuellen Wesen, dem es an etwas mangelt, bestärkt.
Das ist der Grund, warum in vielen spirituellen Traditionen davor gewarnt wird, sich auf die feinstoffliche Ebene und ihre Kräfte zu

konzentrieren. Im Advaita-Vedanta ist von den so genannten »Siddhis« die Rede, von außergewöhnlichen Fähigkeiten und Wunderkräften: heilende Fähigkeiten, die Macht des Hellsehens, der Materialisation, des Unsichtbarwerdens oder sogar des Fliegens. Im Advaita werden die Gefahren betont, die die Beschäftigung mit solchen Kräften in sich birgt. Die Faszination kann soviel Aufmerksamkeit binden, dass ein tieferes spirituelles Erforschen des eigenen Seins vernachlässigt wird. Vor allem aber kann es zu einer Verstärkung der persönlichen Identifikation führen. Wenn wir in dieser Hinsicht spirituellen Stolz entwickeln und uns aufgrund unserer erlangten Siddhis für etwas Besonderes halten, hält dies die leidvolle Trennung vom Ich und den Anderen aufrecht und verstärkt sie noch.

Wirkliche Selbsterforschung bedeutet zu erkennen, dass das Konstrukt eines Individuums, das solche Kräfte für sich persönlich besitzen könnte, arrogant und illusorisch ist. In Wirklichkeit erlebt nur das absolute Sein alle Erfahrungen. Es alleine ist die Quelle jeglicher Kräfte, Fähigkeiten und Handlungen.

Spirituell: Die Suche nach Seligkeit und Versenkung

Die wahrhaftige spirituelle Suche führt zur Beendigung der Suche selbst. Sie endet in ihrer eigenen Auflösung. Die Offenbarung wirklicher Freiheit ist die Abwesenheit jeglichen Suchens – selbst des Suchens danach, was vorher als erstrebenswertes »spirituelles Ziel« empfunden wurde. Erst in der Auflösung der Suche zeigt sich, was schon immer da war, das, was niemals wirklich verloren war und deshalb auch durch keine Suche (in) der Welt gefunden werden kann. In der Anfangsphase der spirituellen Suche und bisweilen auch ohne Suche kann es zu Durchbrüchen kommen: Momente tief greifender Entspannung, in denen sich jegliches Herbeisehnen auflöst und die Vollkommenheit des Seins durchscheint. Diese Momente sind ohne Zweifel, ohne Fragen, ohne Mangel. Hier zeigt sich unsere wahre Natur. In solchen Momenten wird klar, dass es absolut nichts zu suchen oder zu finden gibt.

Doch all diesen Durchbrüchen zum Trotz kann die Erkenntnis wieder verdeckt werden. Grund dafür sind aktive Glaubensmuster, die das Glück in Objekten wähnen und die das Bewusstsein wieder in die Suche nach Erfahrungen ziehen. Es gibt Glaubensmuster, die vor allem bei jenen Menschen auftauchen, die schon authentische Durchbrüche des Seins erlebt haben.

Diese Konzepte sind verlockend, da sie sich scheinbar direkt auf das Absolute beziehen. Allerdings handelt es sich in Wahrheit um Konzepte über das Absolute. Die unmittelbare Erfahrung des Absoluten ist jenseits von Worten. Doch unser Geist hat die fatale Neigung, selbst »spirituelle Konzepte« zu produzieren. Er versucht, das Absolute in Begriffen zu beschreiben, und glaubt, die Wahrheit so kristallisieren, festhalten und begreifen zu können. Diese Beschreibungen werden dann als absolut verstanden, anstatt sie lediglich als Hinweise auf das Sein jenseits von Worten zu sehen. Durch ihre Nähe zum Absoluten sind solche spirituellen Konzepte sehr verführerisch. Sie tragen noch den lebendigen Nachgeschmack der unmittelbaren Erfahrung in sich. Dennoch sind sie, weil sie wieder in die Strickmuster des Geistes eingebaut werden, leblos, verschleiernd und Leid erzeugend.

Die folgende Frage lädt dazu ein, solche spirituellen Konzepte bewusst zu machen:

Nach welchen spirituellen Erfahrungen suchen Sie?

Es mag zum Beispiel sein, dass wir uns in einem Augenblick vollkommener Entspannung und Auflösung aller Identifikation als pures Sein erleben konnten. Vielleicht haben wir ungeheure Seligkeit erfahren. Ein verzerrendes spirituelles Konzept, das daraus folgen könnte, wäre dann zu glauben: »Erst wenn ich solche Seligkeit ständig erfahre, bin ich wirklich frei.« Allein dieser Gedanke führt wieder ins Suchen und Leiden.

In einer unmittelbaren Erfahrung des Seins kann es auch geschehen, dass jeglicher Bezug zu einem persönlichen Ich verschwindet. Alle Gedanken über uns als Person werden in einem tiefen Versenkungszustand ausgelöscht. Wir können erfahren, dass keine Gedanken mehr im Bewusstsein auftauchen. Haften wir an solchen Zuständen, geht das mit Konzepten einher wie »Mein Geist sollte immer frei von Gedanken sein« oder »Ich kann erst dann vollkommen in Frieden sein, wenn kein persönliches Ich mehr auftaucht.«

Eine andere Begleiterscheinung des spirituellen Erlebens besteht in einer tiefen Gelassenheit. Dann scheint nichts mehr den inneren Frieden stören zu können. Alle Ereignisse unseres persönlichen Lebens und der Welt nehmen wir aus der Haltung einer unberührbaren Seelenruhe wahr. Doch auch hieraus kann der Geist ein Konzept machen: »Ich sollte immer so gelassen sein. Wenn ich mich aufgewühlt fühle, heißt das, dass etwas falsch gelaufen ist.«

Viele spirituelle Konzepte sind schwer auszumachen, da sie im Anhaften an Begleiterscheinungen des direkten Erlebens wurzeln. Im Moment der Offenbarung unserer wahren Natur stellt sich häufig eine Resonanz des Seins ein, die alle physischen, emotionalen und mentalen Erfahrungen umfasst. Sie alle schwingen in wunderbarer Harmonie mit der Erkenntnis des stillen Gewahrseins, was höchst ekstatische Erfahrungen mit sich bringen kann. Was hier zu Leiden führt, ist die Neigung, mehr an den Erfahrungen zu hängen und sich von ihnen faszinieren zu lassen, als mit dem zu bleiben, das diese Erfahrungen erfährt: dem stillen, unpersönlichen Zeuge-Sein. Das Anhaften an Erscheinungen spiegelt sich in Konzepten wider.

Diese können wir ausmachen als sich wiederholende Gedankenketten, die uns weismachen, wir müssten noch irgendein spirituelles Ziel erreichen, und sei es »das vollständige Erwachen«.

Rückhaltlose Selbsterforschung durchschaut diese subtilen Anhaftungen und befreit sich davon. Die authentische Vertiefung von Freiheit ist ein Fallen ins bodenlose Nichts. Mit diesem Fallen endet die Trance des Suchens und das endlose Finden des Seins bleibt wach. Während dieses Fallens können sich endlos weitere Erkenntnisse und die subtilsten Erfahrungen von Freiheit zeigen, ohne dass wir an ihnen festhalten müssten. Sri Poonjaji* drückte dies in dem einfachen Satz aus: »Lande nirgendwo!«

Zusammenfassung

In diesem Kapitel haben wir untersucht mit welchen Schritten und in welcher Abfolge wir uns von unserer wahren Natur ablenken. Bevor die Fehl-Identifikation mit einer Person in unserem Bewusstsein aufgebaut wird, erfahren wir uns als das stille ICH BIN – ohne Namen, ohne Rollen, ohne die Geschichte einer Person. Friedliches, in sich erfülltes Bewusstsein.

Der erste Schritt ins Leiden beginnt mit der grundlegenden Identifikation unseres Seins mit unserem Körper. Der Gedanke »Ich bin…« stellt dabei eine Art Klebstoff dar. Mit ihm heften wir das zunächst unpersönliche Seinsempfinden an die Form und das Erleben unserer Person. Wir spüren eine Empfindung und denken »Ich bin mein Körper«. Wir bemerken eine Emotion und glauben »Ich bin meine Gefühle«. Wir werden uns eines Gedankens gewahr und meinen »Ich bin meine Gedanken«.

Schon diese kleinen Schritte der Fehl-Identifikation erzeugen innere Beengung. Unzufriedenheit schleicht sich ein. Warum? Weil

Körperempfindungen, Gefühle und Gedanken begrenzt und vergänglich sind. Begrenzt heißt abgetrennt. Vergisst die Welle auf dem
Ozean, dass die Wassermassen der Tiefe alles miteinander verbinden, fühlt sie sich von anderen Wellen abgeschnitten. Sie ist auf
ihren eigenen kleinen Wellenkörper beschränkt. Das fühlt sich eng
und einsam an. Die Welle weiß auch, dass sie verletzbar ist und
irgendwann vergehen muss. Sie bekommt Angst vor dem Tod.
Der Vorgang der Fehl-Identifikation läuft in der Regel unterhalb unserer Bewusstseinsschwelle ab. Doch wir spüren seine Auswirkungen trotzdem. Zum Beispiel als grundlegendes Mangelgefühl und
Minderwertigkeitsgedanken: »Was ich bin, reicht nicht aus«, »ich
bin nicht gut genug«, »ich fühle mich armselig«, »mir fehlt etwas.«
Oft versuchen wir, den Mangel rasch auszugleichen. Die Hauptstra-
tegie dafür ist die Suche. Auch das haben wir in diesem Kapitel
erforscht: Wir projizieren hoffnungsbeladene Idealbilder unseres
Selbst und der Welt auf die Zukunft. »Wenn ich nur irgendwann so
wäre, wie ich es mir wünsche.« »Wenn sich die Welt nur irgendwann so verändern würde, wie ich es will.« Idealbilder wirken wie
die Karotte am Stock vor der Nase eines Esels. In der Hoffnung
irgendwann ein Stück zu erhaschen, läuft er ihr nach. Doch die
Karotte ist immer ein Stück voraus. Der Esel hat keine Chance.
Wir haben auch untersucht, welche typischen Suchmuster uns antreiben und beherrschen: Die Suche nach einem perfekten Körper,
nach immer-schönen Gefühlen, nach lückenlosem Wissen, nach
Besitz und Sicherheit, nach sexueller Befriedigung, nach Fortpflanzung, nach Anerkennung und auch nach übersinnlichen und feinstofflichen Erlebnissen.
Solche Ziele stellt unser Denken als Soll-Zustände groß heraus. Sie
werden in strahlendem Licht verherrlicht. Wir beten sie an und streben mit aller Macht nach ihnen. Dabei übersehen wir eine tragische
Dynamik: Je mehr wir dem goldenen Kalb des Soll-Zustandes hul-

digen, in desto schlechterem Licht erscheint uns unser Ist-Zustand. Zwischen beiden baut sich ein schmerzhaftes Spannungsverhältnis auf. Es erhält unser Leiden aufrecht und verstärkt es sogar. Was wäre hier die Lösung? Unser Verstand springt schnell mit einer Antwort herbei: »Natürlich das Erreichen des Soll-Zustandes!« Manchmal mag das gelingen. Doch das schenkt uns bloß flüchtiges Glück. Solche Soll-Befriedigung ist abhängig von günstigen Umständen oder kommt uns nur als Belohnung immenser Anstrengungen zu. Die grundlegende Ursache unseres Leidens – die Fehlidentifikation mit einem persönlichen Ich - wird nicht aufgelöst und wirkt weiter. Das Mangelgefühl unseres Ichs tritt nur für kurze Zeit in den Hintergrund. Schon bald geht die nächste Suche wieder los.

Anregung ──────────────────────────────────

Ich bin – Wachsamkeit

Seien Sie einen Tag lang besonders wachsam für jeden Gedanken, der mit »Ich bin…« beginnt. Beobachten Sie was ihr Denken daran anhängt. Was kommt nach dem »Ich bin…«? Vielleicht »…furchtbar müde.« »…nicht gut genug.« »…besonders schlau.«, »…schlecht gelaunt.«, »…zufrieden.« Oder was sonst? Spüren Sie nach, wie sich der jeweilige Ich-bin-Gedanke auf ihr Befinden auswirkt. Fühlt es sich unbefangen oder sogar gut an? Dann genießen Sie den Moment ohne weiteres Nachforschen.

Falls Sie bemerken, dass die Ich-bin-Definition Unzufriedenheit erzeugt, erlauben Sie sich, ein paar Atemzüge inne zuhalten. Ist es möglich, den Gedanken ziehen zu lassen? Können Sie sich stattdessen in das reine Bewusstsein ohne Geschichte zurück entspannen? Sie können auch versuchen, den Stress-Gedanken einfach durch den Gedan-

ken »ICH BIN« zu ersetzen und darüber leichter zu reinem Bewusst-sein zurückkommen. *Falls Ihnen das schwer fällt, probieren Sie folgenden Trick: Stellen Sie sich den entdeckten Gedanken – zum Bei-spiel »Ich bin ungeschickt« – als Buchstabenkette vor Ihrem inneren Auge vor: »Ich bin ungeschickt«. Dann radieren Sie in ihrer Vorstel-lung alle Worte die nach »Ich bin« folgen einfach weg. Schauen Sie nur auf den übrig bleibenden Gedanken »Ich bin«. Verwandeln Sie ihn dann in Großbuchstaben »ICH BIN«. Sprechen Sie diesen Gedanken innerlich ein paar Mal in langsamen Tempo vor sich hin: »ICH BIN. ICH BIN. ICH BIN.« Verweilen Sie mit diesem Mantra, bis es ruhiger in Ihnen wird. Dann lassen Sie das Mantra verklingen. Kosten Sie – jetzt ohne innere Wiederholungen – das wortlose Sein des Moments.*

Anregung ─────────────────────────────────────

Ist-Soll-Diskrepanzen entspannen

Nehmen Sie sich einen weiteren Forschungstag für die Untersuchung von Ist- und Soll-Diskrepanzen. Jedes Mal, wenn Sie sich gestresst fühlen, untersuchen Sie Ihre Gedanken. Baut Ihr Denken vielleicht gerade einen Gegensatz von Ist und Soll auf? Wird der jetzige Ist-Zu-stand als ungenügend, mangelhaft oder verbesserungswürdig bewer-tet (z.B. »Ich bin in meiner Arbeit zu träge und zu zerstreut.«)? Tau-chen Vorstellungen von einem idealen Soll-Zustand auf (z.B. »Ich sollte wacher und konzentrierter sein.«)? Spüren Sie nach, wie sich die Spannung zwischen diesen beiden Polen anfühlt. Handelt es sich um ein Soll-Ziel, das direkt und leicht zu erreichen ist? Dann stellen Sie den erwünschten Zustand sofort her.

Falls das nicht möglich ist, untersuchen Sie weiter: Wie wäre es, sowohl die Gedanken über den Soll-Zustand, als auch über den Ich-Zustand nicht weiterzuspinnen? Ist es möglich, diesen Ideen die Gefolgschaft zu verweigern und stattdessen den gegenwärtigen Moment direkt zu erfahren? Ist es möglich sämtliche Ziele loszulassen? Wie fühlt sich das an? Was hilft Ihnen gerade in diesem Augenblick zum stillen ICH BIN zurückzukehren? Vertrauen Sie Ihrer eigenen Intelligenz. Sie wird Wege finden, sich aus dem Leiden zurück in die Erfüllung zu entspannen.

Wer bin ich? – der Blick in die Tiefe

Wir können uns nun der Tiefendimension direkt zuwenden. Wir lassen die Konditionierungen zurück und sinken in die Stille des Seins.

Die Einladung zur Stille

Wer vor Jahren den Weisen Sri Ramana Maharshi am Berg Arunachala im Süden Indiens besucht hätte, wäre überrascht gewesen. Dieser Mann war schon zu Lebzeiten einer der höchst verehrten Heiligen Indiens und genoss große Anerkennung als Philosoph des Advaita-Vedanta. Doch hätte man den Raum betreten, in dem er den Tag verbrachte, hätte man ihn schweigend auf einem Sofa angetroffen. Keine Vorträge, keine Predigten, keine Anleitungen zu spirituellen Praktiken oder Gespräche über philosophische Thesen – einfach nur die stille Präsenz eines Menschen, der vollkommen im Zustand inneren Friedens und wacher Bewusstheit ruht. Die Menschen, die ihn erlebten, sprachen von einer mysteriösen Kraft, die in der Gegenwart dieses Weisen auf sie wirkte: Ihr gewohntes Denken, ihre Sorgen, Pläne, die drängenden Fragen des Lebens kamen einfach zur Ruhe. Ihr Verstand entspannte sich von der Beschäftigung mit inneren Fantasien, vom Denken und Grübeln. Mit diesem inneren Anhalten wurde ein natürlicher Frieden spürbar, eine einfache, an nichts gebundene Glückseligkeit. Selbst die tiefgründigsten philosophischen oder religiösen Fragen, der bedrückendste Kummer lösten sich in der Gegenwart des Weisen auf – so wie Nebel sich im Sonnenlicht verflüchtigt. Natürlich sprach Ramana Maharshi auch von Zeit zu Zeit. Insbesondere dann, wenn ihn Besucher um die Beantwortung von Fragen oder um Unterweisungen baten. Doch jenseits der Worte strahlte er eine tiefe Weisheit aus. Viele sagen, dass dies die direkteste Art war, in der Ramana zur Erkenntnis einlud: die Aufforderung »Sei still«.

Das ist die schlichte Einladung, für einen Moment mit allem Denken innezuhalten. Die Suchbewegungen des konditionierten Geistes können zur Ruhe kommen. Wir hören auf, den Gedanken nachzuhängen. Die Einladung zu diesem Innehalten ist jetzt, genau in diesem Moment, genauso lebendig und anwesend, wie in der Gegenwart eines erleuchteten Wesens. Es ist die Einladung unseres eigenen Herzens. Das kontinuierliche wortlose Flüstern unserer inneren Essenz: »Sei still und erkenne MICH.«

Können Sie diese Einladung zur Stille in diesem
Augenblick erspüren?

Vielleicht leuchtet nur eine hauchdünne Ahnung auf, dass all die Sorgen, die Unruhe, all das Suchen, in das wir verstrickt scheinen, nur unwirklicher Spuk sind. Vielleicht spüren wir nur einen winzigen Anflug von Entspannung. Doch das ist schon genug. Wir können uns erlauben, uns weiter in diese Ahnung hineinfallen zu lassen. Möglicherweise hallt in uns als Resonanz aber auch ein deutliches »Ja« wider und diese Dimension der Stille ist deutlicher spürbar als alles andere. Auch dann können wir uns erlauben, uns vollkommen in dieses »Ja« zu stürzen und den Frieden tiefer und tiefer auszukosten.

Die Einladung, still zu sein, deutet auf die tiefstmögliche Entspannung hin. Auf das Aufhören allen Tuns, das zur Zur-Ruhe-Kommen aller Anstrengung. Doch kann unser konditionierte Geist diese Einladung auch verzerrt wahrnehmen: wenn wir glauben, wir müssten uns um Stille bemühen oder sie erzeugen. Darum geht es nicht. Wir brauchen weder unsere Gedanken zu unterdrücken, noch müssen wir unsere mentalen Vorgänge zum Verschwinden bringen.

Die Einladung besteht vielmehr darin, die Stille wahrzunehmen, die bereits hier anwesend ist – selbst während sich Wahrnehmung und Gedanken im Bewusstsein abspielen. Diese Stille ist wie ein Hintergrund, der immer gegenwärtig ist, während im Vordergrund alle möglichen Erfahrungen und Wahrnehmungen vorüberziehen.

Die Sinne erleben Farben, Töne und andere Wahrnehmungen, im Körper läuft ein Strom von Empfindungen ab, Gedanken kommen und gehen. Und dabei gibt es einen stillen Hintergrund, vor dem alle diese Erfahrungen auftauchen und wieder verschwinden. Dieser Hintergrund ist unser essenzielles Sein. Wir können es wahrnehmen, ohne das Geringste dafür zu tun.

»Sei still« ist ein Hinweis, uns in diesen stillen Hintergrund zu entspannen und alle Erfahrungen aus der Perspektive einer friedlichen Gelassenheit geschehen zu lassen.

Exkurs zu den Apokryphen* – »Sei still und wisse: ICH BIN GOTT«

Die Einladung, die Ramana durch sein Leben ausstrahlte, ist eine zeitlose Einladung unseres eigenen Herzens an uns selbst. In den apokryphen Schriften der Bibel wird sie als eindringliche Wiederholung eines Satzes formuliert: »Sei still und wisse: ICH BIN GOTT.«

In unserem Kulturkreis deutet der Begriff »Gott« meist auf etwas hin, das außerhalb von uns liegt. Wir stellen uns eine bestimmte Gottesgestalt vor, gebunden an eine Person wie Jesus und an ein archetypisches Vaterbild. Vielleicht denken wir auch an eine formlose Macht, die unser persönliches Leben von außen leitet oder beeinflusst. Verstehen wir die Aussage »Sei still und wisse: Ich bin Gott« auf diese Weise, führt sie zu einer verzerrten Vorstellung, irgendetwas im Außen müsse als Gott angesehen und akzeptiert werden. Oft geht das mit einem Gefühl des eigenen Unwerts und Mangels einher, da die Trennung zwischen dem äußeren Göttlichen und dem inneren Nicht-Göttlichen dann als real empfunden wird.

Die östlichen Philosophien und spirituellen Anschauungen bringen ein anderes Verständnis ins Spiel. Im Advaita werden der essenzielle Aspekt des individuellen Selbst und der höchste Aspekt des Göttlichen nicht als getrennt betrachtet. Hier sind sie – Atman und Brahman – nur zwei Aspekte desselben Seins. Sie getrennt zu sehen ist nur eine Täuschung des Verstandes und kann als solche durchschaut werden. Ein »Erkennen Gottes« bedeutet nicht ein Sehen des Göttlichen im Außen, sondern eine unmittelbare, innere Erfahrung.

In diesem Sinne zeigt sich das Göttliche als tiefer innerer Frieden, als aus sich selbst strahlende Liebe, als klare Stille des Geistes. »Sei still« ist die Aufforderung, alle verdeckende geistige Aktivität zur

Ruhe kommen zu lassen. »Wisse« deutet auf die tiefere Art der Erkenntnis, die sich durch einen stillen Geist eröffnet. »ICH« meint nicht das persönliche Ich, sondern den essenziellen Kern unseres Seins. Und »BIN GOTT« weist auf die fundamentale Einheit des ICH mit der höchsten Wahrheit. Der Satz ist die Aufforderung, unsere eigene wahre Identität mit dem absoluten Sein lebendig zu erleben, indem wir uns von unserem anstrengenden, rationalen Verstehen-wollen entspannen.

Der Ich-Gedanke und seine Assoziationen

Die zentrale Botschaft des »Erkenne dich selbst« findet man nicht nur in der griechischen Philosophie. Sie steht auch im Mittelpunkt der Vermittlung Ramana Maharshis. Obwohl er selbst der Auffassung war, die direkteste Art, auf die Wahrheit hinzuweisen, sei die schweigende Vermittlung, benutzte auch Ramana die Sprache als Werkzeug des Hinweisens. Jedem, der ihm Fragen stellte, antwortete er individuell. Der Inhalt seiner Antworten zielte meist darauf ab, die Fragenden zur eigenen Erfahrung des Selbst zu führen. Dabei favorisierte er eine besondere Art des Hinweisens: Die Frage »Wer bin ich?«.

In den Dialogen, die schriftlich festgehalten und später veröffentlicht wurden, lädt er die Fragenden häufig zu einer Umorientierung der Aufmerksamkeit ein. Statt sich mit den Inhalten der Frage zu beschäftigen, weist Ramana darauf hin, zunächst einmal herauszufinden, was denn die wahre Identität des Fragenden sei. Wer ist dieses »Ich«, das der Fragende so selbstverständlich zu sein glaubt? Ramana gibt keine Antwort vor. Er lädt sein Gegenüber ein, sich selbst diese Frage »Wer bin ich?« eindringlich zu stellen und sich der Erforschung zu widmen.

Vermutlich ist die schlichte Buchstabenabfolge »I – C – H« der am häufigsten auftauchende Gedanke in unserem Bewusstsein. Tausend oder zehntausend Mal am Tag schießt uns der Ich-Gedanke durch den Kopf und ist an fast all unseren Gedankenprozessen beteiligt. Die massive Dominanz, die zentrale Stellung, die er in unserem Bewusstsein einnimmt, ist uns meist nicht bewusst. Der Ich-Gedanke kommt uns so selbstverständlich, so normal vor, dass wir ihn gar nicht mehr als mentale Erfahrung wahrnehmen. Dieser Gedanke und das an ihn gebundene Seinsgefühl stellt die nicht hinterfragte Basis unserer anderen Wahrnehmungen und Erfahrungen dar. Was geschieht, wenn wir uns das Auftauchen dieses Gedankens genauer anschauen?

Wir können ein kurzes Experiment machen:

*Schließen Sie die Augen, und entspannen Sie sich für einige
Atemzüge. Dann lassen Sie den Gedanken »Ich« aufsteigen.
Einfach nur »Ich«. Lassen Sie ihn deutlich vor sich erscheinen.
Halten Sie für einige Zeit an ihm fest, indem Sie innerlich
wiederholen »Ich … ich … ich …«
Welche Resonanz gibt es im körperlichen Erleben?
Wohin geht Ihre Aufmerksamkeit, wenn Sie »Ich« denken?
Welche Auswirkungen hat der Ich-Gedanke auf Ihre Gefühle?
Welche anderen Gedanken oder inneren Bilder tauchen auf?*

Der Ich-Gedanke ist schlicht. Er besteht aus drei Buchstaben. Doch welchen gewaltigen Effekt hat er, wenn er in unserem Bewusstsein auftaucht! Was schwingt alles mit!

In diesem Experiment erfahren wir, wie selbstverständlich Verbindungen mit anderen Gedanken und Empfindungen durch den Ich-Gedanken wachgerufen werden.

Auf der physischen Ebene bemerken wir vielleicht, wie mit dem Ich-

Gedanken ein Gefühl der körperlichen Begrenzung einhergeht. Wir haben schon als Säugling gelernt, wo unser Körper aufhört und die Umwelt anfängt. Wir haben in eine Decke gebissen, nichts passierte. Dann bissen wir in unsere Finger, und es tat weh. Auf solche Art formte sich ein Bild für unsere Körpergrenzen. Später wurde dieses Bild mit dem Ich-Gedanken verknüpft. Wenn wir jetzt »Ich« denken, erinnern wir uns an dieses Körperbild. Wir spüren ein inneres Körpergefühl, das durch deutliche Grenzen gekennzeichnet ist. Meist sind es die Grenzen unserer Haut, die wir als Abschirmung gegenüber der Umwelt empfinden. Vielleicht spüren wir mit dem Ich-Gedanken auch Bereiche innerhalb dieser Grenzen deutlicher: Auf einmal wird uns bewusst, dass unser Rücken schmerzt oder unsere Füße sich kalt anfühlen. Es mag auch sein, dass geistige Körperbilder auftauchen, in denen wir uns wie auf einem Foto von außen sehen. Eine Art Schattenriss, ein Porträt oder eine farbige Ganzkörperaufnahme – so sehen wir aus. Wir glauben, wir erkennen uns wieder.

Das alles sind leibliche Assoziationen zum Ich-Gedanken. Sie binden das Gespür für unser Sein an eine Existenz als individuelles leibliches Wesen.

Wenn wir der Resonanz des Ich-Gedankens auf der emotionalen Ebene nachspüren, bemerken wir Verbindungen zum seelischen Innenleben. Wir spüren Stimmungen, Launen, Gemütsbewegungen, Müdigkeit, Aufregung, Heiterkeit, auch Wut oder Langeweile. Wie immer sich das emotionale Erleben anfühlen mag, es macht sich an einem »Gefühls-Körper« fest, der ähnliche Grenzen besitzt wie unser leiblicher. Der Ich-Gedanke führt zu einem automatischen Scannen oder Durchspüren dieses Gefühlskörpers nach wahrnehmbaren Empfindungen. Und schließlich werden die Benennungen dieser Empfindungen mit dem Ich-Gedanken verknüpft: »Ich bin traurig.« »Ich habe Angst.« »Mein Schmerz ist so groß.«

Die gedanklichen Assoziationen zum Ich-Gedanken können in wenigen Sekunden gewaltig ausufern. Wir denken »Ich«, und gleich darauf überflutet ein Schwall von Eindrücken unser Bewusstsein. Vielleicht ist einer der ersten Gedanken schlicht unser Vorname. Wir haben ihn schon vor dem Ich-Gedanken gelernt. Unsere Eltern haben uns damit angesprochen, gerufen, gemahnt. Irgendwann wussten wir, dieser Name bezeichnet unseren kleinen Körper, und wir konnten ihn selbst denken und aussprechen. Zuerst haben wir ihn in der dritten Person benutzt – »Dietmar ist müde«, »Claudia hat Hunger«.

Und schließlich lernten wir, unseren Namen und unser körperliches und seelisches Befinden mit dem Ich-Gedanken zu verknüpfen. Nun konnten wir in der ersten Person sprechen: »Ich bin Hans.« In der Folge wirkte der Ich-Gedanke wie die Schnur einer Perlenkette, auf die alle weiteren Erfahrungen aufgereiht wurden. Glückliche Momente, Verletzungen, Erfolge, Niederlagen, Rollenzuschreibungen in der Familie und Schule: unsere Lebensgeschichte, die Perlenkette des Ich.

Doch es sind nicht nur Erfahrungen der Vergangenheit, die mit dem Ich verknüpft sind. Unser Geist versucht auch, die Zukunft dieses Ichs vorwegzunehmen. Wir machen uns Hoffnungen, hegen Pläne und Wünsche und malen uns Strategien aus, sie zu verwirklichen. All diese Gedanken und inneren Bilder sind an einen persönlichen Jemand gebunden und können bereits dadurch auftauchen, dass wir den gemeinsamen Nenner aller Erfahrungen denken: den Gedanken »Ich«.

Das Auftauchen der drei Buchstaben in unserem Bewusstsein ist also alles andere als bedeutungslos. Unser Geist hängt an den Ich-Gedanken eine unüberschaubare Anzahl an körperlichen, emotionalen und mentalen Assoziationen. Dieser Prozess läuft rasend schnell und weitgehend unbewusst ab, doch nimmt er einen zentralen Stellenwert ein. Denn der Ich-Gedanke und das Seinsgefühl, das mit ihm verbunden ist, stellt die Basis für unser gesamtes Erleben dar.

Wozu ist es gut, sich so genau mit dem Ich-Gedanken zu beschäftigen? »Natürlich denke ich an meine Person, wenn ich ›Ich‹ sage. Wie sollte es anders sein? Das ist doch selbstverständlich!«

Ja, so scheint es. Es kommt uns normal und natürlich vor, mit »Ich« unsere Person und deren Lebensgeschichte zu meinen. Aber der Schein trügt.

Die Essenz von ICH – das bleibende Wahrnehmende

Was zeigt sich, wenn wir das Seinsgefühl, für das der Ich-Gedanke steht, unmittelbar untersuchen? Was nehmen wir wahr, wenn wir dem ICH nachspüren, ehe all die Verknüpfungen in unserem Geist auftauchen? Was können wir entdecken, bevor sich das innere Bild einer Person und deren Geschichte aufbaut?

Das reine ICH zu ergründen führt uns in einen Raum, der sich der Beschreibung in Worten entzieht. Doch Folgendes können wir nachvollziehen: Der Ich-Gedanke stellt den Ausdruck einer fundamentalen Seinsempfindung dar. Wir könnten diese Seinsempfindung am ehesten als den »bleibenden Wahrnehmenden« bezeichnen. In spiritueller Literatur wird auch vom »Beobachter« oder vom »Zeugenbewusstsein«* gesprochen.

Den einen Aspekt des »bleibenden Wahrnehmenden«, das »Bleibende«, haben wir schon untersucht: Es gibt in uns eine Dimension, die um ihre eigene unveränderliche Beständigkeit weiß. Ein Gespür, das uns sagt, »ich bin immer noch ich«, obwohl sich im Laufe unseres Lebens sämtliche Wahrnehmungen und Erfahrungen drastisch

ändern. Den anderen Aspekt der Seinsempfindung können wir als
»den Wahrnehmenden« bezeichnen oder besser als »das Wahrnehmende«. Gemeint ist damit, dass unser Seinsgespür eine Empfindung des Subjekt-Seins in sich birgt. Wenn wir ein Objekt in der
Außenwelt sehen, empfinden wir es als gegenständliches Ding, das
von uns als Subjekt wahrgenommen wird.

Sehen wir einen Stuhl, spüren wir, dass unser Ich nicht dieser Stuhl
ist, sondern dasjenige, das ihn sieht. Wenn wir die Geräusche eines
Motors hören, wissen wir, dass unser Ich nicht der Motor ist, sondern das Subjekt, das ihn hört. Diese bezeugende Distanz zwischen
dem, was wir wahrnehmen, und der Instanz des Wahrnehmenden
selber, macht einen Grundzug des Ich-Empfindens aus. Die wahrge-
nommenen Objekte ergeben einen sich ständig wandelnden Strom
von äußeren und inneren Erfahrungen. Erlebt wird dieser Strom
von ein und demselben Subjekt: vom ICH, dem bleibenden Wahrnehmenden.

Doch was ist dieses »bleibende Wahrnehmende« tatsächlich? Unser
Verstand hat darauf eine schnelle Antwort. »Ich natürlich«, ruft er
wie aus der Pistole geschossen und legt los mit all seinen Assoziationen zum persönlichen Ich. Er hat eine Grundüberzeugung. Sie lautet: »Irgendwo muss es da ein Zentrum der Aufmerksamkeit geben,
das alle Erfahrungen wahrnimmt, und dieses Zentrum ist ein ein-
zelnes, von anderen abgegrenztes Gebilde namens ›Ich‹.«

Die Selbsterforschung mit der Frage »Wer oder was bin ich wirklich?« richtet sich darauf, die fundamentale Seinsempfindung, deren
erster Ausdruck der Ich-Gedanke ist, genauer zu überprüfen. Was
ist das Ich-Sein jenseits der konditionierten, automatischen Konzepte? Die folgende Anleitung gibt einen Eindruck davon. Sie dient
als Prozess des Nachspürens und wird durch Erläuterungen unterbrochen. Ich empfehle Ihnen, sich auf die gesamte Anleitung zu-
sammenhängend einzulassen.

Nehmen Sie sich zehn bis fünfzehn Minuten Zeit. Setzen Sie sich hin, schließen Sie die Augen, und erlauben Sie sich zu entspannen.
Dann öffnen Sie langsam Ihre Augen und betrachten den Raum vor sich, die Gegenstände, Konturen, Farben. Vielleicht stellen Sie fest, wie Ihnen zu einigen Objekten im Raum Bezeichnungen einfallen oder wie Sie sie gedanklich beschreiben.
Was auch immer Sie sehen, werden Sie sich der Tatsache bewusst, dass Sie in diesem Moment bestimmte Objekte wahrnehmen. Vielleicht können Sie ein Gespür für die Distanz zwischen dem Objekt und sich selbst bekommen. Das Objekt ist dort, Sie als der oder die Wahrnehmende sind hier.
Nehmen Sie einfach diese Distanz zwischen sich und dem beobachteten Gegenstand wahr.
An diesem Punkt der Erforschung können Sie sich selbst folgende Frage stellen:
»Was ist das, das dieses Objekt wahrnimmt?«
Lassen Sie diese Frage auf sich wirken, und spüren Sie die Resonanz.

Es mag sein, dass Antworten auftauchen wie: »Das Objekt wird von mir als Körper wahrgenommen.« Oder: »Meine Augen nehmen diesen Gegenstand wahr.« Diese Antworten sind ein Ausdruck für das gewöhnliche Identitätsgefühl, das unseren Körper als das Zentrum der Wahrnehmung und somit als das Subjekt ortet. Lassen Sie uns weiter forschen:

Erlauben Sie sich weiterhin, frisch und unmittelbar auf die Erfahrungen in diesem Moment zu achten.
Werden Sie sich noch einmal bewusst: Die Gegenstände, die Sie wahrnehmen, sind Objekte, die Sie vor sich sehen. Es ist offensichtlich, dass sie nicht Sie selbst sind, sondern beobachtbare Objekte, die von Ihnen als Subjekt wahrgenommen werden.

Richten Sie Ihre Aufmerksamkeit jetzt langsam auf einen bestimm-
ten Aspekt der optischen Wahrnehmung:
Wenn Sie so dasitzen, sehen Sie sicherlich in Ihrem Gesichtsfeld auch
Ausschnitte Ihres eigenen Körpers, ob im Randbereich
oder im Zentrum. Vielleicht sind es Ihre Hände und Teile der Arme
oder Beine – werden Sie sich einfach dieser Wahrnehmungen
Ihres Körpers bewusst. Sie sehen einige Teile Ihres Körpers, so wie
Sie vorher auch andere Gegenstände betrachtet haben. Bemerken Sie
einfach, dass auch diese visuellen Wahrnehmungen Teil der
Welt der Objekte sind, die Sie als Subjekt wahrnehmen. Während Sie
die bildliche Anschauung Ihres Körpers beobachten, sind Sie
als »das Schauende« nicht diese Körperteile selbst, sondern etwas,
das diese sehen kann. Erlauben Sie sich für einen Moment,
sich ganz in diese einfache Erfahrung hinein zu entspannen: Alle
optischen Eindrücke tauchen vor Ihnen auf, äußere
Gegenstände und die Bilder von Teilen Ihres Körpers. Sie brauchen
nichts zu tun, sondern können einfach diese Eindrücke betrachten.

Unseren Körper auf diese Weise zu betrachten deutet auf eine einfache, aber grundlegende Eigenschaft des Erlebens: Der Körper ist
nicht nur Subjekt, wie es zunächst selbstverständlich schien. Er ist
tatsächlich auch Objekt – in diesem Fall als eine optische Erscheinung. Doch was Objekt ist, kann nicht sein eigenes Subjekt sein.
Das wahrnehmende Subjekt muss von einer grundsätzlich anderen
Ebene her das Objekt wahrnehmen.
Das Auge kann sich nicht selbst sehen, das Ohr sich nicht selbst hören, eine Hand sich nicht selbst anfassen. In diesem Experiment
wird deutlich, dass die so selbstverständlich erscheinende Idee
»Mein Körper ist das wirkliche Subjekt aller Erfahrungen« in der
unmittelbaren Erfahrung nicht haltbar ist.

Wir setzen die Erforschung fort, um diese objekthafte Qualität unseres Körpers noch deutlicher werden zu lassen:

Schließen Sie Ihre Augen.
Richten Sie Ihre Aufmerksamkeit mit geschlossenen Augen auf die
anderen Empfindungen, durch die Sie sich Ihres Körpers
gewahr sind. Es mag zum Beispiel sein, dass Sie spüren, wo Ihr
Körper den Stuhl oder den Boden berührt. Werden Sie sich
dieser Berührungen bewusst. Druck, Wärme oder Kribbeln, wie
auch immer es sich gerade anfühlt. Vielleicht spüren Sie
Ihren Körper auch durch Bewegungen im Brust- und Bauchraum,
die durch das regelmäßige Atmen entstehen.
Nehmen Sie für eine Weile einfach alle auftauchenden inneren
Empfindungen wahr.
Können Sie während dieses Beobachtens spüren, dass auch diese
Empfindungen Objekte der Wahrnehmung sind? Sie werden
von Ihnen gesehen oder empfunden. Und während sie beobachtet
werden und sich verändern, bleibt etwas präsent, das dieses
Kommen und Gehen der Empfindungen beobachtet: Der Hinter-
grund, von dem aus alles Erleben wahrgenommen wird,
bleibt erhalten.
Sie können alle inneren Eindrücke so betrachten, als ob Sie vom
Fenster aus eine belebte Straße beobachten. Während die
unterschiedlichsten Menschen vorbeigehen, bleibt der Beobachter
still und unbewegt an seinem Platz.
Nehmen Sie einfach für eine Weile die inneren Empfindungen des
Körpers aus dieser Position des stillen Beobachtens wahr.

Wenn wir Körperempfindungen auf diese Art betrachten, wird klar, dass die Überzeugung »Ich bin mein Körper« nicht stimmt. Richtig ist eher die Aussage »Ich erlebe einen Körper«. Denn alle Wahrnehmungen, durch den wir unseren Körper erfahren, zeigen sich von einer tieferen Perspektive aus als Objekte, die erlebt werden, und nicht als Subjekte, die erleben.

Dies gilt natürlich in gleicher Weise für unseren emotionalen Körper. Auch hier herrscht die Überzeugung »Ich bin meine Gefühle«. Wir sagen: »Ich bin traurig«, »Ich bin wütend« und dergleichen. Doch Gefühle sind – ebenso wie unsere Wahrnehmung des Körpers – objektartige Erfahrungen. Sie werden von einer Ich-Instanz wahrgenommen. Sie stellen nicht das essenzielle Seinsempfinden dar, auf das der Ich-Gedanke hinweist, sondern sind vorüberziehende Phänomene. »Ich bin traurig« heißt eigentlich »Ich erlebe Gefühle von Traurigkeit«. »Ich bin wütend« heißt richtiger »Ich spüre Wut«. Unser wahres ICH ist nicht in den Gefühlen, es ist deren stiller Zeuge.

Das Ich-Empfinden kann also weder der Körper noch ein Gefühl sein. Wo und was ist dann aber dieser mysteriöse Ort, von dem aus alle Empfindungen, Gefühle und Gedanken gesehen werden?

Schließen Sie wieder die Augen, und werden Sie sich noch einmal der inneren Empfindungen des Körpers gewahr. Dabei kann es sich um den Atem handeln oder um andere Empfindungen, die Sie im Moment gerade spüren.

Werden Sie sich bewusst, dass Sie all diese Wahrnehmungen beobachten können.

Ihre Aufmerksamkeit richtet sich aus wie ein Pfeil, der von Ihnen als Zentrum der Wahrnehmung auf das Objekt (die körperliche Empfindung) zeigt, das Sie wahrnehmen können.

Nun können Sie den Pfeil der Aufmerksamkeit umdrehen. Statt ihn auf die Objekte zu richten, deutet er jetzt auf die Richtung, aus der er kommt – auf den Ort des Ursprungs, von dem er ausgerichtet wurde.

Erlauben Sie sich zurückzuschauen zum Ursprung,
von dem aus gesehen wird.
Wo hat das Sehen seinen Ausgangsort? Was geschieht dabei?
Was erleben Sie in dem Moment, in dem Sie den Pfeil der Aufmerk-
samkeit umdrehen und zurückverfolgen?
Nehmen Sie sich Zeit für diese Art des inneren Zurückschauens.
Lassen Sie die Frage »Was ist es, das beobachtet?« auf sich wirken –
ohne eine Antwort finden zu müssen.

Die Ausrichtung der Aufmerksamkeit um 180 Grad zu drehen ist
ein ungewöhnliches Unterfangen. Im Allgemeinen sind wir daran
gewöhnt, unsere Aufmerksamkeit nach außen zu richten – und sei
es auch auf so genannte innere Objekte wie Empfindungen, Gefühle, Gedanken. Deshalb erscheint uns die Einladung, zur Quelle
der Aufmerksamkeit zurückzublicken, zum reinen Gewahrsein,
merkwürdig oder gar unverständlich.
Doch zumindest für den Bruchteil einer Sekunde können wir erahnen, worauf dies hindeutet. Diese Ahnung zeigt sich durch einen
kurzen Moment unfassbarer Leere. Sie ist wie ein Vakuum, in dem
jegliche gewohnte Aktivität des Denkens abgeschnitten scheint. Die
Welt der definierbaren Erfahrungen scheint jäh anzuhalten. Dieses
Aufbrechen des Nichts ist ein Zeichen dafür, dass in uns ein lebendiges Erspüren der Quelle aller Wahrnehmung stattfindet.
Manchmal erleben wir diese blitzartige Ahnung auch wie einen
Schock, der eine enorme innere Verunsicherung mit sich bringt.
Denn die Rückorientierung der Aufmerksamkeit, wenn sie lebendig
geschieht, findet keinen fassbaren Beobachter. Im direkten Erspü-
ren des Ursprungs gibt es kein wahrnehmendes Einzelwesen mit
einer bestimmten Gestalt oder mit einem bestimmten Namen. Was
wirklich offenbar wird, ist eher durch Begriffe wie »leerer Raum«,
»Stille« oder »Nichts« auszudrücken. Und selbst diese Begriffe sind

im Moment des Erkennens nicht anwesend. Auch nur eine hundertstel Sekunde solchen Erkennens widerspricht all unseren Ideen über ein individuelles Ich. Gedanken wie »Da muss doch etwas sein«, »Da muss doch ein Jemand sein, der sieht« sind Ausdruck dieser Verunsicherung. Unser Geist greift sofort auf die vertrauten Vorstellungen eines persönlichen Ich zurück. Er will das Erleben der Leere mit etwas Fassbarem füllen. Dazu erzeugt er Gedanken: »Mein Gehirn nimmt diese Dinge wahr«, »Meine Seele oder mein höheres Selbst ist der Beobachter.« Solche inneren Bilder und Theorien spiegeln die Konzepte wider, mit denen unser Ich versucht, seine eigene Auslöschung zu vermeiden.

Wir brauchen allerdings nicht auf die Tricks des Verstandes hereinzufallen. Denn selbst wenn solche Gedanken auftauchen, gibt es die Möglichkeit, tiefer vorzudringen.

Nehmen Sie sich noch einmal Zeit, die Augen zu schließen und der inneren Erforschung nach dem Ursprung der Aufmerksamkeit nachzugehen.
Von welchem Ausgangspunkt kommt die Aufmerksamkeit, die sich auf die Objekte richtet?
Verfolgen Sie den Pfeil der Aufmerksamkeit zurück zu seinem Ursprung.
Was ist es, das die Empfindungen des Körpers wahrnimmt? Seien Sie sich der Resonanz auf diese Frage bewusst. Erlauben Sie sich, ihr in Stille nachzuspüren, ohne eine Antwort formulieren zu müssen.
Vielleicht tauchen dennoch Gedanken zu dieser Frage auf.
Vielleicht formuliert Ihr Geist eine Antwort in Worten oder erzeugt innere Bilder. Auch diese Gedanken und Bilder können Sie als Objekte beobachten. Werden Sie sich des objekthaften Charakters auch dieser Gedanken bewusst. Gedanken und innere Bilder sind, ebenso wie Empfindungen und Gefühle, Wahrnehmungen,

*die Sie beobachten können. Ein Gedanke kommt, ein inneres
Bild taucht auf, und dann verschwinden diese Eindrücke wieder.
Dieses Kommen und Gehen der Wahrnehmungen kann beobachtet
werden – und es gibt DAS, von dem die Beobachtung ausgeht.
Lassen Sie Ihre Aufmerksamkeit dorthin zurücksinken, von wo aus
das Beobachten geschieht.
Was sieht die Gedanken?
Was betrachtet die inneren Bilder?
Lassen Sie sich zurücksinken in den Ursprung des Gewahrseins.
Sie können sich erlauben, jede Beschäftigung mit den Objekten der
Wahrnehmung zur Ruhe kommen zu lassen und sich vollkommen in
den Raum des Gewahrseins selbst hineinfallen zu lassen.
Selbst die Frage »Wer ist es, der alles erlebt?« brauchen Sie sich jetzt
nicht mehr zu stellen. Sie genießen einfach den Raum des
Gewahrseins, der keine Antworten braucht. Sie ruhen in dem
friedlichen Hintergrund, der alle Erfahrungen vorbeiziehen
und wieder gehen lassen kann und dessen Ruhe ganz ungestört ist.*

An dieser Stelle versagen allmählich die Beschreibungen und Anleitungen, die in Worten auf die Erfahrung des Ursprungs hinweisen.
Das eigentliche Erleben des reinen Gewahrseins ist weder greifbar
noch beschreibbar. Deshalb geht es in der Selbsterforschung auch
nicht darum, eine definierbare Erfahrung und damit eine ganz bestimmte Antwort auf die Frage »Wer bin ich wirklich?« zu finden.
Vielmehr laden wir uns selbst mit ihr zu einer Umkehr der Aufmerksamkeit ein. Wir wenden uns ab von den Oberflächenschich-
ten der persönlichen Wahrnehmung, hin zur Tiefe eines unendlich
weiten und das persönliche Ich überschreitenden Gewahrseins.
Durch diese Umkehr können wir in unserer eigenen Erfahrung erkennen, was tiefer als die Identifikation mit dem persönlichen Ich
auf seine Entdeckung wartet. Vielleicht wird deutlich, dass die

selbstverständliche Gleichsetzung unseres Seins mit unserem Ich brüchig wird, wenn wir erkennen, dass der Körper, die Emotionen und Gedanken tatsächlich Objekte und nicht das wirkliche Subjekt sind.

Auch der rudimentäre Ich-Gedanke selbst und die Assoziationen, die mit ihm verbunden sind, stellen nicht das wahre ICH dar. Sie sind nur Objekte, die vom stillen Gewahrsein des Selbst wahrgenommen werden. Lassen wir uns auf diese Selbsterforschung ein, kann das Selbst tiefer und tiefer erkannt und erlebt werden.

Die lebendigen Einsichten, die sich eröffnen, wenn wir das Selbst erkennen, stehen im krassen Kontrast zur Sichtweise des identifizierten Ich: Während in der Fixierung auf den Ich-Gedanken unser Seinsgefühl räumlich und zeitlich begrenzt ist, eröffnet sich im Einlassen auf das Selbst das Empfinden endloser Weite und Zeitlosigkeit. Während mit dem Leben im sich identifizierenden Bewusstsein ein ständiger Beigeschmack von innerer Unruhe und Rastlosigkeit einhergeht, offenbart Selbsterforschung ein Gewahrsein, dem tiefer Frieden und ungestörte Ruhe zugrunde liegt. Während der Geist des persönlichen Ich hin und her springt und von Zweifeln beherrscht wird, ist in der Erfahrung des Selbst eine anstrengungslose Klarheit und stille Intelligenz gegenwärtig. Während das sich mit dem Körper identifizierende Ich von Bedürftigkeit angetrieben nach Schönheit und Liebe im Außen sucht, strahlt unser wahres ICH mit einer in sich selbst erfüllten, bedingungslosen Liebe.

Diese Beschreibungen sind blasse Versuche, die sich offenbarenden Facetten unserer wahren Natur zu schildern. Die direkte Erfahrung zeigt sich uns nur, indem wir uns selbst auf diese vielleicht tiefste aller Fragen einlassen: »Wer bin ich wirklich?«

Die Gefahr des Festhaltens am Formlosen

Selbsterforschung ist nicht nur ein Blick in die Tiefe. Vielmehr geschieht mit ihr ein Absinken unseres Bewusstseinsschwerpunktes in eine andere Sphäre. Vorher schwankte unser Seinsgefühl im Auf und Ab der Wellen, in den Dualitäten von gesund und krank, high und down, Verstehen und Nicht-Verstehen. In der Tiefe wandelt sich unsere Wahrnehmung radikal. Wir erleben die Ruhe des Ozeans, genießen den Frieden der Abwesenheit aller Bewegungen.

Wer diese Stille – wodurch auch immer – einmal gekostet hat, ist fasziniert und angezogen von ihr. Nur ein kurzer, bewusster Moment eines solchen Friedens kann der Beginn einer großen Liebesbeziehung sein. Hierbei handelt es sich nicht um die Liebe zu einem Ding, einer Person oder einem Gefühlszustand, sondern um die Liebe zum Urgrund des Seins.

Solch ein Erleben der Stille kann in Gegenwart eines spirituellen Lehrers, als eine scheinbare Folge meditativer Techniken oder vollkommen spontan ohne sichtbare Ursache auftreten. Plötzlich verlieren alle sorgenvollen Gedanken an Bedeutung, alle Erinnerungen, alle Pläne und Ziele verschwinden, jedes Nachdenken über die eigene Person kommt zur Ruhe. Was vorher gewichtig und belastend erschien, wird in allumfassendem Frieden und tiefer Seligkeit absorbiert. Das individuelle Bewusstsein versinkt im Ozean des stillen Gewahrseins. Das Persönliche versinkt in der göttlichen Essenz. Jede Form und Erscheinung verliert ihre Bedeutung und das Formlose wird als das eigene essenzielle Sein erkannt.

Diese No-Mind-Erfahrungen* und Versenkungszustände können wir rückhaltlos erleben und genießen. Ihr Auftreten ist ein begrüßenswertes Zeichen und eine wunderbare Begleiterscheinung echter Selbsterkenntnis. Allerdings birgt das Erleben solcher Zustände auch eine Gefahr. Nicht selten wird die Schau der Tiefe von unserem dualistischen Geist missverstanden. Das Sinken ins Formlose wird durch eine verzerrte Interpretation korrumpiert, und das kann zu subtilem Dualismus führen: zu einem übermäßigen Sich-Verlieben und schließlich zum Anhaften am formlosen Aspekt des Seins. Versenkungszustände werden dann als einzig erstrebenswerte Erfahrung proklamiert.

So wird eine neue Dualität geschaffen, die von Form und Formlosigkeit. Es kommt zur Ablehnung und Abwertung der Welt der Erscheinungen und dadurch zu einem sehr begrenzten Verständnis von Freiheit.

Die Neigung, sich von der Formlosigkeit faszinieren zu lassen, ist verständlich. Wir haben schließlich eine lange Gefangenschaft hinter uns im Glauben, die Welt der Erscheinungen sei die wirkliche Welt. Da löst es eine unglaubliche Erleichterung und tiefe Wiedersehensfreude aus, wenn das formlose Sein endlich wieder entdeckt wird. Das Erkennen des gedankenfreien Urgrundes offenbart die überwältigende Einheit, Freiheit und die tiefe Seligkeit, nach der wir uns gesehnt haben. Es kann also sehr verlockend sein, nur noch die formlose Tiefe als wahr, wertvoll oder echt zu etikettieren und die Welt der Erscheinungen als täuschend, wertlos und falsch abzulehnen. Das Pendel, das zunächst in Richtung der Formen und Erscheinungen festgehalten wurde, schlägt nach dem Loslassen in die Gegenrichtung des Formlosen aus.

In unserem inneren Erleben zeigt sich dieser subtile Dualismus im Festhalten an einem Bewusstseinszustand, der von einer vollkommenen Abwesenheit von Gedanken und Vorstellungen geprägt ist. Das Wiederauftauchen von Gedanken empfinden wir als Störung der Ruhe. Deshalb beginnt die Anstrengung, Gedanken künstlich fernzuhalten und einen nebelhaften Zustand geistiger Ruhe herzustellen.

Auf der emotionalen Ebene zeigt sich dieses Phänomen im Festhalten an Seligkeits- und Ekstasezuständen. Dunkle oder unangenehme Gefühle scheinen unseren inneren Frieden zu stören, und wir versuchen, solche Erfahrungen zu verdrängen oder zu verleugnen. Ekstase und Seligkeit können phantastische Begleiterscheinungen echter Selbsterforschung sein. Doch verknüpft unser Verstand sie mit dem Erleben des essenziellen Seins, führt das zu einer Begrenzung der Freiheit. Wir übersehen das Potenzial »negativer« Emotionen, die uns eine tiefere Selbsterforschung ermöglichen.

Diese Anhaftungen sind nicht nur verständlich, sondern womöglich unvermeidliche Übergangsstadien zur tieferen Selbsterforschung. Wir können sie als weitere subtile Verlockungen des Geistes erkennen, die uns im Leid der dualistischen Trennungen gefangen halten – nur dass dieses Leid nun spirituell verkleidet ist.

Doch dann hören wir auf, uns mühsam an einer künstlichen Stille oder reproduzierten Seligkeit festzuhalten. Wir lösen uns von diesem Strampeln und sinken weiter ab. Wir erfahren: Wahre Versenkung schließt weder das Auftreten von Gedanken noch unangenehme Gefühle aus.

Zusammenfassung

In diesem Kapitel haben wir uns mit zwei Königswegen zu befreiender Selbsterkenntnis beschäftigt. Der erste ist derart unmittelbar, dass wir ihn nicht mal als »Weg« bezeichnen sollten. »Sei still und wisse ICH BIN GOTT« stellt die schlichteste Art dar, diese Einladung auszudrücken. Es ist die sanfte Aufforderung, der Stille dieses Augenblicks unsere volle Aufmerksamkeit zu schenken. Zugleich sind jene wenigen Worte schon fast zuviel. Denn die Stille, auf die sie hinweisen, ist die wortlose Ruhe reinen Bewusstseins. Sie ist schon da bevor unser Denken »Stille« flüstert und bleibt zugegen nachdem das Wort verklungen ist.

Sollte uns dieser unmittelbarste Zugang verwehrt bleiben, können wir den zweiten Königsweg zur Stille beschreiten. Der besteht in der Erforschungsfrage »Wer oder was bin ich wirklich?«

Normalerweise verbinden wir den Ich-Gedanken mit den Objekten unserer Wahrnehmung. Wir denken »Ich« und schauen quasi »nach vorne« auf unsere Körperempfindungen, auf unsere Gefühle, auf unsere Gedanken, auf unsere persönliche Lebenssituation, die sich aus diesen Elementen zusammensetzt. Zugleich haben wir herausgefunden, dass Körper, Gefühle und Gedanken in Wahrheit Objekte unserer Wahrnehmung sind. Diese Objekte werden von uns als Subjekt wahrgenommen. Das Subjekt – unser wahres Ich – kann also weder Körper, Gefühl noch Gedanke sein. Es bezeugt als das beobachtende Bewusstsein alle Wahrnehmungen aus dem Hintergrund heraus. Die Frage »Wer oder was bin Ich?« zielt auf das unmittelbare Nachspüren dieses Bezeugens ab. Das Nachgehen dieser Frage bewirkt eine 180-Grad-Wendung unserer Aufmerksamkeit. Die Frage lädt uns zu einer Rückorientierung ein. Rückwärts zu der Stelle in uns, von der aus unsere Aufmerksamkeit auf alle Objekte Ausschau hält. Was finden wir da? Auf jeden Fall nicht das, was wir zunächst erwartet haben. Vielleicht haben wir »dort hinten« einen konkreten Jemand, ein fassbares Ich mit Namen und Gestalt vermutet. Eine Art »kleiner Mann« oder »kleine Frau« im Kopf, der oder die uns zuwinkt »Schönen guten Tag. Ich bin Dein Ich. Endlich hast Du mich gefunden. Jetzt weißt Du, wer Du bist«.

Doch tatsächlich eröffnet uns tiefere Selbsterforschung ein Erleben, das sich dem gewöhnlichen Begreifen entzieht. Oft finden wir nicht einmal Worte dafür. Oder es passen nur merkwürdige – manchmal paradoxe – Beschreibungen: Beobachtung ohne Beobachter. Ichloses Bewusstsein. Farbloses Licht. Ortloser Ort. Unendlicher Raum.

Unfassbare Leere. Nichts.

Es mag sein, dass uns am Anfang diese Tiefendimension unseres Seins nur für den Bruchteil einer Sekunden bewusst wird. Vielleicht zeigt sie sich zuerst sogar nur in einem unfassbaren Nicht-Wissen »Ich weiß eigentlich überhaupt nicht, wer ich bin.« Das ist schon genug. Das Staunen über das Nicht-Wissen ist die erste Eröffnung zu einer vollkommen anderen Möglichkeit der Wahrnehmung.

Wenn wir wahrhaftig frei sein wollen, wird sich die Frage »Wer oder was bin ich?« wie ein automatisches Seziermesser in unserem Geist festsetzen. Sie wirkt als heilendes Operationsinstrument unseres wahren Seins. Nach und nach trennt sie die Leid erzeugenden, begrenzten Ich-Vorstellungen ab und entfernt sie. Zurück bleibt unsere wahre Identität reinen Bewusstseins.

Anregung ───────────────────────────────────

Von Objekten zum Subjekt zum SEIN

Achten Sie während eines Tages auf Ich-Gedanken, die dazu neigen Ihr Identitätsgefühl an Ihren Körper, an Ihre Gefühle oder an Ihr Denken zu binden. Zum Beispiel »Ich spüre meinen Beine.« (Körper) »Ich fühle mich traurig.« (Gefühl) , »Ich bin in Gedanken« (Denken). Probieren Sie zunächst aus, Ihre ganze Aufmerksamkeit auf die jeweilige Objekt-Erfahrung auszurichten; als wenn Sie sich nach vorne lehnen; in die körperliche, emotionale oder mentale Erfahrung hineinfallen. Seien Sie ganz in der Empfindung, im Gefühlszustand, in Ihren Gedanken. Wie fühlt sich das an? Wie wirkt sich das auf Ihr Erleben aus, wenn Sie sich ganz mit der Wahrnehmung gleichsetzen? Werden Sie sich dann bewusst, dass Sie den Körper, das Gefühl oder die Gedanken als Objekte beobachten. Wenn Sie möchten, können Sie

das innerlich kommentieren mit: »Ich beobachte meinen Körper…
meinen Atem… meinen Schmerz…«; „Ich beobachte meine Gefühle…
meine Traurigkeit… meinen Ärger…"; „Ich beobachte meine Gedan-
ken… meine Meinung… meine Idee…". Wie fühlt es sich an, auf
diese Weise die Distanz zu den Objekten zu spüren? Werden Sie dann
neugierig für das Beobachtende in Ihnen. Was ist das? Was ist sich
der Erfahrungen im gegenwärtigen Augenblick bewusst? Was bezeugt
Ihr Erleben? Ganz wichtig: Sie brauchen auf diese Frage keine Ant-
wort in Worten zu finden. Eine gedankliche Reflexion ist nicht not-
wendig. Erlauben Sie sich einfach, sich innerlich nach hinten zurück-
fallen zu lassen. So, als ob Ihre Aufmerksamkeit zurücksinkt zu einer
Stelle, von der aus sie auf die Objekte schaut. Es ist eine Einladung,
den Schwerpunkt Ihrer Aufmerksamkeit zu verlagern. Weg vom Vor-
dergrund der Erfahrungen, zurück zum Hintergrund des beobach-
tenden Bewusstseins. Das Interesse an sämtlichen Erfahrungen im
Vordergrund darf abebben oder sich ganz auflösen. Sie dürfen sich
ganz der Atmosphäre innerer Ruhe und Versunkenheit ins Sein hin-
geben.

Falls Sie diese Erforschung ins Denken bringt, werden Sie sich bewusst,
dass die auftauchenden Gedanken Objekte ihrer Wahrnehmung sind.
Probieren Sie folgende Variation der Erforschungs-Frage: »Was nimmt
die Gedanken wahr?« Lassen Sie sich mit dieser Frage wieder inner-
lich zurücksinken.

Erlauben Sie sich, spielerisch mit diesen Erforschungsfragen umzuge-
hen. Es geht nicht darum, ein großes Durchbruchserlebnis herbeizu-
rufen. Eine kleine Ahnung der Leere im Hintergrund reicht aus. Ihr
Geist wird dann von alleine neugierig auf den Wechsel von Vorder-
grund- und Hintergrundaufmerksamkeit werden. Die Wirkung der
Frage wird sich – auch ohne Ihr bewusstes Zutun – fortsetzen. Ihre
Wahrnehmungsfähigkeit für den Hintergrund reinen Bewusstseins
werden sich von alleine erweitern. Aber wenn Ihnen danach ist, kön-

nen Sie der Erforschungsfrage »Wer oder was bin ich wirklich?« auch jederzeit wieder ganz bewusst nachgehen. Sie kann Sie endlos tiefer führen.

Absinken in die Tiefe

»Die Liebe sagt: ›Ich bin alles‹, die Weisheit sagt: ›Ich bin nichts‹.« Dieses Zitat des indischen Weisen Nisargadatta Maharaj* beschreibt die beiden Blickwinkel, die das Absinken des Bewusstseins in die Tiefe des Seins charakterisieren. Die Aufmerksamkeit, die aus der Stille heraus die Welt der Erscheinungen betrachtet, bewertet und verurteilt nicht. Sie macht keine Unterschiede. Sie will nichts verändern oder erreichen, sie braucht nichts wegzuschieben oder etwas anderem nachzujagen. Die Stille birgt eine offene, wertschätzende Haltung gegenüber allen Erscheinungen in sich. Denn sie weiß, dass die regungslose Tiefe, ebenso wie die bewegte Oberfläche, ein und derselbe Ozean des Seins sind.

Reine Wahrnehmung – die Schönheit der einfachen Erfahrung

Die folgende längere Anleitung eröffnet eine Vielfalt von Erfahrungen. Sie lädt dazu ein, an der natürlichen Perspektive des stillen Gewahrseins teilzuhaben. Zunächst führt sie uns zu den unmittelbaren Empfindungen des gegenwärtigen Augenblicks. Dann regt sie uns an, die Tiefe des wahrnehmenden stillen Gewahrseins zu erkunden. Und schließlich weist sie uns darauf hin, die Sinneserfahrungen und Empfindungen aus der Stille heraus zu erleben.

Anregung

Stilles Gewahrsein

Nehmen Sie sich 15 Minuten Zeit für diese Anleitung. Sie können den Text langsam lesen und immer wieder innehalten. Oder Sie lassen ihn sich von jemand anderem vorlesen.

Werden Sie sich Ihres Körpers und seiner Haltung bewusst. Spüren Sie, welche Bereiche des Körpers Kontakt zum Boden oder zum Stuhl haben. Wie fühlt sich diese Berührung zwischen Körper und Unterlage an? Können Sie Kontakt, Wärme, Druck oder andere Empfindungen spüren?

Nehmen Sie einfach diese Empfindungen wahr.

Gehen Sie dann mit der Aufmerksamkeit zum Atem. Spüren Sie, in welchen Bereichen des Körpers Sie die Bewegungen des Ein- und Ausatmens am deutlichsten wahrnehmen. Lassen Sie sich Zeit, diese Empfindungen von Bewegung und Dehnung für einige Atemzüge einfach zu beobachten.

Wenden Sie nun Ihre Aufmerksamkeit dem Hören zu. Werden Sie sich der Geräusche oder Klänge bewusst, die Sie in diesem Moment hören. Lauschen Sie, ohne zu benennen oder zu beschreiben. Bleiben Sie einige Momente bei dieser Wahrnehmung. Werden Sie sich jetzt der Gedanken gewahr, die in Ihrem Bewusstsein auftauchen. Vielleicht nehmen Sie abschweifende Gedanken wahr. Vielleicht tauchen einfache Benennungen oder Beschreibungen dessen auf, was Sie gerade erfahren.

Egal welche Gedanken es sind, seien Sie sich ihrer einfach gewahr, ohne sie zu kommentieren und zu bewerten. Sie können auftauchen und wieder verschwinden, ohne dass Sie etwas damit machen. Beobachten Sie einfach das Kommen und Gehen dieses Gedankenstroms. Lassen Sie jetzt Ihre Aufmerksamkeit offen werden, ohne sie auf ein Objekt auszurichten. Unabhängig vom Inhalt Ihres Bewusstseins können Sie sich tief entspannen. Lehnen Sie sich innerlich zurück, als ob Sie sich nach einem ereignisreichen Tag in einen bequemen Sessel sinken lassen. Jegliche Aktivität kann zur Ruhe kommen.

Lassen Sie sich jetzt innerlich in einen weiten, stillen Raum zurückfallen. Sinken Sie nach hinten, weg von aller Aktivität der Sinne und des Denkens – in eine friedliche Atmosphäre, in die innere Stille, die der Hintergrund aller Erfahrungen ist, die Sie zuvor wahrgenommen haben.

Lassen Sie sich weiter und weiter in diese Stille sinken. Empfindungen und Gedanken verblassen, während Sie sich tiefer und tiefer in den stillen Hintergrund aller Erfahrungen entspannen. Und während Sie sich zurückfallen lassen, ahnen Sie, dass es da nicht einmal einen »Jemand« gibt, der sich zurückfallen lässt. Auf eine unerklärliche Art und Weise ist einfach diese friedliche Atmosphäre präsent. Eine Atmosphäre, die sich in alle Richtungen ausdehnt, nach oben, nach unten, nach vorne und nach hinten, rechts und links. Eine feine, kaum spürbare, friedvolle Ausstrahlung, die alle Erfahrungen umhüllt.

Erlauben Sie sich, die Entspannung und Stille zu genießen. Vielleicht nehmen Sie den subtilen Frieden wahr, der sich auf natürliche Weise zeigt. Oder Sie spüren eine kraftvolle Präsenz oder eine stille Klarheit. Möglich auch, dass dieser Moment gar nicht zu beschreiben ist – dann spüren Sie ihn vollkommen wortlos.

Es mag sein, dass auch unangenehme Gefühle auftauchen. Ängstlichkeit, Unbehagen, emotionaler Schmerz. Erlauben Sie auch diesen Erscheinungen, da zu sein – ohne sie zu verleugnen oder ihnen Bedeu-

tung zu geben. Vielleicht entdecken Sie, dass auch diese Gefühle im Bewusstseinsraum der Stille auftauchen, von ihm umarmt und getragen werden.

Und dann wenden Sie langsam die Aufmerksamkeit wieder auf die Körperwahrnehmungen. Vielleicht spüren Sie Ihren Atem wieder. Andere Bereiche des Körpers werden Ihnen bewusst. Was auch immer Sie wahrnehmen, spüren Sie es aus dem Raum des stillen Gewahrseins heraus. Wie fühlt es sich an, den Körper auf diese Art wahrzunehmen, die Empfindungen zu spüren, ohne etwas mit ihnen tun zu müssen?

Wenden Sie nun Ihre Aufmerksamkeit den Geräuschen zu. Nehmen Sie wahr, wie Sie Klänge und Töne aus dem Raum der Stille hören. Wie ist es, zu hören, ohne den Wahrnehmungen Namen zu geben, ohne sie in Kategorien einzuteilen, ohne sie zu bewerten? Wie ist es, das Gehörte von der Basis eines stillen Hintergrundes aus einfach verklingen zu lassen? Erlauben Sie sich, dieses Konzert von Geräuschen im unmittelbaren Hören wach und entspannt zu genießen.

Werden Sie sich dann wieder der Wahrnehmung von Gedanken bewusst. Lassen Sie sie auftauchen, ohne sie zum Verschwinden bringen zu wollen, aber auch ohne die Notwendigkeit, sie zu bewerten oder zu analysieren.

Welche Gedanken auch auftauchen, Sie brauchen nicht auf ihren Inhalt einzugehen. Beobachten Sie stattdessen, wie sie erscheinen und sich wieder auflösen, ohne dass es irgendeiner Aktivität bedarf.

Wie fühlt es sich an, Gedanken und Vorstellungen aus der Stille heraus wahrzunehmen? Wie ist es, die Gedanken in der Weite des stillen Gewahrseins entstehen und vergehen zu sehen? Erlauben Sie sich für eine Weile, alle auftauchenden Gedanken aus dieser Perspektive der inneren Stille heraus zu beobachten. Lassen Sie jetzt diese entspannte Wahrnehmung präsent bleiben, während Sie Ihre Augen öffnen. Die Welt der optischen Wahrnehmungen kann Ihnen bewusst sein, ohne *dass sich an der stillen Haltung etwas ändern müsste.*

Lassen Sie die Formen und Farben im Bewusstsein auftauchen. Sie brauchen die optischen Wahrnehmungen nicht zu benennen, keine Gegenstände ausfindig zu machen.

Welche Qualität zeigt sich, wenn Sie das, was Sie sehen, aus einer Perspektive der inneren Stille anschauen? Wie ist es, zu sehen, ohne zu benennen oder zu vergleichen?

Geben Sie sich für eine Weile diesem einfachen Sehen hin.

Erlauben Sie sich, den Frieden auch mit geöffneten Augen und mit dem Auftauchen von Empfindungen zu genießen. Alles, was gesehen, gehört, gerochen, gespürt und gedacht wird, kann auftauchen, ohne dass irgendetwas bewertet oder verfolgt werden müsste. Alles kann im Frieden und in der Stille dieses Momentes vollständig willkommen geheißen werden und wieder gehen. Sie können sich als der stille und immer anwesende Hintergrund des Seins erleben.

Der Beginn der Übung lädt ein, sinnliche und körperliche Erfahrungen als Tor zum Gewahrsein des Augenblicks zu nutzen. Erst wenn unser Bewusstsein sich von seiner gewohnten Beschäftigung mit Vergangenheit und Zukunft entspannt und sich im Jetzt verankert, können wir zum direkten Erleben des Seins vordringen. Die Fokussierung auf die sinnlichen Erfahrungen des Körpers kann dazu sehr hilfreich sein.

Das Zurücksinken in den Hintergrund des stillen Gewahrseins erlaubt es, die Aufmerksamkeit von den Objekten abzuwenden und die bereits anwesende Stille wahrzunehmen. Wenn wir uns so von den Sinnen und vom Denken abkehren, können wir den zugrunde liegenden Bewusstseinsraum leichter erspüren. Das lebendige Zurückfallen in diese Stille kann zu einem intensiven Versinken ins formlose Sein führen. Das geht mit einer starken Reduzierung oder sogar einem vollkommenen Verschwinden aller Sinneseindrücke und Gedanken einher. In der hinduistischen Tradition wird dieses Versinken als Samadhi* bezeichnet. Sie können Begleiteffekte echter Selbsterforschung sein. Das bedeutet allerdings keineswegs, dass das stille Gewahrsein nur dann erfahren werden kann, wenn Sinneseindrücke und Gedanken verschwinden. Wahre Stille ist weder an das Nichtvorhandensein von Gedanken noch an die Abwesenheit von Empfindungen gebunden. Sie schließt nichts aus. Wir können alles, auch Verstandesaktivitäten, Gefühle und Empfindungen vor diesem Hintergrund erleben. Und dazu lädt uns das letzte Drittel der Anleitung ein. Hier können wir wieder das Vorhandensein von Sinneseindrücken und Gedanken erleben – nun jedoch mit dem vollen Bewusstsein der ihnen zugrunde liegenden Stille.

Diese Art des stillen Erlebens ist uns meist fremd. Gewöhnlich sind wir damit beschäftigt, die Objekte unserer Wahrnehmung zu kommentieren. Wir hören einen Klang oder sehen ein Bild, und schon setzen die Mechanismen des Benennens, Bewertens und Vergleichens ein. Mit all den gedanklichen Anmerkungen spinnen wir ein Netz von Geschichten und formen ein mentales Abbild der Realität.

Begegnen wir unseren Körperempfindungen dagegen aus der Haltung der Stille, dann erleben wir sie vollkommen anders. Das grundlegende Gefühl der inneren Gelassenheit verschwindet nicht zwangsläufig, wenn wir wieder beginnen, unser leibliches Dasein zu spüren. Im Gegenteil: Das stille Erleben jenseits der Kommentare erlaubt uns, auch im Körper eine tief greifende Entspannung und Gelöstheit zu erleben. Und dann können wir selbst eine so schlichte Erfahrung wie das Atmen als Hochgenuss erleben.

Dieses tiefgründige Erleben können wir auch in Bezug auf unseren Hörsinn entdecken. Wenn der Verstand nicht mit seinem üblichen

Geplapper beschäftigt ist, wird der Wohlklang selbst der einfachsten Töne und Laute hörbar.

Können wir entdecken, welches wunderbare Konzert das Klappern einer Tür, ja selbst die Geräusche einer Straße erklingen lassen? Ohne die Einmischung unseres Verstandes ist, was wir sonst »Lärm« nennen, keine Störung der tieferen Ruhe, in der alle Klänge auftauchen und vergehen. Ist unser Verstand ruhig, bekommen wir einen Geschmack davon, dass sich in den Klängen selbst auf mysteriöse Weise Stille offenbart.

Und wie ist es, visuelle Eindrücke aus der Perspektive der Stille zu erblicken? Was zeigt sich, wenn unsere automatischen Bewertungen von »schön« oder »hässlich«, »das sieht gut aus« oder »das müsste anders aussehen« keine Energie bekommen? Es mag sein, dass unser Verstand weiterhin mit Kommentaren aufwartet. Doch was zeigt sich, wenn wir an einer tieferen Art des Sehens interessiert sind und durch die Augen des stillen Seins blicken? Können wir die mysteriöse Schönheit sehen, die durch jede Farbe und jede Form hindurch scheint? Vielleicht strahlt der einfachste Gegenstand plötzlich einen ganz frischen Zauber aus.

Möglicherweise wird uns auf einmal klar, dass Schönheit nicht an Form und Gestalt gebunden ist. Wir können sie in allem wahrnehmen, wenn das Sehen aus der Tiefe des stillen Gewahrseins kommt. »Die Schönheit liegt im Auge des Betrachters.« Und wenn das Auge des Betrachters das stille Gewahrsein selbst ist, wird Schönheit überall offenbar.

Das gleiche Prinzip gilt für Gedanken und Vorstellungen. In der gewöhnlichen Verwicklung des Geistes scheinen uns gedankliche Aktivität und innere Stille wie zwei unterschiedliche Welten. Doch betrachten wir mentale Aktivität aus der Position innerer Stille, stellt sie keine Störung oder Beeinträchtigung dar. Wir müssen Gedanken weder unterdrücken noch festhalten, weder verleugnen noch ihnen Bedeutung beimessen. Aus der natürlichen Ruhe unseres wahren Seins betrachtet, sind sie wie Sinnesempfindungen, die kommen und gehen; wie Klänge, die er- und verklingen; wie Lichter, die aufscheinen und verglimmen. Auf diese Weise können wir Gedanken als durchscheinend wahrnehmen, als substanzlos. Jeder einzelne wird aus dem stillen Gewahrsein unserer selbst geboren. Für einen kurzen Augenblick bleibt er bestehen und vergeht, ohne dass sich das Geringste an der zugrunde liegenden Stille geändert hat.

Alle Wahrnehmungen und Gedanken auf diese Weise zu erleben bedeutet, dass wir als der Ozean des Seins verweilen. Wir genießen die göttliche Ruhe der Tiefe und ebenso das herrliche Funkeln der Oberfläche.

Der »Andere« aus der Perspektive der Stille

Den Wechsel der Perspektiven können wir auch in unserer Wahrnehmung anderer Menschen erforschen. Wenn wir uns mit unserem persönlichen Ich identifizieren, sehen wir die Anderen um uns herum als getrennt von uns, als verschieden und fremdartig. Sicherlich gibt es auch Menschen, denen wir uns verbundener fühlen, die uns näher und vertrauter sind als andere. In der Regel basiert diese Nähe auf Übereinstimmungen in unserer jeweiligen persönlichen Geschichte oder auf Ähnlichkeiten unserer Vorlieben und Abneigungen. So als hielte eine Welle auf dem Ozean nach anderen Wellen in ihrer Umgebung Ausschau: »Ah ja, diese Wellen da drüben bewegen sich in die gleiche Richtung – das scheinen Freunde zu sein.« Oder: »Die da sieht echt nett aus, wenn ich mit ihr verschmelzen könnte, wäre ich nicht mehr so einsam.« Durch derlei Versuche, persönliche Nähe herzustellen, wird das fundamentale Gefühl der

Trennung kurzfristig gemildert – aber es löst sich nicht wirklich auf. Solange wir uns für eine von den anderen getrennte Person halten, werden wir das elementare Gefühl des Alleinseins und der Verlassenheit nicht los. Selbst wenn wir echte Nähe zu anderen aufbauen, ist solch eine Beziehung oft von einer schweren Bürde belastet. Solange wir unsere eigene Fehlidentifikation nicht durchschaut haben, tragen wir Glaubensmuster mit uns herum, die echtes Glück an der Erfüllung bestimmter Bedürfnisse festmacht – zum Beispiel dem Bedürfnis nach Geborgenheit und Harmonie in einer Beziehung. Unser Gefühl der Abgetrenntheit soll durch die Nähe zum anderen verschwinden. Wir hoffen, die Einsamkeit durch Zweisamkeit zu vertreiben. So machen wir bewusst oder unbewusst die Beziehung und unseren Partner für unser Glück verantwortlich. Diese Erwartungen erschweren die Begegnung mit unserem Gegenüber allerdings ungemein. Sie führen zu gegenseitigen Einforderungen von Zuwendung, zum Drama von Angriff und Verteidigung, Verletzung und Enttäuschung. Statt den erhofften Ort der Zufriedenheit und Harmonie zu bieten, wird Beziehung zum Tummelplatz von Kämpfen, Streitereien und Konkurrenzspielen.

Die Begegnung zweier Wellen an der Oberfläche des Meeres bleibt immer unbefriedigend. Alle Wellen sind zwar Ausformungen des einen Ozeans, doch solange wir uns dieser Einheit nicht aus der Tiefe des Seins bewusst sind, bleiben die Versuche, dieses vergessene Einssein durch oberflächliche Nähe und Verschmelzung mit anderen wiederzuerlangen, zum Scheitern verurteilt.

Die vollständige Abwesenheit jeglicher Trennung zeigt sich uns erst, wenn das Bewusstsein in die Tiefe eintaucht. Im Nach-unten-Schauen lösen sich sämtliche Grenzen auf. Eine Aufteilung in verschieden Wellen gibt es hier nicht mehr. Wir erkennen die vollkommene Einheit aller Erscheinungen. Kein »Ich«, das von einem »Du« oder einem »Anderen« unterschieden werden könnte. Nur ungeteilte Tiefe und absolute Stille, das Einssein der Nicht-Dualität. Doch das Nach-unten-Schauen ist nur eine der möglichen Perspektiven der Tiefe. Die andere besteht im Nach-oben-Schauen. Hier ruht unser Bewusstseinsschwerpunkt in der Erkenntnis der Einheit, und gleichzeitig kann er die Vielfältigkeit der Erscheinungen betrachten. Der Blick vom Meeresgrund aus nimmt die Wellen an der Oberfläche schemenhaft in ihrer Vielfalt wahr, aber er verliert sich nicht im Glauben an die Realität einer Trennung.

Wie erfahren wir das konkret? Wenn wir anderen Menschen aus einer Haltung innerer Stille heraus begegnen, können wir Erstaunliches erfahren. Vielleicht empfinden wir plötzlich eine tiefe Intimität und Vertrautheit einem Menschen gegenüber, den wir persönlich gar nicht kennen. Diese Innigkeit tritt spontan auf und ist – im Gegensatz zur gewöhnlichen Nähe – nicht von gemeinsamen Erlebnissen, verbalem Austausch oder persönlichen Ähnlichkeiten abhängig. Vielleicht erleben wir ein tiefes Gefühl von Wertschätzung und weitherziger Liebe, nicht nur für uns nahe stehende Menschen, sondern auch für scheinbar Fremde. Oder wir entdecken eine mysteriöse Schönheit, die durch unser Gegenüber strahlt, unabhängig davon, ob unser persönliches Ich diesen Menschen als sympathisch oder unsympathisch einstuft. Die Erkenntnis der grundlegenden Einheit kann noch unendlich viele andere Facetten und Gesichter haben.

Die folgenden zwei Experimente laden dazu ein, diesen Qualitäten nachzuspüren. Wichtig ist, dass es bei dieser Anleitung keineswegs darum geht, aktiv ein Empfinden von Verbundenheit oder Liebe zu erzeugen. Die lebendige Erfahrung von Einheit, das Erleben von bedingungsloser Liebe kann nicht künstlich hergestellt werden. Sie zeigt sich ganz natürlich, wenn die Aktivitäten des beurteilenden und wertenden Verstandes zur Ruhe kommen. Gerade in nahen menschlichen Beziehungen machen sich häufig starke Kräfte des konditionierten Geistes bemerkbar. Schwelende Konflikte, unerledigte Geschichten, verdrängte Emotionen von Zorn, Angst oder Verletzung können im Weg stehen und so die tiefere Liebe verdecken, die uns alle verbindet, jenseits der persönlichen Beziehung. Sollten bei dieser Anleitung solche unangenehmen Gefühle oder Widerstände auftauchen, können wir sie einfach bewusst wahrnehmen, ohne sie verändern oder zum Positiven wenden zu müssen. Meist verlieren sie alleine schon dadurch ihren belastenden Charakter, dass wir ihnen diesen Raum geben, und die tiefere Dimension der Begegnung scheint durch. Im folgenden Kapitel »Hingabe – die rückhaltlose Annahme aller Erfahrungen«, werden wir genauer auf das Potenzial eingehen, das auch dem Erleben so genannter negativer Gefühle und Empfindungen innewohnt.

Anregung

Einem geliebten Menschen begegnen

Entspannen Sie sich in den augenblicklichen Moment hinein und lassen Sie alle überschüssigen körperlichen und mentalen Aktivitäten zur Ruhe kommen.
Welche Wahrnehmungen tauchen jetzt in Ihrem Bewusstsein auf? Vielleicht hören Sie Geräusche oder Klänge, spüren Ihren Atem, oder Sie bemerken die vorbeiziehenden Gedanken. Unabhängig vom Inhalt der Wahrnehmung kann alles ein Signal dafür sein, sich tiefer zu entspannen. Jede Erfahrung ist eine Einladung, die Aufmerksamkeit auf die Stille zu richten, in der all diese Erfahrungen geschehen.
Alles Nachdenken über uns als Person, über Vergangenheit und Zukunft, alle Interpretationen und Bewertungen über uns selbst und andere Menschen verlieren in diesem Moment an Bedeutung.

Wie ist das, nicht mehr über ein »Ich« und ein »Du« nachdenken zu müssen?

Was nehmen Sie wahr, wenn Sie einfach nur die ungeteilte Stille dieses Momentes genießen – ohne Ihre eigene Geschichte oder die anderer Menschen?

Nehmen Sie sich Zeit, um auf diese Weise gegenwärtig zu sein und die innere Entspannung zu kosten.

Denken Sie nun an einen Menschen, dem Sie Zuneigung oder Liebe entgegenbringen. Ob das der Lebenspartner ist, eine enge Freundin oder ein Familienmitglied, lassen Sie diesen Menschen möglichst lebendig in Ihrer Vorstellung erscheinen. Vielleicht können Sie seine körperliche Gestalt oder sein Gesicht vor Ihrem inneren Auge sehen. Vielleicht hören Sie seine oder ihre Stimme oder Sie spüren einfach die Atmosphäre der körperlichen Anwesenheit dieser Person.

Während Sie die Gegenwart dieses Menschen fühlen, erlauben Sie sich, dies aus der Perspektive des stillen Gewahrseins zu erleben. Sie brauchen die andere Person weder zu bewerten noch sich mit ihrer Geschichte oder Persönlichkeit zu befassen. Lassen Sie einfach die Präsenz dieses Menschen lebendig werden, so als ob Sie ihn einfach still anschauen – ohne etwas tun zu müssen und ohne etwas haben oder vermeiden zu wollen.

Wie fühlt sich eine solche Begegnung an, wenn Sie dem anderen aus der Haltung innerer Ruhe und Entspannung gegenübertreten? Frei von Wünschen und Bewertungen? Welche Atmosphäre vermittelt sich Ihnen in dieser Form der Begegnung? Wie schauen Sie diesen Menschen an, und auf welche Art und Weise werden Sie von ihm gesehen?

Falls in diesem Moment etwas aus Ihrem Inneren auftaucht, das Sie diesem Menschen sagen möchten: Wie klingt das? Vielleicht möchte Ihnen auch ihr Gegenüber etwas mitteilen: Wie hört sich das an?

Erlauben Sie sich, für alles offen zu sein, was in diesem Moment der

Begegnung auftaucht. Und dann verabschieden Sie sich wieder. Lassen Sie alle Gedanken und inneren Bilder bezüglich dieser Person sich langsam auflösen und verschwinden.

Einem ungeliebten Menschen begegnen

Und jetzt lassen Sie das Bild eines Menschen auftauchen, mit dem Sie Schwierigkeiten haben oder den Sie nicht mögen. Jemand, der oft unangenehme Gefühle in Ihnen auslöst.

Lassen Sie auch diesen Menschen möglichst lebendig vor Ihrem inneren Auge auftauchen. Spüren Sie die Atmosphäre, die mit den Bildern von dieser Person einhergeht. Vielleicht können Sie sie vor sich sehen oder ihre Stimme hören. Lassen Sie die Präsenz dieser Person möglichst lebendig werden.

Nehmen Sie wahr, wie es sich anfühlt, diesem Menschen aus einer Position tiefer Entspannung und innerer Ruhe gegenüberzutreten. Tauchen unangenehme Gefühle auf, brauchen Sie sie weder zu verdrängen noch ihnen weitere Bedeutung zu verleihen. Falls Bewertungen und Urteile über diesen Menschen auftauchen, versuchen Sie, sich von der Fokussierung auf diese Gedanken zu lösen und Ihr Gegenüber ganz unmittelbar anzusehen: in einer stillen Begegnung, ohne dem Lärm der Bewertungen Gewicht beizumessen.

Wie empfinden Sie die Atmosphäre dieses Augenblicks? Wie nehmen Sie diesen Menschen aus der Perspektive des stillen Gewahrseins heraus wahr? Und wie nimmt er Sie wahr?

Vielleicht möchten Sie auch hier Ihrem Gegenüber etwas mitteilen oder er Ihnen. Lassen Sie sich etwas Zeit, um alles wahrzunehmen, was in dieser inneren Begegnung auftaucht.

Dann verabschieden Sie sich innerlich wieder von diesem Menschen und lassen alle Gedanken und Vorstellungen verschwinden.
Lassen Sie diese inneren Begegnungen mit geliebten und ungeliebten Menschen noch ein wenig nachschwingen.

Diese Bewusstseinsexperimente können eine Ebene innigster Verbundenheit und Liebe offenbaren. Eine solche tiefe Begegnung ist dann möglich, wenn sich unsere Identifikation mit dem individuellen Ich verflüchtigt. Setzen wir unser Sein nicht mehr mit persönlichen Geschichten und Bewertungen gleich, dann glauben wir auch nicht mehr an die Einschätzungen und Urteile unseres Denkens. Jegliche rigiden Abgrenzungen lösen sich auf und machen der Weite unseres natürlichen, stillen Gewahrseins Platz. In dieser Weite wird jede Unterteilung in »Ich« und »Du« als oberflächliche, maskenhafte Schicht erkannt. Unsere Essenz wird wieder spürbar, die in jedem Ich und Du dieselbe ist. Echte Begegnung bedeutet, dass sich diese Essenz der bedingungslosen Liebe durch die Masken von »Ich« und »Du« hindurch selbst sieht. Es ist dasselbe Sein, das durch alle Formen und durch alle Personen hindurch immer nur sich selbst begegnet.

Die stille Umarmung aller Erscheinungen

Das Aufschauen aus der Tiefe des Ozeans ist die Umarmung der Welt der Wellen. Wenn wir das lebendig erfahren, entdecken wir, was im Advaita mit dem Begriff »Sahaja Samadhi« beschrieben wird. Er bedeutet natürliche Versenkung. Ein anstrengungsloses Gegründet-Sein in stillem Gewahrsein. Eine Gelöstheit, die nicht an die

Abwesenheit von Empfindung und Denken gebunden ist, sondern auch mit ihrem Auftauchen ungestört bestehen bleibt. Der allem zugrunde liegenden Stille unserer wahren Natur wohnt das Potenzial inne, sämtliche Erfahrungen des Lebens in einer umfassenden und annehmenden Weise zuzulassen. Es ist eine umarmende Begegnung mit allen Sinnesempfindungen, allen Gedanken, allen Emotionen und der gesamten Welt, die sich aus diesen Elementen zusammensetzt. Ein Erleben ohne Ausgrenzung oder Verleugnung, ein Spüren ohne Verstrickung oder Dramatisierung.

In dieser Erkenntnis kann sich das große, nichtduale Wunder des Seins lebendig zeigen: Ein Ton ist Stille, und die Stille hört sich als Ton. Ein Gedanke ist Leere, und die Leere ist die Quelle jedes Gedankens. Eine Bewegung ist Ruhe, und Ruhe ist der Träger jeder Bewegung. Jedes persönliche Ich oder Du ist eine einzigartige Ausformung des einen ungetrennten Seins.

So löst sich auch der letzte Rest von Dualität auf, die Dualität zwischen formlosem Grund und geformten Erscheinungen. Dann wird absolut jede Erfahrung als Manifestation des einen stillen Gewahrseins erkannt. Im buddhistischen Herz-Sutra* wird diese höchste aller Wahrheiten in dem einfachen Satz ausgedrückt: »Form ist Leere, und Leere ist Form.«

Zusammenfassung

In diesem Kapitel haben wir eine völlig neue Art der Wahrnehmung erkundet. Gewöhnlich schauen wir durch die Brille trennender und einengender Bewertungen auf die Welt. Wir unterteilen in schön und hässlich; gut und schlecht; wertvoll und wertlos. Dann gefällt uns oft nur fünfzig Prozent von dem was wir sehen, hören und empfinden – meist noch viel weniger. Entdecken wir die Stille des Seins, taucht unser Geist zunächst in die Tiefe reinen Bewusstseins ab. Darin verlieren sich die unterscheidenden Gedanken. Unsere bisherige Einteilung in angenehme und unangenehme Erfahrungen schmilzt weg. Vielleicht kommt uns sogar die gesamte Welt der Erfahrungen ziemlich reizlos vor. Die reglose, friedvolle Stille fasziniert uns mehr als alles andere. So wie ein Taucher, der sich vom Boot aus rückwärts ins Meer fallen lässt. Er freut sich, die Welt über dem Wasserhorizont endlich zurückzulassen. Die Wellen sind ihm egal. Im Wasser wendet er sich um. Er will die Tiefe erkunden und taucht direkt nach unten ab.

Doch irgendwann dreht sich der Taucher wieder und wendet sich der Oberfläche zu. Aus der Ruhe der Tiefe sieht er nun, wie wunderbar die Wellen von unten schimmern. Das Glimmen und Glitzern genießt er nun auf ganz neue Weise.

Ähnlich nehmen wir die Welt mit neuen Augen wahr, wenn wir sie aus der Perspektive der Stille erleben. Jetzt haben wir die Brille der dualistischen Wahrnehmung abgesetzt. Alles leuchtet in ungeahnter Schönheit. Das zeigt sich ganz konkret in unserem sinnlichen Erleben. Was uns vorher grau und dumpf schien, glänzt jetzt in ungeahntem Strahlen. Alles erscheint in viel klarerem Licht. Was unsere Ohren vorher als dumpfen Lärm lieber überhört hätten, dem lauschen wir nun andächtig und genießen es als wohlklingendes Konzert. Auch unser Geruchs- und Geschmackssinn lassen eingefahrene Gewohnheiten los und erschließen sich unerwartete, neue Genusswelten. Unseren Körper hatten wir im Trommelfeuer der Gedanken oft ganz vergessen. Jetzt merken wir wieder wie wohltuend es ist, einfach nur den eigenen Atem zu spüren, dir Berührung unserer Füße mit dem Boden, die Wärme von ein paar Sonnenstrahlen auf unserer Haut.

Aus dem ungetrennten Einssein heraus nehmen wir auch unsere Mitmenschen ganz anders wahr. Am deutlichsten wird das oft im

Augenkontakt. Dort zeigt sich eine besondere Art des Sehens. Bevor unser Denken einsetzt, bevor wir uns den Namen unseres Gegenübers innerlich aufsagen oder unser Verstand mit Bewertungen aufwartet, sehen wir auf vollkommen frische Weise. Manchmal ist das überwältigend. Wir sehen das Strahlen des Bewusstseins in den Augen des Anderen, den Glanz transzendenter Schönheit, das Antlitz des Göttlichen. Zu anderen Zeiten spüren wir das Einssein schlichter. Als unerwartete Sympathie, als spontane Verbundenheit, als menschliche Herzenswärme, auch gegenüber Personen, die uns erst fremd oder gar abstoßend vorkamen. Auf jeden Fall macht es einen deutlichen Unterschied, ob wir durch die Brille unseres wertenden Denkens schauen oder ohne diese mit klarem Blick. Mit den trennenden Wertungen kommt uns unser Gegenüber als Fremder vor. Er ist uns gleichgültig, stört uns oder macht uns sogar Angst. Aus dem stillen Gewahrsein heraus spüren wir den Anderen als unser eigenes vertrautes Sein. Zwischenmenschliche Freundlichkeit, natürliches Einvernehmen und Herzensverbundenheit sind der Ausdruck dieses gespürten Einssein. Man könnte es auch Liebe nennen.

Anregung ────────────────────────────────

Nach Innen Sinken, das Außen umarmen

Gönnen Sie sich am Tag mindestens eine Gelegenheit, bei der Sie für zehn Minuten das „Sehen aus der Stille" erkunden. Das kann an ihrem Meditationsplatz zuhause sein, auf einer Sitzbank in der Fußgängerzone oder auf den Treppenstufen eines belebten Kaufhauses. Erlauben Sie sich innezuhalten. Schließen Sie die Augen. Wenden Sie sich der Stille in Ihnen zu. Dafür können Sie sich zum Beispiel fragen:

„Wer oder was nimmt die Situation hier wahr?" und dann „Wer oder was nimmt meinen Körper, meine Gefühle und Gedanken wahr?" Erlauben Sie Ihrem Geist diesem Fragen nach Innen zu folgen und die Außenwelt zurückzulassen. Es zählt nur, was sie innerlich spüren. Sie lassen sich zurück sinken. Weg von den Reizen um Sie herum. Hin zum Spüren des Atmens und des Körpers. Weg von den nach außen gerichteten Sinnen und alltäglichen Gedanken. Hin zur schlichten inneren Ruhe und dem Frieden dieses Moments. Inneres Versunkensein ist ein wunderbarer Zustand. Er kann überall genossen werden.

Dann wenden Sie sich langsam wieder der Welt der Erfahrungen zu. So als würden sie beginnen, das Schimmern der sich bewegenden Wellen von der Tiefe des Meeres aus zu betrachten. Probieren Sie, wie es ist, aufmerksam zu lauschen. Was wird gerade gehört? Sie brauchen es nicht benennen oder bewerten. Seien Sie einfach als reines Hören gegenwärtig. Lauschen und Klang sind eins. Öffnen Sie dann behutsam die Augen. Erst einen Spalt. Dann weiter. Was wird gerade gesehen? Lassen Sie Lichtschein, Schatten, Farben und Spiegelungen auf sich wirken. Erlauben Sie sich auch hier, alles aus der Stille heraus zu sehen. Die Stille braucht nichts kommentieren, nichts beurteilen, nichts erklären. Sie ist lediglich stiller Zeuge. Sie beobachtet nur. Sie ruht in sich. Die Stille lässt alles erscheinen und verblassen ohne einzugreifen.

Tauchen doch Bewertungen in Ihrem Geist auf? Das ist zu erwarten. Es geht nicht darum, den wertenden Verstand abzuschalten. Das wäre ein vergebliches Bemühen. Doch Sie können, während ihr Verstand bewertet, zugleich eine tiefere Weise Sehens erkunden. Probieren Sie aus, durch die wertenden Gedanken hindurch zu schauen, als wären sie transparent. Ist das möglich? Falls nicht, können Sie die Bewertungen selbst als interessante Erscheinungen ins Visier nehmen. Wie sehen die Gedanken genau aus? »Das klingt nicht gut«, »die sieht scheußlich aus«, »der sollte sich anders benehmen.« Können Sie auch solche Wortgebilde oder inneren Stimmen aus der Stille heraus wahrnehmen? Können Sie den eigenen Gedanken lauschen, als wären es die von jemand anderem? Als wäre es bloß der Tratsch von Nachbarn oder entfernten Verwandten. Man kann ihnen aufmerksam zuhören oder die Worte durch sich durch rauschen lassen. Beides ist dasselbe. Kosten Sie im Wechsel oder sogar gleichzeitig die innere Versunkenheit und die Verbundenheit mit Ihrem eigenen Körper und mit allem um Sie herum. Die Tiefe des Ozeans ruht reglos. Die aus ihr aufsteigenden Wellen bewegen sich. Die Bewegung kommt aus der Reglosigkeit und kehrt zu ihr zurück. Wenn Sie genau hinspüren, können Sie sogar inmitten der Bewegung Stille spüren. Bleiben Sie an diesem Tag auch im alltäglichen Handeln neugierig für den Wechsel oder die Gleichzeitigkeit von Reglosigkeit und Bewegung, von stiller Versunkenheit und liebevoller Umarmung aller Erfahrungen.

Zweiter Teil: Das Feuer der direkten Erfahrung

Hingabe – Die Annahme aller Erfahrungen

Vom indischen Weisen Sri Poonjaji, einem direkten Schüler von Sri Ramana Maharshi, stammt ein berühmtes Bild zur Beschreibung von Freiheit: »Der Vogel der Freiheit hat zwei Flügel. Der eine ist Jnana* und der andere ist Bhakti*. Zum Fliegen braucht er beide Flügel.«

Der Begriff Jnana beschreibt die Klarheit des stillen Gewahrseins. Es ist die Fähigkeit unseres Bewusstseins, alle Verdeckungen des konditionierten Geistes scharfsichtig zu durchschauen und unsere wahre Natur zu erkennen. Die Anleitungen zur Selbsterforschung im ersten Teil hatten hauptsächlich den Charakter des Jnana-Flügels.

Bhakti bedeutet Hingabe. Hingabe bedeutet die Bereitwilligkeit, unseren ichbezogenen Willen loszulassen. Es ist das Loslassen der Gedanken, die sich dem unmittelbaren Erfahren, dessen, was in unserem Bewusstsein auftaucht, entgegenstellen: »Das sollte eigentlich anders laufen.« »Ich will mich nicht fürchten.« »Das soll mir nicht

passieren.« »Ich will es so haben und nicht anders.« Solche Gedanken sind ein Ausdruck mangelnder Hingabe. Bhakti bezeichnet die
Möglichkeit der rückhaltlosen Annahme aller Erfahrungen.

Mit Bhakti lernen wir einen Zugang zu unserer wahren Natur kennen, der Gefühle einbezieht. Wir erkunden das befreiende Potenzial,
das dem direkten Erleben von Emotionen innewohnt.

Die Entstehung der Basis-Emotionen der Identifikation

Durch die Begrenzung des Seins auf das Gefühl, mit einem Individuum identifiziert zu sein, kommt es zu heftigen Begleiterscheinungen in unserem Gefühlsleben. Wir können diese Gefühle Basis-
Emotionen nennen, da sie das Fundament allen weiteren
emotionalen Erlebens bilden. Sie liegen an der Basis jedes sich identifizierenden Ich. Wenn wir uns mit einer Welle des Ozeans identifiziert haben, liegt unser Bewusstseinsschwerpunkt ein Stück weit
über der Oberfläche. Die Bhakti-Einladung der Selbsterforschung
besteht darin, uns durch diese Basisschicht der Welle hindurch in
die Tiefe sinken zu lassen.

Eine dieser Basis-Emotionen ist Wut. Wut meint den Groll gegen
Begrenzung. Unser wahres Sein besteht in einem Bewusstseinsraum
der unendlichen Weite, grenzenlos wie der Himmel. Die Identifikation mit dem persönlichen Ich gleicht dem Versuch, alle Luft des
Himmels in einen einzigen kleinen Ballon zu füllen. Das schafft
eine enorme Beengung. Wir spüren den Zorn, begrenzt und einge-
sperrt zu sein – in einem zu kleinen Körper, in einer Person, in der
Identifikation mit einem Einzelwesen. Mit dem Körper identifiziert,
fühlen wir uns auch Fremdbestimmung und äußerer Kontrolle unterworfen und spüren den Ärger darüber.

Die ersten Wellen dieses Zornes haben wir früh im Leben erfahren – spätestens im Alter von zwei Jahren. Da entwickelt sich, was »eigener Wille« genannt wird. In der so genannten Trotzphase toben Kinder vor Zorn, wenn etwas nicht nach ihrem Wunsch läuft. Diese kindliche Wut tragen wir noch mit uns herum. Dies liegt daran, dass wir uns vom wahrhaftigen Willen abgetrennt haben. In der Bergpredigt heißt es »Dein Wille geschehe«, und das ist ein Hinweis darauf, dass eine andere Macht als unser persönliches Ich die Fäden des Lebens in der Hand hält. Die Wellenbewegungen auf dem Ozean sind ein Resultat von Strömungen der Tiefe und Winden über der Oberfläche. Sie allein bestimmen, wann sich eine Welle bildet, wohin sie sich bewegt und wann sie untergeht. Entwickelt die Welle dagegen den Eigenwillen eines persönlichen Ich, nützt ihr das herzlich wenig. Das Einzige, was daraus resultiert, ist, dass sie scheinbar ständig mit Gegenwind und widrigen Strömungen zu kämpfen hat. Und das erzeugt eine enorme Wut auf die Machtlosigkeit des eigenen, persönlichen Willens.

Verzweiflung ist die zweite Basis-Emotion. Halten wir uns für eine einzelne Welle auf dem Meer, fühlen wir uns abgetrennt vom Rest der Wellen und vom tragenden Ozean. Sind wir mit unserem persönlichen Ich identifiziert, scheinen wir gefangen in einer unstillbaren Bedürftigkeit nach Zuwendung und Anerkennung. Wir haben vergessen, dass wir von Liebe getragen werden, ja Liebe selbst sind. So fühlen wir uns von ihr abgeschnitten und verstricken uns in die leidvolle Sehnsucht nach emotionaler Wärme von außen. Diese Zuwendung, hoffen wir, wird das emotionale Loch der verzweifelten Bedürftigkeit in uns füllen und die fehlende Liebe bringen. Besonders eindrucksvoll erleben wir diese Gefühle in der Pubertät. Unerwiderte Verliebtheit oder eine unglückliche Trennung können unser Herz brechen, wir fühlen uns mutterseelenallein und fallen in einen Abgrund der Trostlosigkeit.

Ein grundlegendes Missverständnis verstärkt die Basis-Emotion der Verzweiflung: Wir glauben, wir selbst seien die Handelnden und Lenker unseres Lebens. Wir denken, wenn wir nur alles richtig machten, könnten wir Nähe zu anderen herstellen und Liebe gewinnen. Wir sehen nicht, wer tatsächlich der Lenker unseres Lebens ist: Der Ozean und die Winde bestimmen, wie die Welle aussieht, mit welchen anderen Wellen sie zusammentrifft und wann sie sich wieder entfernen. Wenn wir das nicht erkennen, spüren wir einen enormen inneren Leistungsdruck.

»Ich muss es selbst schaffen, liebenswert zu erscheinen«, »Wenn ich nur klug genug, kreativ genug bin, werde ich geachtet und geschätzt.« Und doch schafft es das Ego nicht. Es ist das Sein, das alles schafft. Will das Ego an der Oberfläche Liebe durch Nähe und Verschmelzung herstellen, stößt es immer wieder auf die Vergeblichkeit seiner Bemühungen und verzweifelt daran.

Die dritte Basis-Emotion ist existenzielle Angst. Es ist das Grauen, das wir empfinden, wenn wir mit der Realität des Todes konfrontiert werden. Es ist die Angst davor, nichts mehr zu sein, vollkommen zu verschwinden, ausgelöscht zu werden. Wir glauben, mit der Vernichtung unserer Person trete auch der Tod des eigenen Seins ein. Am deutlichsten zeigt sich das, wenn wir ganz konkret Todesangst erleben: Wir machen im Urlaub eine Bergwanderung, rutschen mit einem Fuß ab und stürzen beinahe in einen tiefen Abgrund. Wir sitzen in der U-Bahn, unser Gegenüber zieht eine Pistole aus der Jacke und verlangt unser Geld. Wir sind beim Arzt, und er eröffnet uns die Diagnose Krebs. All das kann die Todesangst in uns hochschießen lassen. Oft aber erwischt sie uns in subtilerer Form: Wir verlieren unseren Arbeitsplatz, befürchten zu verarmen und geraten darüber in Panik. Wir bekommen Post vom Gericht. Es schießt uns heiß in den Kopf »Was kann das sein? Ist etwa die kleine Lüge bei der letzten Steuererklärung aufgeflogen, und stehen wir schon mit einem Bein im Gefängnis?« Auch solche Situationen drohen, unser persönliches Leben, so wie wir es bisher kennen, auszulöschen und lösen deshalb Angst aus.

Die Basis-Emotionen sind Nebenwirkungen der Identifikation. Jedes Mal, wenn wir uns in den Gedanken um unsere Person und ihre Wünsche verlieren, tauchen diese Dämonen wie aus dem Nichts auf. Doch oft sind wir uns auch hier dieses Geschehens nicht einmal bewusst. Warum? Weil unser Geist blitzschnell die unangenehmen Gefühle betäubt und verleugnet. Es ist, als würden wir ein Medikament mit krank machenden Nebenwirkungen nehmen, und statt es abzusetzen, schlucken wir lieber noch ein weiteres Medikament, das die Nebenwirkungen lindern soll. Wir werden immer benommener.

Unser Geist schafft diese Dämpfung, indem er einen Mantel der Unbewusstheit über die quälenden Emotionen wirft. Die Intensität von Angst, Zorn und Verzweiflung scheint zu gewaltig, ja unerträglich. Unser Verstand sagt:»Diese dunklen Gefühle kann ich nicht aushalten. Sie sind unerträglich. Ich werde alles versuchen, um ihnen zu entgehen.«

Wir glauben diesen Gedanken. So beginnen wir damit, die verschiedensten Strategien zu entwickeln, um dem direkten Erleben der Basis-Emotionen auszuweichen. Wir bauen uns ein illusionäres Gebäude von beschwichtigenden Glaubensmustern auf. Alle haben dasselbe Ziel: Sie wollen die leidvollen Gefühle abmildern, umgehen oder unter Kontrolle bringen. So machen wir uns vor, unser kleines persönliches Ich hätte die Macht, das Leiden schon in den Griff zu bekommen, und unser Leben könne irgendwann glücklich sein.

Um zur Wahrheit zurückzufinden, müssen wir uns zunächst die Konzepte und Glaubensmuster des Geistes bewusst machen. Wenn wir die Mechanismen der Verleugnung und Vermeidung aufdecken, verliert sich ihre Macht, uns von der tieferen Erfahrung der Basis-

Emotionen abzulenken. Wir brauchen diesen Gefühlen dann nicht mehr ausweichen, sondern entwickeln die Bereitschaft, sie unmittelbar zu erleben. Unser Bewusstsein kann durch diese starken Strömungen an der Basis der Welle hinabtauchen und in die Tiefe sinken. Hier entdecken wir die essenziellen Qualitäten des Seins wieder, und schließlich offenbart sich uns die ungeteilte Einheit von Tiefe und Oberfläche.

Das unmittelbare Erleben der Basis-Emotionen geschieht, wenn in uns die Bereitwilligkeit reift, diesen dunklen Strömungen rückhaltlos zu begegnen. Und hier kommt die Notwendigkeit und zugleich das Potenzial der Hingabe ins Spiel: Bhakti. Solange das Ego die dunklen und bedrohlichen Erfahrungen vermeiden möchte, kommt es zu keinem wirklichen Er- und Durchleben der Basis-Emotionen. Solange wir an Gedanken des Widerstandes und der Kontrolle festhalten, strampelt unser Bewusstsein an der Oberfläche und kann nicht absinken.

Bhakti bedeutet die hundertprozentige Bereitwilligkeit, alles unmittelbar zu erleben, was im Prozess der Selbsterforschung auftaucht. Diese Bereitwilligkeit unterscheidet echte Selbsterforschung von jener spirituellen Suche, die für die seligen Aspekte der Selbsterkenntnis zu haben ist, jedoch zurückscheut vor den dunklen Tiefen, die mit ihr einhergehen.

Unmittelbares Erleben – das Brennen in der Erfahrung

Zu den Vermeidungsstrategien des Geistes gehören auch das Wünschen und das Suchen. Auf den ersten Blick scheinen beide Hinbewegungen zu sein. Schließlich zielen sie auf Glücksobjekte ab, die unser Gefühl von Mangel und Einsamkeit überwinden sollen. Doch gleichzeitig sind sie Wegbewegung und Flucht. Durch die Beschäftigung mit Wunschfantasien und Glücksvorstellungen flüchten wir vor den dunklen Erfahrungen, die an der Basis unseres sich identifizierenden Bewusstseins schlummern. Warum fällt es uns oft schwer, für einige Minuten in Stille zu sein? Weshalb bombardieren und zerstreuen wir unseren Geist mit so vielen Eindrücken? Mit Reizen aus Fernsehen, Radio, Kino, mit Zeitschriften, Büchern, oberflächlichen Gesprächen? Ein Moment des Innehaltens – und sei es zunächst nur äußerlich, wie im stillen meditativen Sitzen – scheint uns oft bedrohlich. Und tatsächlich kann es sich zunächst unangenehm anfühlen, wenn wir uns darauf einlassen, mit der gewohnten Zerstreuung innezuhalten. Im Zur-Ruhe-Kommen wird uns bewusst, was die ganze Zeit unter der Oberfläche der Aktivitäten verborgen blieb und ihr heimlicher Antrieb war: das Erfahren der Basis-Emotionen. Zorn, Angst, Verzweiflung werden in der Stille zunächst einmal deutlicher spürbar. Der leidvolle Charakter des emotionalen Erlebens ist intensiv und schneidend zu fühlen, sobald wir aufhören, uns abzulenken.

Die Begegnungen mit den Basis-Emotionen sind allerdings keineswegs Hindernisse oder Rückschläge für die Entdeckung wirklicher Freiheit. Tatsächlich bieten sie eine wunderbare Gelegenheit der Vertiefung. Sie stellen keine schlimmen Dämonen dar, vor denen wir flüchten müssten, sondern sind tatsächlich Eingangstore zum Raum unserer wahren Natur.

Der Zugang ist unmittelbares Erleben. Unmittelbar bedeutet ohne die Mittel, die unser Verstand normalerweise benutzt, um der direkten Erfahrung auszuweichen. Unmittelbares Erleben ist also keine Technik, um Erfahrungen in den Griff zu bekommen oder sie zu überwinden. Die Auflösung des Leidens geschieht von ganz alleine, wenn wir die hundertprozentige Bereitwilligkeit haben, die Emotionen zuzulassen und zu erleben. Dieses vollständige Zulassen weiß der Verstand mit seinen Strategien geschickt zu vermeiden. Einige lassen sich in unserem alltäglichen Verhalten beobachten. Übertriebene Beschäftigung mit Arbeit, Selbstbetäubung durch Zigaretten, Alkohol und andere Drogen, das übermäßige Bedürfnis nach oberflächlicher Zerstreuung. All das kann ein Ausdruck von Vermeidungsstrategien sein.

Doch der Kern der Sache liegt woanders: Es ist das zwanghafte Verfolgen unserer Gedankenketten, unserer inneren Monologe, Dialoge und Geschichten. Wir hören sie als Stimme in unserem Kopf, als inneren Kommentator, der in unserem Bewusstsein mit enormer Energie am Werk ist. Er redet unablässig. Er erinnert, analysiert, plant, dramatisiert, beruhigt, fordert, klagt an. Wie der penetrante Moderator eines Radiosenders tut er uns zwanghaft seine persönliche Meinung zu allem und jedem kund. Sind wir mit dem persönlichen Ich identifiziert, zieht uns dieses Getöse völlig in seinen Bann. Meist so sehr, dass wir das Getöse dieses inneren Kommentators nicht einmal mehr als Lärm wahrnehmen. Wir sind ja damit aufgewachsen. Er hat schon die ganze Zeit im Hintergrund getönt. Wir haben uns an ihn gewöhnt. Dieser innere Lärm ist ein Trick des Verstandes, unser Bewusstsein an der Oberfläche friedlosen Denkens zu halten. Er verhindert das unmittelbare Erleben unserer Gefühle und sträubt sich mit heftigem »Gedankenstrampeln« gegen das Absinken in die Tiefe. Denn dies wäre sein Tod. In der Tiefe des Ozeans funktioniert kein Radio mehr. Der Kommentator ertrinkt.

Bei näherer Betrachtung können wir zwei Strampelbewegungen unseres Geistes entdecken. Eine besteht in Unterdrückung. Der Geist gaukelt uns vor, die dunklen Basis-Emotionen existierten gar nicht. Und wenn wir sie schon ansatzweise spüren, versucht er, uns zu beruhigen und die Erfahrung zu verleugnen oder zu trivialisieren. Es ist wie bei dem Mann, der nachts durch einen dunklen Wald wandern muss. Er schlottert vor Angst, doch er pfeift ein fröhliches Lied, um das Grauen nicht zu spüren. Die Gelassenheit ist alles andere als echt: »Ich sollte mich mit etwas anderem beschäftigen, dann geht es mir besser.« »Die Angst ist nicht schlimm, es wird schon nichts passieren.« »Die Verzweiflung wird schon wieder vorübergehen, in Wirklichkeit bin ich nicht hilflos.« »Es gibt eigentlich gar keinen Grund, wütend zu sein.« Solche Gedanken sind Ausdruck der Unterdrückung und Verleugnung.

Eine weitere Bewegung des Geistes führt in das Ausagieren der inneren Spannung der Basisemotion: Wir tun etwas damit, um uns zu erleichtern, Energie abzuführen und sie loszuwerden. Dieses Tun kann äußerlich sichtbar oder nur eine innere Bewegung des Geistes sein. Auf jeden Fall handelt es sich um eine Reaktion auf das Aufsteigen der Gefühle. Anstatt der Erfahrung reglos zu begegnen, fangen wir an zu handeln.

Manchmal sieht das so aus, als würden wir die Basis-Emotionen tatsächlich fühlen. Doch meist ist dieses Fühlen nicht unmittelbar, sondern von einer inneren Geschichte des denkenden Verstandes begleitet, etwa einer Schuldzuweisung, Rechtfertigung, Dramatisierung oder Rationalisierung. Der Zweck dieser Gedankenaktivität besteht wiederum darin, der direkten Begegnung auszuweichen. Es handelt sich um eine Flucht, allerdings um eine Flucht nach vorn – in eine Reaktion. Wir glauben, etwas tun zu müssen: »Dass ich wütend bin, liegt am anderen. Ich sollte ihm mal deutlich meine Meinung sagen.« »Diese Angst fühlt sich so bedrohlich an, ich lenke mich lieber ein wenig mit Fernsehen ab.« »Ich kann dieses Gefühl der Einsamkeit nicht ertragen, ich rufe jetzt besser eine Freundin an, um darüber zu reden.«

Der Geist ist mit ungeheurer Geschwindigkeit zur Stelle, mit Geschichten zur Beruhigung oder mit Strategien der Bewältigung. Sie scheinen wie von alleine anzuspringen und machen sogar den Eindruck, als wären sie hilfreich und könnten unser Leiden beenden.

Doch auch wenn Vermeidung und Ausagieren in manchen Momenten eine relative Milderung bewirken mögen, wirkliche Befreiung bringen sie nicht. Die Angst sitzt uns immer noch im Nacken, der Groll und die Unzufriedenheit grummeln im Bauch, und die verzweifelte Bedürftigkeit bleibt ein nie zu füllendes Loch in unserer Seele.

Erst in der Bereitschaft, die Flucht zu beenden und dem, was so bedrohlich und vernichtend zu sein scheint, ganz direkt zu begegnen, liegt die Möglichkeit der Befreiung. Unmittelbares Erleben ist ein Fühlen ohne Geschichten. Wir können aufhören, Gedanken an Gedanken zu hängen. Wir entdecken stattdessen die Bereitschaft, auch das offen zu spüren, was uns zuvor unerträglich erschien.

Dieses Fühlen findet auf der körperlichen und auf der energetischen Ebene statt. Wir öffnen uns für die Empfindungen unseres Körpers. Wir nehmen die Energien der Basis-Emotionen wahr, ohne sie zum Verschwinden bringen zu wollen – und ohne in die Suche nach angenehmeren Erfahrungen abzudriften. Unmittelbares Erleben ist ein sanftes Offensein für die Erfahrung des gegenwärtigen Moments. Diese Offenheit wertet nicht, dramatisiert nicht, unterdrückt nicht, analysiert nicht.

Das direkte Erleben ist oft von ungewohnt hoher Intensität und Wildheit. Erleben wir Angst unmittelbar, fühlt sich dies weit bedrohlicher an als gedämpfte Furcht. Spüren wir Zorn ungebremst, fühlt er sich zerstörerischer an als gezähmte oder sofort ausgelebte Wut. Verzweiflung und Hoffnungslosigkeit empfinden wir schmerzhafter, wenn wir sie nicht durch Trost abmildern. Das kann sich anfühlen, als würden wir in ein vernichtendes Feuer geraten. Genau davor haben wir uns immer gescheut: »Bloß nicht so heftigen Schmerz«, »Nur nicht von der Angst überrollt werden«, »Lieber herumtoben, als die Wut in mir spüren.« In der Bereitschaft, unmittelbar zu fühlen, springen wir mitten ins Feuer der Erfahrung. Alles brennt lichterloh. Erst in dieser rückhaltlosen Begegnung kann sich das Geschenk zeigen, das die Basis-Emotionen in sich bergen. Denn das Brennen in der Erfahrung ist in Wahrheit ein Verbrennen unserer Glaubensmuster. Was wir den Flammen übergeben, sind die Mechanismen des Leidens. Was sich in Nichts auflöst, sind die einengenden Vorstellungen von uns als begrenzter Person. Und auf einmal offenbaren sich die wilden Flammen als stilles, klares Leuchten unseres wahren Seins.

Vermeidung des Basis-Zorns: Betäubung, aggressives Ausleben, Selbsthass

Wir alle haben erlernte Strategien, mit Zorn umzugehen. Eine Methode besteht in der Abmilderung, Betäubung und Verleugnung. Wir hegen die Befürchtung, andere könnten uns ablehnen, wenn wir Zorn in uns zulassen und dies nach außen hin sichtbar würde. Vielleicht fürchten wir uns auch vor der enormen Energie des Zorns, die sich vernichtend, ja manchmal geradezu mörderisch anfühlt. Wir glauben, die Wut zu spüren, hieße, sie austoben zu müssen. Um das zu verhindern, verbergen wir die Wut – vor allem vor den anderen, manchmal aber sogar vor uns selbst. Am effektivsten klappt das, indem wir uns einlullen und in eine beruhigende Trance versetzen. Darin ist unser Geist meisterhaft. Seine Methode ist das Wiederholen von Gedanken: »Das ist ja gar nicht so schlimm.« »Die Wut wird sich schon wieder legen.« »Ich bin ein friedfertiger Mensch.«

Sind diese Strategien unbewusst, so scheint das Erleben von Zorn in uns ganz und gar zu fehlen. Das Vermeiden funktioniert dann so gut, dass wir keinen Zugang zur Wut mehr haben. Wir gehen jeglichen Konflikten aus dem Weg. Oder wir leben die Wut nur noch über passiven Widerstand aus. Vielleicht bedarf es der Betäubung durch Schlaf, Alkohol oder andere Drogen. Oder wir lenken uns durch übermäßiges Essen und Fernsehen ab.

Häufig führt das Verdrängen dazu, dass wir die wichtigen Dinge des Lebens aus den Augen verlieren. Denn die Essenz des Zorns besteht aus Kraft und Energie. Unterdrücken wir den Zorn, schneiden wir uns auch von dieser Kraft ab. Das zeigt sich zum Beispiel in unserem Verhalten. Wir schieben Entscheidungen und Handlungen auf. Wir flüchten uns in Nebensächlichkeiten, werden schläfrig, wenn es ums Wesentliche geht oder vergessen einfach das Wichtigste. Ohne die Energie des Zornes fehlen uns Mut und Klarheit, zum Beispiel, um einen Standpunkt zu beziehen, uns auf Auseinandersetzungen einzulassen oder entschieden Nein zu sagen.

Eine konträre Vermeidungsstrategie ist das rücksichtslose Ausleben. »Der bringt mich auf die Palme! Selbst schuld, wenn ich jetzt etwas ausfallend werden muss. Dann ist wenigstens wieder Ruhe im Karton.« Wir glauben uns im Recht und weisen jemanden heftig zurecht. Wir machen ihm unmissverständlich klar, dass er falsch liegt. Wir werden laut, schreien ihn an, im Extremfall rutscht uns die Hand aus.

Das Ausagieren mag zu einer Entladung der emotionalen Energie führen und dadurch ein wenig Entspannung schaffen. Doch die Konsequenzen sind leidvoll. Sie erzeugen Verletzung beim Gegenüber, Schuldgefühle und Furcht vor Rache bei uns. Bereits im Moment des Auslebens schaffen wir uns Leiden, denn unsere Rechthaberei verstärkt das Gefühl der Trennung zwischen uns und anderen. Wir empfinden Kälte und Distanz, Feindseligkeit und Verachtung. Wir attackieren unser Gegenüber, reden uns vielleicht ein, doch nur für den Frieden zu kämpfen. In Wahrheit sorgen wir lediglich für die Verlängerung des Krieges. Die dritte Vermeidungsstrategie ist das zurückgehaltene Ausagieren. Dabei richtet sich die Wut gegen unsere eigene Person. Der amerikanische spirituelle Leh-

rer Eli Jaxon-Bear* beschreibt das als »Fahrt mit Vollgas und ange-
zogener Handbremse«. Der Zorn tobt sich aus, doch eben nicht nach
außen, sondern im Inneren unseres Körpers. Die Wut richtet sich
auf unsere vermeintliche Unvollkommenheit. »Ich hasse mich dafür, dass ich immer dieselben Fehler mache«, »Ich sollte jetzt nicht
wütend sein«, »Ich verabscheue mich selbst.« Meist sind solche Gedanken mit körperlicher Anspannung verbunden. Wir beißen die
Zähne zusammen, raufen uns die Haare, schlagen uns selbst vor
den Kopf. Wir speichern die Energie des Zorns in einer sich verhär-
tenden Muskelanspannung. Das psychische Leiden des autoaggres-
siven Musters äußert sich in extremem Perfektionismus und Selbsthass.

Bei der Betrachtung all dieser Vermeidungsstrategien geht es nicht
darum, Verhaltens- oder Gedankenmuster zu verurteilen. Wir wollen nur die automatischen Gewohnheiten des Geistes aufdecken, die
das Leid aufrechterhalten. Das Wissen darum kann uns die Augen
für die Vergeblichkeit aller Kontrollbemühungen öffnen und in
uns die Bereitschaft wecken, den Basis-Emotionen unmittelbar zu
begegnen.

Die unmittelbare Explosion der Identifikationsgrenzen

Das tiefere Potenzial der Befreiung liegt darin, dem Zorn in voller
Offenheit zu begegnen. Das bedeutet, die gestaute Energie, die ex-
plosive Spannung, den enormen inneren Druck in ihrer ganzen Intensität zu spüren. Es heißt auch, sich der inneren Fantasien bewusst
zu sein, die mit mörderischem, vernichtendem Hass einhergehen.
Und die Impulse wahrzunehmen, mit denen der Geist in die Vermeidung oder Beschwichtigung abdriften will. Sind wir uns ihrer
bewusst, brauchen wir diesen Impulsen nicht zu folgen, sondern
können uns auf das unmittelbare Erleben einlassen. Es ist ein stilles

Erfahren der reinen Zorn-Energie, die durch unseren Körper rauscht. Den Sturm der Wut zuzulassen, ohne zu reagieren, befreit uns augenblicklich aus der Falle der Konditionierung.

Die reine Energie des Zornes ist eine enorme Explosion. Was gesprengt wird, sind die Begrenzungen der Identifikation. Sind wir bereit, diese Energie zuzulassen, dehnt sie sich immer weiter aus, über unseren ganzen Körper und schließlich über die Körpergrenzen hinaus. Die Vorstellung, wir wären ein begrenzter Organismus, wird durch diesen Sturm hinweggefegt. Plötzlich zeigt sich die essenzielle Qualität, auf die der Zorn hinweist: die machtvolle Kraft der gegenwärtigen Stille – ohne persönliche Identifizierung. Weder Zorn auf andere noch Selbsthass vermag diesen Sturm zu überleben. Jegliche Vorstellung von uns selbst als Person und einem getrennten Du gehst in Schall und Rauch auf. Der innere Druck verflüchtigt sich, die aufgestaute Energie fließt. Das Bedürfnis, den anderen zu bekehren, verschwindet in der Erkenntnis der Vollkommenheit allen Seins. Das Gefühl der Gefangenschaft in den Grenzen eines Körpers macht einer anderen Dimension Platz. Wir erleben uns als die kraftvolle Weite des absoluten Gewahrseins, als die donnernde Macht der Stille, die alle Vorstellungen von Grenzen und Trennung auf einen Schlag auslöscht.

Vermeidung der Basis-Bedürftigkeit: Leistung, Helfen, Besonderheit

Sind wir vor allem mit unseren Gefühlen identifiziert, tritt die Basis-Emotion von Bedürftigkeit und Minderwertigkeit in den Vordergrund. Während der Ozean des Gewahrseins ohne jegliche Bedürfnisse in sich selbst ruht, geht diese natürliche Fülle im Prozess der Identifikation verloren. Sie wird verdeckt durch das Gefühl der Kleinheit der Welle und des Getrennt-Seins sowohl vom Ozean als auch von den anderen Wellen. Liebe und Erfüllung werden dann nicht mehr als uns selbstverständlich innewohnendes Sein wahrgenommen, sondern als Mangelware, die anderswo gesucht werden muss. Wir sind der Überzeugung, sie müsste von außen kommen, von anderen Menschen; wie ein Handels- oder Tauschobjekt, das wir durch Gegenleistung erwerben, besser noch, geschenkt bekommen könnten. An der Wurzel dieses Mangelgefühls finden wir die abgrundtiefe Verzweiflung darüber, niemals genügen zu können und daher nicht liebenswert zu sein.

Dieser Gedanke ist nicht einmal falsch. Das persönliche Ich ist nur ein winziger Bruchteil des Seins und kann für sich genommen nie die Fülle erleben. Was auch immer wir anstellen, als einzelne Welle werden wir nie die unermessliche Größe und allumfassende Liebe des Ozeans spüren können. All unser Streben und all unsere Bemühungen, Fülle in der Welle selbst zu erleben und damit Erfüllung zu finden, sind zum Scheitern verurteilt. Wir versuchen es wieder und wieder – und schaffen es nicht. Dieses Scheitern führt uns in die Verzweiflung.

Doch zugleich vermeiden wir es, dieser Verzweiflung ins Angesicht zu sehen. Wir unternehmen alles Mögliche, um anderen zu gefallen oder sie zu beeindrucken. Wir buhlen um Zuwendung und Anerkennung. Wir fühlen uns armselig und betteln um Liebe.

Wie machen wir das? Zum Beispiel, indem wir versuchen, durch Erfolg und Leistung herauszuragen: »Wenn ich genug leiste, werde ich geachtet.« »Wenn ich eine gute Figur mache, mögen mich die anderen.« »Wäre ich berühmt, würde man mich verehren.« Auch hier gilt: Je unbewusster die Vorstellungen, desto größer ihr Einfluss. Wir richten unser Leben auf diese Ziele aus. Erfolg, Leistung und Status werden zu den Götzen, die wir anbeten. Wir orientieren uns an den Normen der Gesellschaft und übernehmen ihre Wertmaßstäbe. Ehrgeizig laufen wir diesen Zielen hinterher. Versagen,

Mangel und Unvermögen erscheinen uns wie Fremdwörter – wir sind doch so erfolgreich und leistungsstark. Die Angst davor, das effiziente Lügengebäude könnte einstürzen, wird unter den Teppich gekehrt. Das immer noch ungestillte emotionale Loch unserer Seele wird ins Unbewusste verbannt. Es rumort im Untergrund. In manch stillem Moment macht es sich bemerkbar. Doch da bereits das nächste vielversprechende Projekt auf uns wartet, schieben wir es beiseite. So entgeht uns, dass die Freude über den Erfolg flüchtig ist und wieder vom Abgrund der Bedürftigkeit verschlungen wird. Die Konzepte der Erfolgssuche machen uns zum Sklaven von Leistungsstreben und gesellschaftlichen Idealvorstellungen.

Eine weitere Taktik, um Liebe von außen zu erhalten, ist der Versuch, anderen zu helfen. Damit lenken wir uns vom eigenen inneren Mangel ab. Das hat wenig mit selbstloser Zuwendung zu tun, vielmehr wird unser Handeln von heimlichen Motiven angetrieben: »Wenn ich meinen Partner nur genügend unterstütze, wird er mich lieben.« »Wenn ich eine gute Mutter bin, werden meine Kinder dankbar sein.« »Ich werde als Heiler gefeiert, wenn ich meinen Patienten helfen kann.« Wir nennen diese Hilfe gern auch »Liebe«. Doch hier geht es um einen Tauschhandel, um ein Geschäft, in das investiert wird, damit es Gewinn abwirft.

Verstehen wir Liebe so verzerrt, tragen wir eine – als Bescheidenheit getarnte – stolzgeschwellte Brust vor uns her. Heimlich bewundern wir unsere eigenen Taten und pochen innerlich auf das Recht, für diese Dienste belohnt und geliebt zu werden. Naturgemäß ist dieses Geschäft mit der Zuwendung unzuverlässig. Wir bilden uns ein, selbstlos zu geben, doch tatsächlich sind wir von unserem Gegenüber abhängig. So können wir leicht über den Tisch gezogen werden. Zahlt er den geforderten Preis nicht, gehen wir leer aus, und unsere so genannte Liebe verwandelt sich in Enttäuschung. »Ich habe ihm so viel gegeben, und er lässt mich einfach im Stich!« Und selbst, wenn wir gut entlohnt werden, nagt im Inneren der Zweifel an der Echtheit der uns entgegengebrachten Zuwendung. Irgendwo wissen wir, dass wir uns auf ein zweifelhaftes Geschäft eingelassen haben. Unser Geist ist so kreativ, dass ihm in Sachen Zuwendung und Anerkennung noch andere Schachzüge einfallen. Zum Beispiel, indem wir uns bemühen, etwas Besonderes zu sein. Wenn wir es schaffen, uns von der Masse abzuheben, indem wir uns eine Aura von Einmaligkeit zulegen, erweckt dies Aufmerksamkeit. Wir ziehen die Blicke auf uns und damit auch – so hoffen wir inständig – die Wertschätzung anderer.

Dabei gibt es zwei grundlegende Gedankenmuster. Zum einen das der positiven Selbstüberhöhung: »Ich bin außergewöhnlich kreativ, dafür gebührt mir Bewunderung.« »Ich hebe mich von der Menge ab.« »Ich habe einen exklusiven und eigenwilligen Geschmack.« Wir versuchen dann alles, um nicht nur eine graue Ente unter Hunderten zu sein, sondern der herausragende, weiße Schwan, der die Blicke aller auf sich zieht. Zum anderen nutzen wird das Muster der Leidensüberhöhung: »Niemand musste so viel durchmachen wie ich.« »Ich bin zu sensibel und empfindsam für diese Welt.« »Ich habe es eindeutig schwerer als andere.« Hier werden Schmerz und Verzweiflung dramatisiert, um Aufmerksamkeit und Zuwendung zu bekommen – notfalls über theatralisch zur Schau gestelltes Leiden. Auch wenn diese Strategie der Basisverzweiflung näher zu sein scheint, so handelt es sich doch keineswegs um ein echtes Zulassen der reinen Verzweiflung. Wir hoffen heimlich immer noch auf den Märchenprinzen, der uns aus dem tiefen Tal des sehnsuchtsvollen Schmerzes befreit. Wir glauben immer noch an die Wirklichkeit unseres Leidens.

Selbst wenn diese Taktik des Besonders-Seins bisweilen ihre Wirkung tut und uns emotionale Zuwendung erschleicht, so bleibt doch die unbehagliche Vermutung, in Wahrheit weder liebenswert noch besonders zu sein. Der stolze Schwan fürchtet immer noch, als graues Entlein entlarvt zu werden. An der Wurzel jedes Egos liegt die Verzweiflung darüber, einsam und verlassen, getrennt von wirklicher Liebe zu sein.

Das unmittelbare Brennen in überströmender Fülle

Wenn wir erkennen, dass unsere Versuche, der Verzweiflung zu entgehen, anstrengend und wirkungslos sind, können wir das Weglaufen beenden. Wir hören auf, uns über Erfolg, Helfen oder Besonderheit zu definieren. Wir können den Schmerz der Unzulänglichkeit, es nicht aus eigener Kraft zu schaffen, in voller Gänze spüren. Wir entdecken die Bereitschaft zu versagen, uns einsam und ungeliebt zu erleben. Das fühlt sich wie ein scharfes Brennen an, wie ein Feuer, das den ganzen emotionalen Körper ansteckt. Wir stehen in den Flammen der Verzweiflung, ohne Hoffnung auf Rettung. Die Hitze des schneidenden Schmerzes lässt unser Herz brechen – und wir lassen es zu.

Doch tatsächlich zerreißen nur die Bande unseres kleinen, sich mit einer Person identifizierenden Herzens. Was verbrennt, sind all die Vorstellungen über Liebe als etwas Begrenztes, das nur andere uns geben können. Was zerbricht, sind die Schalen dieses begrenzten Herzens, und was aufbricht, ist das Herz des Seins: die bedingungslose Liebe, die nichts ist, was wir haben könnten, sondern die das ist, was wir sind.

Und dann wird das Brennen, das vorher so bedrohlich schien, zum süßen Brennen der Glückseligkeit. Erfüllung muss nicht durch Zuwendung von außen kommen. Wir entdecken sie als natürliche, innere Quelle, die aus sich selbst heraus fließt – nicht bedürftig, sondern übersprudelnd, nicht nach Liebe dürstend, sondern in ihrer eigenen Dankbarkeit badend. Wir sind nicht mehr Bettler, die hungrig um Befriedigung bitten, sondern ruhen im satten Reichtum überfließender Seligkeit.

Vermeidung der Basis-Angst: Gespielte Heiterkeit, vorgetäuschte Stärke, Rückzug ins Wissen

Jeder Körper ist permanenter Bedrohung ausgesetzt. Niemand von uns weiß, ob er morgen noch leben wird. Vielleicht geraten wir unter die Räder eines Autos. Auf der Urlaubsreise stürzt unser Flugzeug ab. Oder in unserer Brust wächst bereits ein Tumor, von dem wir noch gar nichts wissen. Solange wir glauben, wir wären unser Körper, solange wir uns mit ihm identifizieren, ist der Tod allgegenwärtig. Doch wir wollen dieser Angst machenden Tatsache nicht ins Auge schauen.

Was bedeutet der Tod für uns? Vielleicht kommen uns Gedanken wie: »Wenn ich sterbe, verliere ich alles, was mir lieb ist. Ich falle in eine dunkle Leere, in ein schreckliches Vakuum. Alles löst sich auf.« Solche Vorstellungen zeigen, dass die Angst vor dem Tod in Wahrheit eine Angst vor der Leere ist. Wir fürchten das Verschwinden der vertrauten Erfahrungen. Wir empfinden Grauen vor dem Nichts, jedenfalls vor dem Nichts, das sich unser Verstand ausmalt. Das Bild des Verstandes stellt es als bedrohlich und trostlos dar.

Todesangst ist die Angst vor diesem Nichts. Vor der völligen Abwesenheit jeglicher Erfahrungen. Und die beste Strategie, um diese Leere zu vermeiden, besteht darin, das Geplapper des Verstandes einzuschalten, das innere Radio, den ewigen Kommentator. Solange er redet, solange die inneren Monologe tönen, brauchen wir dem Grauen der Leere nicht zu begegnen. Unser Bewusstsein ist bis zum Rand gefüllt – mit den lärmenden Gedanken, die sich schon Millionen Mal wiederholt haben.

Eine Variante dieser Ablenkung ist gespielte Heiterkeit. Die dunklen und erschreckenden Aspekte der Basisangst werden verdrängt, indem wir alles im Leben möglichst locker und heiter sehen. »Es läuft doch alles bestens. Auf mich warten noch jede Menge Abenteuer. Außerdem mache ich in ein paar Tagen Urlaub.« Wir übertünchen die Furcht und flüchten uns in eine Welt voller vergnüglicher Fantasien. Auch wenn die Todesangst auf diese Weise ausgeblendet wird, im Hintergrund schwingt sie immer mit. Es bleibt eine innere Nervosität, eine übertünchte Unruhe. Die Gelassenheit ist nur aufgesetzt. Mit dieser Taktik vermeiden wir emotionale Tiefe und verpassen die Gelegenheit, uns auf die Leere der Todesangst einzulassen – heute Abend gibt's ja noch diese schicke Party.

Den Starken zu spielen stellt eine weitere Spielart der Vermeidung dar. Ließen wir existenzielle Angst zu, wäre dies das Eingeständnis einer grundlegenden Schwäche. Wir würden verletzlich dastehen, dem Sturm der Vergänglichkeit schutzlos ausgesetzt - und das wollen wir nicht. Unser Geist wird aktiv und legt über diese Nacktheit eine Schicht vermeintlicher Stärke und Angstfreiheit. »Ich weiß mich zu verteidigen«, »Mit meiner coolen Ausstrahlung werden die anderen gar nicht auf die Idee kommen mich anzugreifen«, »Wenn ich bissig genug auftrete, fühle ich mich sicher.«

Die Stärke und Unangreifbarkeit, die wir dann ausstrahlen, ist künstlich. Sie steigert unser Gefühl der Isolation und führt zu einer inneren Verhärtung. Seelische Wärme und Offenheit werden gleich mit abgetötet. Der Panzer verspricht Schutz, bildet in Wahrheit jedoch eine Gefängnismauer, die wir um uns selbst auftürmen. Vielleicht sind wir überzeugt, dass wir keine Angst vor Tod, Leere und Nichts haben. Wir haben uns so tief von Gefühlen abgeschnitten, dass sie nicht mehr zu existieren scheinen. Der Preis für diese kalte Freiheit ist hoch. Der Zugang zum inneren Frieden, der Verbundenheit und Liebe wird uns durch die Mauer unseres Gefängnisses verstellt. Wir haben uns lediglich selbst verbarrikadiert.

Eine dritte Möglichkeit, sich vor der Leere der Todesangst zu schützen, zeigt sich durch den Rückzug ins Wissen. Hier kommt der Verstand zu seiner vollen Blüte. Wissen und Kenntnisse sind seine Sphäre. Hier kann er sich in endlosen Abhandlungen austoben und der erschreckenden Erfahrung des Nicht-Wissens aus dem Weg gehen. Durch Nachdenken versucht unser Geist, Kontrolle über die Angst zu bekommen. Macht sie sich bemerkbar, wird sie sogleich zum Objekt des Rationalisierens: »Was hat die Angst zu bedeuten? Woher kommt sie? Das sind physiologische Reaktionen. Oder hat es mit meinem Kindheitstrauma zu tun? Was würde der Buddhismus zum Phänomen der Angst sagen? Letzten Endes ist sie eine Illusion.«

Uns an Wissen festzuhalten und uns über Glaubenssysteme abzusichern ist vorübergehend eine wirksame Strategie, der Angst zu entkommen. Solange wir kopflastig nachdenken, brauchen wir nicht lebendig zu spüren. Eine buddhistische Lehrgeschichte schildert das sehr schön. Ein Mann wird im Wald von einem vergifteten Pfeil getroffen. Er sinkt zu Boden. Ein Wanderer kommt des Weges und erkennt rasch den Ernst der Situation: »Ich muss dir diesen Pfeil sofort herausziehen, sonst stirbst du!« Er setzt schon dazu an. Doch der Verletzte wehrt sich: »Nein, nein! Ich muss erst wissen, welches Gift der Pfeil getragen hat. Schlangengift oder Pflanzengift? Wie wirkt es wohl? Und war der Bogen aus Holz oder aus Metall? Ich frage mich, wer wohl der Schütze war! Ein Räuber? Oder ein Jäger, der sein Ziel verfehlte? Und welche Haarfarbe hatte dieser Mensch wohl?« Der Mann analysiert die Ursache seiner Lage weiter – unterdessen stirbt er.

Während unser Geist sich in Analyse und Rationalisieren verliert, fühlen wir uns alles andere als lebendig. Wir sind wie der Philosoph, der in seiner staubigen Bibliothek über seinen Schriften brütet. Er verbringt sein Leben in endlosen Gedankenketten, ohne jemals die Sonnenstrahlen zu Gesicht zu bekommen. Selbst wenn wir über das umfassendste Wissen und die ausgefeiltesten Gedankenkonstrukte verfügen, würde uns das bei der Konfrontation mit dem Tod nicht im Geringsten helfen. Der Tod wird uns all das nehmen. Er vernichtet all unsere Vorstellungen, entreißt uns unsere gesammelten Erkenntnisse und schleudert uns in den Raum des Nicht-Wissens, in das schwarze Loch absoluter Gedankenleere.

All diese Strategien sind ein Weglaufen vor dem Gespenst der Todesangst. Doch wie schnell wir auch rennen, es bleibt uns auf den Fersen. Wir spüren seinen Atem im Nacken. Zuerst müssen wir uns bewusst werden, dass wir weglaufen. Dann können wir sehen, wie wir weglaufen, um schließlich festzustellen, dass die Flucht aussichtslos ist. Erst dann kann das Außergewöhnliche geschehen: Wir sind bereit anzuhalten. Wir halten inne mit der gespielten Stärke, der falschen Heiterkeit und der Flucht in Theorien. Wir bleiben stehen und drehen uns um. Wir blicken dem Gespenst des Todes direkt in die Augen.

Das Grauen des Todes erweist sich als ewige Lebendigkeit

In dem Moment, in dem wir bereit sind, die Angst direkt zu erleben, geben wir alles auf. Wir hören auf, uns zu beruhigen. Wir täuschen nicht mehr vor, stark und unverletzbar zu sein. Wir analysieren nicht mehr das »Warum« oder »Wie«, um uns gegen das Ausgelöschtwerden abzusichern. Wir öffnen uns der Erfahrung, dass nichts – absolut nichts – von dem, was für uns von Bedeutung ist, übrig bleiben wird.

Das Beben der Angst, die wir vorher verbannen wollten, wird jetzt freigesetzt. Es schwillt an, galoppiert durch unseren Körper und

lässt alles erzittern. Wir lassen die Energie des Grauens sich unge-
hindert ausbreiten. Sie durchdringt alle Zellen und dehnt sich aus,
bis sie den ganzen Raum des Bewusstseins erzittern lässt. In der Bereitschaft, diese alles verschlingende Welle ohne jegliche Gegenwehr
geschehen zu lassen, offenbart sich eine ungeheure Überraschung:
Das Monster des Todes, von dem wir fürchteten, dass es uns das
Leben nehmen wird, stellt sich nun als die absolute Lebendigkeit
selbst heraus.

Ein Pulsieren von Frische, eine Flamme von Energie, ein Quell von
Kraft. Ein Fluss von Leben, der sich im Raum ausbreitet, als wären
unsere Körpergrenzen in die Luft gezeichnete Rauchwolken, die
sich gerade aufgelöst haben. Was sich zeigt, ist uneingeschränkte
Lebendigkeit, die nicht mehr an das Bestehen von Formen und Erfahrungen gebunden ist. Es ist der Urgrund des Lebens, der völlig
unangetastet von Kommen und Gehen in ewiger Beständigkeit ruht.
Jedes »Du«, das bedrohlich sein könnte, ist wie weggefegt. Und das
»Ich«, das so viel Angst hatte, ausgelöscht zu werden, wird als Spuk
erkannt, der nie wirklich existiert hat.

Die Angst vor dem Tod wandelt sich in ein schallendes Gelächter
über das Missverständnis der Identifikation mit etwas Sterblichem.
Auf einmal braucht nichts mehr gewusst, nichts mehr erkannt,
nichts mehr verstanden oder mental kontrolliert zu werden. Jetzt
sind wir selbst als absolutes Wissen anwesend.

Die Vermeidung des Unangenehmen – das Übersehen des tieferen Geschenkes

Die Beschreibungen in den letzten Abschnitten zeigen nur einen
Bruchteil der Strategien unseres Geistes, den Basis-Emotionen aus
dem Weg zu gehen und die Identifikation mit dem persönlichen Ich

aufrechtzuerhalten. Der Verstand ist ungeheuer einfallsreich in seinen Versuchen, sich selbst als Meister des Lebens zu inszenieren und sein eigenes Absinken in die Stille zu verhindern. Denn das wäre das Ende seiner Existenz – oder zumindest seiner Herrschaft. Er wäre nicht mehr der Despot, der glaubt, uns vorschreiben zu können, wie die Wirklichkeit aussehen sollte. Dann wäre er ein Diener der Tiefe und nur aktiv, wenn er gebraucht würde.

Die nächste Anleitung dient der Entdeckung des Potenzials unmittelbaren Erlebens. Bei ihr nutzen wir eine fantastische Fähigkeit unseres Geistes: die innere Rückschau. Damit sind wir in der Lage, uns in vergangene Ereignisse zurückzuversetzen und unser Erleben noch einmal zu betrachten. Es kann nützlich sein, uns solch einen Erinnerungsfilm in Zeitlupe anzuschauen. In der Verlangsamung bietet sich uns die Möglichkeit, die Reaktionen unseres Denkens sorgfältig zu beobachten und uns selbst zum direkten Erleben einzuladen.

Anregung ────────────────────────────

Stille des Seins

Nehmen Sie sich Zeit, sich zu entspannen. Lassen Sie alle Anstrengung zur Ruhe kommen.

Erinnern Sie sich an eine unangenehme Situation aus der Vergangenheit, die starke Emotionen wie Angst, Wut, Verzweiflung oder Schmerz in Ihnen hervorgerufen hat.

Vergegenwärtigen Sie sich die Situation, lassen Sie sie noch einmal ganz lebendig werden. Sie können wie in Zeitlupe den auslösenden Beginn und das weitere Erleben nachvollziehen. Lassen Sie den Film langsam ablaufen.

Was geschah? Wie haben sich andere Personen, wie haben Sie sich in dieser Situation verhalten? Wie haben Sie die starken Gefühle in sich wahrgenommen? Welche Empfindungen im Körper haben Sie gespürt? Wo im Körper und wie zeigten sich die Gefühle? Lassen Sie sich Zeit für dieses Nachspüren. Untersuchen Sie dann weiter:

Wie hat der Verstand diese Gefühle bezeichnet? Wie hat Ihr Denken die Situation bewertet und eingestuft? Tauchten Impulse auf, die Gefühle zu verleugnen, zu verdrängen oder abzumildern? Wie sahen diese Gedanken aus?

Beobachten Sie die Reaktionen Ihres Geistes, ohne sie zu verurteilen. Gab es Reaktionen, die das Auslösen der unangenehmen Gefühle anderer Menschen oder der äußeren Situation zuschrieben? Folgten daraus Vorwürfe oder Schuldzuweisungen an andere? Wenn ja, wie wurden die Gedanken formuliert? Oder machten Sie sich selbst Vorwürfe? Wenn ja, welche, und welche körperlichen Reaktionen gingen damit einher?

Haben Sie die Gefühle analysiert oder nach Ursachen geforscht? Haben Sie Überlegungen darüber angestellt, wie Sie die Situation zukünftig besser kontrollieren oder ganz vermeiden könnten?

Beobachten Sie die Reaktionen des denkenden Verstandes aus einer Position der entspannten, neutralen Gelassenheit, ohne zu bewerten. War die bisherige Übung auf die Reaktionen Ihres Denkens gerichtet, so lädt Sie der nächste Abschnitt ein, dem Erleben ganz direkt und lebendig zu begegnen.

Werden Sie sich noch einmal der unmittelbaren Empfindung dieser Emotionen im Körper gewahr und der Gedanken, die der Verstand produziert: »Da kam Angst hoch.« »Da fühlte ich eine Wut im Bauch.«

Gehen Sie nun mit Ihrer inneren Aufmerksamkeit in die Körperbereiche, in denen sich das Gefühl am intensivsten widerspiegelt. Was spüren Sie? Können Sie die Empfindungen beschreiben? Vielleicht finden sich auch Bezeichnungen wie: »Es fühlt sich eng an.« Oder: »Da ist Spannung.« Schauen Sie einfach, wie sich diese unmittelbaren Empfindungen im Körper anfühlen.

Lassen Sie dann das Empfinden noch unmittelbarer werden. Jetzt brauchen Sie den Empfindungen nicht einmal mehr Namen zu geben. Der denkende Verstand kann sich ganz von jeglicher Aktivität der Benennung oder Beschreibung entspannen. Lassen Sie Ihre Aufmerksamkeit direkt im Empfinden der Emotion und des Körpers ruhen, ohne etwas verändern zu wollen, ohne analysieren oder verdrängen zu müssen.

Seien Sie einfach offen für die Empfindungen, auch wenn sie sich zunächst unangenehm anfühlen. Wenn es brennt, lassen Sie es brennen. Wenn Energie da ist, lassen Sie die Energie da sein. Wenn es bebt, lassen Sie es beben. Wenn Sie Schwere fühlen, lassen Sie die Schwere zu. Einfach so, wie es sich gerade zeigt. Verändern sich die Empfindungen mit der Zeit? Vielleicht werden sie schwächer, oder sie lösen sich auf – dann lassen Sie es geschehen, und nehmen Sie wahr, was sich zeigt. Vielleicht intensivieren sich die Wahrnehmungen, oder sie dehnen sich aus. Und auch dem können Sie freien Lauf lassen.

Es mag sein, dass sich Gefühle wandeln und eine tiefere Schicht eines anderen Gefühls offenbar wird. Wenn das geschieht, bleiben Sie in der unmittelbaren Erfahrung, im direkten Spüren, und seien Sie offen für das, was sich Neues und anderes zeigt. Vielleicht nehmen Sie die tieferen Qualitäten von Klarheit und Offenheit wahr, die sich im Erleben auftun. Können Sie den Frieden und die Sanftheit spüren, wenn Sie Ihren Gefühlen auf diese einfache, zulassende Art begegnen? Vielleicht zeigen sich nach und nach verschiedene Schichten von Emotionen. Im direkten Erleben dessen, was auftaucht, können Sie regungslos bleiben und den Frieden und die Gelassenheit wahrnehmen, die all dieses Erleben umgibt.

Die Stille des Seins ist immer anwesend. In ihr geschieht alles, und im schlichten Zulassen der Gefühle wird sie immer deutlicher als unser natürliches Sein spürbar.

Eine solche Rückschau ist in gewisser Weise ein künstliches Wiederbeleben von Erfahrungen. Doch sie ist aus zwei Gründen nützlich. Zum einen kann sie beim Auflösen leidvoller Verhaftungen helfen, die ihren Ursprung in der Vergangenheit hatten. Haben wir diese Emotionen nicht unmittelbar erlebt, kann es sein, dass ihre Energie als belastende Spannung in unserer Psyche gespeichert wird; ihnen dann in einer Haltung von vollkommener Offenheit zu begegnen, vermag sie zu befreien.

Zum anderen soll die Anleitung neugierig machen: Wie ist es das nächste Mal, wenn wir heftige, unangenehme Gefühle erleben? Wollen wir wieder unsere altbekannten Reaktionen zelebrieren und automatisch den Gedanken folgen, die wir bereits unzählige Male durchgekaut haben? Oder wollen wir klar sehen, was der Verstand uns an mentaler Kost tatsächlich zu schlucken gibt? Ist es wohlschmeckende Medizin, wie er suggeriert? Oder handelt es sich nicht vielmehr um ein Gift, das unser Inneres aufzehrt und von dem wir lieber die Finger lassen sollten?

Es ist spannend und befreiend, das Auftauchen von Schwierigkeiten als Geschenk des Himmels zu betrachten. Eine neue Chance, um die Täuschungsmanöver des Geist-Magiers besser zu durchschauen. Dann entdecken wir die wahre Magie, den wirklichen Zauber, der in der Begegnung mit dem Unangenehmen liegt.

Wir können uns immer mehr in den natürlichen Frieden unseres wahren Seins vertiefen. Diese Vertiefung geschieht nicht, weil wir uns als persönliches Ich anstrengen, etwas zu erreichen. Nein, sie

stellt ein immer klareres Erkennen und Genießen der Vollkommenheit dieses Momentes dar. Ein immer tieferes Absinken in die schon
anwesende Erfüllung der Gegenwärtigkeit, in der es kein »Ich« mehr
gibt.

Angst, Wut, Verzweiflung, Scham, Einsamkeit, Langeweile, Schmerz,
Trauer, Unsicherheit und alle anderen so genannten negativen Gefühle sind dann keine Schreckgespenster mehr, die wir verbannen
wollen und vor denen wir doch immer auf der Flucht sind. Sondern
wir entdecken das Geschenk, das sie, wenn auch seltsam verpackt,
mit sich bringen. Wir sehen glasklar, dass wir vor Angst keine Angst
zu haben brauchen, auf Wut nicht wütend sein müssen, uns nicht
verzweifelt gegen Verzweiflung wehren oder uns für Scham schämen müssten.

Auch die schrecklichsten Gefühle sind nur Wellen, emotionale
Bewegungen. Manchmal sanftes Schaukeln, dann wieder heftige
Brecher. Doch sie alle kommen und gehen. Was wir wirklich sind,
ist der Raum des stillen Gewahrseins, der durch ihre Flut nicht er-
tränkt, durch ihr Feuer nicht verbrannt und durch ihren Sturm
nicht verwüstet wird. Das ist die Freiheit, die wir gesucht haben und
die wir jetzt immer umfassender wiederentdecken.

Die Vermeidung des Heilsamen – Zurückscheuen vor grenzenloser Freiheit

Gewöhnlich vermeiden wir das unmittelbare Erleben von unangenehmen Erfahrungen. Erstaunlicherweise tun wir genau das Gleiche auch mit angenehmen Wahrnehmungen. Das wird besonders
deutlich, wenn sich unser Erleben den Qualitäten unseres wahren
Seins annähert. Im Grunde entdecken wir in diesen Momenten genau jene Eigenschaften und Kräfte, nach denen wir unser Leben

lang, vielleicht schon viele Leben lang, gesucht haben: bedingungslose Liebe, ursachenlose Freude, vollkommenen inneren Frieden, einen klaren Geist, kraftvolle Gegenwärtigkeit, ruhige Gelassenheit.

Doch im Angesicht dieser Qualitäten scheint unser Geist oft kalte Füße zu bekommen. Statt sich vollständig in diese heilsamen Erfahrungen fallen zu lassen und in ihnen zu baden, macht er einen Rückzieher und kehrt zu seinem altbekannten inneren Geplapper zurück. Wovor fürchtet sich unser Geist? Die Antwort ist einfach. Auch in der direkten Begegnung mit dem Heilsamen würde er sterben. In wirklicher Liebe vergehen alle dualistischen Vorstellungen von einem Ich, Du und der Welt. In wahrhaftiger Klarheit ist jegliche erlernte Kenntnis und jedes erworbene Wissen bedeutungslos. In der Kraft der Gegenwärtigkeit werden alle Konstrukte von Vergangenheit und Zukunft zunichte.

Kurz: Alle festen Strukturen, auf die unser persönliches Ich sein scheinbar solides Heim gebaut hatte, werden als brüchig und wackelig entlarvt. Sein gesamter Gedankenpalast war auf Sand gebaut und stürzt in sich zusammen. Das macht Angst.

Diese Angst vor Vernichtung ist der Grund dafür, dass unser Geist spannungsreiche Ambivalenzen hervorbringt. Wir sehnen uns nach echter Liebe. Doch wenn sie auftaucht, laufen wir weg. Warum? Weil jede Begegnung mit Liebe das Durchscheinen der wahren Liebe des Seins aufzeigt. Diese Liebe ist unpersönlich, bedingungslos, unbegrenzt. Doch unser identifizierter Geist traut sich nicht, sich tiefer auf diese Liebe einzulassen. Sie mag sich am Anfang für unser Ego wärmend anfühlen. Aber unser Geist lebt von persönlichen Bezügen, bedingten Vorstellungen und mentalen Begrenzungen. Echte Liebe würde die hausgemachten Schranken und Grenzen hinwegschmelzen. Unser Geist könnte die Hitze der Begegnung nicht überleben.

Deutlich wird seine Furcht wieder in unseren Gedanken. Wenn wir zum Beispiel durch die Nähe zu einem anderen Menschen oder durch ein verzückendes Erlebnis in der Natur tiefe Glückseligkeit erfahren, hat unser Geist ein achtsames Auge darauf. Er überwacht den Grad unseres Wohlseins akribisch. Wird es allzu verzückend und überwältigend, weiß er rasch und rigoros einzuschreiten. Er hat seine eigene Art von rotem Stoppschild – Konzepte der Zurückhaltung: »Ich kann mich dieser Liebe nicht einfach so hingeben. Ich muss mich unter Kontrolle haben. Wer weiß, ob es morgen auch noch so harmonisch sein wird. Das ist einfach zu schön, um wahr zu sein. Mein Herz könnte vor Glück zerspringen, das halte ich nicht aus.« Folgen wir diesen Gedanken, ziehen wir uns selbst am eigenen Schopf aus dem Bad der Seligkeit.

Wir sehnen uns nach innerem Frieden. Aber wenn tatsächlich stille Momente in unserem Leben auftauchen, wird unser Geist kribbelig. Es erschreckt ihn, wenn er echter Gelassenheit gegenübersteht. Und zu Recht. Die Begegnung mit Stille ist die Bedrohung par excellence für sämtliche Machenschaften des Verstandes.

Stille ist wie ein schwarzes Loch im Weltall. Sie saugt alles um sich herum mit ungeheurer Macht ein und verschlingt es. Alle mühevoll konstruierten Denkgebäude und Vorstellungsburgen werden von ihr absorbiert und zermalmt. In solch einem stillen Moment wird unser Bewusstsein nach und nach von diesen umherschweifenden Vorstellungsplaneten gereinigt und immer leerer und leerer. Unser Verstand weiß nur zu gut, dass er sich dieser Kraft nicht zu entziehen vermag und restlos verschwindet, wenn er nichts unternimmt. So kämpft er um sein Überleben. Er wirft uns ein paar Angelhaken mit verlockenden Gedankenhäppchen zu: »Mein Geist wird so ruhig. Aber ich kann mich doch nicht so von dieser Stille absorbieren lassen. Ich muss doch noch überlegen, wie ich die nächste Miete bezahlen soll.« »Wenn ich mich der Abwesenheit von Gedanken hingebe, wie kann ich dann noch beurteilen, was wahr ist und was nicht? Woher weiß ich, was ich tun und was ich lassen soll?«

Wenn wir diesen Gedanken glauben, haben wir angebissen. Prompt beginnt der Verstand eifrig zu kurbeln, zieht uns aus der Absorption in Ruhe und Frieden an die hektisch bewegte Oberfläche und hat uns im Netz. Schon schwimmen wir in einem grauen Plastikeimer. Wir wundern uns, dass alles so eng und trist wirkt und dass wir uns schon wieder in den altbekannten, langweiligen Kreisen drehen.

Genauso kann es uns in der Begegnung mit der Gegenwärtigkeit des Seins gehen. Wir haben viel davon gehört und gelesen, haben es vielleicht auch selbst erfahren – das heilige »Hier und Jetzt«. Vergangenheit und Zukunft hören auf. Wir erleben nur noch den jetzigen Augenblick. Keine belastenden Erinnerungen mehr, keine anstrengenden Ziele oder Zukunftsfantasien. Wir genießen nur diesen einen Moment, in dem weder Probleme noch Mangel existieren. Hier scheint eine der essenziellen Qualitäten unseres Seins durch: zeitlose Gegenwärtigkeit.

Auch daran möchte unser Geist ein wenig nippen. Ein Schluck schmeckt gut, aber trunken von Zeitlosigkeit, das hört sich gefährlich an. Wirkliche Gegenwärtigkeit würde den Geist arbeitslos machen. Schließlich ist es sein Job, zwischen Vergangenheit und Zukunft hin und her zu jetten: »Gestern hat sie mir diese blöden Vorwürfe gemacht. Na ja, sie wird schon sehen, was sie davon hat, wenn sie morgen wieder ankommt und was von mir will.« »Der Urlaub letztes Jahr auf den Kanaren war wunderschön. Wenn ich das nächsten Herbst wieder mache, werde ich den Winter besser überstehen.« Der Lebensraum unseres Geistes sind die an Zeit gebundenen Geschichten: unsere Biografie, unsere gehüteten Erinnerungsschätze, unsere hoffnungsvollen Lebenspläne und Zukunftsvorstellungen. Darin wohnt, lebt und arbeitet der Verstand.

Lassen wir es zu, uns in das Flair der Gegenwart zu verlieben, wird das Terrain des zeitgebundenen Denkens restlos aufgelöst. Unser Geist ist vom Aussterben bedroht. Sein Todeskampf kann noch einmal eine Menge Energie freisetzen. Der Verstand möchte um jeden Preis überleben. Und dazu benötigt er die Zeit wieder: »Wenn ich keine Zukunftspläne mehr habe, wird mein Leben sinnlos.« »Wenn ich nicht mehr weiß, wo ich herkomme und wo ich hin will, wer bin ich dann noch?« »Ich muss doch noch Träume und Ziele haben. Nur in der Gegenwart zu leben – das kann doch nicht alles sein!«

So versucht der Verstand wieder einmal, sich günstige Umweltbedingungen zu schaffen und ein kleines, künstliches Reservat der Zeit einzurichten, in dem er weiter existieren kann. Anstatt in der lebendigen, zeitlosen Gegenwart des Seins zu versinken, leben wir wieder mit Stechuhr und Stundenplan unseres kontrollierenden Geistes.

Wir sehen, dass der identifizierte Verstand die Begegnung mit den heilsamen Aspekten des Seins nicht weniger scheut als die Konfrontation mit den negativen Emotionen. Beide Vermeidungsstrategien führen zur Verlängerung des Leidens. Mit der Bereitwilligkeit, allem direkt zu begegnen, dem Schmerzhaften wie dem Heilsamen, kommt das gewöhnliche Denken zur Ruhe und macht der reinen Weisheit des stillen Gewahrseins Platz. Wir lassen uns tiefer und tiefer in die zeitlose Gegenwart sinken und genießen das süße Ertrinken all unserer Vorstellungen über uns selbst und die Welt.

Zusammenfassung

In diesem Kapitel haben wir uns mit der befreienden Kraft von Hingabe beschäftigt. Hingabe ist der Verzicht darauf, den gewohnten Ideen davon wie »ich es haben will« oder »ich es weghaben will«

automatisch zu folgen und sich stattdessen voll und ganz auf das gegenwärtige Erleben einzulassen.

Das spielt besonders beim Erleben von Emotionen eine wichtige Rolle. Wir haben in diesem Kapitel nachvollzogen, wie es zur Entstehung der leidvollen »Basisemotionen« kommt. Das Leiden an Wut, Angst oder Verzweiflung – oder Variationen dieser Gefühle – ist das Ergebnis der Identifikation mit einem begrenzten, persönlichen Ich-Gefühl.

Identifizieren wir uns mit unserem Körper, entwickelt sich ein Zorn auf diese Einengung des Seins. Wir fühlen uns innerlich und äußerlich unter Druck. Wir zürnen dem Leben, dass es uns scheinbar mit äußeren Beschränkungen und Zwängen im Griff hat.

Richtet sich unsere Identifikation auf unseren Gefühlskörper, schneiden wir uns damit von der allumfassenden Liebe des Seins ab. Das erzeugt verzweifelte Bedürftigkeit. Wir fühlen uns ungenügend, minderwertig und wertlos. Als Ersatz suchen wir im Außen nach Liebe und Anerkennung. Dort ist sie nicht zu finden. Das enttäuscht uns und verstärkt unser Mangelgefühl.

Die Identifikation mit unserem Denken wiederum trennt uns von einem natürlichen Urvertrauen ins Leben. Dann glauben wir, durch gedankliche Kontrolle Sicherheit erschaffen und aufrecht erhalten zu müssen. Das erzeugt Unsicherheit und Angst. Getrieben von der Angst vor der Angst versuchen wir, alles durch noch mehr Vor-, Durch- und Nachdenken noch besser zu kontrollieren. Ein Teufelskreis steigert ängstliche Verstandesaktivität und zersetzendem Zweifel.

Die Bewusstheit für das Auftauchen dieser Basis-Emotionen ist von großem Nutzen. Wir können sie als hilfreiche Signalgeber betrachten. Sie machen uns – oft mit schmerzlichem Nachdruck – darauf aufmerksam, dass sich in uns gerade ein leidvoller Identifikationsprozess abspielt. Dann können wir ihn erkunden. Das erhöht die

Wahrscheinlichkeit, dass wir uns aus ihm befreien können.

Das unmittelbare Erleben von Gefühlen ist ein wirksamer Zugang zur Freiheit. Unmittelbares Erleben findet immer dann statt, wenn wir uns erlauben, das gegenwärtige Gefühl ganz da sein zu lassen; wenn wir es weder unterdrücken, noch es gewohnheitsmäßig ausagieren. Wir begegnen dem Gefühl aus einer Haltung innerer Reglosigkeit. Wir schenken ihm unsere ungeteilte Aufmerksamkeit. Eine stille, liebevolle Aufmerksamkeit. Eine Aufmerksamkeit, die alles zulässt - ohne zu verleugnen, ohne zu bekämpfen und ohne zu dramatisieren. Diese reine, hingebungsvolle Aufmerksamkeit will nichts anderes, als das, was gerade da ist und sie will nichts weghaben, was nicht von alleine geht.

Es ist zu erwarten, dass sich das reine Fühlen zunächst ungewohnt, manchmal sogar bedrohlich oder scheinbar unerträglich anfühlt. Im direkten Fühlen werden Zorn, Schrecken, Enttäuschung, Scham und anderer emotionaler Schmerz zunächst brennender erlebt.

Doch diese Herausforderung anzunehmen und zugleich gegenwärtig zu bleiben, lohnt sich! Denn der reine Schmerz eröffnet den Zugang zu einem natürlichen Transformationsprozess.

Die emotionale Energie dieser Gefühle kann sich auf verschiedene Weise lösen. Das mag sich manchmal wie ein Brennen, eine Erschütterung oder Explosion anfühlen. Oft entfaltet sich ein Spüren, das unseren ganzen Körper durchdringt und sogar über seine Grenzen hinaus geht.

Lassen wir das in Hingabe zu, werden die essentiellen Qualitäten unseres Seins wieder spürbar. Wut formt sich in Kraft und Entschlossenheit. Angst wandelt sich zu Lebendigkeit und überweltlichem Vertrauen. Traurige Verzweiflung enthüllt bedingungslose Liebe und Erfüllung. Beengte Gefühle lösen sich in der Weiträumigkeit friedvollen Bewusstseins auf. Doch es mag sich auch ganz anderes zeigen. Letzten Endes gibt es keine regelhaften Beschreibungen für diese erstaunlichen Transformationsprozesse. Jeder Mensch erlebt sie auf seine oder ihre ganz eigene Weise.

Und auch das haben wir in diesem Kapitel gelernt: Wir dürfen es genießen, auch angenehme Gefühle rückhaltlos zuzulassen. Unser Ich hat damit manchmal auch seine Schwierigkeiten. Es fürchtet, das gleißende Licht von Liebe und Freude nicht zu überleben. Damit hat es Recht. Doch wir können uns damit vertraut machen, uns immer mal wieder in reine Freude, Heiterkeit oder Frieden hinein sterben zu lassen. Dann wird sogar unser kleines Ich – wenn es denn wieder auftaucht - irgendwann lächelnd zustimmen: »Oh, schon wieder so ein riesige Welle von Glück. Da tauche ich gerne mit ein«.

Meine Lehrerin Gangaji bringt das in zwei Sätzen auf den Punkt: »Erlebst du ein unangenehmes Gefühl unmittelbar, dann löst es sich auf. Erlebst du ein angenehmes Gefühl unmittelbar, weitet es sich unendlich aus.«

Anregung ─────────────────────────────

Erfreuliches und Schmerzliches unmittelbar erleben

Nehmen Sie sich eine Viertelstunde Zeit. Das kann am Morgen, während einer Pause oder am Abend nach Ablauf Ihres normalen Tagesgeschehens sein. Sorgen Sie dafür, dass Sie möglichst nicht abgelenkt werden.

Spüren Sie nach, welche Stimmung Sie gerade erleben. Für den Fall, dass Sie gerade angenehme Gefühle erleben, erlauben Sie sich, diese ganz zu genießen. Gönnen Sie sich die gute Laune, die Freude, den Frieden, die Heiterkeit, die Erfüllung oder was auch immer sich gerade an Erfreulichem zeigt. Lassen Sie das schöne Gefühl ganz zu. Sie brauchen keinen Grund dafür. Es bedarf keiner Erklärung, keiner Geschichte, keiner Rechtfertigung. Sie dürfen grundlos glücklich und zufrieden sein. Lassen Sie dem Gefühl seinen lebendigen Fluss. Lassen sie es prickeln, kitzeln oder sprudeln. Lassen sie es innerlich lächeln oder lachen.

Falls sich das Gefühl nach außen sichtbar ausdrücken will, lassen Sie auch das zu. Vielleicht will es aber auch nur innerlich strömen oder überfließen, ohne dass es nach außen hin sichtbar wird. Das ist genauso gut. Wie wirkt es sich aus, wenn Sie das schöne Gefühl auf die Weise zulassen?

Sollte Ihre Stimmung eher durch unangenehme Gefühle getrübt sein, erlauben Sie es sich, sie neugierig zu erforschen: Welche Gefühlstönung wird spürbar? Ist es eher Traurigkeit, Wut oder Angst? Oder eine Abwandlung dieser Basis-Emotionen? Oder ein ganz anderes Gefühl? Es mag sein, dass Ihr Denken das Gefühl rasch mit Erklärungen verknüpfen will: »Mir ist ängstlich zumute, weil… «, »ich bin wütend darüber, dass… «, »ich bin traurig, denn… «. Es ist ganz normal, dass unser Denken über Ursache und Wirkung nachgrübeln will. Es denkt, wenn es nur die Ursache finden würde, würde sich das Gefühl auflösen. Doch in Wahrheit brauchen wir den Beweggrund für ein Gefühl nicht zu verstehen. Es ist egal, wer das Gefühl in uns ausgelöst hat; ob es berechtigt ist, so zu fühlen oder nicht. Viel wichtiger ist es, ob wir uns erlauben, Traurigkeit, Zorn oder Angst in diesem Augenblick offen zu spüren und zuzulassen – egal warum oder weswegen sich das Gefühl in uns regt.

Eine andere gewohnte Umgehensweise unseres Denkens – wortwörtliche ein Versuch des schnellen »Umgehens« – besteht darin, sofort etwas mit dem Gefühl machen zu müssen. »Ich will es weghaben«, »es sollte sich anders anfühlen«, »was kann ich tun, damit es sich ändert« Solche Reaktionen sind verständlich. Wir sind mit zahlreichen Belehrungen aufgezogen worden, unangenehme Gefühle wären schlecht

*und wir sollten sie gleich verändern, loswerden oder am besten aus-
rotten. Doch wenn wir das tun, verpassen wir die wertvolle Gelegenheit, in Ruhe zu untersuchen, ob das Schreckliche wirklich so schrecklich ist.*

*Beim unmittelbaren Erleben eines Gefühls geht es nicht darum, eine
aktive Veränderung herbeizuführen oder auf der Stelle ein negatives
Gefühl durch ein positives zu ersetzen. Manchmal mag das durchaus
möglich und angemessen sein. Doch in dieser Erforschung geht es darum zu entdecken, wie befreiend es ist, absolut gar nichts mit dem
Gefühl zu tun. Lassen Sie die Veränderungsgedanken ziehen. Erlauben Sie dem Gefühl, Ihren Körper zu durchströmen, wie es das sowieso schon tut – auch wenn es hier und da mal zwicken oder brennen mag. Lassen Sie dem Gefühl innerlich vollkommen freien lauf. Es
darf an einer Stelle im Körper verweilen oder umherwandern. Es darf
sich ausdehnen oder schrumpfen. Es darf sich intensivieren oder ab-
schwächen. Es darf sich in ein anderes Gefühl verwandeln. Es darf
sich auch auflösen, wenn es dies von alleine tut. Dazu brauchen Sie
sich nicht einmischen. Sie können sich davon entspannen, Veränderung ankurbeln oder gar erzwingen zu müssen. Sie dürfen sich zu-
rücklehnen und alles dem natürlichen Ablauf reinen Fühlens überlassen. Es wird seinen eigenen Weg finden. In seiner eigenen
Geschwindigkeit. Auf seine eigene Weise. Das reine Fühlen wird Sie
frei machen. Das einzige was es braucht ist Ihre Bereitwilligkeit, nichts
zu tun. Das nennt man Hingabe. Sie ist möglich. Sie ist einfach. Sie ist
natürlich.*

Das Ende der Projektionen

Eine der hartnäckigsten Vermeidungsstrategien unseres Geistes ist die Beschäftigung mit dem Außen. Unser Geist scheint oft ganz wild darauf zu sein, sich zu zerstreuen. Am leichtesten gelingt das mit Themen, die vom persönlichen Erleben weit entfernt sind. Er begeistert sich für Formel-Eins-Rennen und Affären in Königshäusern. Eines seiner bevorzugten Hobbys ist es umherzuschweifen, um die Welt zu verbessern. Kritisch kommentiert er die Leistung von Politikern und glaubt, Patentlösungen für die wichtigsten Krisen schon in der Tasche zu haben. Er meint, die Zusammenhänge im Weltgeschehen zu durchschauen und genau zu wissen, was zu tun wäre, um Kriege zu verhindern. Unser Geist hat auch die Neigung, sich in die Angelegenheiten anderer einzumischen, und er verfügt über das Talent, sich ausführlich mit nebensächlichen Dingen aufzuhalten. Die Balkonbepflanzung des Nachbarn gefällt uns nicht, erst recht nicht die Art, wie er sein Auto parkt. Er sieht auch sonderbar aus, so wie er sich anzieht. Am Haus gegenüber müsste mal was getan werden. Und das Wetter? Es regnet heute schon wieder. Immer zum Wochenende wird's schlecht. Hauptsache der Frühling kommt bald …

Unbewusst werden wir vom Strom solch belangloser Fantasien beherrscht und bemerken es nicht einmal. Wir vergessen darüber die wirklich bedeutenden Themen des Lebens. Wir verpassen das Wesentliche. Eli Jaxon-Bear nennt diesen Gedankenstrom seichter Zerstreuung »Schlachthofmusik«. So heißen die einlullenden Klänge für Kühe, damit sie nicht merken, dass sie gleich unters Messer kommen. Wir spielen dieselben alten Platten immer wieder in unserem Kopf ab und summen die alten Hits munter mit. Was ist das für Musik? Mit welchen Texten? Was wiederholt sich da unablässig?

Es sind die Interpretationen unseres Verstandes, denen wir zuhören. Sie erzeugen ständig mentale Beschreibungen und Deutungen der Welt: Kommentare, Einschätzungen, Bewertungen, Annahmen, Beurteilungen, Voraussagen und so weiter. Sie sind vom denkenden Geist gebaute Konstruktionen, um uns ein Bild von der Welt und von uns selbst zu machen. Doch dabei vergessen wir meist: Sie alle sind nur geistige Bilder und nicht die Wirklichkeit selbst; nur Ideen und Theorien über unser Erleben und nicht das Leben selbst.

Wie stark der interpretierende Geist unsere Wahrnehmung bestimmt, wird deutlich, wenn wir zwei extreme seelische Befindlichkeiten nebeneinander stellen. Wie war das, als wir frisch verliebt waren und spazieren gingen? Wir schwebten über der Erde. Unser Körper fühlte sich leicht und gelöst an. Das Grün im Park hatte fantastische Schattierungen. Die Lichtreflexe auf dem Teich funkelten wie Diamanten. Die Vögel sangen Lieder von bezaubernder Schönheit. In der Fußgängerzone strahlte uns nur Freundlichkeit entgegen. Jedes Lächeln erwiderten wir glücklich. Schaute uns jemand grimmig an, empfanden wir Mitgefühl und waren doppelt freundlich.

Und als wir genau den gleichen Spaziergang in einer bedrückenden Lebenskrise unternahmen? Dann fielen uns die Schritte vermutlich schwer. Das Grün im Park erschien als farbloses Grau. Der Teich war schmutzig, biologisch vermutlich ohnehin tot. Und falls wir überhaupt wahrnahmen, dass die Vögel sangen, klang ihr Gesang wie Hohn. Alles vegetierte öde vor sich hin. Die Fußgängerzone war trist. Die Leute frustriert. Wenn jemand lächelte, wirkte es künstlich oder verächtlich. Ob rosarot oder tristgrau – die Einfärbung der Interpretationsbrille unseres Geistes entscheidet, wie wir die Welt und uns selbst wahrnehmen.

Unser Geist ist wie ein Filmprojektor. Er beleuchtet ein inneres Bild und wirft es nach außen. Plötzlich wirkt die Leinwand nicht mehr weiß und still, sondern wir sehen Ereignisse und hören Töne. Alles hängt davon ab, welcher Streifen im Projektor läuft, und nicht, wie die Leinwand beschaffen ist. Wir starren fasziniert auf die Abfolge von Bildern, vergessen, dass wir nur »einen Film fahren« und halten die Bilder für real. Allerdings ist nicht nur die Wahrnehmung der Außenwelt eine Projektion, sondern auch unser eigenes Selbstbild. So als wäre im Film am unteren Rand des Bildes noch ein bleibender Schatten der Person eines Zuschauers eingeblendet.

Ramana Maharshi verwendete dieses Bild einer Filmvorführung zur Erläuterung des menschlichen Lebens. Der Schatten des Zuschauers steht für unser illusionäres, persönliches Ich. Er scheint noch das Beständigste im ganzen Film zu sein, und doch stellt er auch nur eine Projektion dar. Unser wahres Selbst ist die Leinwand. Im Film brennt es, sie bleibt unversehrt. Im Film regnet es, die Leinwand wird nicht nass. Im Film bebt die Erde, die Leinwand zittert nicht. Ist der Film zu Ende, verschwindet alles. Nur die Leinwand bleibt.

Solange wir von Projektionen in den Bann gezogen werden und sie für real halten, lenken sie uns davon ab, unser wahres Sein zu erleben. Dies wird schon spürbar, wenn wir uns im Strom banaler und nebensächlicher Kommentare und Bewertungen verlieren. Wir schneiden uns damit von der lebendigen Gegenwart ab und driften in die tote Welt grauer Theorie. Besonders deutlich aber wird das Leiden in den Projektionen, wenn sie mit den konditionierten Wunschvorstellungen verknüpft werden. Wir hängen dann an Glaubensmustern, die sich ständig mit dem Bewerten anderer Menschen beschäftigen und die uns weismachen, die Außenwelt sei verantwortlich für unsere Unzufriedenheit: »Wenn die Menschen mehr Verantwortung übernehmen würden, stünde es besser um die Welt.« »Wenn meine Mutter nicht so dominant gewesen wäre, hätte ich jetzt nicht solche Beziehungsprobleme.« »Ohne meine Ehe wäre ich frei.«

Ganz einschneidend wird uns die Kraft der Projektionen immer dann bewusst, wenn unsere Knöpfe gedrückt werden, wenn jemand uns ärgert, einschüchtert oder verletzt. Dann bricht unser Verstand in panische Betriebsamkeit aus: »Warum hat er das gemacht?« »Das hätte sie wirklich nicht tun sollen.« »Liebevolle Menschen würden so etwas nie sagen.«

Unsere Gedanken drehen sich in wilden Kreisen um Taten oder Unterlassungen anderer. Wir analysieren, spekulieren, machen Vorwürfe. Wir führen innere Dialoge von Angriff und Verteidigung, Anklage und Rechtfertigung. Wir sind in dem Glauben gefangen, der andere sei schuld an unserer Misere. Wenn diese Einstellung zu handfesten Auseinandersetzungen führt, verlaufen sie meist nicht sonderlich fruchtbar: »Immer wenn wir los müssen, verspätest du dich!« – »Wenn du nie den Müll raus bringst und alles an mir hängen bleibt!« – »Was anderes fällt dir wohl auch nicht mehr ein!« – »Wozu soll ich mir was anderes einfallen lassen, wenn du sowieso nie zuhörst?!«

Natürlich können wir unsere Verletzung, unsere Angst und unsere Wut auch verbergen. Dann bleiben innere Vorbehalte und heimlicher Groll. Wir schleppen eine offene Wunde und ein vages Misstrauen weiter mit uns herum. Im Geiste kauen wir weiter an den Vorwürfen und Rechtfertigungen, sehnen uns unerfüllt nach einer Entschuldigung vom anderen oder sinnen auf Rache. Das ist belastend – für uns selbst und den anderen. Außerdem steigern wir uns mit diesen Projektionen immer weiter in eine dualistische Wahrnehmungsweise hinein. Wir glauben fest an die undurchdringlichen Grenzen zwischen uns und anderen und spüren nicht das alles verbindende Sein, das sowohl wir selbst als auch der andere in Wahrheit sind. Solange wir nicht untersuchen, was es mit den Projektionen auf sich hat, bleiben wir im Leiden stecken.

Die einfache Ursache der Wirkung – ein unzureichendes Erklärungsmuster

Um unsere schmerzhafte Verstrickung in das Leid der Projektionen zu lösen, ist es hilfreich, einige Grundüberzeugungen unseres denkenden Geistes näher zu untersuchen. Dazu gehört ein weit verbreitetes Glaubensmuster, das in manchen Situationen schnell in unserem Bewusstsein auftaucht. Es lautet: »Die Handlungen des anderen sind die Ursache für mein Leiden.« Dieser Glaube sitzt tief, doch kann solch eine Erklärung jemals stimmen?

Ein Wanderer spaziert bei Lawinengefahr über einen schneebedeckten Hang. Tatsächlich bricht eine heftige Lawine los, begräbt Häuser unter sich und tötet Menschen. Was ist die Ursache für die Lawine? Wer hat Schuld an diesem Unglück? Unser Verstand hat vermutlich schnell eine Antwort parat: Der fahrlässige Wanderer.

Wie allerdings steht es um die Tatsache, dass eine Lawine einer riesigen Menge Schnees bedarf? Hat der Wanderer diesen Schnee vom Himmel fallen lassen? Hat er dafür gesorgt, dass es in dieser Berglandschaft zu wenig Vegetation gibt, um eine Lawine schon in ihren Anfängen aufzuhalten? Die Wetterlage muss eine bestimmte Konstellation gehabt haben, damit Schnee und Eis sich in einer Weise strukturieren, die eine Lawine erst ermöglichen. Hat der Wanderer dafür gesorgt?

Vor ihm sind schon ein paar andere die gleiche Strecke gelaufen, ohne dass etwas geschah. Vielleicht waren es ihre heftigen Schritte, die den Schnee lockerten, und unser Wanderer ging ganz bedächtig? Wir können ihn bestenfalls als Teilauslöser für das Geschehen ausmachen. Eine einfache Ursache für ein Geschehen gibt es nicht. Niemals.

Ein Papagei sitzt auf einem Palmenzweig, an dem eine Kokosnuss hängt. Er breitet die Flügel aus und fliegt fort. Im selben Augenblick fällt die Kokosnuss herunter. Was sagt unser Verstand zu diesem Bild? Wahrscheinlich: Die Kokosnuss fiel herunter, weil der Vogel den Zweig zum Schwingen gebracht hat. Doch vielleicht war die Kokosnuss einfach nur reif und fiel von alleine ab?

Wir erkennen leicht, wie unzureichend es ist, solchen simplen Erklärungen unseres Verstandes Glauben zu schenken. Nur eine Ursache für ein Geschehen – das ist zu einfältig. Doch wie oft nimmt unser Denken Zuflucht zu solchen Vereinfachungen?

»Ich bin heute so wütend, weil meine Frau mich kritisiert hat.«

»Ich fühle mich verletzt, weil mein Freund mich nicht beachtet.«

»Ich fürchte mich, weil ich es meinem Chef nie recht machen kann.«

Aufbauend auf solchen vereinfachenden Interpretationen, türmen wir Geschichte um Geschichte zu einem Berg von Schuldzuweisungen auf.

Natürlich ist unser Verstand auch zu tieferen Reflexionen fähig. Besonders die Fähigkeit des logischen Denkens und der Analyse in einem Ursache-Wirkungs-Modell sind seine Stärken. Dass wir die Interpretationen des Verstandes überhaupt als unzureichend erkennen, verdanken wir schließlich keinem anderen als ihm selbst und seiner Intelligenz.

Wir können bei uns selbst beobachten, wie das rationale Denken versucht, unangenehmer Emotionen durch Erklärungen Herr zu werden. Wenn der Verstand feststellt, dass einfache Ursachen unbefriedigend sind, geht er zu einer vielfältigeren Analyse über: »Warum ist er so ärgerlich geworden?« »Weshalb reagiere ich so heftig auf solche Bemerkungen?«

Unser Geist kann Tausende von Gründen erwägen. Es existieren unendlich viele Bezugsrahmen für seine Spekulationen. Liegt es daran, dass unser Kreislauf instabil oder unser Stoffwechsel durcheinander geraten ist? Liegt es an unserer Ernährung? Melden sich Auswirkungen unserer Erziehung oder unverarbeitete Traumata?

Bestimmen Einflüsse der Gesellschaft, dass wir ausgerechnet so reagieren? Sind die Planeten verantwortlich? Oder die karmischen Einflüsse aus vergangenen Leben?

Es ließen sich viele weitere Bezugsrahmen für Ursachen finden. Wir können endlos grübeln. Doch wo und wann endet diese Art der Analyse? Wenn wir eine oder mehrere Ursachen ausfindig gemacht haben, hört das Suchen ja keineswegs auf. Die gefundene Ursache muss die Wirkung einer anderen Ursache sein. Und auch Letztere steht nicht losgelöst für sich selbst, sondern folgt aus einer früheren Ursache.

Diese Art der Analyse führt in eine endlose Kette von bloßen Hypothesen. Selbst aus der klassisch-wissenschaftlichen Perspektive ist bekannt, dass die logischen Denkprinzipien ihre eigene Begrenzung in sich tragen.

Der Mathematiker Gödel entdeckte das »Unvollständigkeitstheorem«: Selbst die schlüssigsten logisch-mathematischen Systeme weisen in konsequenter Anwendung Bereiche auf, die sich ihrer eigenen Erkenntnis entziehen und unlösbare Widersprüche erzeugen.

Der menschliche Verstand ist schlicht zu beschränkt, um Ursachen umfassend und somit wirklich befriedigend erklären zu können. Gestehen wir uns das nicht ein, entwickelt sich die Ursachenforschung schnell zu dem Leid erzeugenden Konzept von Schuld.

Mehrfache Ursachen –
der Irrtum der Schuldgefühle

Schuldzuweisung, Schuldgedanken und Schuldgefühle entstehen aus der Kombination zweier Vorstellungsirrtümer. Die eine besteht darin, dass wir uns für ein abgetrenntes Einzelwesen halten, für ein Ich, das das Steuer seines Lebens selbst in der Hand hält. Der zweite

Irrtum besteht im Glauben, unser Verstand sei in der Lage, Ursache und Wirkung von Geschehnissen zu erklären.

So glauben wir an die Wahrheit von Schuld. Schuld ist immer auf etwas gerichtet. Wir können sie auf uns selbst projizieren: »Ich habe Mist gebaut.« »Es ist mein Fehler.« »Ich bin verantwortlich für seinen Schmerz.« Oder wir projizieren sie nach außen: »Du bist hier der Schuldige.« »Die anderen tragen die Verantwortung.«

Manchmal ist unser Verstand wie besessen von diesem inneren Strafgericht: »Warum ist das passiert? Wer hat Schuld? Wer trägt die Verantwortung?« Antrieb für diese Analysen ist die Hoffnung, dass mit der Aufklärung der Gründe unsere qualvollen Schuldgefühle verschwinden mögen. Doch die Gedankenketten führen uns keineswegs zur inneren Ruhe, wir drehen uns mit ihnen nur im Kreis. Wenn wir uns selbst als schuldig einstufen, ist das Leid offensichtlich. Wir suhlen uns in Selbsthass oder Selbstmitleid.

Da scheint es entlastender, die Schuld nach außen zu projizieren und andere anzuklagen. Aber führt das wirklich zu Frieden? Oder stärkt es lediglich die Trennung in Kläger und Angeklagten, Täter und Opfer? Fühlen wir uns in der Rolle des Anklägers wohl? Oder lähmen wir uns selbst, weil wir uns in der Rolle des Opfers festschreiben? Ob wir uns oder andere beschuldigen – beides ist Leiden. Beides stärkt das Gefühl schmerzhafter Isolation.

Unser Verstand versucht mit allen Mitteln, unangenehme Gefühle in den Griff zu bekommen. Er analysiert vermeintliche Ursachen und fahndet nach Schuldigen. Doch so schlüssig die Antworten sein mögen, sie befreien uns nicht vom Leiden. Wir mögen ein brillant analysiertes Gutachten über unseren Kummer vorlegen und können eine hundertseitige Dokumentation zu Gründen und Lösungsmöglichkeiten auswendig lernen, in uns tobt immer noch die Wut, beklemmt die Angst, brennt der Schmerz. Unsere Ratio ist überfordert damit, unser Leiden aufzulösen. Sie muss sich irgendwann ihren

Misserfolg eingestehen. Echte Heilung liegt auf einer anderen Ebene. Zur Erkenntnis dieser Ebene ist unser denkender Geist nicht fähig. Er kann sich bestenfalls an seine eigenen Grenzen bringen und sich selbst ad absurdum führen. Doch damit ist er am Ende seiner Möglichkeiten. Wenn er bereit ist, sich sein Versagen einzugestehen, gibt er seine Macht auf. Er wird still. Erst dann kann sich die tiefere Weisheit des Seins offenbaren.

Wenn wir bereit sind, der Macht – dem Machen – des Verstandes zu entsagen, können wir den leidvollen Emotionen direkt begegnen. Wir verzichten darauf, uns mit Erklärungen oder der Suche nach einem Schuldigen zu beruhigen. Wir halten inne mit Anklagen, Vorwürfen und Rechtfertigungen. Wir sehen den Gefühlen von Verletzung, Wut oder Angst, die in uns brodeln, direkt ins Auge – ohne uns zu regen. Und dann ist sie auf einmal da – die nackte Konfrontation mit der Energie der Basis-Emotion. Reines Gefühl. Pures Spüren. Ungetrübtes Empfinden. Brennen. Bersten. Zittern. Wallen. Strömen.

Wie immer es sich für uns anfühlt, wir lassen es geschehen. Wir erleben die Erfahrung rückhaltlos in vollständiger Gegenwärtigkeit, ohne jegliches Eingreifen. Und das ist die Lösung. Alles, was vorher geschehen ist, war Abwehr, um uns zu schützen. Vor allem vor der Zerstörung unseres Selbstbildes. Wenn unsere Knöpfe gedrückt werden, heißt das nichts anderes, als dass ein Bild von uns als Person angegriffen wird. Wir wollen etwas Bestimmtes sein – und etwas anderes auf keinen Fall. Wir wollen eine starke, weise, entspannte Person sein, leistungsfähig, selbstsicher und erleuchtet. Und auf keinen Fall ein unsicherer, hässlicher, nervöser Versager.

Aber dieses Ankratzen unseres Selbstbildes und das Auslösen von heftigen Emotionen ist ein wunderbares Geschenk. Es ist ein Wecker, ein schrilles Klingeln, ein wirkungsvolles Signal zum Aufwachen. Statt uns gegen die Gefühle zu wehren, können wir uns öffnen

und erforschen, was gerade in unserem direkten Erleben passiert:
Woran halte ich fest? Was vermeide ich? Was verteidige ich? Was
erlebe ich wirklich?

Dann kann sich die Bereitschaft entfalten, dem Erleben frisch und
rückhaltlos zu begegnen. Das angstvolle Festhalten an den einge-
engten Selbstbildern löst sich. Der Widerstand gegen das direkte
Spüren schmilzt. Wir fallen in das Feuer der direkten Erfahrung
und durch es hindurch in die endlos weiten Arme der Freiheit.

Der Geist als Frankenstein und das Monster der Verallgemeinerung

Nehmen wir den Inhalt von Projektionen genauer in Augenschein,
erkennen wir verschiedene Abstraktionsgrade. Eine Fähigkeit unseres Verstandes besteht darin, vom Einzelfall auf allgemeine Regeln
zu schließen. Diese Fähigkeit hat ihren Nutzen. Wenn wir sie allerdings zur Vermeidung von Emotionen einsetzen, führt sie zu Leiden.

Verallgemeinerungen sind an bestimmten Formulierungen zu erkennen: »alle«, »immer«, »nie«, »ständig«, »jedes Mal«, »jeder«,
»man«, »keiner«. Unser Geist macht uns glauben, mit den Verallgemeinerungen habe er die Gesetze der Realität durchschaut: »Männer wollen immer nur Sex.« »Frauen sind kompliziert.« »Alle Menschen sollten friedliebend sein.« »Keiner liebt mich.« Verstehen wir
uns als Einzelwesen, sind wir gezwungen, die Welt um uns herum
in festen Kategorien und Definitionen zu beschreiben. Würden wir
das nicht tun, stünde unsere eigene Identität als greifbares Ich in
Frage. Für unseren denkenden Geist ist es bedrohlich, sich einzugestehen, dass es in der Welt des Denkens keine absolute Wahrheit
gibt. Deshalb versucht er, als Ausgleich für seine Hilflosigkeit durch

Verallgemeinerung künstliche Wahrheiten herzustellen. Doch spüren wir dem nach, merken wir schnell: Das Festhalten an Konzepten ist unecht. Unsere Bewertungen und Urteile entstellen die tiefere Wahrheit. Wie Frankenstein versucht unser Geist, den Leichenteilen der Verallgemeinerungen Leben einzuhauchen. Doch das Einzige, was damit hergestellt wird, ist ein hässliches Ungeheuer, das an sich selbst leidet und für andere Leiden erschafft.

Mit den folgenden Fragen können wir unsere Glaubensmuster untersuchen, wenn wir merken, dass unser Geist sich in verallgemeinernder Projektion verliert.

Dabei ist es hilfreich, uns ein oder zwei für uns typische Verallgemeinerungen auszusuchen und die Fragen in den nachfolgenden Kästen auf genau diese anzuwenden. Vielleicht neigen wir zu Verallgemeinerungen wie »Jedermann sollte freundlich mit mir umgehen«, »Alle reichen Menschen sind arrogant« und »Keiner kann mir das geben, was ich wirklich will«. Oder wir kennen andere verallgemeinernde Gedanken, die ab und zu in unserem Geist auftauchen.

Ist diese Verallgemeinerung wirklich wahr? Gibt es Gegenbeispiele und Ausnahmen? Wenn ja, welche?

Mit der aufrichtigen Beantwortung dieser Fragen kommen wir schnell zum Ergebnis, dass jegliche Art der Generalisierung auf wackligen Beinen steht. Es gibt keine Einschätzungen, die immer wahr sind, die für alle gelten und überall stimmen. Selbst scheinbar feststehende Wahrheiten, wie zum Beispiel naturwissenschaftliche Erkenntnisse, sind nur gültig, bis sie im Laufe der Zeit verworfen oder weiterentwickelt werden. Wir können – erstaunlicherweise – gerade darin Befreiung erfahren, wenn wir uns eingestehen, dass wir mit unserer Verallgemeinerung Unrecht hatten. Vielleicht fallen wir schon mit diesem Schritt der Rücknahme der Projektion von unserem hohen Sockel der Rechthaberei in die Weite des stillen, nicht urteilenden Gewahrseins.

Wenn nicht, dann können wir hier weiterforschen. Oft stehen nämlich hinter unseren verallgemeinernden Gedankenzügen ganz konkrete Erfahrungen, die uns irgendwann einmal betroffen und berührt haben – häufig ohne dass wir uns dessen bewusst waren. Im Vordergrund steht das Bollwerk einer verallgemeinernden Aussage. Dahinter versteckt sich vielleicht eine Erfahrung der schmerzhaften Basis-Emotionen von Verletzung, Ärger oder Angst. Unser Ego möchte sich vor ihnen schützen und scheut sich, sich diese Gefühle einzugestehen. So baut es einen Schutzwall von Generalisierungen, die die Heftigkeit des unmittelbaren Erlebens dämpfen sollen. Die nächsten Fragen laden dazu ein, hinter diese Barrikaden zu blicken.

Rufen Sie sich noch einmal die typische Verallgemeinerung ins Gedächtnis. Welche ist es?
Spüren Sie ihr dann mit folgender Frage nach:
Welche Situationen und Momente in Bezug auf dieses Thema haben Sie in Ihrem persönlichen Leben intensiv berührt?

Beim Nachspüren können Erinnerungen auftauchen. Zum Beispiel an eine Situation, in der wir uns von einer uns nahe stehenden Person zutiefst gekränkt fühlten. Vielleicht wollten wir ihr nah sein, und sie hat uns rüde zurückgewiesen. Vielleicht war es auch nur eine kleine Kritik in einem Nebensatz, die uns plötzlich bis ins Mark getroffen hat. Gleichgültig, wodurch es ausgelöst wurde, wenn wir ein Gefühl der seelischen Verletzung erleben, ist unser Geist schnell mit Verallgemeinerungen zur Hand: »Er ist immer so abweisend zu mir.« »Nie kann sie mich so akzeptieren, wie ich bin.« »Ewig nörgelt er an mir herum.« »Nie kann ich es ihr recht machen.« Beharren wir auf der Wahrheit dieser Aussagen, werden wir uns in endlosen Gedankenkreisläufen verlieren und unser Leiden dadurch aufrechterhalten. Sind wir bereit, diese Projektion tiefer zu erforschen, können wir innehalten. Wir können den absoluten Wahrheitsanspruch der Verallgemeinerung als Täuschung erkennen und zu der konkreten Situation zurückkommen, in der die Handlung des anderen etwas in uns ausgelöst hat. Wir hören auf mit dem schwammigen »Nie-Immer-Überall« und kommen zum greifbaren »zu dieser Zeit, an diesem Ort, mit diesem Geschehen.« Das ist ein erster Schritt zur Rücknahme der Projektion.

Die Rücknahme der Projektionen – von »Was du getan hast« zu »Was ich fühle«

Rücknahme der Projektion bedeutet, dass wir uns von der nach außen gerichteten Bewegung unseres Denkens entspannen und unsere Aufmerksamkeit wieder zurück auf unser eigenes Erleben richten. Ein erstes Resultat dieser Rücknahme ist die Konkretisierung. Wir kommen der Wahrnehmung unseres inneren Erfahrungsstromes ein Stück weit näher. Doch auch an dieser Stelle neigt unser Geist immer noch dazu, sich in der Beschäftigung mit dem Außen zu verlieren. Erkennen können wir dies in den Formulierungen, die sich vorwurfsvoll mit der zweiten oder dritten Person beschäftigen. Den Projektionsgedanken, die ein »Du!«, »er!« oder »die anderen!« enthalten, liegt meist eine Schuldzuweisung zugrunde: »Du bist für diesen Schlamassel verantwortlich!« Ob wir das offen aussprechen oder innerlich an diesem Gedanken festhängen, ist zweitrangig. Wir selbst und der andere spüren die Verkrampfung dieser Anklage: »Weil du mir nicht zuhörst, fühle ich mich nicht geliebt.« »Ich bin so genervt, weil du mich nicht in Ruhe lässt.« »Weil du mich kritisiert hast, geht es mir so mies.« Unser Ich lastet die Verantwortung damit einem Du auf. Es besteht darauf, Recht zu bekommen und hofft insgeheim, dadurch von seinem Leiden erlöst zu werden. Doch solange wir das Geringste vom anderen verlangen, machen wir uns zum Sklaven dieses Verlangens.

Unsere Projektion weiter zurückzunehmen und die gesamte Aufmerksamkeit den eigenen Empfindungen zuzuwenden erfordert einen radikalen Verzicht darauf, etwas vom anderen zu wollen. Wir entziehen den Gedankenketten der Erwartungen und Hoffnungen ganz natürlich die Gefolgschaft, wenn uns klar wird, dass sie nur Leiden bringen. Wenn uns bewusst wird, dass wir mit dem Beharren auf einem Wunsch keineswegs einen Schatz, sondern eine glühende Kohle in der Faust halten, geschieht Loslassen von ganz alleine. Und so kann es auch an diesem Punkt der Rücknahme schon zu einer Spontanheilung kommen: Unser Projektionsgebäude löst sich unvermittelt in nichts auf. Wir finden uns in der Sonne wunschlosen Friedens wieder. Sollte dies nicht geschehen, befinden wir uns immer noch im Geisterhaus der Projektionen. Dann lohnt es sich, die Treppe weiter nach unten zu steigen: Kontakt aufzunehmen mit den schwelenden Gefühlen. Von der abstrakten Generalisierung »Er ist immer so abweisend zu mir« oder »Nie kann sie mich so akzeptieren, wie ich bin« bewegen wir uns zu einer konkreten Situation: »Gestern Abend wollte ich Zärtlichkeit, und er hat sich einfach umgedreht.« Oder: »Heute Morgen hat sie schon wieder bemäkelt, dass ich zu dick geworden bin.« Diese konkreten Gedanken enthalten immer noch Ursachenzuweisungen und den Beigeschmack einer Forderung, doch wir können in ihnen bereits die mitschwingende emotionale Erfahrung erahnen. Die folgenden Fragen dienen dazu, unsere Aufmerksamkeit noch direkter dem konkreten Erleben zuzuwenden. Wir gehen nach innen, auf den Spuren der Gefühle.

Rufen Sie sich eine konkrete Situation ins Gedächtnis, in der
Sie starke Projektionen erlebt haben.
Was löste das Geschehen, die Handlung oder das Verhalten des
anderen in Ihnen aus? Welche Gefühle und Empfindungen
spürten Sie?

Mit der Ausrichtung dieser Fragen lassen wir das Projizieren auf das Außen nun ganz hinter uns und tauchen in ein geerdetes Spüren unseres eigenen Organismus ein. Dort wird uns klar: »Das Verhalten des anderen hat bei mir ein Gefühl starker Verletzung und Kränkung ausgelöst … hat rasende Wut in mir hochgebracht … hat mich sehr verängstigt.« Indem wir diese Gefühle zulassen, spüren wir die Empfindungen unseres Körpers viel lebendiger als zuvor: Ein Brennen in der Brust, zurückgehaltene Tränen, ein Grummeln im Bauch, ein Zittern in den Armen, ein energetisches Vibrieren. Wie immer es sich auch gerade anfühlt, wir lassen unsere Aufmerksamkeit in die unmittelbare Erfahrung hineinsinken, ohne durch weitere Projektionen vor ihr wegzulaufen.

Von »Was ich fühle« zu »Was ICH BIN« – das Verlassen des Geisterhauses

Wir haben aufgehört, Geschichten über den anderen zu wiederholen. Wir spüren, dass sich eine Woge von Energie in unserem Organismus bewegt – und dass wir ihr begegnen können. Unser Geist wird das zunächst noch kommentieren. Jetzt sind seine Aussagen aber bereits nah am unmittelbaren Erleben: »Ich bin verletzt.« »Ich bin wütend.« »Ich bin erschrocken.« Welche Erfahrungen auch auftauchen, wir fühlen sie in unserem Körper vibrieren. Wir geben ihnen Raum. Wir können ihnen ein sanftes »Willkommen« zurufen und schauen, was geschieht.

Möglich, dass unserem Geist diese bodenständige Aufmerksamkeit nicht gefällt. Er ahnt: Noch ein Schritt weiter, und wir verlassen seinen Herrschaftsbereich vollständig. Das will er verhindern. Deshalb wird er in dieser Phase besonders hektisch. Schließlich will er seinen einzigen Mieter nicht verlieren. Also setzt er alles daran, uns in die oberen Etagen zurückzukatapultieren, indem er uns wieder in die Erwartungen an ein Gegenüber verwickelt. Oder indem er uns dazu verführt, wieder in die Welt der Verallgemeinerungen abzuschweifen. Es mag sein, dass wir an diesen Ködern noch einmal anbeißen und wieder nach oben gezogen werden.

Solche Rückfälle sind keine Katastrophe. Ein paar schlichte Fragen vermögen uns von den erneut aufblühenden Projektionen zu heilen: »Ist das, was meine Gedanken sagen, wirklich wahr? Bringen mir die Erwartungen, was sie versprechen? Wie fühlt sich die direkte Erfahrung in meinem Körper an?« Je mehr wir uns mit dem Urgrund des Seins vertraut machen, desto größer wird unsere Fähigkeit, die Verlockungen des Verstandes früh zu entlarven. Dann reicht ein entschiedenes Nein, das wir unserem konditionierten Geist entgegenhalten, wie ein Stoppschild.

Natürlich handelt es sich auch bei den Gedanken, die sich um unsere eigene innere Erfahrung drehen, noch immer um Geschichten. Nur dass sie nicht mehr von einem Außen handeln, sondern vom so genannten »Innen«, unseren körperlichen, seelischen und geistigen Erfahrungen. Wir sind im Erdgeschoss angekommen, doch die Unterscheidung in Innen und Außen existiert noch immer. Noch befinden wir uns innerhalb des Geisterhauses. Ein Vorteil des Erdgeschosses besteht darin, dass unser Geist nicht mehr in abstrakten Höhen herumstreunt. Wir haben den Ich-Gedanken klar vor Augen und sind im lebendigen Kontakt zu den Basis-Emotionen. Doch um wirklich frei zu sein, müssen wir aus dem Haus heraustreten.

Es gibt mehrere Türen, die nach draußen führen. Über einer steht das Wort Jnana (Weisheit). Sie sieht aus wie ein schwarzes Loch, das alles in sich einsaugt. Wir erkennen: Die letzten Gedanken, die wir bis hierhin mitgebracht haben – »Ich bin traurig«, »Ich habe Angst«, »Ich fühle mich verletzt« – sie alle enthalten diesen zentralen Ich-Gedanken, der auf unser wahres Sein hinweist. Wenn wir uns darauf einlassen, diese Spur zu ihrer Quelle zurückzuverfolgen, wird sich unsere ganze Aufmerksamkeit auf das stille ICH BIN ausrichten, das allen begrenzten Definitionen über unsere Person zugrunde liegt. Alle leidvollen Gedanken lösen sich in dieser gewaltigen Stille auf. Sie lässt nichts übrig außer reinem Gewahrsein.

Über einer anderen Tür steht Bhakti (Hingabe). In ihrem Rahmen brennt Feuer. Uns ist klar: Wir können durch sie hindurchgehen, und unsere leidvollen Begrenzungen werden in den Flammen der unmittelbaren Erfahrung von Schmerz, Angst oder Wut rückstandsfrei verbrennen.

Wir sehen noch andere Türen: »vollkommene Gegenwärtigkeit«, »aufrichtiges Gebet«, »der Gesang eines Vogels«, »das Klatschen einer Hand«, »göttlicher Witz«, »der Blick in die Augen des Lehrers«, »nur ein Atemzug«, »ein Lächeln«, »Dankbarkeit«. Keine ist verschlossen. Wir gehen auf die Tür zu, die uns am meisten anzieht. Wir öffnen sie und schreiten hindurch. Die Tür, das Haus, die anderen, die Außenwelt und unsere eigene Person – alles ist schlagartig verschwunden. Was bleibt, ist die endlos weite Ebene des Seins.

Gütemerkmale der Projektionsfreiheit – Zufriedenheit, Gelassenheit und ein stiller Geist

Das Bild über das Verlassen des Projektionshauses stellt die innere Essenz dessen dar, was wir entdecken, wenn wir uns von den Schleiern des trennenden Geistes befreien. Wie sich das im Leben eines jeden von uns anfühlt und ausformt, bleibt offen. In erster Linie ist es ein inwendiger Prozess, dem wir selbst nachspüren können. Unser äußeres Verhalten ist dabei zunächst nicht von Belang. Vielleicht werden wir manchmal mit anderen über das sprechen, was sich in uns abspielt. Es mag aber auch sein, dass diese Erforschung ausschließlich in unserem Inneren abläuft und niemand etwas davon mitbekommt.

Wenn wir uns aus den Fesseln der Projektionen befreien, ändert sich unsere Wahrnehmung radikal. Im Kontrast zu der Bedürftigkeit, dem Gezerre und der Unruhe der Erwartungen und Forderungen, finden wir nun die zutiefst heilsamen und gütigen Qualitäten unseres wahren Seins wieder.

Eines dieser »Gütemerkmale« echter Projektionsfreiheit ist die Erfahrung einer Seligkeit, die von keinem äußeren Objekt abhängig ist. Wir nehmen ein Bad in ursachenloser Erfüllung und fühlen uns darin so wohlig zufrieden, dass wir vom Außen absolut nichts mehr brauchen. Wir ruhen derart in uns selbst, dass es schlicht nicht mehr notwendig ist, nach außen zu schauen und dort irgendetwas oder irgendjemanden zu verändern. Wenn wir dem anderen – von dem wir uns nun nicht mehr getrennt fühlen – begegnen, sehen wir ihn in einem ganz anderen Licht. Vielleicht fallen uns die vorher kritisch beäugten Unvollkommenheiten nicht einmal mehr auf. Oder das, was uns zuvor so gestört hat, ist plötzlich zu einer liebenswerten Eigenart geworden. Wir betteln nicht mehr um Zuwendung und kämpfen nicht mehr darum, den anderen umzuformen. Im Gegenteil – wir sind ihm dankbar dafür, dass er unsere Knöpfe gedrückt hat. Denn so konnten wir versteckte Identifikationen und Glaubensmuster ausfindig machen und uns eine umfassendere Freiheit erschließen. Jetzt fühlen wir uns reich beschenkt und können wertschätzend und weitherzig auf den anderen eingehen. Unsere Wahrnehmung hat sich von fordernder Bedürftigkeit in bedingungslose Liebe gewandelt.

Hier eröffnet sich uns auch die lebendige Erfahrung einer weiteren gütigen Qualität unserer wahren Natur. Wir spüren tief greifendes Urvertrauen. Wir wissen ohne jeden Zweifel: »Alles ist gut – genau so, wie es gerade ist.« Wir brauchen nichts und niemanden mehr, um eine vermeintliche Sicherheit herzustellen. Wir müssen uns nicht mehr auf äußere Dinge fixieren oder die Freiheit anderer beschneiden, um unsere Furcht zu beschwichtigen. Echten Halt entdecken wir paradoxerweise, indem wir den Einsturz aller Selbstbilder ohne Gegenwehr geschehen lassen. Mit ihrem Auslöschen verflüchtigt sich unser ängstlich kontrollierendes Ego, und was bleibt, ist die frische Luft reiner Gelassenheit.

Echte Zufriedenheit, ein stiller Geist und vertrauensvolle Gelassenheit leuchten auf, wenn unsere Projektionen zur Ruhe kommen. Scheinen diese natürlichen Qualitäten weit entfernt, lohnt es sich, genauer hinzusehen, ob unser Bewusstsein sich nicht gerade in der Oberflächlichkeit ferner Projektionswelten verliert.

Zusammenfassung

In diesem Kapitel haben wir uns damit beschäftigt, wie Projektionen unseres Denkens uns vom Verweilen im friedlichen Sein ablenken. Im weiteren Sinn sind Projektionen all die Ideen, die wir über ein Du, über Andere, über die Welt haben. Solche Ideen gehören zu unserem alltäglichen Leben. Wir nutzen Sie, um mit anderen zu kommunizieren und uns in der Welt zurechtzufinden. Problematisch werden Projektionen allerdings dann, wenn wir sie nicht mehr als bloße Interpretationen unseres eigenen Denkens betrachten, sondern unsere Vorstellungen von der Welt als Wirklichkeit der Welt missverstehen. Dann nehmen wir unseren eigenen Verstand zu ernst. Wir glauben, was wir denken. Unsere Wahrnehmung wird starr und eingeengt.

Im engeren Sinn versteht man unter Projektionen Gedanken, mit denen wir unerwünschte Anteile unseres eigenen inneren Erlebens nach Außen auf andere verlagern. Das ist ein weitverbreiteter Abwehrmechanismus unserer Psyche. Was wir selbst nicht in uns wahrhaben wollen, schreiben wir anderen zu. Das Unbequeme haben wir damit ein Stück weit von uns weggeschoben. Vorhanden ist es dennoch. Jetzt im Anderen. Und dort stört es uns nach wie vor.

Solche Leid erzeugenden Projektionen erkennen wir daran, dass unser Denken mit dem Außen oder dem Anderen auf dem Kriegspfad ist. Es will das Außen verändern: »Menschen sollten nicht unfreundlich miteinander umgehen«, »meine Familie sollte mich mehr achten«, »mein Partner darf mich nicht verlassen«. Projektionsgedanken beschäftigen sich mit der zweiten, dritten oder vierten Person. Die erste Person, unseren eigenen subjektiver Zustand, übersehen wir dabei. »Es ist wirklich schlimm…«, »die anderen sind so…«, »sie hat doch…«, »und Du stehst auch noch auf deren Seite«. »Mit mir hat das Alles nichts zu tun, ich bin nur das Opfer.«

Die spirituelle Lehrerin Byron Katie schlägt für die Bewusstwerdung von Projektionen eine hilfreiche Einteilung vor. Sie sagt: »Es gibt in diesem Universum nur drei Arten von Angelegenheiten: Meine, Deine und die von Gott. Sobald ich mich in deine Angelegenheiten oder die Angelegenheiten von Gott einmische, habe ich schon verloren.« Wessen Angelegenheit ist es, ob Menschen freundlich zu mir sind? Deren. Wessen Angelegenheit ist es, ob mein Partner mich liebt? Seine. Wessen Angelegenheit ist es, ob im Orkan ein Baum auf mich fällt und ich dadurch ein Bein verliere? Gottes. Aber wessen Angelegenheit ist es, auf welche Weise ich dem begegne, dass Menschen unfreundlich zu mir sind, mein Partner mich vielleicht verlässt und ich mit den Folgen eines Unfalls umgehen muss? Meine.

Das ist eigentlich sonnenklar. Dennoch ist unser Denken verdammt hartnäckig damit, sich immer wieder in die Angelegenheiten anderer einmischen und dort zornig etwas verändern zu wollen.

In diesem Kapitel haben wir untersucht, wie unser Denken typischerweise in den Projektionen hängen bleibt. Zum Beispiel durch ein ewiges Warum-Fragen. »Warum ist sie nur so unfreundlich zu mir?« »Warum musste dieser Unfall geschehen?« »Warum ist die Wirtschaftskrise so schlimm?« Wir haben untersucht, dass uns die Idee, wir könnten in Frieden sein, wenn wir nur die Ursachen eines Geschehens im Außen verstehen würden, nicht weiterhilft. Zum einen können wir eine vergangene Ursache nicht mehr rückgängig machen – außer wir haben eine Zeitmaschine im Keller stehen. Zum anderen sind unsere Ziele, das Außen zu verändern, meist viel zu hoch gesteckt. Die moderne Hypnotherapie nennt das »Restriktionen«. Restriktionen sind Begrenzungen unserer direkten Veränderungsmöglichkeiten: Es ist schlicht unmöglich, das Wetter an unserem Heimatort stetig auf Sonnenschein und 24 Grad mit sanfter Brise festzunageln. Noch unmöglicher ist es, unseren Beziehungspartner dazu zu verdonnern, dass er ständig freundlich und einfühlsam mit uns umgeht. Versuchen wir es dennoch, frustrieren wir uns ums so mehr.

Es gibt noch einen anderen Grund dafür, dass die Warum-Fragen uns nicht befreien: Unser willkürliches rationales Denken stellt nur die dünne Oberfläche unseres gesamten inneren Erlebens dar. Da gibt es noch unsere Körperwahrnehmung, unsere unwillkürlichen instinktiven Triebe und die Wechselwirkung mit Gefühlen. Diese Bereiche – das hat die moderne Hirnforschung bestätigt – üben meist einen wesentlich stärkeren Einfluss auf die Gestaltung unseres Gesamterlebens aus, als unser willentliches Denken. Auf der rationalen Ebene etwas logisch zu durchdringen kann uns schon ein wenig helfen. Doch echte Veränderung bewirkt es oft nicht – vor allem nicht bei hartnäckigen Leidensmustern. Das kennen wir alle: Auch wenn wir noch so gut verstehen, warum uns unser Partner verlassen hat, das schmerzhafte Leiden an dem Verlust wird damit keineswegs aufgelöst.

Wollen wir innere Freiheit entdecken, brauchen wir also eine Möglichkeit, aus den verwirrenden Projektionen zurück zu der Bewusstheit über unser subjektives Erleben zu kommen und dann zu der inneren Ruhe des Seins. In diesem Kapitel haben wir aufgezeigt, wie das gehen kann. Der erste Schritt ist, die Projektionen als solche zu erkennen. Der zweite besteht darin, nachzuspüren, was wir selbst innerlich erleben. Dabei können uns einige Fragen unterstützen: »Was fühle ich gerade?« »Was wurde in mir ausgelöst?« »Was ist innerlich los?« Wir haben festgestellt, dass der Wust unruhiger Projektionsgedanken oft der Vermeidung der Basis-Emotionen dient. Auf dieser Spur können wir zurückgehen. »Welche Gefühle erlebe ich gerade?« »Sind da gerade Ärger, Furcht, Trauer, Scham, Verlorensein oder andere Emotionen am brodeln?« Das erfordert eine umfassende Aufrichtigkeit mit unserem Seelenleben. Vielleicht geht es uns gegen den Strich, uns diese menschliche Verletzlichkeit und Unzulänglichkeit einzugestehen, doch in Wahrheit ist es sehr heilsam. »ja, da ist gerade Wut in mir«, »ja, ich habe einfach Angst«, »ja, es tut mir im Herzen weh«. Das Eingeständnis solcher Schwächen entspannt uns davon, ein künstliches Selbstbild vor uns und anderen hertragen zu müssen. Wir beginnen dem menschlichen

Schmerz Raum zu geben. Wir fühlen ihn wieder in uns, anstatt weiter über das Außen nachzudenken. Auf diese Weise verbinden wir uns erneut mit der Kraft des unmittelbaren Erlebens. Wir finden zurück zu Bereitwilligkeit und Hingabe. Was immer wir auch gerade innerlich erleben, wir lassen es genauso da sein, wie es sich zeigt. Wir spüren feinfühlig unser gesamtes körperliches und seelisches So-sein. Unser Herz öffnet sich. Unser Geist wird ruhig. Wir entspannen uns. Wir sind wieder in Frieden. Mit uns. Mit dem Anderen. Mit der Welt. Von hier weitet sich unser Gewahrsein über die Grenze unseres Ichs hinaus. Auf die eine oder andere Weise kehren wir zurück zu dem unberührten Raumbewusstsein, das wir immer waren. Jetzt – frei von Projektionen – spüren wir es wieder ganz lebendig.

Anregung ———————————————————————

Projektionen als Spur zur Befreiung nutzen

Immer wenn Sie etwas, was eine andere Person sagt oder macht, emotional trifft, ihnen das nachgeht und Sie nicht los lässt, ist das eine gute Gelegenheit für Selbsterforschung. Sind Sie mit der folgenden Art der Erforschung vertraut, braucht Sie nur wenig Zeit. Dann können Sie sie sogar während Ihrer alltäglichen Handlungen ablaufen lassen. Am Anfang – oder wenn das Geschehen emotional stark aufgeladen ist – kann es aber sinnvoll sein, sich Ruhe und Zeit dafür nehmen. Seien Sie zunächst aufmerksam dafür, welche Projektions-Gedanken auftauchen. Das sind all die Gedanken, die der anderen Person Vorwürfe machen, die sich über sie beschweren, die erwarten und fordern, dass die Person anders sein, fühlen oder sich verhalten sollte. Lassen Sie diesen Gedanken zunächst freien Lauf. Sie können es auch auf-

schreiben: »Person X ist so und so ... «, »Person X sollte ... «, »Person X sollte nicht ... « In dieser Phase dürfen Sie ihrem Denken alles »Schlimme« erlauben: Schimpfen. Erwarten. Fordern. Besserwissen. Beeinflussen. Bekehren. Rechtfertigen. Neiden. Verurteilen. Beleidigen. Verdammen. Wenn Sie allein sind, dürfen Sie die Gedanken auch aussprechen. Falls jemand zuhören könnte, ist es meist besser, diese nur zu denken. Lassen Sie sich dazu mindestens fünf Minuten Zeit. Falls Sie vor Ablauf der fünf Minuten fertig sind, wiederholen Sie die »schlimmen Gedanken«.

Wenn Sie alle Projektions-Gedanken innerlich gesammelt oder aufgeschrieben haben, spüren Sie nach: Wie fühlt es sich für Sie selbst an, so über Person X zu denken? Wie wirkt sich das auf Ihr körperliches Erleben aus, während Sie die Gedanken denken? Welche Gefühle werden dadurch erzeugt oder verstärkt? Wie begegnen und behandeln Sie Person X, wenn Sie all diese Gedanken über Ihr Gegenüber denken? Es mag sein, dass sich schon an dieser Stelle ein deutliches Gefühl der Betroffenheit zeigt. Sie spüren das Leiden, welches durch das Erzeugen und Folgen der Projektionsgedanken erschaffen wird. Erlauben Sie sich, diesen Schmerz offen zu spüren – ohne Verharmlosung, aber auch ohne Schuldzuschreibungen an sich selbst. Allein durch diese Betroffenheit zu gehen, kann den Verstand schon zu einer tiefen inneren Ruhe bringen.

Dann erlauben Sie sich, neugierig nachzuspüren: Welche Basis-Emotion könnte die Projektionsgedanken antreiben? Sind Sie vielleicht ärgerlich auf die andere Person? Fühlen Sie sich von ihr enttäuscht oder verletzt? Oder macht Ihnen die Person Angst? Gibt es ein anderes Gefühl, dass ausgelöst wurde und gegenwärtig ist? Erlauben Sie sich, die gerade fühlbare emotionale Ladung ganz und gar da sein zu lassen. Erleben Sie Wut, dann lassen Sie sich wütend sein. Sind Sie traurig oder ängstlich, darf auch das sein. Sie dürfen sich erlauben, das Gefühl ohne eine damit in Verbindung stehende Geschichte zu fühlen.

Schweift Ihr Denken doch wieder zu den Vorstellungen über die andere Person ab, können Sie ein Experiment ausprobieren: Stellen Sie sich vor, der ganze Wust von Projektions-Gedanken wäre auf einem Stapel von Papieren festgehalten. Dort wären alle Ideen über das Geschehen und die andere Person notiert. Wie groß wäre dieser Stapel? Wie schwer? Wie würde er aussehen? Wären es lose Zettel oder Aktenordner? Dann nehmen Sie in Ihrer Vorstellung alle Papiere und packen Sie sie in einen oder mehrere große Kartons. Das reine Gefühl von Wut, Angst oder Traurigkeit packen Sie nicht ein. Das bleibt bei Ihnen. Stellen Sie sich nun vor, Sie würden die Kartons mit den verstauten Projektionsgedanken an einen Ort stellen, an dem Sie ihn nicht mehr sehen (ein anderer Raum, ein anderes Haus oder sonst ein entfernter Ort). Die Geschichten über die andere Person sind nun weg. Jetzt sind Sie gegenwärtig für das reine Gefühl, für den reinen Schmerz. Vergleichen Sie: Was fühlt sich friedlicher und echter an? Das Gefühl im vermischten Durcheinander mit den Projektionsgedanken oder das reine Gefühl, der reine Schmerz an sich – ohne die Gedanken.

Was geschieht, wenn sie jetzt dem schmerzlichen Gefühl freien Raum lassen? Wenn es sich entfalten, verändern oder auflösen darf? Bleiben Sie neugierig. Sollte sich das Leiden verändern und auflösen, dürfen Sie die auftauchende Ruhe und Entspannung genießen. Es ist so angenehm, wenn der Schmerz nachlässt.

Sollte es schmerzhaft bleiben, erkunden Sie neugierig, ob Sie auf eine andere Weise trotzdem in Frieden mit dem Schmerz sein können. Dazu kann es hilfreich sein, den Raum um den Schmerz herum wahrzunehmen. Vielleicht erst nur ein paar Zentimeter und dann immer ausgedehnter. Die Verengung des Schmerzes muss sich nicht auflösen. Sie können die Enge durch die Weiträumigkeit Ihres Bewusstseins umarmen lassen.

Die reglose Weite, in der alles Erleben stattfindet, ist immer da. Auf eine unerklärliche Weise bleibt sie unangetastet von jeglicher Verletzung, von allem emotionalem Aufruhr und jeder denkbaren Verunsicherung. Wie oft wir sie auch vergessen oder verleugnet haben, sie nimmt uns das nicht übel. Sie wartet geduldig darauf, sich uns früher oder später wieder zeigen zu können. Darauf dürfen wir vertrauen. Darauf können wir uns verlassen. Dann stellt sich Frieden ein.

Dritter Teil:

Die Herausforderung der Wahrheit

Wege der spirituellen Reifung

Durch die unmittelbare Erforschung des Bewusstseins erwacht in uns häufig die natürliche Sehnsucht, unser gesamtes Leben von dieser tiefgründigen Wahrheit durchdringen zu lassen – nicht nur als theoretisches Wissen, sondern als lebendige Erfahrung. Für manche von uns eröffnet sich dieser Zugang zum Absoluten, zur stillen Gegenwärtigkeit sofort und unwiderruflich. Dann brauchen wir nichts anderes mehr, als unserer eigenen Natur innerlich treu zu bleiben. Andere werden sich zu einem so genannten spirituellen Weg hingezogen fühlen. Dann suchen wir nach weiterer Unterstützung und Orientierung auf der relativen Ebene. Die folgenden Kapitel weisen auf solche hilfreichen Aspekte für die Selbsterforschung sowie auf deren Schattenseiten hin. Sie warnen vor Fallstricken und möchten nicht zuletzt Mut machen, allen Herausforderungen auf diesem »weglosen Weg« offen zu begegnen.

Erwachen – plötzliche Erkenntnis oder allmähliche Vertiefung

Hört oder liest man Berichte über spirituelles Erwachen, handelt es sich oft um Schilderungen, denen etwas sehr Spektakuläres anhaftet. In einem plötzlichen, schockartigen Erleben geschieht etwas im Inneren einer Person und eröffnet die Dimension einer allumfassenden Freiheit. In solchen Darstellungen sieht es so aus, als ob alle konditionierten Begrenzungen, alle leidvollen Glaubensmuster mit einem Schlag ausradiert würden. Es macht den Eindruck, der Bewusstseinsschwerpunkt dieses Menschen werde mit einem ungeheuren Sog in die Tiefe des Seins gezogen und verweile dort, ohne je wieder die Oberfläche des Leidens zu berühren.

Solche Berichte sind vermutlich aus zweierlei Gründen so weit verbreitet: Der eine besteht darin, dass es tatsächlich Menschen gibt, die das Erwachen und das vollständige Absinken in die Tiefe des stillen Gewahrseins derart blitzartig und rückhaltlos erleben. Bei ihnen tauchen nach einer ersten Erkenntnis ihrer wahren Natur keinerlei Zweifel, keinerlei Impulse der leidvollen Identifikation mehr auf. Solch ein jähes Erwachen scheint in der gesamten Menschheitsgeschichte extrem selten vorzukommen. Aber gerade durch seine Außergewöhnlichkeit findet es besondere Beachtung.

Der andere Grund für die Favorisierung des »plötzlichen Erwachens« liegt in der Natur der Sache selbst: Auch nur ein kurzer Einblick in die Wahrheit jenseits aller Identifikationen und Vorstellungen führt uns in einen fundamentalen Wechsel der Zeitwahrnehmung. Wir erkennen unmittelbar, dass jedes Konzept von uns als Person, von Raum, von Zeit und damit auch von der Entwicklung einer Person in der Zeit, pure Illusion ist. Wenn wir die Stille unserer wahren Natur erleben, erweist sie sich als vollkommene Gegenwärtigkeit. In ihr verschwindet jede Idee von Vergangenheit und Zukunft. Diese Einsicht braucht keine Zeit, weil sie das Aufblitzen des Zeitlosen selbst darstellt. In diesem Sinne ist jegliche Erkenntnis unserer wahren Natur urplötzlich – oder besser: außerhalb der Zeit. Und diese Jähheit muss in jedem Bericht des Erwachens auftauchen – das ist unumgänglich.

In der heutigen Zeit scheint sich bei einer relativ großen Anzahl von Menschen solch eine spirituelle Reife heranzubilden. Sie ermöglicht es, relativ einfach und unvorbereitet einen echten Einblick in die Tiefe des Seins zu erhalten. Dies geschieht vielleicht in Folge einer spirituellen Praxis, durch die Begegnung mit einem Lehrer oder auch spontan. Doch solch ein Einblick führt in den meisten Fällen nicht zu einem sofortigen und unumkehrbaren Ertrinken im Ozean des Seins. Das Identifikationszentrum, der Punkt, von dem aus alles wahrgenommen wird, sinkt für kurze Zeit ab. Doch kann es auch sehr schnell wieder an die Oberfläche steigen. Wenn dies geschieht, bleibt der Einblick in die Tiefe nichts als eine schnell verblassende Erinnerung der Welle an eine überwältigende, ozeanische Erfahrung, während sie sich wieder in der horizontalen Suche an der Oberfläche verliert.

Ist die spirituelle Reife in uns dagegen noch weiter fortgeschritten, geben wir uns nicht mit kurzen Einblicken in die Tiefe zufrieden. In uns brennt eine große Sehnsucht nach wirklicher Freiheit. Wir wollen mehr als alles andere echten Frieden finden. Und dieses Brennen stellt uns eine ungeheure Energie und Entschiedenheit für die Selbsterforschung zur Verfügung. Dann können wir die auftreibenden Kräfte der Identifikation untersuchen, ihre Mechanismen entlarven und ihnen so die Macht entziehen. So kann es zu einem immer tieferen Absinken kommen. Dies mag uns für eine Weile wie ein allmählicher Prozess der Befreiung vorkommen. Doch es ist keine horizontale Bewegung in der Zeit, sondern ein vertikales

Fallen in die Zeitlosigkeit des gegenwärtigen Augenblicks. Es handelt sich nicht um die Entwicklung eines individuellen Ich hin zu einem veränderten, anderen Ich, sondern um die immer gründlichere Auflösung des persönlichen Ich in das alles durchdringende Sein des ICH BIN. Irgendwann entdecken wir schließlich, dass sowohl das scheinbar plötzliche Erwachen als auch die vermeintlich allmählich voranschreitende Vertiefung von Freiheit in genau demselben ewigen Augenblick geschehen, der wir sind. Damit lösen sich alle Widersprüche zwischen verschiedenen Erscheinungsformen der Befreiung auf.

Die Radikalität der Selbsterforschung

Wenn wir beginnen, unser wahres Sein zu entdecken, erleben wir diese Öffnung häufig im Spannungsfeld einer typischen Polarität. Zum einen gibt es Momente, in denen wirkliche Erfüllung einfach und leicht scheint, oft in einem geschützten Raum, im Zusammensein mit einem spirituellen Freund oder Lehrer, in Phasen äußerer Zurückgezogenheit, auf einem Retreat* oder in der Natur. Im Kontrast dazu stehen die Momente, in denen Frieden und Erfüllung wieder verloren oder ferner denn je scheinen. Gerade diese dunklen Augenblicke und herausfordernden Momente bergen einen großen Wert.

Wenn wir den Wunsch nach Freiheit spüren, wenn alle anderen Wünsche in diesen einen Wunsch münden, spüren wir ein inneres Feuer. Es ist das Feuer der Sehnsucht nach Wahrheit. Und es ist die Fackel, mit der wir die verborgenen, finsteren Ecken unseres Lebens ausleuchten können: die Fackel der Selbsterforschung.

Mit ihr erleben wir auftauchende Herausforderungen nicht mehr als Störung oder lästige Bürden, die wir überwinden oder loswerden müssen. Vielmehr erkennen wir sie als ein weiteres Herausfordern

der absoluten Wahrheit in der Welt der Erscheinungen. Gleichgül-
tig, was an Schwierigkeiten auftaucht, jeder Moment stellt einen
Test dar, der an uns herangetragen wird, um unsere Erkenntnis von
Freiheit noch weiter auszudehnen.

Ist es möglich, den Frieden des Seins, in den wir in besonderen Momenten Einblick erhalten haben, tatsächlich auch jetzt zu entdecken,
in einem völlig gewöhnlichen Augenblick? Auch dann, wenn unser
inneres Erleben alles andere als friedlich zu sein scheint? Können
wir unsere Essenz als leidfreies Gewahrsein erkennen, auch im
Angesicht von vermeintlichem Leiden – nicht als Theorie oder erinnerte Erfahrung, sondern als anwesende Lebendigkeit? Es ist das
Leben selbst als Lehrer, das uns in der Sprache der konkreten Situation diese Fragen stellt und zu tieferer Selbsterkenntnis einlädt.

Die drei Juwelen der Unterstützung

Was kann uns unterstützen, unsere Freiheit immer klarer zu erkennen? Die absolute Antwort lautet: nichts. Denn wir sind schon das,
was wir suchen. Wir selbst sind Freiheit. Wir müssen nichts tun,
auch nicht uns selbst erforschen, um irgendwie anders zu werden
oder irgendwo hinzukommen. Falls eine äußere Unterstützung
möglich oder nötig wäre, würde das sogar bedeuten, Freiheit wäre
von irgendeinem Objekt – in diesem Fall der Unterstützung – abhängig. Und das widerspricht der Wahrheit. Unsere Essenz ist ohne
Ursache und bedingungslos.

Doch es gibt noch eine zweite absolute Antwort. Und sie lautet: alles.
Alles kann uns helfen. Denn wenn das stille Gewahrsein die Quelle
und Substanz aller Erscheinungen ist, dann spiegelt auch jede Erscheinung die Wahrheit des Seins wider und weist auf sie zurück.

Für den Verstand ist dieser Widerspruch nicht zu klären. Doch wenn wir mit dem Herzen lesen, werden wir sehen, wie sich dieses Paradox zwischen absolutem Nichts und allem im Prozess endloser Selbstvertiefung auflöst.

Drei Formen der Unterstützung benannte der Buddha vor 2500 Jahren. Er sprach von Buddha, Dharma* und Sangha*, den »drei Juwelen der Existenz«. Sie repräsentieren Formen der Unterstützung, die über den Buddhismus und andere religiöse Systeme hinaus allgemein gültig sind. Die Beschäftigung mit ihnen ist keine Notwendigkeit für ein erwachtes Leben. Doch sie sind Aspekte der Wahrheit und laden uns ein, ihre Strahlen zum stillen, formlosen Gewahrsein zurückzuverfolgen.

Buddha – Liebe oder Abhängigkeit

Mit dem Buddha als Form der Unterstützung ist die Begegnung und das Zusammensein mit einem Menschen gemeint, in dessen Leben tief greifende Selbsterkenntnis stattgefunden hat. Buddha bedeutet »der Erwachte«: ein Mensch, der zu seiner wahren Natur erwacht ist und dessen ganzes Leben von dieser Erkenntnis durchdrungen ist. Der Begriff »Erwachter« ist in sich paradox. Was in einem solchen Menschen stattgefunden hat, ist das Absinken des Bewusstseinsschwerpunktes von der Oberfläche der Personenbezogenheit in die Tiefe des nicht personengebundenen Gewahrseins. Alle Definitionen von »Ich bin ein Einzelwesen, das von anderen getrennt ist und sich von ihnen unterscheidet« sind als unwirklich erkannt worden. Bezeichnungen wie »Erleuchteter«, »Erwachte«, »Befreiter«, »Weise«, die den Eindruck einer besonderen Person vermitteln, sind also irreführend.

Dennoch gibt es Menschen, die die Rolle eines spirituellen Lehrers einnehmen und die – so scheint es zumindest – andere in der Erkenntnis von Freiheit unterstützen können. Ihre Funktion können wir als Hinweisschilder auf die Wahrheit verstehen. Ein Schild, das den Weg in die Innenstadt anzeigt, ist nicht die Innenstadt selbst, es zeigt nur einen Weg und Zugang auf. Noch treffender ist der Vergleich mit einem Ortsschild im Zentrum der Stadt. Darauf steht »Freiheit hier und jetzt!«. Es lädt die Betrachter ein, ihre Suche zu beenden und zu erkennen, dass sie bereits genau dort sind, wo sie hin wollten. Sie haben sich nur eingebildet, sie müssten anderswohin.

In der Esoterik-Szene gibt es eine unüberschaubare Vielfalt von spirituellen Lehrern und Lehrerinnen. Nicht bei allen handelt es sich um Vertreter einer tief greifenden Spiritualität. Oft sind es Menschen, die ein relatives Maß an Heilung gefunden haben und dies auch anderen vermitteln können, die aber die Kernursachen des Leidens nicht durchschaut haben. Doch abgesehen von einer esoterischen Mischung aus Einsichten, kindlich-magischem Denken und Sendungsbedürfnis gibt es eine steigende Anzahl von Menschen, die echte Erfahrungen des Erwachens und der Befreiung erleben, die darüber sprechen und ihre Erkenntnisse teilen.

In den letzten fünfzehn Jahren sind zum Beispiel LehrerInnen recht bekannt geworden, die sich auf die Inspiration von indischen Weisen der Advaita-Tradition beziehen, wie Ramana Maharshi, Poonjaji, Nisargadatta oder deren SchülerInnen. Sie bieten Begegnungen unter dem Begriff Satsang* an. Auch darunter finden sich Licht und Schatten. Einige Lehrer verkörpern eine tiefe Erfahrung von wirklicher Freiheit und besitzen die Fähigkeit, Selbsterforschung auf kraftvolle Art zu vermitteln. Vereinzelt findet man Lehrerfiguren, die zwar Freiheit verkörpern, aber ihre Rolle zu eigennützigen Interessen in Bezug auf Geld, Macht oder Sex missbrauchen. Ebenso trifft man Menschen, die nach oberflächlichen Einblicken frühreif die Lehrerrolle einnehmen. Und natürlich gibt es auch diejenigen, die »Satsang« und »Erwachen« lediglich als Werbeslogan benutzen.

Wenn wir das Glück haben, einem authentischen Lehrer oder einer Lehrerin zu begegnen, kann sich ein großartiges Geschenk offenbaren: die Frische der unmittelbaren Vermittlung des Seins. Ramana Maharshi bezeichnete die Gesellschaft eines solchen Menschen als die machtvollste Hilfe zur Selbsterforschung. Das Zusammensein reißt uns aus Identifizierungen und Glaubensmustern. Unsere konditionierten Wahrheiten und spirituellen Glaubensgebäude überstehen ein solches Zusammentreffen nicht. Der Lehrer stellt uns auf die Beine unserer eigenen Erfahrung. Im Mittelpunkt steht einzig die Erforschung des Seins. Alles dreht sich um die lebendige Erfahrung von Wahrheit im gegenwärtigen Augenblick.

Die Unterstützung durch die Gegenwart eines Lehrers ist eine untergründige mysteriöse Kraft. Die lebendige Erkenntnis dieses Menschen wirkt wie ein schwarzes Loch. Es absorbiert geistige Unruhe und Rastlosigkeit und lässt den Geist still werden. Das Energiefeld eines solchen Menschen strahlt Frieden, Klarheit und innere Erfüllung aus. Und diese Ausstrahlung erleichtert den Zugang zu einem Bewusstseinszustand, der die Erkenntnis der Wahrheit viel leichter eröffnet als das Alltagsbewusstsein. Dabei scheint es zweitrangig, ob der Lehrer Techniken oder Methoden vermittelt und auf welche Weise er sich ausdrückt. In erster Linie wirkt das Einlassen auf seine Gegenwart.

Von einem absoluten Standpunkt aus betrachtet, ist das Energiefeld, das ein Lehrer ausstrahlt, nicht getrennt von der Energie, die im Suchenden gegenwärtig ist. Es ist dieselbe Kraft der Stille, dieselbe friedvolle Liebe – die wahre Essenz jedes Wesens. Doch solange Suchende sich von dieser Stille getrennt fühlen, kann es eine große Unterstützung sein, sich der Ausstrahlung eines solchen Energiefeldes auszusetzen.

Aus dieser Perspektive trägt die Schüler-Lehrer-Beziehung ein Paradoxon in sich. Da die Trennung in Schüler und Lehrer, in Suchenden und Erwachten, nur eine Illusion ist, da beide das eine, ungeteilte Selbst sind, besteht die Besonderheit der echten Schüler-Lehrer-Beziehung darin, dass sie dazu dient, den Glauben an ihre eigene Realität aufzulösen. Immerhin – dafür können wir sie nutzen.

Wenn wir uns auf eine solche Begegnung einlassen, müssen wir in vielerlei Hinsicht mit großer Intensität rechnen. Es kann geschehen, dass wir für unsere Lehrerin oder unseren Lehrer starke Gefühle von Zuneigung entwickeln. Vielleicht verlieben wir uns regelrecht. Die Innigkeit mit einem spirituellen Lehrer kann sich tiefer anfühlen als alles, was wir zuvor – selbst in den intimsten Beziehungen – erlebt haben. Doch die Offenheit und die Herzensnähe, die sich auftut, hat nichts mit der persönlichen Liebe von Individuum zu Individuum zu tun. Sie ist Liebe von Selbst zu Selbst. Liebe als reiner Ausdruck des einen Selbst.

Das Erleben dieser Liebe kann nicht künstlich hergestellt werden. Doch wenn es geschieht, wenn wir unserem Herzenslehrer begegnen und wenn ein Feuer der Begeisterung und Hingabe für sie oder ihn entfacht wird, kann dies ein machtvolles Eingangstor bilden. Im Hindurchgehen verbrennen sämtliche Konzepte von Trennung. Die Scheidewand zwischen uns und dem Lehrer zerfällt. Wir erfahren uns als die grenzenlose und bedingungslose Liebe des Seins.

Es ist möglich, dass wir schon in den ersten Begegnungen einen Vorgeschmack von der Kraft dieser Liebe spüren. Das geschieht ähnlich wie in einer normalen Liebesaffäre: Zunächst erleben wir eine Phase der Verliebtheit. Wir sind begeistert von der Ausstrahlung des Lehrers. Fasziniert folgen wir seinen Ausführungen. Bereitwillig lassen wir uns auf seine Hinweise ein. Wir fühlen uns durch seine Vermittlung zutiefst inspiriert und schmelzen in seiner Herzlichkeit dahin. Wenn wir uns, einmal angelockt, noch näher auf die Begegnung einlassen, kommt es zu einer weiteren Vertiefung. Die sieht allerdings weniger rosig aus. Denn eine solche Beziehung beschränkt sich nicht auf angenehme Offenbarungen. Sie dient dazu, die Hindernisse aufzulösen, die dem Erkennen des wahren Selbst im Wege stehen. Verborgene Identifikationsmuster kommen in der Dynamik dieser Beziehung ans Licht: Verletzlichkeit, Enttäuschung, Eifersucht, Klammern, Wut, Angst, Scham. Sind wir bereit, uns testen zu lassen? Können wir den negativ erscheinenden Erlebnissen im Geist echter Selbsterforschung begegnen? Sind wir reif genug, uns dem Feuer der Liebe – hier in Form unseres Lehrers – sowohl mit seinen wärmenden als auch mit seinen sengenden Flammen auszusetzen?

Wird ein ernsthaftes Interesse an der Unterstützung durch eine Lehrer-Schüler-Beziehung wach, taucht zunächst die Frage auf, wie wir den richtigen Lehrer finden. Eine überraschende Antwort darauf rief Poonjaji jemandem zu, der ihm diese Frage stellte. »Mach dir keine Sorgen«, sagte er, »Du brauchst deinen Lehrer nicht zu suchen, er wird dich finden.« Zum genau richtigen Zeitpunkt taucht in unserem Leben auf, was benötigt wird. Ramana Maharshi riet: »Wenn du einem Menschen begegnest, dem gegenüber du tiefen Respekt empfindest, wenn du bemerkst, dass dein Geist in seiner Gegenwart wie von alleine zur Ruhe kommt und du tiefen Frieden fühlst, dann kann dieser Mensch ein Lehrer für dich sein.«

Für die Einschätzung von Tiefe, Aufrichtigkeit und Unbestechlichkeit einer Person mögen ein paar Fragen hilfreich sein: Ist die Vermittlung von Selbsterforschung unmittelbar und frisch? Basiert sie auf eigener Erfahrung oder auf gelerntem Wissen? Weisen Lehrer oder Lehrerin auf das Potenzial der Suchenden hin, selbst zu erkennen, oder sollen vorgegebene Sichtweisen übernommen werden? Wird auf die unmittelbare Entdeckung von Freiheit im gegenwärtigen Moment hingewiesen, oder wird die befreiende Erkenntnis in eine ferne Zukunft verschoben, als Folge langwieriger Disziplin und moralischer Verdienste? Vermittelt der Lehrer das Gefühl einer starren Hierarchie, in der er höher steht, oder verweist er auf die fundamentale Einheit aller Wesen? Beinhaltet die Lehre eine Komponente von Ausschließlichkeit, die nur die eigene Art der Vermittlung und nur den eigenen Lehrer als Autorität gelten lässt? Oder finden wir eine geistige Weite, in der auch andere Zugänge, andere Lehren und Lehrer anerkannt werden?

Diese Fragen können dazu beitragen, authentische Selbsterforschung von spiritueller Scharlatanerie zu unterscheiden. Doch in jedem Falle landen wir auf unserem Weg genau dort, wo wir sein sollen. Und wir werden genau die Erfahrungen machen, die uns tiefer bringen. »Egal ob du an einen echten oder falschen Lehrer gerätst«, erklärt Gangaji*, »wenn du aufrichtig an Selbsterforschung interessiert bist, werden beide Situationen dich einladen, innere Freiheit zu entdecken.«

Die steigende Anzahl erwachter Lehrer, die wir im westlichen Kulturkreis beobachten, hat große Vorteile mit sich gebracht. Während man noch vor zwei Jahrzehnten lange nach einer lebendigen Vermittlung von Selbsterforschung suchen musste, finden wir sie heute manchmal einen Häuserblock weiter. Verschiedenartige Ausdrucksweisen der essenziellen Wahrheit zu erleben kann uns davor schützen, in spirituelle Rigidität zu verfallen, die uns nur an »den Lehrer« und »die Methode« glauben lassen und in eine neue Engstirnigkeit sowie in spirituellen Fundamentalismus führen.

Es gibt aber auch nachteilige Aspekte der Lehrer-Vielfalt. Eine ist das Guru*-Hopping: Spirituelle Sucher wandern von Lehrerin zu Lehrer, ohne sich tief greifend auf Selbsterforschung einzulassen. Häufig scheint es verlockend, die »Verliebtheitsphase« mit einem Lehrer auszukosten – und weiter zu ziehen, sobald es ungemütlich wird. Solange der Reiz des Neuen überwiegt und uns der Lehrer positiv zugewandt scheint, genießen wir es. Wir schwärmen von

»unserem Meister«. Doch sobald derselbe Meister uns weniger oder gar nicht mehr beachtet, vielleicht sogar kritisiert oder herausfordert, scheint es uns attraktiver, zum nächsten zu wechseln.

Natürlich ist es sinnvoll, sich einen Überblick zu verschaffen. Wollen wir uns jedoch wirklich auf etwas einlassen, müssen wir irgendwann eine Entscheidung treffen. Springen wir ständig von Satsang zu Satsang, verpassen wir die Vertiefung von Selbsterforschung, wie sie in der echten Schüler-Lehrer-Beziehung möglich ist.

Natürlich gibt es Verzerrung auch in der entgegengesetzten Richtung: Hörigkeit. Aus dem Einlassen auf einen Lehrer kann eine abhängige Bindung entstehen. Oft ist solch eine Verzerrung daran zu erkennen, dass die Aufmerksamkeit des Schülers sich zunehmend um Äußerlichkeiten und immer weniger um die eigene innere Erfahrung dreht. Auf einmal ist es wichtig, zum inneren Kreis der Menschen zu gehören, die dem Lehrer nahe stehen. Äußerlichkeiten wie Kleidung, Sprache und Benehmen des Lehrers werden imitiert. Es mag sogar sein, dass es zu einer engen finanziellen, emotionalen oder sogar sexuellen Abhängigkeit vom Lehrer kommt. Wenn die Motive eines Lehrers ichbezogen sind, mag eine solche ungesunde Dynamik vom Lehrer beabsichtigt sein. Vielleicht existiert sie aber nur auf Seiten des Schülers, der den Lehrer in seiner Fantasie zum Gott idealisiert, sich selbst klein macht und so den tieferen Zweck der Beziehung, die Erfahrung des ungeteilten Seins, verfehlt.

Von außen ist die innere Dynamik einer spirituellen Schüler-Lehrer-Beziehung schwer zu beurteilen. Wir können nur aufrichtig in uns selbst hineinhorchen. Hören wir die ewige Schallplatte von »Ich brauche niemanden, ich schaffe es alleine«, dann kann das ein Hinweis sein, dass wir uns in einem Konzept von Eigenständigkeit und Unabhängigkeit verloren haben. Hören wir »Ohne meinen Lehrer sinkt meine Schwingungsfrequenz, ohne ihn kann ich keine innere Stille erfahren«, dann befinden wir uns in den Fängen der Abhängigkeit. Sind wir frei davon und haben wir das Glück, einem Lehrer unser Herz schenken zu können, leuchtet das Wunder einer sich immer weiter vertiefenden spirituellen Beziehung auf: das Strahlen der unpersönlichen Liebe.

Sangha – Freundschaft oder Ausgrenzung

Das zweite Juwel der Unterstützung bezeichnete der Buddha als »Sangha«. Das bedeutet die Gemeinschaft von Menschen mit dem gleichen Interesse an Selbsterforschung. Die tiefe Sehnsucht nach wirklicher Freiheit und das radikale Hinterfragen aller verdeckenden Konzepte findet keineswegs breite gesellschaftliche Unterstützung. Im Gegenteil, die Masse der Gesellschaft und die meisten ihrer Institutionen leben verstrickt in die Trance der persönlichen Identifikation und setzen alles daran, sie aufrechtzuerhalten.

Häufig stehen wir deshalb als spirituelle Sucher allein da, insbesondere, wenn unsere Erkenntnisse und Erfahrungen tiefer gehen. Daher ist es unterstützend, mit Menschen in Kontakt zu sein, für die spirituelle Erfahrungen nicht fremd sind und bei denen nicht gleich Sektenangst aufkommt, wenn sie Worte wie »Erleuchtung« oder gar »Guru« hören. Vielleicht begegnen wir Menschen, die sich zu einem ähnlichen Weg oder demselben Lehrer hingezogen fühlen. So ein Zusammensein erzeugt ein Energiefeld, das – ähnlich dem Energiefeld in Gegenwart eines spirituellen Lehrers – sehr unterstützend wirken kann.

Im besten Fall entsteht hier ein Kreis von wahren Freunden. Dies sind Freundschaften, die eine vollkommen andere Grundlage haben, als wir sie normalerweise gewohnt sind. Gewöhnlich gehen wir Beziehungen mit Menschen ein, wenn uns Ähnlichkeiten auf einer persönlichen Ebene verbinden: gleiche Hobbys, ähnliche Einstellungen, Wertvorstellungen und Ziele, harmonierende emotionale

Bedürfnisse, erotische Anziehung. Im Zentrum der Beziehung stehen Bedürfnisse und Wünsche zweier Ich, des eigenen und das des Gegenübers.

Anders bei der spirituellen Freundschaft: Hier sind nicht die persönlichen Bezüge die Basis, sondern die gegenseitige Unterstützung zur befreienden Selbsterforschung, die über die Identifikation mit dem persönlichen Ich hinausgeht. Wenn wir uns auf solch eine »unpersönliche« Begegnung in einem Sangha einlassen, sehen wir die anderen aus einer Haltung natürlicher Stille, tiefer Wertschätzung und des Nicht-Beurteilens. Die Schönheit, die wir sehen, ist das Strahlen des unpersönlichen Gewahrseins durch die Form der Person. Wir können staunen über die essenziellen Qualitäten von Frieden, Güte und Offenheit, die durch unser Gegenüber hindurchleuchten.

Die Kehrseite dieses Themas sind deren destruktive Extreme. Ein solcher Schattenaspekt ist auch in diesem Fall die Abhängigkeit, diesmal von der Gruppe. Zum Beispiel, wenn wir uns nur noch in den Schoß einer gleich gesinnten Gemeinschaft flüchten und die Begegnung mit »Nicht-Gleichgesinnten« und die damit verbundenen Herausforderungen vermeiden. Zum anderen kann es in einem Sangha zu einem rigiden Festhalten an den eigenen Vorstellungen von Spiritualität kommen. Im Extremfall zeigt sich eine solche Erstarrung durch eine starke Isolation.

Im echten Tiefgang der Selbsterforschung werden beide Gelegenheiten, die Begegnungen in einem unterstützenden Sangha und die Begegnungen mit Menschen aus anderen Zusammenhängen, als gleichwertige Chancen der Vertiefung erkannt. Uns wird bewusst, dass auch die Unterscheidung zwischen spirituellen Freunden und Nicht-Freunden nur eine Unterscheidung des Verstandes ist.

Wir entdecken, dass die Schönheit und Tiefe, die wir zunächst nur mit den spirituellen Freunden entdecken konnten, sich mehr und mehr auch auf die Begegnung mit anderen Personen ausweitet,

selbst auf jene, die keinerlei Interesse an spiritueller Selbsterforschung haben – ja solchen Dingen sogar abweisend gegenüberstehen. Auf mysteriöse Art wird uns offenbar, dass der echte Sangha
alle Menschen, alle fühlenden Wesen, ja selbst die scheinbar unbelebte Materie umfasst.

Dharma – frische Erfahrung oder Imitation

Das dritte Juwel der Unterstützung nannte der Buddha den Dharma.
Dharma bedeutet »Lehre«. Zu Zeiten des Buddhas bezeichnete dieser Begriff die mündlich weitergegebenen Texte und Lehrreden. Der
Dharma ist der Versuch, die unmittelbare Erfahrung von Wahrheit,
die jenseits von Worten liegt, in Sprache auszudrücken. Der sprachliche Ausdruck lädt zur direkten Erfahrung ein und inspiriert zur
Selbsterforschung.

Heute wirkt der Dharma neben der persönlichen Vermittlung auch
durch Bücher, Audio- und Videoaufnahmen. Von vielen bekannten
spirituellen LehrerInnen gibt es CDs, Videos, DVDs. Häufig handelt
es sich um Aufzeichnungen von Dialogen mit Menschen, die spirituelle Unterweisung suchen oder von eigenen Erfahrungen berichten. Solche Aufzeichnungen können uns tief berühren und zu
lebendiger Selbsterkenntnis inspirieren.

Bei der Vermittlung des Dharma handelt es sich allerdings nicht um
Lernen im herkömmlichen Sinne – auch wenn in spirituellen Kreisen oft von einer Lehre die Rede sein mag. Es geht nicht um die gedankliche Beschäftigung, um das Speichern oder Verinnerlichen
neuer spiritueller Konzepte. Das wäre totes Wissen, das kein Potenzial zu wahrhaftiger Befreiung in sich trägt. Ebenso wenig geht es
um das Aneignen von Fähigkeiten oder das Erreichen von Zielen.
Auch das wäre nur die alte Masche des Egos, das glaubt, besondere
Ideale anstreben zu müssen.

In der lebendigen Vermittlung des Dharma, wie sie beispielsweise im authentischen Satsang geschieht, handelt es sich vielmehr um ein Hinweisen auf das jedem Menschen innewohnende Potenzial zur Selbsterkenntnis im gegenwärtigen Moment. Ob wir ein Buch lesen oder dem Vortrag einer Lehrerin lauschen, wenn wir uns dadurch zu dem Abenteuer direkter Selbsterforschung anstecken lassen, dann tut der Dharma seine Wirkung.

Natürlich gibt es auch hier wieder die Möglichkeit des Missverständnisses oder der Verzerrung. Wenn in einem Text die Erwachenserfahrung eines Menschen beschrieben wird, kann uns das einen Geschmack dieser Freiheit geben. Oder unser Verstand speichert lediglich die äußeren Aspekte einer solchen Erfahrung ab. Damit kann er eine neue Art des Leidens schaffen. Entweder macht er uns glauben, wir selbst müssten die beschriebene Erfahrung genauso machen und begibt sich in eine sehnsüchtige Erwartungshaltung. Oder er versucht, die abgespeicherte Erfahrung heimlich zu kopieren, innerlich zu imitieren und willentlich zu produzieren – was eine enorme Anstrengung und Unechtheit mit sich bringt.

Eine weitere Verzerrung des Dharma ist es, wenn wir den sprachlichen Ausdruck spiritueller Einsichten lediglich als Begriffe und Formeln auswendig lernen, statt sie als Hinweise auf die innere Erfahrung zu begreifen. Dann laufen wir mit spirituellen Worthülsen herum und missbrauchen sie, um einem lebendigen Spüren direkter Erfahrung auszuweichen oder andere sendungsbewusst von unserer »eigenen spirituellen Wahrheit« zu überzeugen.

Wenn der Dharma wirklich tiefgründig verstanden wird, kann das Lesen eines einzigen Satzes in uns eine Resonanz mit der Wahrheit jenseits jeglicher Konzepte auslösen. Wir lassen uns berühren. Wir werden inspiriert, nach innen zu tauchen. Und dann wird uns klar: Der wirkliche Dharma ist weder eine Sammlung von Glaubenssätzen noch das Gedankengebäude einer Weltanschauung. Er ist die Ausstrahlung des stillen Gewahrseins, das jeder von uns selbst ist.

Das Geschenk der dunklen Nacht der Seele

Die drei Juwelen der Existenz kann man als heilsame Medizin bezeichnen. In bestimmten Phasen unseres Lebens vermögen sie Wunder zu bewirken. Dennoch werden wir Zeiten erleben, in denen all diese Heilmittel unwirksam werden. Ihre unterstützende Kraft schwindet oder lässt uns ganz im Stich. Dieser Prozess ist kein Unglück. Vielmehr liegt ihm eine tiefere Perfektion zugrunde. Würden wir ständig den wohltuenden Einfluss unterstützender Umstände genießen, blieben wir im Glauben gefangen, das Erkennen der Freiheit wäre von der Zuwendung eines Lehrers, der Zugehörigkeit zu einer Gruppe oder von der Inspiration durch Texte und Bilder abhängig. Der universelle Lehrer, das Sein selbst, hat als Gegengift für diese Tendenzen ein radikales Mittel parat: die dunkle Nacht der Seele.

Dieser in der spirituellen Literatur geläufige Begriff bezeichnet das Gefühl des absoluten auf sich selbst Zurückgeworfenseins und ist nicht minder ein Geschenk als die anderen hell strahlenden Kräfte Buddha, Dharma und Sangha. Im Grunde ist die dunkle Nacht Teil jeder der drei Juwelen. In einer wahrhaftigen Lehrer-Schüler-Beziehung kommt es fast unumgänglich zu einem Punkt, an dem die wohlwollende Unterstützung durch den Lehrer wegfällt – so zumindest scheint es dem Schüler.

Plötzlich schaut uns der Lehrer nicht mehr freundlich und liebevoll an, sondern kritisch fragend oder gar provozierend. Vielleicht beachtet er uns gar nicht mehr. Unsere Fragen und Berichte, die er bisher mit Begeisterung erwidert hatte, scheinen ihm nun keinen Sinn mehr zu machen. Vielleicht verliert er vollkommen das Interesse an uns. Wir fühlen uns missachtet. So fühlt es sich an, wenn der Punkt gekommen ist, an dem wir auf uns selbst zurückgeworfen werden.

Dasselbe Phänomen kann auch im Sangha auftreten. Was sich bisher wie ein schützendes Nest und eine Geborgenheit spendende Gruppe anfühlte, kann sich plötzlich auflösen. Wir stehen allein da. Auch der Dharma kann seine Zauberkraft verlieren. Die Bücher, die Bilder von Heiligen und Weisen, die aufgenommenen Vorträge, all die Schätze unserer spirituellen Medienbibliothek, die uns inspiriert und zu tiefen Einblicken geführt haben, lösen jetzt nichts mehr aus. Sie langweilen uns. Sie erscheinen uns wie tote Predigten.

Die dunkle Nacht der Seele bricht an, wenn uns die Stützen weggezogen werden und wir weder Halt noch Trost finden. Wir fallen in die Schwärze des vollkommenen Alleinseins. Wir haben die Mechanismen der Identifikation zu durchschauen begonnen. Wir haben die Trance der Wunschvorstellungen als hohl erkannt. Unsere Ablenkungsmanöver greifen nicht länger. Die gewohnte Zerstreuung wirkt nicht, die bewährte Beruhigung des Leidens funktioniert nicht mehr. Sogar die spirituellen Konzepte und die Versprechungen auf Befreiung, die wir bisher noch als Trost empfunden haben, erkennen wir als Täuschung. Doch auch die befreiende Begegnung mit der Tiefe des Seins hat noch nicht nachhaltig stattgefunden. So befinden wir uns in einem äußerst unangenehmen Zwischenzustand, in dem das fundamentale Leiden des Ich bewusster ist als je zuvor, ohne dass die Seligkeit des Selbst durchscheint.

Keiner weiß, in welcher Intensität, unter welchen Umständen, wie lange, wie oft und ob überhaupt wir eine solche dunkle Nacht durchleben müssen. Doch wenn sie auftaucht, ist sie kein Dämon, sondern ein Geschenk. Sie bietet uns die Gelegenheit zu erforschen, was in der direkten Begegnung mit der Enttäuschung, dem Verlassensein und der Verzweiflung offenbar wird. Was zeigt sich, wenn wir der Dunkelheit rückhaltlos begegnen, ohne an der Hoffnung auf Licht festzuhalten? Was offenbart sich, wenn wir uns der Schutzlosigkeit überlassen und keinerlei Energie mehr darauf verwenden, einen Panzer aufrechtzuerhalten? Was erleben wir im absoluten Alleinsein, wenn uns die Hoffnung auf Rettung und Erlösung abhanden kommt?

Das Potenzial ist immens. Sind wir bereit, die Dunkelheit vollständig da sein zu lassen, tauchen wir in sie ein und durch sie hindurch. Was von ihr verschlungen wird, sind lediglich die Muster unserer Identifikation. Unser Bewusstseinsschwerpunkt taucht ab in den Urgrund des stillen Gewahrseins, das allen Erscheinungen zugrunde liegt, den hellen wie den düsteren, und das vollkommen unberührt von Licht und Schatten in sich selbst ruht.

Sind wir bereit, uns – ohne jegliche äußere Unterstützung – durch das Dunkel in die Tiefe fallen zu lassen, entdecken wir, dass es keines äußeren Buddha bedarf, keines unterstützenden Sangha und keines inspirierenden Dharma, um zu sein, was wir bereits sind. Wir als unpersönliches Sein selbst sind die Wachheit des Buddhas, die Liebe des Sangha und die Weisheit des Dharma.

Es gibt viele Formen der Unterstützung von Selbsterkenntnis. Das Advaita kennt den Begriff »Satguru«. Er bedeutet »wahrer Lehrer«. Damit ist keine Person gemeint, sondern die Gesamtheit aller Aspekte des Seins, die das sich identifizierende Bewusstsein wieder auf seinen Ursprung zurückverweisen. Der Satguru kann die Form eines spirituellen Lehrers annehmen. Doch in Wirklichkeit kann alles unser Lehrer sein. Ein Berg, ein Kind, ein Tier, ein Unfall, ein Gewinn, ein Verlust, eine Verliebtheit, eine Krankheit, eine flüchtige Begegnung, ein Geräusch, ein Gedanke, eine Beleidigung. Der wahre Lehrer wohnt jeder Erscheinung inne. Dennoch sei hier noch ein Aspekt der Unterstützung hervorgehoben: die äußere Stille.

Stille als Lehrer

Die Buddhisten kennen die Tradition der Retreats. Über einen Zeitraum von wenigen Tagen bis zu Wochen, Monaten oder Jahren zieht man sich von den gewohnten Aktivitäten zurück. Das bedeutet Verzicht auf gewohnte Arbeiten, Gespräche und Ablenkungen wie Lesen oder Fernsehen. Die Tagesstruktur wird durch stilles Sitzen bestimmt. Wie lange die Einheiten sind und welche Meditationstechniken angewandt werden, ist nicht wesentlich. Entscheidend ist, dass das stille Sitzen in Kombination mit dem Mangel an Ablenkungen das Potenzial der Klärung besitzt.

Wenn wir ein Glas mit Wasser und Sand schütteln, entsteht eine trübe, undurchsichtige Brühe. Stellen wir das Glas ab, sinken die Sandkörner zu Boden. Das Wasser wird klar. Das Suchen nach Glück jagt einen Strom von Fantasien und Gedanken durch unseren inneren Raum. Erinnerungen, Wünsche, Träume, Sympathien, Antipathien, Analysen, Projektionen, Klatsch, Meinungen, Spekulationen formieren sich zu einer kaum unterbrochenen Kette von Gedanken. Sie trüben den Blick, doch wir sind süchtig danach. Zwanghaft richten wir unsere Aufmerksamkeit auf diese Gedankenaktivität. Wir geben ihr Bedeutung und reihen immer neue Vorstellungen aneinander.

Das ist das eigentliche Leiden. Ein starker Kettenraucher raucht 100 Zigaretten am Tag – fast ununterbrochen. Geht die eine zu Ende, zündet er daran die nächste an. Wie stark raucht unser Kopf? Kaum ist der eine Gedanke verschwunden, springen wir zum nächsten. Noch eine Fantasie, noch ein Kommentar zu dem Menschen im Bus, noch ein Erinnerungsfetzen, noch eine Wunschvorstellung, noch eine Bemerkung zum Wetter und so fort. Wie der Raucher Sklave seiner Zigaretten ist, ist das sich identifizierende Bewusstsein Gefangener der Gedanken. Die Geister, die es rief, um die Welt zu verstehen, wird es nicht wieder los. Die Gelegenheit des stillen Sitzens, bei dem wir uns Zeit nehmen, ohne ablenkende Aktivitäten einfach gegenwärtig zu sein, macht diese unruhigen Schwebeteilchen zunächst einmal bewusst.

Wenn wir weder Radio hören noch fernsehen, wenn wir uns weder unterhalten noch arbeiten, wenn wir auf alle äußeren Aktivitäten für eine gewisse Zeit verzichten, können wir den »Affengeist« in uns wahrnehmen. So bezeichnen die Buddhisten das von Assoziation zu Assoziation springende Denken. Wenn ein Affe im Urwald sich von Baum zu Baum hangelt, lässt er die eine Liane erst los, wenn er die nächste bereits zu fassen bekommen hat. Unsere Gedanken sind die Lianen des Ich.

Lassen wir uns auf äußere Ruhe ein, wird die innere Unruhe offensichtlich. Stilles Sitzen wirkt wie ein Mikroskop. Womit beschäftigt sich der Verstand? Welche Gefühle und Empfindungen wandern durch den Raum des Bewusstseins? Wie vermeidet unser Denken die unmittelbare Erfahrung? Welche Selbstbilder und inneren Filme wiederholen wir unablässig? Welchen Wünschen rennen wir hinterher? Welcher innere Kampf findet statt? Da wir die Zerstreuung oft benutzt haben, um tiefere Schichten von Leiden ruhig zu stellen oder zu verdrängen, ist das Einlassen auf äußere Stille nicht immer angenehm. Mit dem meditativen Sitzen wird die dämpfende Glocke der Verdrängung gelüftet. Die innere Rastlosigkeit und Anspannung, die zugrunde liegenden leidvollen Gefühle und Glaubensmuster nehmen wir erst jetzt wirklich wahr. Wir spüren bisher unbewusstes Leiden auf einmal sehr intensiv.

Gleichzeitig eröffnet sich das Potenzial der Befreiung. Wenn uns bewusst wird, wie quälend und überflüssig das ewige Abspulen von Gedankenketten ist, kann unser Denken sich entspannen. Wir können uns der Stille unserer wahren Natur gewahr werden. Unsere Aufmerksamkeit kann zur Quelle zurücksinken, weg vom Greifen nach dem nächsten Gedanken hin zur natürlichen Ruhe des Seins. Was ist wirklich hier, in diesem Moment, wenn wir den Gedanken nicht folgen? Wer oder was ist sich der Bewegung des Geistes bewusst? Was entdecken wir in der Pause zwischen zwei Gedanken? Was zeigt sich in der unmittelbaren Erfahrung des Moments? Was leuchtet auf, wenn sich der Geist von seiner Beschäftigung mit Kommentaren, Urteilen und Projektionen entspannt? Mit diesen Fragen wenden wir uns der Essenz von Meditation zu. Wir laden uns selbst ein, als das zu verweilen, was wir in Wahrheit sind: in sich selbst ruhendes, friedvolles Gewahrsein. Natürlich ist Selbsterkenntnis keineswegs auf Zeiten solcher Meditation begrenzt. Sie kann und muss sich in jeder Situation, in jedem Moment, an jedem Ort offenbaren. Anders gesagt: In wirklicher Selbsterkenntnis wird uns klar, dass die Stille des Selbst die allem zugrunde liegende Gegenwärtigkeit ist. In ihr tauchen alle Situationen, alle Momente und alle Orte auf und verschwinden wieder, ohne dass sie selbst jemals davon berührt wäre.

Ob und wie wir eine Form des stillen Sitzens nutzen möchten, wird individuell unterschiedlich sein. Das können ein paar Augenblicke während unseres Arbeitsalltags sein, in denen wir die Augen schließen und bewusst die Stille spüren, die alles umgibt. Oder wir setzen uns während eines Spaziergangs einige Minuten auf eine Parkbank und halten inne. Vielleicht fühlen wir uns zu einer regelmäßigen Meditation morgens oder abends hingezogen. Oder wir verbringen einen ganzen Tag in bewusster Stille irgendwo in der Natur, ganz für uns alleine. Es mag aber auch sein, dass wir an einem Stille-Retreat teilnehmen. Wofür auch immer wir uns entscheiden, jede Sekunde des stillen Verweilens ist überaus kostbar.

Blinde Flecken der Selbsterkenntnis

Ernsthafte Selbsterforschung führt zur Auflösung aller Vorstellungen und Bewertungen und schließlich zur Auflösung der Identifikation mit dem persönlichen Ich. Doch es gibt Regionen unserer Glaubenssysteme, die sich als hartnäckig erweisen. An diesen Stellen scheint es besonders schwer, die einengenden Überzeugungen auszumachen, sie als Konstrukte des Geistes zu durchschauen und ihre Auflösung geschehen zu lassen. Es sind blinde Flecken der Selbsterforschung. Wir neigen dazu, diese Glaubensmuster zu übersehen und sie im Unbewussten schlummern zu lassen.

Spiritualität vs. Alltag

Eines der hartnäckigen Muster ist der Glaube an die Trennung zwischen dem »Gewöhnlichen« und dem »Besonderen«. Das Gewöhnliche ist das, was wir glauben, tun zu müssen. Unser Geist stempelt eine Situation oder Tätigkeit als lästige Pflicht ab und macht sie zum notwendigen Übel. Dem gegenüber steht, was wir aus freien Stücken zu tun glauben. »Das macht Spaß«, kommentiert der Geist. Oder: »Das bringt mich weiter.«
Wir meditieren, statt ins Kino zu gehen, machen Hatha-Yoga und verachten Fitness-Studios, stufen Tai Chi höher ein als Standardtanz, spielen Didgeridoo und Sitar, weil uns jemand erzählt hat, das bringe reinere Energie als Klavier und Gitarre. Theatervorstellungen sind für gewöhnliche Leute, wir gehören zu den wenigen, denen Workshops mit spirituellen Lehrern vorbehalten sind. Wir lesen

keine Romane oder gar Thriller, sondern heilige Schriften. In unserem Urlaub gehen wir auf Retreats und besuchen heilige Orte, statt uns banal an den Strand zu legen oder auf ein Motivationstraining hereinzufallen.

Was geblieben ist, ist der schwer zu erschütternde Glaube daran, dass es eine Trennung zwischen dem Gewöhnlichen und dem Besonderen gibt. Doch authentische Spiritualität muss zu einer Tiefe vordringen, in der sich auch diese Trennung auflöst. Sonst bleibt es beim esoterischen Geplänkel mit zeitweiligem Aufblitzen so genannter spiritueller Erfahrungen.

In Wirklichkeit gibt es keinen Alltag. Das Gewöhnliche gibt es nicht – außer unser Geist benennt es so und glaubt an sein Konzept. So wie der Gedanke »Baum« nur ein mentales Abbild der direkten Erfahrung ist, so verhält es sich mit dem Begriff »Alltag«. Die Assoziationen, die mit diesem Konzept verbunden sind, sind nicht selten ein Sammelsurium negativer Bewertungen: »Geschirrspülen muss leider sein.« »Computerarbeit stört die feineren Schwingungen.« »Toiletten putzen ist eklig.«

Solange wir diese Gedanken für wahr halten, bleiben sie sich selbst erfüllende Prophezeiungen. Wir machen den Abwasch und wiederholen uns: »Das macht keinen Spaß, das mochte ich noch nie.« Oder: »Je schneller ich damit fertig bin, desto länger kann ich meditieren.« Mit diesem inneren Getöse waschen wir ab und wundern uns, dass sich das alltägliche Leben so sehr von unserer Meditation oder der Begegnung mit spirituellen Lehrern unterscheidet.

Das Leiden im Gewöhnlichen ist nicht dramatisch, aber schleichend. Wir denken vielleicht, »es muss wohl so sein«, und finden uns damit ab. Doch im genaueren Erspüren der alltäglichen Verdrossenheit wird deutlich, dass auch sie echtes Leiden bedeutet. Es ist anstrengend, wenn wir im Widerstand gegen die gewöhnlichen Erfahrungen des Alltags feststecken. Es ist unbefriedigend, ständig auf der

Jagd nach dem Besonderen und nach der Intensität außergewöhnlicher Erfahrungen zu sein. Hinzu kommt, dass wir in dieser Verstrickung die tiefere Dimension des Seins übersehen.

Wie wäre es, wenn wir den Abwasch erledigen würden, ohne dass der Gedanke »wie lästig« Gewicht hätte? Wenn wir im Supermarkt einkauften, ohne uns im Strom von Plänen zu verlieren? Wenn wir beim Gehen auf der Straße nur spürten, wie sich ein Fuß vor den anderen setzt, ohne dass unser Geist Kommentare abgibt? Wie wäre es, wenn unser Verstand mit seinen Schnellurteilen wie »das ist banal, primitiv, langweilig, kenne ich schon« innehält? Wenn wir all das, was er für gewöhnlich, alltäglich, lästig hält, mit ganz neuen Augen sehen könnten?

Dann würde offenbar, dass die Unterscheidung zwischen Gewöhnlichem und Spirituellem eine künstliche Trennlinie ist. Mit dem Zur-Ruhe-Kommen unserer Gedanken löst auch diese Grenze sich auf, und wir machen eine erstaunliche Entdeckung: Wir erfahren die Einfachheit wirklicher Spiritualität. Spirituelle Tiefe wird uns in der gewöhnlichsten Erfahrung offenbar.

In der Tradition des Advaita wird dieser Aspekt im Begriff des Karma-Yoga erläutert. Karma-Yoga ist der Zugang zu spiritueller Freiheit über das Handeln in der Welt. Es bezeichnet eine Qualität des Handelns, die nicht an Erfolg oder Misserfolg, nicht an das Erreichen von Zielen gebunden ist. Dieses Handeln ist selbstlos in dem Sinne, dass es nicht durch die Zu- und Abneigungen eines persönlichen Selbst beherrscht wird. Ein Tun, das von allein geschieht, bei dem kein Ich mit seinen eigenen Ansprüchen einzugreifen versucht. Dieses Handeln ist gegründet im Raum des stillen Gewahrseins, frei vom Kampf gegen das, was als Ausdruck des Seins ohnehin geschieht, und daher in vollkommenem Einklang mit dem Strom jeglicher Aktivität.

Die Sucht nach Seligkeit

Es kommt vor, dass wir Erfahrungen intensiver Versenkungs- oder Glückszustände machen. Sie können spontan eintreten oder durch Meditationstechniken hervorgerufen werden. Ihr Wert liegt darin, dass unsere herkömmliche Geistesaktivität dadurch zur Ruhe kommt. Das eröffnet eine große Klarheit des Bewusstseins, ohne die bestimmte Aspekte von Selbsterforschung überhaupt nicht möglich wären.

Die Seligkeit ist eine natürliche Qualität des Seins und öffnet sich in Momenten der Erfüllung spontan auch für das sich mit der Person identifizierende Bewusstsein. Doch erst in der Versenkung wird sie in ihrer vollen Intensität, ihrer ursprünglichen Reinheit und Süße erlebt.

Solche Erfahrungen sind attraktiv. Oft stellen sie Durchbrüche von stiller Freiheit in einem Leben dar, das vorher von Unruhe beherrscht wurde. Doch schnell macht der Verstand das Halten oder Wiedererlangen eines solchen Versenkungszustandes zum höchsten Ziel. So nahe liegend dieser Wunsch sein mag – er führt uns wieder in die Begrenzung. Dann bleiben wir im Irrtum befangen, die Stille und die Seligkeit, die wir in der Versenkung erfahren, seien daran gebunden, dass die Oberfläche ruhig ist. Dann driften wir ab in eine Sucht nach Versenkung, die sich als genauso leidvoll erweisen wird wie alles andere Suchen, mag sie auch spirituell verpackt sein.

Das Auftauchen des denkenden Geistes und der Welt der Erscheinungen ist weder ein Hindernis noch ein Problem. Vielmehr ist die Vielfalt und Unterschiedlichkeit ein faszinierender Aspekt des Seins. Die Freiheit besteht darin, dass wir uns nicht mit einem Teil der Vielfalt – der individuellen Existenz – identifizieren, sondern uns als alles einschließendes Ganzes erfahren. Diese Freiheit braucht keine Unterteilung – auch nicht diejenige in Erscheinung und Nicht-

Erscheinung. Sie ist das allumarmende Wesen des stillen Gewahrseins. Wir müssen Versenkungserfahrungen weder meiden noch festhalten – schließlich handelt es sich nur um wandelbare Zustände. Die tiefere Versenkung besteht im natürlichen Ruhen des Seins in sich selbst als ungestörte Gelassenheit – was auch immer an Zuständen kommt und geht.

Doch wir können das Auftauchen der Suche nach Seligkeit auch als Signal verstehen, wach zu bleiben: Wie ist es, wenn wir dem Gedanken, der vorgibt, etwas fehle oder müsse anders sein, nicht folgen? Ist denn dieser Moment wirklich mangelbehaftet? Sind die Seligkeit und der Frieden des Seins tatsächlich nicht da? Was zeigt sich, wenn wir der nichtseligen Erfahrung im Augenblick ihres Auftauchens rückhaltlos begegnen? Ist diese Erfahrung wirklich abgeschnitten von der Erfüllung? Oder trägt sie in ihrem Kern eine tiefere Offenbarung? Wer ist es, der nach Seligkeit sucht? Gibt es dieses Ich wirklich, das sich von etwas getrennt fühlt und deshalb nach etwas anderem sucht? Was entdecken wir in der Hinwendung zur Quelle der Wahrnehmung? Der Advaita benutzt eine Beschreibung von Selbsterkenntnis, die mit dem Bild von Hüllen (Sanskrit: Koshas) arbeitet. Demnach ist unser wahres Selbst immer gegenwärtig, nur wird es von Hüllen der Anhaftung umgeben und deshalb nicht erkannt. Die äußeren drei Hüllen stehen in Beziehung mit den körperlichen, psychischen und geistigen Aspekten unseres individuellen Seins. Wenn wir an den Glaubensmustern dieser Schichten festhalten, können wir die Essenz von Freiheit nicht erkennen. Die vierte Hülle der Verschleierung wird in diesem System als Ananda-Kosha bezeichnet. Ananda* bedeutet Glückseligkeit. Die Ananda-Kosha stellt die feinste, schönste und zugleich verlockendste Hülle des wahren Selbst dar. Erleben wir ihre Energie, fühlt sich das wunderbar wohlig an. Uns können herrliche, zutiefst selige Zustände und höchste Verzückung offenbart werden. Und doch ist auch dies nur eine Hülle!

Die Entschleierung der inneren Essenz ist ein unaufhörliches Wegfallen aller Hüllen, Schalen, Verdeckungen, weiter und weiter, bis
nichts mehr bleibt, mit dem ein Ich sich bedeckt halten könnte. Und
dann stellen wir staunend fest, dass unter diesen Hüllen, einer Zwie-
bel ähnlich, kein fester Kern zu finden ist. Hier gibt es nichts außer
dem leeren Raum selbst, der jetzt – frei von einengenden Identifikationen – als die sich unendlich dehnende Weite des Gewahrseins
erscheint.

Die spirituelle Tarnkappe des Über-Ich

Unsere Vorstellung, ein persönliches Ich zu sein, engt nicht nur die
Wahrnehmung ein. Sie bringt auch die Annahme mit sich, wir
müssten uns als Person verändern und verbessern. Die Vorschläge
dazu kommen von unserem »Über-Ich« – einem Komplex verinner-
lichter Regeln, die vorschreiben, was richtig und falsch, erlaubt und
verboten ist. In der psychologischen Entwicklung beziehen sich
solche Gebote zunächst auf das Erleben sexueller und aggressiver
Gefühle. Später weiten sie sich auch auf andere gesellschaftlich
definierte Verhaltensnormen aus.
Die Urteile der Instanz Über-Ich sind streng, die Strafen drastisch:
»Meine Aggression zeigt, dass ich einen miesen Charakter habe.«
»Es ist entsetzlich, dass ich immer wieder dieselben Fehler mache.«
Wir verurteilen uns als minderwertig, ungenügend, als Versager
und stricken gleichzeitig an unserem Selbstverbesserungspro-
gramm. In Wirklichkeit sind solche Gedanken nur ein weiterer
Aspekt des sich identifizierenden Geistes. Mit dem Zuckerbrot der
Idealvorstellungen und der Peitsche der Selbstverurteilung treibt er
uns in das frustrierende Streben nach Vollkommenheit der Person.
Auch bei der spirituellen Suche wird das Über-Ich wirksam. Wenn

sich die Identifikation löst, klingen die Neigungen des Bewertens und Verurteilens ab, und dem Über-Ich wird seine Grundlage entzogen. Es verschwindet schließlich ganz. Doch in der Annäherung an seine Auflösung versucht das Ich auf subtile Weise, sich selbst am Leben zu erhalten: Es verlagert die Struktur des Über-Ich auf den Bereich spiritueller Erfahrungen und täuscht vor, im Dienste der Freiheitsliebe zu stehen: »Ich bin nicht achtsam genug. Immer wieder vergesse ich die Selbsterforschung.« »Dass ich keinen Frieden empfinde, liegt an meinem ewigen Widerstand.« »Meine Angst zeigt leider, dass ich spirituell immer noch nichts kapiert habe.«

In diesen Gedanken erscheint das Über-Ich unter der spirituellen Tarnkappe. Das führt zu einer erstaunlichen Verzerrung der Wahrnehmung. Selbst authentische Hinweise auf die Wahrheit werden entstellt. Die Vermittlung spiritueller Freiheit deutet immer direkt auf das Loslassen von Identifikationsmustern, auf das Beenden der Suche und aller damit verbundenen Anstrengungen. Durch die Brille der spirituellen Idealbilder missverstehen wir die lebendige Vermittlung von Wahrheit und deuten sie als dogmatische Lehre. Oder wir glauben, Stille, Seligkeit und Freiheit könnten durch persönliches Bemühen erreicht und kontrolliert werden. Dann wird die Unmittelbarkeit wacher Selbsterforschung durch Muster des Machens und Festhaltens überschattet. Wir übersehen, dass die Qualitäten des Seins von Natur aus durchscheinen, wenn wir uns von jedem Erreichen-Wollen entspannen.

Doch noch die trickreichsten Kapriolen der Irreführung sind eine spannende Herausforderung. Sie vertiefen die Selbsterkenntnis. Wir müssen nur erkennen, wann und wie das Über-Ich eingreift: »Ich sollte stiller sein.« »Ich darf mich nicht identifizieren.« »Ich bin noch nicht klar genug.« »Ich müsste mehr Hingabe an den Tag legen.« Solche Gedanken wollen uns weismachen, wir könnten als Person spirituelle Vollkommenheit erreichen. Wenn wir uns der Anstrengung bewusst werden, die hinter einem solchen Anspruch steckt, entziehen wir jedem weiteren Gedanken unseres spirituellen Gewissens die Energie.

Das Über-Ich symbolisiert unseren Irrglauben an das Konzept von Perfektion. Wir sind der Überzeugung, es gäbe Idealzustände dessen, was wir empfinden, fühlen, denken oder tun sollten. Wir beschäftigen uns damit, was es bedeutet, »vollkommen in Frieden«, »absolut still«, »endgültig frei« oder »vollständig erwacht« zu sein. Doch jede Idee über Erleuchtung ist nur eine Idee. Auch die höchsten spirituellen Ideale sind allenfalls eine Widerspiegelung der Oberfläche. Das tatsächliche innere Erleben, den authentischen Ausdruck eines zur Freiheit erwachten Lebens können sie nicht darstellen. Erwachen ist ja gerade durch die Freiheit von jeglichen Konzepten gekennzeichnet. Die Erfahrung des Wachseins ist immer unbekannt, das Handeln immer spontan und ungeplant. Deshalb gibt es auch keine geprüfte Methode oder durch Tradition beglaubigte Technik, die zu wahrer Selbsterkenntnis führen könnte. Was in Selbsterkenntnis aufleuchtet, erfordert kein Tun, kein Handeln und kein Bemühen. Das wahre Sein ist ohne jegliche Aktivität – genau das, was es immer war und immer sein wird. Frei von allem, was erreicht oder verloren werden könnte. Frei von jeder Idee, dass etwas verändert oder festgehalten werden müsste. Jedes Verfahren, jeder Weg, der sich auf ein Ziel richtet, ist deshalb nutzlos, ja widersinnig, weil er Erfüllung erst in einer entfernten Zukunft verspricht.

Dennoch scheint es so, als ob zuweilen eine Methode das Erleben echter Freiheit eröffnet. Das geschieht allerdings nur dann, wenn sie die Einladung in sich birgt, alles Tun und alle Anstrengung des Denkens loszulassen. Und in jedem Fall müssen wir selbst bereit sein, diese Einladung anzunehmen. Ist es uns möglich, uns mit rückhaltloser Wahrheitsliebe einzulassen, dann funktioniert jede

Methode, jede Technik, jeder Hinweis. Dann wird alles zum Zugang. Und schließlich löst sich sogar die Methode selbst auf. Was bleibt, ist die anstrengungslose Natürlichkeit des Seins.

Bekanntlich schreibt sich das Ich jeden Erfolg – auch den der unpersönlichen Offenbarung – gern selbst zu: »Ich habe es richtig gemacht.« Das Über-Ich folgt auf dem Fuße: »Lass mich das noch mal überprüfen, ob es auch wirklich perfekt war, damit ich es das nächste Mal noch besser hinkriege.« Der Verstand versucht, aus dem Augenblick unschuldiger Frische eine Technik zur Instant-Erleuchtung zu basteln. So eine Methode verspräche dem Ich nichts Geringeres als die Macht, Ichlosigkeit in eigener Regie herzustellen. Die Kehrseite zeigt sich schnell: Was unser Ich als spirituelle Technik in Händen zu halten glaubt, verliert rasch seinen Zauber und seine Kraft. Denn alles, was von einem Ich bewerkstelligt wird, ist anstrengend und unnatürlich. Die Methode wird zur Bürde mühsamer Disziplinierung. Der unmittelbare Zugang wandelt sich zum beschwerlichen Weg.

Wird Selbsterforschung mühevoll, ist das ein Zeichen dafür, dass sich die Instanz des Ichs oder Über-Ichs eingeschlichen hat. Wahrhaftige Selbsterforschung ist keine Pflichtübung, die ein Ich tun müsste oder könnte, um etwas – und sei es noch so hehr – zu erreichen. Wirkliche Selbsterforschung ist das wache Ruhen in müheloser Ich-losigkeit.

Erleuchtung – die letzte Versuchung

Beginnt die Sehnsucht nach echter Freiheit aufzuflammen, wenden wir uns der Spiritualität zu. Wir ahnen, dass wirkliche Erfüllung keine abstrakte Philosophie, sondern konkret erfahrbar ist. Begegnen wir erwachten Menschen, können wir hautnah die tief greifende

Befreiung spüren, die sie erleben und verkörpern. »Erleuchtung« und »Erwachen« verlieren den Beigeschmack einer abgehobenen Sphäre. Unser ureigenes Potenzial scheint durch. Zunächst interpretieren wir diese Begriffe noch durch den Filter unseres Denkens. Wir bleiben der Vorstellung eines persönlichen Ichs, das auf der Suche nach einem beglückenden Zustand ist, verhaftet – jetzt also nach dem Zustand der Erleuchtung: »Irgendwann erlebe ich eine spirituelle Erfahrung, die mich fundamental verändert.« »Wenn ich erwacht bin, werde ich alles Leiden hinter mir gelassen haben.« Das hoffen wir. Wir glauben, Erleuchtung sei in der Zukunft erreichbar, während sie jetzt und hier noch nicht zugänglich ist. Wir setzen uns noch mit dem Gefühl der spirituellen Unzulänglichkeit gleich. Wir sind überzeugt, nicht erleuchtet zu sein.

Sobald wir jedoch einen lebendigen Einblick in die Wahrheit von Erleuchtung bekommen, werden all diese Ideen ad absurdum geführt. Die Suche nach einer zukünftigen Erfahrung von Erleuchtung erscheint uns nun als kosmischer Witz. Gerade die Jagd nach Zuständen ist es ja, die die Erkenntnis des immer anwesenden Friedens – der Erleuchtung – verdeckt haben.

Die Begriffe Erleuchtung und Erwachen bekommen nun eine völlig andere Bedeutung. Sie verweisen nicht länger auf eine erleuchtete Person samt erstrebenswerter Eigenschaften, sondern sie sind Hinweise auf das unpersönliche Gewahrsein, das allen Erscheinungen zugrunde liegt. Die Begrenztheit des Ich-Empfindens löst sich in die Weite des transpersonalen* Bewusstseins auf. Die Zuschreibung von persönlichen Eigenschaften wird als Fiktion durchschaut. Jedes Ich – gleichgültig, ob es sich für erleuchtet oder unerleuchtet hält – ist nur Teil einer Scheinwelt. Die einzig bleibende Realität ist der eigenschaftslose Bewusstseinsraum. Er umschließt und durchdringt alle Erscheinungen und macht ihre innerste Substanz aus.

Das ist eine wahrhaft befreiende Einsicht. Und es kann sein, dass wir nun zu wissen glauben, was Erleuchtung ist: »Jetzt habe ich den Zugang gefunden! Ich bin frei! Ich bin erleuchtet!« Das sind normale Begleiterscheinungen eines authentischen Erwachens. Sie drücken die Begeisterung über das Fallen in den gedankenfreien Raum aus. Wir sollten uns lediglich darüber klar sein, dass der Gedanke »Ich bin frei« nur ein weiterer Gedanke ist. Und jeder Gedanke, den wir festhalten wollen, ist ein Schritt in die Welt des dualistischen Geistes. Folgen wir der Idee »Ich bin nicht frei«, führt sie uns auf direktem Wege in Mangel und Bedürftigkeit. Glauben wir dem Gedanken »Ich bin frei«, verstricken wir uns in spirituelle Arroganz. »Ja, das ist die Wahrheit!«, ist noch der unschuldige Versuch, der Entdeckung von Freiheit einen Ausdruck zu verleihen. »Ich bin erleuchtet«, ist schon das Ausschlagen des Identifikations-Pendels zur gegenüberliegenden Seite. Das Gefühl des Erfolgs, der Überlegenheit und der Macht, die die erleuchtete Identifikation mit sich bringt, wirkt sehr verführerisch. Uns als »befreite Person«, als »erwachter Schüler« oder als »erleuchtete Lehrerin« zu definieren mag vorübergehend das Gefühl des Minderwerts aufheben. Doch wenn dieser Gedanke zum Identifikationsmuster wird, lassen wir uns nicht wirklich in die Freiheit fallen. Wir bleiben im Gefühl eines persönlichen Selbst – nur hat es jetzt einen wohlklingenderen Namen. Wir haben unser Ich mit Freiheitsluft aufgeblasen und nennen es nun »erleuchtet«.

Diese spirituelle Identifikation mag glänzen; mit Erleuchtung hat sie nichts zu tun. Sie führt keineswegs zur Aufhebung der dualistischen Wahrnehmung. Denn immer noch glauben wir an die Trennung von »Ich« und »Du« – jetzt zwischen einem »erleuchteten Ich« und einem »nicht-erleuchteten Du«. Und so sehr wir auch an die eigene Erleuchtung glauben, so lauert doch die Angst, wieder von diesem Thron zu stürzen. Immer noch verlieren wir uns im Zorn auf die Unvollkommenheit der Welt. Und der Hunger nach Anerkennung kommt in neuem Gewand daher. Jetzt meinen wir, unsere persönliche Erleuchtung müsse auch von anderen gesehen und respektiert werden. Dieses selbsternannte erleuchtete Ich ist nicht frei. Die Gefängniszelle, in der es noch immer sitzt, hat jetzt lediglich goldene Wände.

Im Rahmen tief greifender Selbsterforschung ist das Auftauchen einer solchen Identifikation zu erwarten. Sie ist eine raffinierte List unseres identifizierten Geistes, der sich seiner Entmachtung entziehen will. Durchschauen wir diesen letzten Trick unseres Egos, eröffnet sich die Möglichkeit eines rückhaltlosen Falls in unser wahres Sein. Wir begreifen, dass wir besser daran tun, den Gedanken »Ich bin erleuchtet« und seine Variationen nicht anzufassen – wir verbrennen uns die Finger an der alten, schmerzhaften Arroganz des begrenzten Ich.

Die wirkliche Erkenntnis von Erleuchtung zeigt sich uns in der lebendigen Einsicht, dass jede Identifikation, jeder Gedanke mit dem Inhalt »Ich bin dieses oder jenes« nur eine illusorische Erscheinung ist. Der wirkliche Urgrund des Seins ist die unfassbare und doch alles umfassende Stille. Sie ist sich ihrer selbst ohne jeden Gedanken bewusst. In der Hingabe an sie löst sich jede unserer Identifikationen auf. Die Entdeckung von Freiheit offenbart unsere Essenz als die Reglosigkeit des unwandelbaren Seins.

Gleichzeitig vertieft sich diese Erkenntnis als unendlicher Fall in die Leere dieses grenzenlosen Bewusstseinsraumes. Hier gibt es keine Haltegriffe oder Landebahnen. Nichts, woran wir uns mit einer Definition unserer selbst als Person festklammern könnten. Nichts, wovon wir sagen könnten, »das bin ich«, und nichts, wovon wir sagen müssten, »das bin ich nicht«. Während des Sturzes in die Freiheit zerstäuben unsere Konzepte von uns selbst und der Welt. Immer deutlicher erfahren wir uns als der endlos weite Raum der Freiheit, der niemals von irgendeiner Vorstellung eingeschränkt wurde. Erleuchtung bedeutet das lebendige Erspüren unserer Identität mit der Bewusstseinsweite, in der alle Erscheinungen kommen und gehen. Sie ist die Erfahrung dessen, was alles erfährt – ohne dass dieses Erkennen einer Person zuzuordnen wäre und ohne dass sie in einem neuen Konzept als mentales Wissen begriffen werden könnte.

Alles, was in diesem Buch geschrieben wurde, dient dem Durchtrennen der Sicherheitsleinen des sich identifizierenden Geistes und der Unterstützung des freien Falls in die bewusste Erkenntnis des einen Seins, das zugleich vollkommen leer – Nichts – und doch selig erfüllt Alles ist.

Om shanti, shanti, shanti.*

Vierter Teil: Den Schatten erleuchten

Spirituelles Licht und spiritueller Schatten

Einblicke ins Licht

Manchmal geschieht es spontan, wie aus heiterem Himmel, ein kleiner Auslöser genügt. Wir lesen einen inspirierenden Text oder lauschen den Worten eines weisen Redners. Kein Zutun von unserer Seite ist nötig. Plötzlich ändert sich die Wahrnehmung. Das grübelnde Denken löst sich auf. Wir spüren den tieferen Frieden darunter.

Zu anderen Zeiten scheint es, als müssten wir das Heft selbst in die Hand nehmen. Wir lernen eine Meditationstechnik kennen. Wir folgen ihr konsequent und genießen die heilsamen Auswirkungen. Oder wir betreiben eine Form der Selbst-Erforschung, mit der wir unser inneres Erleben durchleuchten. Sie hilft uns, Glaubensmuster aufzulösen und die Weite des Bewusstseins zu spüren. Die befreiende Erfahrung ist dieselbe. Sorgen und Verlangen unserer Person

lösen sich auf. Unser Denken kommt zur Ruhe. Der Geist wird klar.
Unser Identitätsgefühl weitet sich. Das Herz öffnet sich. Wir entdecken die Seligkeit unseres wahren Seins.

Jeder Moment, in dem diese Tiefe sich offenbart, ist ein Geschenk.
Menschen, die diese lebendige Erkenntnis zum ersten Mal entdecken oder wiederentdecken, staunen: »Das ist so einfach, wie konnte
ich das je übersehen?« – »Das wusste ich schon immer! Ich hatte es
nur vergessen.« Wenn sie in diesem Augenblick in die Zukunft
schauen, sagen sie: »Alles andere als dieser Friede ist unwirklich, nie
wieder werde ich auf die Illusion des Leidens hereinfallen« – »Warum sollte ich jemals noch ein Problem haben? In diesem Augenblick ist alles gelöst und vollkommen in Harmonie« – »Hier bin ich
ganz zuhause und erfüllt, ich werde nie wieder etwas Anderes brauchen«. Solche Aussagen beschreiben eine echte Resonanz. Sie sind
wahr. Zugleich beschreiben sie nur die eine Hälfte der Wahrheit.

Der Schatten kehrt zurück

Während unseres spirituellen Suchens oder vielmehr Findens
stellen sich intensive Erfahrungen der Stille ein. Wir dürfen solche
Momente in vollen Zügen genießen. Und doch müssen wir einer
Tatsache Rechnung tragen: Auch nach echten Einblicken in innere
Freiheit tauchen Leid erzeugende Gedankenmuster wieder auf.
Häufig haben sie genügend Kraft, uns in die Re-Identifikation mit
einer begrenzten Person zu verstricken. Die gekostete Freiheit wird
überschattet. Alte Sorgen gewinnen Oberhand. Das vertraute Leiden ist wieder da.

Manchmal mögen wir uns trösten: »Ist egal, ich weiß ja, das tiefere
Sein bleibt unangetastet. Ich habe erfahren, dass es einen Frieden
gibt, der unberührt ist von Allem.« Das stimmt. Doch es nur zu

wissen, ist ein schwacher Abglanz. Das Erinnern ist nicht die direkte Erfahrung. Geben wir uns mit solchen Rückblicken zufrieden, greifen wir nach Glasperlen, obwohl wir den Diamanten in unseren Händen halten. Wir müssten ihn nur weiter von Staub und Schmutz reinigen. Das mag uns zunächst als unangenehme Arbeit erscheinen. Wir müssen uns schon ein wenig mit dem Schmutz beschäftigen, der das Leuchten verbirgt. Doch in Wirklichkeit ist es nicht schwer. Und vor allem: Es lohnt sich! Wir können die Leid erzeugenden Muster im Licht des Bewusstseins durchleuchten und sich auflösen lassen. Dann müssen wir uns nicht an Wahrheit und Freiheit erinnern; wir erleben sie frisch und lebendig.

Für die Verdunklung nach lichtdurchfluteten Einblicken gibt es ein treffendes Bild. Man findet es in traditionellen Weisheitslehren wie in der modernen Psychologie: das Bild des Schattens. Mit Schatten bezeichnen wir den Bereich der Erfahrungen, die im Laufe unserer Entwicklung aus der bewussten Wahrnehmung ins Unbewusste verbannt worden sind.

Licht unter dem Scheffel

Der Schatten enthält verschiedene Elemente. Die einen könnten wir »ungelebte positive Anteile« nennen. Das sind lebensbejahende, kraftvolle Seiten unserer Persönlichkeit. Zu diesen Anteilen hatten wir als Kinder weitgehend uneingeschränkten Zugang. Dann wurden Teile davon in den Schattenbereich unserer Psyche abgeschoben.

Eine Frau in einem meiner Seminare fand in der Meditation Zugang zu einer unbändigen Freude in sich. Damit kam ihr eine Erinnerung: Als sie vier oder fünf Jahre alt war erlebte sie eines Tages eine Welle von grundloser, kindlicher Freude. Sie war einfach von Herzen froh, strahlte über das ganze Gesicht, tanzte und lachte. Ihre Mutter war über diese heitere Stimmung verwundert. Sie ärgerte sich sogar. »Was ist denn mit dir los?«, fuhr sie ihre Tochter an. »Bist du vollkommen durchgedreht?! Lauf solange ums Haus herum, bist du dich wieder beruhigt hast und normal wirst!« Das kleine Mädchen liebte seine Mutter und rannte ums Haus. Einmal. Zweimal. Fünfmal. Nach jeder Runde überprüfte es den inneren Zustand. Doch die Freude wollte einfach nicht verschwinden. Deshalb lief es weiter und weiter. Irgendwann fiel das Mädchen schließlich erschöpft zu Boden. Die Freude war endlich weg.

Seit diesem Zeitpunkt, so erinnerte sich jetzt die Frau, hatte sie nie wieder Freude vollkommen offen und rückhaltlos zulassen können. Ein Anteil ihrer Seele kontrollierte jedes Aufglimmen von Heiterkeit oder Beglückung. Mit Gedanken wie »Sei nicht so übermütig« oder »Es gibt doch gar keinen Grund, sich gut zu fühlen« hielt ihr Denken die Erregung im Zaum. Es sorgte dafür, dass nicht zu intensiv gefühlt wurde. Das hätte vielleicht abermals Abwertung, Bestrafung, Erschöpfung zur Folge. Erst als sie in der Meditation die Stille in sich entdeckte, durfte auch die Freude wieder frei fließen.

Einem anderen Teilnehmer wurde im Laufe der Selbsterforschung bewusst, wie er viele seiner Fähigkeiten ins Unbewusste abgedrängt hatte. Als Schuljunge hatte er große Lust und Talent zu handwerklichen Tätigkeiten. Eines Tages wollte er der Familie im Haushalt zur Hand gehen. Er begann, einen Schrank zu reparieren. Plötzlich sprang sein perfektionistisch veranlagter Vater heran. Nach dessen Maßstäben war die Arbeit des Sohns dilettantisch. »Du hast zwei linke Hände, lass bloß die Finger von solchen Sachen!«, wies er den Jungen barsch zurück. Der Sohn war verschreckt und traurig. »Nun guck nicht so bedäppert!«, entgegnete der Vater. »Mach lieber deine Hausaufgaben. Du sollst schließlich später die Leitung unseres Betriebes übernehmen.« Aus unbewusster Loyalität zu seinem Vater hielt sich der Sohn an die hypnotische Suggestion der »zwei linken Hände«. Er verlor die Lust an handwerklichen Tätigkeiten. Wenn er dann einmal Hammer und Nagel in die Hand nahm, verletzte er sich oft selbst. Die Angst im Nacken, der Vater könnte wieder schimpfen, machte ihn nervös. Jetzt hatte er wirklich zwei linke Hände. Sein vorhandenes Talent lag von diesem Zeitpunkt an brach. Erst in der stillen Begegnung und im Zulassen der enttäuschten Anteilen seiner Seele, fand er wieder Zugang zu diesen verlorenen Ressourcen. Er gewann wieder Zutrauen in die eigenen Fähigkeiten und Freude an der einst geliebten Tätigkeit.

Diese Beispiele zeigen, wie wir positive Gefühle, wertvolle Eigenschaften und sogar essentielle Qualitäten unsere wahren Natur ins Unbewusste verdrängen können. Meistens weil wir uns in einem Loyalitäts-Konflikt befinden. Wir wollen die Zuneigung und Anerkennung einer wichtigen Bezugsperson nicht verlieren. Dafür sind wir bereit, uns zu verbiegen, kleinzumachen und abzuwerten. Der Preis dafür ist hoch. Wir halten eine große Spanne ungelebter Erfahrungen und Potentiale in uns verborgen. Wir schneiden uns von wichtigen Kraftquellen des Lebens ab. Wir vernageln den Zugang zu unserem tiefsten Wesenskern. Bedingungslose Erfüllung und die vielen Formen, in denen sie sich ausdrücken kann, sperren wir in die Kellerräume des Unbewussten. Dann vergessen wir sogar noch, dass wir sie überhaupt dort eingekerkert haben.

Fragen zur Selbsterforschung:
- *Wo halte ich mich im Erleben von essentiellen Qualitäten wie grundloser Freude, umfassender Liebe oder Frieden zurück?*
- *Wo mache ich mich klein, wo verbiege ich mich? Wo schränke ich mich unnatürlich ein?*
- *Welche Fähigkeiten und Fertigkeiten schlummern in mir, die gelebt werden wollen?*

· *Wie wäre es, mit der Selbstreduzierung aufzuhören und das tiefere Potential frei fließen zu lassen?*
· *Wo und wie stelle ich mein Licht, das Licht des Seins, unter den Scheffel? Und wie wäre es, das Licht voll scheinen zu lassen?*

Mit solchen Fragen spüren wir den dämmerig schimmernden Anteilen unseres Schattens nach. Wir locken sie ins volle Licht des Bewusstseins. Das kann sehr hilfreich sein. In der Coaching*-Szene nennt man das »Ressourcenorientierung«. Anstatt auf Probleme, Schwierigkeiten und Mängel zu schauen, richten wir unsere Aufmerksamkeit auf die kraftvollen, stärkenden, heilen Anteile unserer Psyche.

Ressourcen sind Fähigkeiten, Fertigkeiten und Qualitäten, die in uns schlummern und die bisher vielleicht nur übersehen wurden. Lenken wir unsere Aufmerksamkeit auf diese »Kraftquellen«, ist das viel hilfreicher als uns in der Problemtrance zu suhlen (wie schlecht es uns geht, wie wenig wir können, was alles fehlt). Der Begriff »Ressource« kann auf auch einer tieferen Ebene gedeutet werden. Er bedeutet »Rückkehr zur Quelle«. Aus einer spirituellen Perspektive sind dann nicht mehr nur unsere persönlichen Kraftquellen gemeint.

Die tiefste Ressource ist die Quelle des absoluten Seins, aus der alle Erscheinungen hervorgehen. Sie speist uns mit all den Kräften, die wir für unser persönliches Leben brauchen. Sie stattet uns mit den erforderlichen Eigenschaften aus. Sie schenkt uns alle notwendigen Fähigkeiten für ein erfülltes Leben. Sie ist es, die unser Leben leitet und führt.

Zum einen besteht unsere Ressourcen-Orientierung vor allem in der Hinwendung zur inneren Stille und all den heilsamen Qualitäten, die sie offenbart. Freude. Frieden. Erfüllung. Innere Freiheit. Gelassenheit. Gleichmut. Losgelöstheit. Entspannung. Vertrauen.

Liebe. Klarheit. Kreativität. Achtsamkeit. Mühelosigkeit. All diese Qualitäten, und viele mehr, leuchten auf, wenn wir uns auf tiefe Selbst-Erkenntnis einlassen.

Dunkle Glocke

Zum anderen gibt es neben den »ungelebten positiven Anteilen« des Schattens auch andere Elemente. Wir nennen sie hier »dunkle Gefühlsenergien«. Dazu zählen Themen, die mit unserer Lebensgeschichte zu tun haben: verdrängte Gefühle, unerwünschte Teile unserer Persönlichkeit, unverarbeitete Schicksalsschläge, traumatische Erlebnisse. Zum Schatten gehören Gefühle von Unzulänglichkeit, Minderwertigkeit, Todesangst, Triebenergien von Sexualität und Aggression - und manchmal auch der Schmerz kollektiver Erschütterungen, wie wir sie durch die Schrecken von Kriegen, Massenvernichtung oder anderen gesellschaftlichen Verbrechen erleiden.

Zu den Schattenanteilen unserer Psyche hat unser Denken irgendwann gesagt: »Das ist unerträglich«, »das halte ich nicht aus«, »das will ich auf keinen Fall fühlen.« Unser seelischer Apparat verfügt über die Kraft, solche Anteile zu verdrängen und zu verleugnen. Wir verlieren den Zugang – sie sind ins Vergessen geschoben. Damit verschwinden sie nicht. Sie tauchen nur unter. Sie schlummern im Unbewussten. Von Zeit zu Zeit melden sie sich: als schmerzlich aufwallende Emotion, als irrationales Festhalten an Glaubensmustern, als unerklärliche Unausgeglichenheit, unverständliche Selbstsabotage. Manchmal erzeugt der Schatten auch psychosomatisches Leiden.

Unser Schatten ist Ausdruck einer zutiefst dualistischen und trennenden Sichtweise der Welt. Unser Schattendenken unterteilt in gut und schlecht, beruhigend und bedrohlich, wertvoll und wertlos. Es hält einen Teil unserer Erfahrungswelt mit Macht unterm Teppich. Unser Denken projiziert die Schattenanteile auf die anderen, auf das Gegenüber, auf die Welt. Es unterscheidet zwischen guten und schlechten Menschen, annehmbaren und unakzeptablen Lebensweisen. Es verengt unsere Wahrnehmung. Und es führt zum Leiden in unseren Beziehungen. Solange die Schatten nicht erlöst sind, leiden wir also weiter an einem gespaltenen Seinsgefühl, selbst wenn wir schon das friedvolle Einssein der Stille gekostet haben.

Diese Schattenanteile verdunkeln unsere Essenz. Sie schneiden unsere Verbindung zur Quelle ab. Damit blockieren sie auch den Zugang zu unseren persönlichen Ressourcen. Wir können uns das Ganze als eine Glocke vorstellen, als eine Glocke aus dunkler Energie, die über strahlende Anteile unseres Seins gestülpt wurde. Da reicht es oft nicht aus, die eigenen Ressourcen oder die tiefste Quelle zu erahnen oder nur davon zu wissen. Wir können den Zugang nicht aktivieren, solange die Glocke des dunklen Schattens noch real scheint, weil wir sie uns nicht klar angeschaut haben. Deshalb braucht es den Mut, gerade auch diesen dunklen Energien zu begegnen. Erst wenn sie durchleuchtet werden, kann die Glocke sich auflösen. Die unter ihr verborgenen Ressourcen und essentielle Qualitäten streben dann von ganz alleine ans Licht.

Ausleuchten lohnt sich

Ein taoistisches Sprichwort besagt: »Läufst du vor deinem Schatten weg, folgt er dir auf dem Fuß; willst du ihn loswerden, leuchte ihn mit einer Lampe aus.« Genau das ist die Möglichkeit authentischer Spiritualität. Es ist eine Notwendigkeit.

Der Aspekt des Schattens wird oft unterschätzt. Manchmal werden sogar echte spirituelle Einblicke dazu genutzt, die Schattenanteile noch tiefer ins Unbewusste zu senken: »Ich bin reiner Frieden«, »ich bleibe unberührt«, »ich habe alle Trennung transzendiert«. Schön. Aber warum nur muss das Ich seine Ich-losigkeit so demonstrativ vor sich her tragen?

Es ist nur natürlich, dass wir die seligen Phasen spiritueller Erfahrungen auskosten. Auf unserem Meditationskissen sitzend genießen wir die Entspannung. Wir schwelgen in innerem Frieden. Wir atmen auf, in der Losgelöstheit von der Welt. Im Zusammensein mit einem Lehrer geben wir uns vielleicht der Liebe zu ihm oder zum Sein hin. Auf einem Retreat erleben wir beglückende Einsichten. Wir kosten wahrhaftige innere Ruhe oder verlieren uns sogar in Ekstase. All das dürfen wir vollständig auskosten.

Doch wie steht es mit unserer Heiligkeit im alltäglichen Leben? Unter weniger günstigen Umständen? In Lebenskrisen? Können wir wieder aufflammendem Verlangen oder altbekanntem Widerstand genauso im Geiste der Selbst-Erforschung begegnen? Können wir unser Herz auch dem öffnen, was aus den Kellergewölben bedrohlich und schmerzhaft ans Licht drängt? Können wir Licht und Schatten gleichermaßen offen begegnen?

Die Verbannung von Erfahrungen in den Schattenbereich hat ihren Sinn. Es ist ein Abwehrmechanismus des seelischen Apparates. Vielleicht glaubten wir als Kind, allzu schmerzliche Gefühle würden unsere Seele zerstören. Oder wir wollten die Zuneigung einer Bezugsperson, die einige Aspekte unseres Kindseins ablehnte, nicht verlieren. Manchmal ist es die Anpassung an gesellschaftlichen Druck, die zur Erzeugung des Schattens beiträgt. Deshalb haben wir Anteile unserer Persönlichkeit zu verstecken gelernt, vor anderen und vor uns selbst.

Von einem gewissen Grad innerer Reife an merken wir: Die Vermeidung hat ihren Preis. Die Verdrängung von Anteilen, die bewusst erlebt werden wollen, erfordert ein hohes Maß an psychischer Energie. Unser Geist muss hart arbeiten, damit das Verdrängte tatsächlich verdrängt bleibt. Er versucht sich zu beruhigen oder zu betäuben; er kompensiert und bagatellisiert. Er bastelt an Lösungsmöglichkeiten, baut Hoffnungen auf, lenkt ab. »Eigentlich bedrückt mich ja nichts, warum sollte ich mich also bedrückt fühlen? Es gibt so viel Schönes auf der Welt. Meine Kindheit war insgesamt gut. In meinem Job bin ich nicht schlecht, mit meinen Freunden ist es meistens nett. Warum dunklen Stimmungen nachhängen? Das Leben hat so viele angenehme Seiten, und dann gibt es ja noch diesen tieferen Frieden, den ich bereits erfahren habe. Und nebenbei läuft dieser neue Film an, da gibt es was zu lachen. Danach noch ein Schluck Wein, dann schlafe ich gut ein.«

Wenn unser Geist mit der Vermeidung des Schattens beschäftigt ist, braust nach einer stillen Meditation rasch wieder der innere Lärm auf. Unser Denkapparat muss Lautstärke produzieren, um etwas zu übertönen. In tiefer Stille lauert die Gefahr, dass unangenehme Schattenanteile ins Bewusstsein aufsteigen. Deshalb bleibt unser Geist in Bewegung: um diese Begegnung zu vermeiden. Sonst würde ihn das vage Bedrohliche einholen. Und dann? Dann würde es sich schrecklich anfühlen und unerträglich sein - glaubt er.

Auf Dauer nützt es nichts. Wir können noch so sehr versuchen, unseren Schatten loszuwerden. Wir können fliehen, springen oder auf ihm herumtrampeln. Entkommen werden wir ihm nicht.

Schattenbesuche

Was müssen wir tun, wenn wir bereit sind, uns den Schattenanteilen der Seele zu stellen? Zunächst nichts. Sie zeigen sich von allein. Wir erkennen sie an einer unerklärlichen Unausgeglichenheit, an schwelendem Ärger, vager Nervosität. Vielleicht fühlen wir uns dumpf oder taub, nicht richtig wach, aber auch nicht wohlig müde, sondern wie gefangen in einem unbequemen Zwischenzustand. Geschichten laufen in unserem Kopf ab: »Ich sollte mich nicht so schlecht fühlen«, »so hätte ich mich nicht verhalten sollen«, »ich muss mich ändern«.

Solche Gedanken zeigen, dass unser Denken im Kampf mit einem Teil unseres Ichs ist. Es will sich selbst anders haben. Manchmal richtet sich die Unzufriedenheit auch nach Außen: »Das hätte er nicht sagen dürfen«, »so sollte sie sich auf keinen Fall benehmen«, »die müssen einsehen, dass es so nicht geht«. Unser Denken kämpft gegen Anteile in anderen, die wir in uns selbst nicht aufgedeckt haben.

Dunkle Stimmungen erhellen

Diffuse schlechte Laune, Beschuldigungen, Selbstverurteilung sind Signale. Wir können sie nutzen. Sie laden uns ein, in Ruhe nachzuspüren, was wir tatsächlich gerade in uns erleben.

Was brodelt da? Welche tieferen Gefühle treiben mich um? Was vermeide ich gerade? Häufig werden wir entdecken, dass unter den nebelhaften Stimmungen heftige emotionale Ladungen schlummern: Wut, Angst, Scham; Unsicherheit, Unzulänglichkeit, Trauer; Machtlosigkeit, Hilflosigkeit, Verletzung. Es sind Gefühle, die uns jagen und quälen, solange wir sie nicht direkt erfahren. Sie sind Teil des Schattenerlebens, das wir Schicht für Schicht ins Licht des Bewusstseins einladen wollen.

Gefühle helfen uns bei der Einschätzung unserer Umwelt. Sie sind maßgeblich an intuitiven Entscheidungen beteiligt. Manchmal haben wir das untrügliche Gefühl, dass sich eine Entscheidung stimmig anfühlt. Bei der alternativen Möglichkeit fühlen wir uns mulmig. Der Kopf mag noch so schlaue Argumente für die zweite Möglichkeit liefern – unser intuitives Gefühl sagt uns genau, was sich richtig anfühlt.

Erleben wir unsere Gefühle unmittelbar, aus einer entspannten Haltung heraus, helfen sie unserem Organismus beim Finden angemessener Entscheidungen. Sie dienen der klaren Kommunikation. Sie regeln den Umgang mit Nähe und Distanz. Sie tragen dazu bei, dass wir uns auf unsere Intuition verlassen können.

Gefühle können jedoch auch unsere Wahrnehmung trüben und uns in Leiden stürzen: wenn wir nicht das reine Gefühl erleben, sondern darauf reagieren. Wenn wir es kommentieren, wenn wir uns mit Gedanken über Ursachen, Bedeutung, Folgen beschäftigen. So versuchen wir, das Gefühl zu dämpfen oder zu verändern. Wir möchten es nie wieder erleben. Das gleicht einem Boxkampf mit unserem Schatten. Je geschickter wir ausweichen, desto geschickter folgt er uns. Je stärker wir zuschlagen, desto stärker schlägt er zurück.

Aber in dem Moment, wo wir uns im Kampf mit Gefühlen befinden, ist auch ein radikales Innehalten möglich. Innehalten bedeutet: den Kampf aufgeben, die Waffen strecken, stehen bleiben. Uns vom Dunkeln einholen lassen. Wir beleuchten die dunklen Gefühle mit stiller Bewusstheit, die endlich aufgehört hat zu verurteilen. Wir beginnen, vielleicht erst zaghaft und dann mit immer mehr Zutrauen, ihnen wohlwollend zuzulächeln. Wir lächeln und schließlich strahlen wir sie an. Wir umarmen sie in einer Geste der Verschmelzung. Denn wir spüren, dass sie immer schon ein Teil von uns waren, den wir nur irrtümlich in die Verbannung geschickt hatten. Jetzt sind die verlorene Anteile nach Hause zurückgekehrt. Die Wiedersehensfreude ist Schmerz und Glück zugleich.

Licht sein und werden

Unser Ich-Empfinden, das wir normalerweise für so wirklich und greifbar halten, ist aus einer absoluten Perspektive pure Illusion. Unser Ich hat keine Substanz. Es gibt es nicht einmal. Aber wenn es kein Ich gibt, dann kann es doch auch keinen Schatten eines Ichs geben. Das ist wahr. Allumfassende Wahrheit zeigt sich jedoch im Nebeneinander zweier scheinbar widersprüchlicher Perspektiven: in der absoluten und der relativen Betrachtungsweise. In den Momenten wo es sich so anfühlt, als besäße unser persönliches Ich Realität, fühlt sich auch das Schattenerleben unserer Person sehr real an.

Sobald sich ein Schattenaspekt wirklich anfühlt – als schleichende Unzufriedenheit oder deutliches Leiden – können wir das als eine Art Signal verstehen. Als wenn eine kleine Warnlampe auf dem Kontrollpult unserer spirituellen Entwicklung aufleuchtet und ein Weckton piept. In so einem Moment hat sich im Nervensystem ein illusorisches Ich-Empfinden aufgebaut. Auf irgendeiner Ebene glauben wir noch, wir müssten etwas erreichen oder vermeiden. Nun fordert uns die Stimme unseres Kontrollpultes auf: Halte inne, überprüfe den Status deiner Identifikation. Achte darauf, ob neues ichhaftes Verlangen aufgetaucht ist. Oder ob du gerade Schattenelemente aus deinem Bewusstsein verdrängen willst.

Ignorieren wir so eine Meldung, geht es uns bald schlecht – mögen wir noch so hochspirituell weiterrauschen. Wir können dieses Phänomen des auftauchenden Schattens nutzen, um zu beleuchten, wo wir noch – oder wieder – an ein begrenztes Ich glauben. Damit erleuchten wir die Anteile unseres Ichs, die noch in der Illusion des Leidens verhaftet sind. Sowohl Schatten als auch illusorisches Ich dürfen dann mehr und mehr verschwinden. Unsere Person wird immer transparenter für das Licht des reinen Bewusstseins, das wir bereits sind. Auf der relativen Ebene werden wir zu einem Wesen, dass immer weniger Schatten wirft, während wir auf der absoluten Ebene uns schon von jeher als schattenloses und ichloses Sein wissen.

Platz der Stille

Die Begegnung mit unseren Schattenanteilen ist keine sanfte Kutschfahrt. Die dunklen Seiten haben wir jahrzehntelang in der Verbannung gehalten. Nun gestatten wir ihnen den freien Zugang zu unserem Bewusstsein. Das geht mit Erschütterungen einher. Doch wenn wir unsere Erfahrung innerer Freiheit vertiefen wollen, führt kein Weg daran vorbei.

Aus einer klassisch psychologischen Sichtweise wird zuweilen davor gewarnt, sich die schmerzhaften Anteile der eigenen Psyche bewusst anzuschauen. Diese Vorsicht hat ihren Platz. Für Menschen, die durch eine psychische Erkrankung belastet sind, bedarf es manchmal zusätzlicher therapeutischer Unterstützung. Doch für ein gewisses Maß an spiritueller Reife gelten andere Regeln. Wenn wir die Sehnsucht nach Freiheit spüren, verfügen wir meist über genügend Stabilität für das Ausleuchten des Schattens. Im ersten Teil des Buches haben wir schon einige Zugänge zur Gelassenheit kennengelernt. Nutzen wir sie, haben wir eine gute Ausgangsbasis für die Begegnung mit unseren Schattenanteilen.

Es mag hilfreich sein, über den Tellerrand der Spiritualität zu schauen. Die Psychologie bietet Herangehensweisen, die für unsere Begegnung mit dem Schatten Hinweise aufzeigen. Ein Beispiel: Die hypnotherapeutische Trauma*-Therapie versucht, Menschen zu helfen, die unter einem Trauma und dessen Folgen leiden. Hier sind Parallelen zu spirituellen Ansätzen erkennbar. Bevor dem Klienten eine direkte Konfrontation mit dem traumatischen Material zugemutet wird – mit den erinnerten Bildern des schrecklichen Erlebens – wird eine Stabilisierungsphase empfohlen. Darin ist es wichtig, dass der Klient in sich selbst einen »sicheren Ort« oder einen »guten Platz« findet oder entwickelt. Damit ist ein Erleben von Ruhe, Sicherheit und Geborgenheit gemeint, das nicht vom Außen abhängig ist. Um so einen inneren Ort zu entdecken, werden Menschen in eine Tiefenentspannung geführt. Dort kann eine lebendige Imagination stattfinden. Man stellt sich vor, welcher Fantasie-Ort stärkende Gefühle von Geborgenheit und Sicherheit vermitteln würde. Etwa ein schattenspendender Baum auf einem Hügel, umgeben von grünen Wiesen. Oder ein Aussichtsplatz auf einem Berg mit einer schützenden Felswand im Rücken. Wie sieht es dort aus? Welche Farben sind besonders schön? Was für angenehme Töne sind zu hören? Vogelgezwitscher? Das Rauschen des Windes? Was ist zu riechen? Lavendelduft oder einfach frische Luft? Ist es schöner, dort zu stehen oder zu sitzen oder zu liegen? Wie fühlt sich das eigene Atmen an, wie der ganze Körper in solcher Geborgenheit? Man kann sich sogar ein unterstützendes Zauberwesen zur Seite holen. Das Wesen – womöglich mit übernatürlichen Kräften begabt – schützt einen vor jeglicher Gefahr.

Das sind alles nur Fantasien. Doch wenn wir uns in Ruhe auf sie einlassen, entfalten sie eine intensive Wirkung. Sie eröffnen jene essentiellen Qualitäten von Vertrauen und Gelassenheit, die zu unserer wahren Natur gehören. Zugleich geht es darum, eine Beobachterhaltung einzunehmen: eine Weise, das innere Erleben aus dem Hier und Jetzt heraus zu betrachten, ohne sich in hektischen Reaktionen zu verlieren; einen gelassenen Abstand, aus dem es möglich ist, Gefühle zu spüren, ohne von ihnen überwältigt zu werden.

Ist der Zugang zu so einer stabilen inneren Basis gefunden, können selbst heftigste traumatische Erfahrungen angeschaut und heilsam verarbeitet werden. Das ist der Ansatz der Hypno-Therapie.

Das Schattenleuchten, das wir hier beschreiben, ist ähnlich. Den »sicheren Ort« finden wir allerdings nicht unbedingt durch Imagination von angenehmen Bildern. Nach unserem Verständnis ist dieser Ort das stille Gewahrseins selbst – unsere innerste Natur. Eine meditative Ausrichtung der Aufmerksamkeit offenbart diese Dimension. Sie zu erkennen und uns in ihr zu gründen, gibt verlässliche Sicherheit und Geborgenheit. Diese Ebene gleicht auch der Beobachterhaltung in der Hypnotherapie oder dem Zeugenbewusstsein im Zen-Buddhismus. Nicht in einem persönlichen Sinn, sondern darüber hinausgehend: Gemeint ist die unendliche Weite reinen Bewusstseins. Sie bleibt unangetastet von allen Erfahrungen, die in ihr auftauchen. Aus diesem Bewusstseinsraum heraus können wir alles anschauen. Ob hellstes Licht oder schwärzester Schatten, sie blenden nicht, sie verdunkeln nicht.

Schattenjagd

Die Schattenanteile zeigen sich in unserem Leben ganz von alleine. Deshalb könnten wir entspannt das Leben genießen, bis sich ein Stückchen vom Schatten zeigt. Wir bleiben einfach wachsam für die Signale, die ihn ankündigen oder begleiten. Wenn das rote Lämpchen blinkt, nutzen wir das als Gelegenheit zu Selbsterforschung.

Zugleich ist es sinnvoll und macht sogar Spaß, dem Schatten aktiv nachzuspüren. Der Schatten besteht aus den verdrängten Anteilen unserer Psyche. Er hält sich in der Dunkelheit des Unbewussten auf oder im Dämmer des Halbbewussten. Von dort mischt er sich ungefragt in unser Leben. Wir können aber auch wie ein Vampirjäger in hellster Mittagssonne in die Gruft steigen und kurz den Sargdeckel lüften. Dann geht es dem Schattenwesen an den Kragen.

Es gibt keine allgemeine Regel dafür, wer wann welche Schattenanteile wie erlebt. Dennoch scheint es kollektive Themen zu geben, allgemeine Tendenzen, die wir früher oder später in uns finden. Wir können sie auch schon jetzt aufspüren.

Alligator-Wut

Das Thema Wut wird in spirituellen Kreisen gern vernachlässigt. Es gibt die Vorstellung, es sei unspirituell oder unentwickelt, Wut zu erleben oder auszudrücken. Wir kennen die destruktiven Auswirkungen, die Wut haben kann. In extremen Fällen zeigt sie sich in Terroranschlägen oder Amokläufen. Wenn wir etwa hören, wie Schüler wahllos auf Menschen feuern, denken wir schnell: »Wie kann man nur etwas so grausiges Tun. Das müssen Teufel sein!« Damit verleugnen wir einen Teil der menschlichen Psyche, der auch in Ansätzen in uns selbst lebendig ist. Gewiss, es gibt eine höhere Natur in uns. Dort finden wir Zugang zu einer allumfassenden Liebe. Eine Liebe die tatsächlich alle Wesen und selbst die scheinbar unbelebte Materie einschließt. Diese Liebe kann als lebendige Erfahrung unser ganzes Leben transformieren.

Zugleich müssen wir einer anderen Tatsache Respekt zollen: Unser Körper besitzt eine animalische Natur. Auf dieser Ebene sind wir ein Tier, das überleben will. Und wenn es darauf ankommt, könnte es dafür töten. Die Hirnforschung ordnet diese archaische Gewalt unserem Stammhirn zu, auch Reptilienhirn genannt. Ein Alligator wird von diesem Teil des Gehirns beherrscht. Da mag das Zebrajunge am Rand des Wasserlochs noch so niedlich und lebensfroh aussehen, für den Alligator ist es nur ein Leckerbissen. Es wird gepackt, zerrissen, verschlungen. Und wenn der Alligator immer noch Hunger verspürt, frisst er noch seine eigenen Jungen, falls sie ihm vor die Nase schwimmen. Alles was seinen Weg kreuzt, wird weggebissen oder platt gemacht. Diese Alligator-Natur haben wir auch in uns. Auch wir besitzen ein Stammhirn, das extrem wütend werden kann. Und wenn sich diese Kraft mit der Fehl-Identifzierung unseres Egos paart, braut sich etwas Gewaltiges zusammen.

Fragen zur Selbsterforschung
- *Zu welchen Gelegenheiten erlebe ich heftige Wut?*
- *Wodurch wird sie ausgelöst?*
- *Welche Gedanken tauchen dann auf?*
- *Wie fühlt sich die Wut im Körper an?*
- *Wie reagiere ich gewöhnlich auf das Aufsteigen von Wut?*

Seien wir ehrlich. Wir kennen Wut-Gedanken. Auch mörderische. »Ich könnte meine Freundin gegen die Wand pfeffern«, »meinem Nachbarn könnte ich den Hals umdrehen«. Als Kind haben wir Wutanfälle ungehemmt erlebt. Wut-Gedanken haben wir noch ungefiltert gedacht – und manchmal auch ausgesprochen: »Wenn Papa mir nicht gibt, was ich will, soll er nicht mehr leben.« Dann wurde uns gesagt, dass sich solche Gedanken nicht gehören. Vielleicht waren wir sogar selbst über die Heftigkeit unseres Zornes erschrocken. Unser Denken reagierte dann mit gedanklichen Gegenmaßnahmen. Es milderte ab: »Na ja, eigentlich meine ich es ja nicht so« oder »Oh Gott, so was sollte ich nie wieder denken, sonst bringe ich wirklich noch jemanden um«. Sigmund Freud nannte diese Zügelung unseres Aggressionstriebes eine kulturelle Leistung. Für das Zusammenleben wäre ein zügelloses Ausleben von Aggressionen verheerend. Deshalb ist es ganz natürlich, dass wir im Laufe unserer Entwicklung lernen, solche triebhaften Impulse im Zaum zu halten und zu beherrschen. Manchmal verdrängen wir sie vollständig aus dem Bewusstsein. Zum Verschwinden bringen wir sie damit nicht. Unser Alligatorgehirn tragen wir weiterhin mit uns herum. Und von Zeit zu Zeit schnappt es zu.

Die Verdrängungsschranke hebt sich

Es ist verblüffend: Wir entwickeln uns spirituell weiter, wir entdecken eine immer mehr umfassende Liebe. Zugleich werden wir wacher für all die wütenden Anteile unserer Psyche. Wir erleben sie kraftvoller und wilder als zuvor. Der amerikanische Philosoph Ken Wilber nennt das die »Aufhebung der Verdrängungsschranke«. Wenn unser Geist stiller und stiller wird, ist das wunderbar. Überflüssige mentale Anstrengungen fallen weg. Leid erzeugende Glaubensmuster müssen nicht länger wiederholt werden. Das Denken wird immer ruhiger. Doch damit verliert unser Verstand zugleich die Kraft, die verdrängenden Gedankenmuster zu erzeugen. Seelisches Material, das jahrzehntelang erfolgreich unterdrückt wurde, steigt an die Oberfläche des Bewusstsein und wirbelt es auf. Je tiefer wir die Stille unserer wahren Natur entdecken, desto bewusster werden uns auch die animalischen Anteile. Hört sich das nach einer bedrohlichen Mitteilung an? Ja, ein wenig schon. Doch es ist eine gute Nachricht. Denn je bewusster wir uns dieser triebhaften Kräften werden, desto freier werden wir von ihnen. Es ist ja gerade die Unbewusstheit der Triebe, die uns ein getriebenes Leben aufzwingt. Die Unbewusstheit verbindet das Erleben von echtem Glück mit der Erfüllung animalischer Bedürfnisse nach Sicherheit, Zugehörigkeit,

Sex. Doch dort ist es nicht zu finden. Was bedeutet das für die Wut, die wir gerade erleben? Zum einen braucht es eine Akzeptanz dieser animalischen Kraft. Gegen die eigene Wut anzukämpfen oder sie zu verdrängen, ist erfolglos und schädlich. Wut mit Wut zu bekämpfen, verstärkt die Wut. Wut mit Freundlichkeit zu überspielen, macht uns unklar und schneidet uns von unserer Lebenskraft ab. Zum anderen ist es nicht hilfreich, Wut blind auszuleben. Das dadurch erzeugte Leid für andere und für uns selbst kennen wir zur Genüge. Es gibt eine dritte Möglichkeit jenseits von Verdrängung und Ausleben. Sie liegt darin, das Aufwallen von Wut in uns direkt zu erleben. Ohne etwas damit zu tun. Ohne Ausagieren, ohne Erklärung, ohne Rechtfertigung. Regungslos. Ohne Anschuldigung, ohne Abmilderung, ohne Dramatisierung. Nur zu verweilen, inmitten der Wut, sie in ihrer Reinheit zu erfahren. Und dann neugierig zu bleiben, was sich zeigt.

Innere Wut-Massage

Der amerikanische spirituelle Lehrer Adyashanti* erzählt, wie er auf einem Zen-Retreat von seinem Lehrer die Aufgabe bekam, ein Koan* zu lösen, eine Art spirituelles Rätsel. Nach einigen Tagen intensiver Kontemplation hatte er mehrere Antworten parat. Er ging zu seinem Lehrer und präsentierte ihm die Einsichten. Der Lehrer war erbarmungslos. Egal, was Adyashanti vorbrachte, er fegte es vom Tisch. Adyashanti spürte, wie sich die Wut in ihm ballte. Er hatte sich so sehr bemüht, hatte all seine Konzentration aufgeboten, hatte verblüffende Antworten gefunden. Nichts davon wurde gewürdigt. Am liebsten wäre er dem Lehrer an den Hals gesprungen und hätte ihn erwürgt. Plötzlich wandelte sich seine Wahrnehmung. Es begann damit, dass er die enorme Wutenergie in seinem Körper einfach nur spürte - ohne nur das Geringste damit zu tun. Er ließ die reine Energie pulsieren, ließ sie beben. Und plötzlich verstand er: Es ging in der Begegnung mit seinem Lehrer gar nicht um die richtige oder falsche Antwort. Es ging allein um das Geschenk, dass ihm sein Lehrer mit der provozierten Frustration machte. Von einem Moment auf den nächsten verwandelte sich die Wut in eine wohltuende innere Massage. In ein heilsames Drücken und Ziehen im Gewebe, eine Dehnung und Streckung in den Gelenken, ein Klopfen und Rütteln in den Muskeln. Nach und nach walkten die Bemerkungen des Lehrers alle Teile und Organe seines Körpers durch. Adyashanti verließ den Raum erfrischt und wie neugeboren.

Wutkraft

Eine Krankenschwester in einem meiner Seminare berichtete, sie könne in der Meditation nicht zur Ruhe kommen. Ärgerliche Gedanken über ihren Chef jagten ihr durch den Kopf. Am Anfang jeder Arbeitswoche bekam sie den Dienstplan. Darin stand, welche Patienten sie im Stadtteil zu versorgen hatte.
Sie machte ihre Arbeit gerne. Doch in den letzten Monaten hatte sie regelmäßig viel zu viele Patienten auf dem Zettel. Ständig sah sie sich zu Überstunden gezwungen. Zunächst war sie bereit dazu, um den Pflegedienst zu unterstützen. Schließlich geriet sie an den Rand ihrer Kräfte. Ein oder zweimal hatte sie ihrem Chef freundlich und leise gebeten, ihr weniger Einsätze zuzuteilen. Es änderte sich nichts. Woche für Woche war der Dienstplan zu voll. Während der Meditation wollte sie zur Ruhe kommen. Doch die Gedanken hörten nicht auf. »Mein Chef sollte das nicht machen, er sollte mehr Rücksicht auf mich nehmen«, »Warum ist er nur so?«, »Andere Kolleginnen werden besser behandelt«. Sie konnte das Grübeln nicht abstellen.

Im Gespräch wies ich sie darauf hin, dass ihr Bedürfnis danach, von ihrem Chef ernst genommen zu werden, nicht erfüllt wurde. Ich fragte sie, welches Gefühl dadurch ausgelöst wurde. »Ich bin sauwütend auf den Idioten!«, stieß sie hervor. Ich lud sie ein, die Geschichten über ihren Chef und seine Fehler für einem Moment zur Seite zu stellen. Stattdessen könne sie sich erlauben, die Wut einfach da sein zu lassen. Sie unmittelbar zu spüren. Ihr Raum zu geben.

Sie schloss die Augen und ging nach Innen. »Da ist soviel Energie«, staunte sie. Fünf Sekunden später fühlte es sich an wie eine gigantische Explosion. Die Wut schien sich auszubreiten und den ganzen Raum einzunehmen, ohne dass sie das Geringste dafür tat. Sie atmete tief durch. Sie atmete kraftvoll aus. Ihr Gesichtsausdruck wurde ernst und gelassen zugleich. Ihre Körperhaltung änderte sich zu der eines mächtigen Sumöringers. Nach einer halben Minute intensiver Stille begann sie zu lächeln.

»Der Ärger ist verschwunden. Das ist nur noch Ruhe und Kraft. Ich fühle, dass ich meinem Chef jetzt ganz anders begegnen kann.« Am nächsten Tag ging sie zu ihm. Sie brauchte nicht viel erklären. »Ja, klar«, stimmte ihr der Chef zu. »Wenn das so ist, ändere ich deinen Dienstplan sofort«. Machen wir uns mit dem direkten Spüren von Wut vertraut, dann löst sich ihr leidvoller Charakter. Im Gegenzug kann sie unser Leben um Kräfte bereichern, die wir uns bisher nicht einmal vorzustellen wagten. Entschlossenheit, entschiedenes Handeln, Mut zur Konfrontation, natürliche Abgrenzung, Ausgerichtetheit, Standhaftigkeit, Klarheit, Tatkraft. Das sind die transzendenten Qualitäten der Alligator-Wut. Darüber dürfen wir uns freuen, wenn wir diese Anteile unseres Schattens erhellen. Dafür können wir dem Alligator dankbar sein.

Wir beobachten unser inneres Erleben, wenn wir uns ärgern. Vielleicht wurde ein persönliches Bedürfnis von uns nicht erfüllt?

Vielleicht wurden wir getäuscht, übersehen, zurückgewiesen?
Können wir die zentralen Wutgedanken ausmachen, die dadurch
ausgelöst werden? »Ich will es anders«, »das darf doch nicht
wahr sein«, »das muss weg«. Können wir in uns den Alligator spüren,
der am liebsten alles vernichten würde? Ist es möglich, diesen
wütenden Anteil anzunehmen – ohne uns dafür zu verurteilen.
Kommentieren wir diesen Teil ruhig mit: »Da ist jetzt Wut«
oder »Wut ist hier« oder »einfach Wut«. Erlauben wir unserem
Bewusstsein, sich immer mehr in die direkte Erfahrung zu versenken.
Still damit zu sein. Selbst die Benennung des Gefühls wird
überflüssig. Widmen wir unsere ganze wortlose Aufmerksamkeit
dieser Energie. Weitet sie sich aus? Löst sie sich auf? Verändert
sie sich? Bleiben wir offen für das, was sich zeigt, ohne Erwartungen.

Wütende Gedanken sind ein Signal, dem Wutgefühl frisch und neugierig zu begegnen. Als einer inneren Massage. Als einem Kraftsturm in den Gliedern. Als Energiestrom durch die Meridiane. Mit so einem Zugang können wir immer deutlicher erkennen, dass auch diese animalischen Energien vergänglich und substanzlos sind. Sie kommen und gehen im Bewusstseinsraum unserer wahren Natur. In dem Raum, der tatsächlich allumfassende Liebe ist, auch Liebe für die Wut. Wir müssen niemandem unsere Vorwürfe um die Ohren hauen oder gar jemanden körperlich angreifen. Viel wahrscheinlicher überrascht uns die reine Wutenergie sogar mit frischen Lösungsmöglichkeiten für bisher unlösbare Probleme. Sie stellt uns neue Kräfte zur Verfügung oder vertieft unsere Standhaftigkeit in der Stille des Seins.

Und wenn wir doch einmal unsere Wut blind ausgelebt haben – können wir den Ärger darüber ebenso mit Liebe umarmen? Es könnte sein, dass uns dann nichts mehr übrig bleibt, das wir hassen könnten.

Hoffnungslos glücklich

Ende der Macher-Mentalität

Eines der dunklen Gefühle, das wir am liebsten ganz verbannen würden, ist Hoffnungslosigkeit. Sobald sich ein Hauch davon zeigt, bekämpfen wir es mit verinnerlichten Durchhalteparolen: »Die Hoffnung stirbt zuletzt«, »Es gibt immer ein Licht am Ende des Tunnels«, »Du darfst niemals aufgeben«. Sie suggerieren, dass eine Katastrophe eintreten würde, wenn wir die Hoffnung aufgeben würden. Ohne Hoffnung würden wir – das ist die Vorstellung – ins Unglück stürzen, verlassen von Gott und der Welt, rettungslos verloren.

Diese Angst beruht auf der falschen Annahme, unser Ich müsse sein Leben selbst in die Hand nehmen und beherrschen. »Ich bin Meister meines Schicksals«, »Wenn ich nur will, schaffe ich es aus eigener Kraft«, »Ich muss es selbst auf die Reihe kriegen«. Das ist die Macher-Mentalität unseres Denkens. Damit trimmt es uns auf Leistung und Erfolg. Wir streben danach, etwas Besonderes zu haben oder zu sein, um anerkannt und gelobt zu werden. Dann, glauben wir, sind wir endlich glücklich.

Solche Hoffnungen geben unserem ichhaften Streben Energie und halten es am Laufen. Manchmal kommen wir sogar dort an, wo wir hinwollten. Wir bekommen genau das, wonach wir gestrebt haben. Da ist der Lohn der Mühe. Auch andere erkennen es an: »Du hast es geschafft!«. Wir selbst sind vielleicht nicht ganz so überzeugt davon. Wir ahnen schon, dass dieses Glück rasch wieder vorbei sein könnte. Wir spüren, wie flüchtig es ist. Und tatsächlich, wie jedes objektgebundene Glück, hält es nur kurz.

Was aber ist mit den vielen Momenten, in denen wir unsere Ziele verfehlen? In denen wir es nicht schaffen? Wir haben uns angestrengt. Wir haben versucht, alles richtig zu machen. Wir haben alles gegeben. Es hat nicht gereicht. Jemand – das Schicksal, Gott, das Sein – verwehrt uns, wonach wir uns so sehr gesehnt haben. »Nein, du bekommst es nicht!« Was dann?

Das Gefühl des Versagens kann in jedem Lebensbereich auftreten. Im Beruf. In Beziehungen. In der Familie. In der Sexualität. In unseren spirituellen Bemühungen.

Was geschieht an so einem Punkt der Enttäuschung? Wie reagieren wir, wenn das Versagen droht? Vielleicht versuchen wir, zur nächsten hoffnungsvollen Aussicht zu springen. »Okay, so hat es nicht geklappt. War wohl der falsche Weg. Es muss noch andere Möglichkeiten geben. Mal sehen, wie ich mir anders helfen kann.« Die Hoffnung treibt uns weiter. Wir rennen ihr nach wie der Esel der Karotte.

Doch der Lehrer namens Leben lässt uns am Ende nicht entkommen. Anfangs mögen wir glauben, wir könnten unser Glück nach eigenen Vorstellungen herstellen und festhalten. Die Wirklichkeit wird uns diese Ideen rasch wieder austreiben – wenn wir Pech haben, dauert es ein wenig länger. Solange wir hoffen, wir könnten das Leben nach unseren eigenen Regeln formen, wird es uns immer wieder in die Knie zwingen. Es ist unendlich viel stärker als unser kleines Ich. Und es meint es gut. Es schenkt uns immer wieder Gelegenheiten des Versagens, um uns zum tieferen Glück der Hingabe einzuladen.

Am Kreuz des Versagens

Ein Paradebeispiel für ein befreiendes Versagen ist die Leitfigur der christlichen Spiritualität. Denken wir an Jesus, kommen uns ehrfurchtsvolle Begriffe in den Sinn: Der Messias, der Auserwählte, Sohn Gottes, Gott in Menschengestalt. Doch schauen wir uns sein Leben genauer an! Auch Gottes Sohn musste durch dunkelste Täler von Hoffnungslosigkeit und Versagen gehen. Die heftigste Herausforderung erlebte er noch kurz vor seinem Tod. Was muss das für eine maßlose Enttäuschung gewesen sein, die ihn dort heimsuchte. Zu Anfang seiner Lehrzeit schien alles vielversprechend. In mystischer Gottesschau erfuhr er die Einheit von sich und seinem göttlichen Vater. Schnell fand er Schüler, die seine Größe erkannten. Ohne zu zögern, ließen sie ihr altes Leben hinter sich und folgten ihm. Durch seine friedvolle Ausstrahlung und seine weisen Reden wurde er zum Magneten. Seine Begeisterung für die lebendige Erfahrung Gottes steckte Hunderte, vielleicht Tausende an. Sein Wirken heilte. Er vermittelte Wahrheit, offenbarte Liebe, er befreite Seelen. Er wurde als Inkarnation Gottes verehrt.

Dann der Abstieg. Unter den Gelehrten Jerusalems erlangte Jesus nie Ansehen. Sie hielten ihn für einen Lügner und Verführer. Sie bewirkten seine Verhaftung. Er wurde der Gotteslästerung angeklagt. Prompt wandten sich die meisten Jünger von ihm ab. Er wurde verhört, gefoltert, zum Tod verurteilt. Ist es da noch unverständlich, dass er unter Schmerzen am Kreuz aufschrie: »Vater, warum hast Du mich verlassen?« Er hatte ein Leben der Liebe, der Hingabe und der spirituellen Vermittlung gelebt. Nichts davon war geblieben, nur die vollkommene Hoffnungslosigkeit. Er war verloren und verlassen – sogar von Gott.

Jesus musste das alles genauso erleben. Es war die Feuertaufe, die die letzte Trennung verbrannte. Erst nach dem völligen Versagen kann die Hingabe vollständig sein. »Vater im Himmel, ich befehle meinen Geist in Deine Hände«, werden als die Worte überliefert, die Jesus nach der Welle abgrundtiefer Verzweiflung sprach. Das heißt nichts anderes als: »Ich gebe meinen Willen hin, ich lasse los – auch jede Hoffnung auf Rettung gebe ich auf.«

Das ist das befreiende und friedvolle Ende von Jesus. Was sich aus dieser Hingabe offenbarte, wird in der christlichen Lehre »Auferstehung« genannt. Ob die Geschichte über die körperliche Auferstehung stimmt oder nicht, es liegt eine tiefe Botschaft darin. Gemeint ist die Entdeckung, dass echte Hingabe eine göttliche Liebe offenbart, die niemals stirbt. Die Liebe bleibt am Leben – auch wenn die Form, die sie verkörperte, stirbt.

Diese Liebe ist auch in uns präsent. Diese Liebe ist unser eigener Wesenskern. Spürbar wird sie im Erleben von Güte und Trost in den heftigsten Wellen von Verzweiflung. Und zwar dann, wenn wir aufhören gegen Schmerz und Hoffnungslosigkeit anzukämpfen und sie stattdessen liebevoll zulassen.

Fragen zur Selbsterforschung:
- *Wann habe ich mich zutiefst verloren und verlassen gefühlt?*
- *Welche Gedanken stellten sich ein?*
- *Wie fühlte es sich im Körper an?*
- *Wie reagiere ich gewöhnlich auf das Gefühl des Versagens?*
- *Welche Rettungsversuche unternehme ich – äußerlich und innerlich?*
- *Wie wäre es, die Hoffnungslosigkeit und den Schmerz des Versagens ganz zuzulassen? Sie brennen zu lassen? Rettungsversuche aufzugeben? Was wird in der Öffnung zum Schmerz erlebt?*

Alleinsein und All-Eins-Sein

Das Erleben von Jesus bei seiner Hinrichtung ist ein extremes Beispiel. Den meisten von uns ist kein so schwerer Weg zugedacht. In
einer westlichen, demokratischen Gesellschaft sind wir kaum der
Verfolgung oder Folterung ausgesetzt. In vielen Ländern verhält es
sich anders. Seltsamerweise fühlen sich unsere Sorgen in Alltag,
Beruf, Beziehung oft genauso bedrückend an wie das Leiden von
Menschen, die unter wesentlich schlechteren Bedingungen leben.
Jeder von uns kennt Momente des Versagens, Augenblicke der Verlassenheit, der Hoffnungslosigkeit, des Alleinseins. Das Zulassen
dieses Schmerzes fällt uns zunächst schwer. Der Wunsch, dem
Brennen zu entkommen, ist stark. Wir wollen schnell etwas tun, uns
ablenken, betäuben, das Leiden wegmeditieren.
Oder wir wollen zumindest darüber reden – mit unserem Partner,
einem Freund oder Therapeuten. Sich offen mitzuteilen, ist manchmal wichtig. So gestehen wir uns selbst und anderen ein, dass dieser
dunkle, ungeliebte Anteil tatsächlich erlebt wird. Hört jemand uns
zu, tut das gut. Wir fühlen uns angenommen. Wir können dem
Schmerz Raum geben.
Doch voraussichtlich werden wir Momente von Verlorenheit erleben, in denen es keine Hilfe gibt. Zeiten, in denen nichts mehr geht.
Gar nichts mehr!
Dann werden wir mit der Hilflosigkeit inmitten der Verlorenheit
konfrontiert. Und auch diese Konfrontation bietet eine Chance.
Solange wir Hilfe von Außen, von irgendjemand bekommen, machen wir uns auf Dauer abhängig. Äußere Quellen sind nicht ver-
lässlich. Früher oder später versiegen sie. Außerdem würden wir die
Erkenntnis verpassen, dass inmitten von Hilflosigkeit ein kostbares
Geschenk liegt: das Geschenk geistiger Entspannung und großer in-
nerer Ruhe.

Solange wir angestrengt nach Auswegen suchen, veranstaltet unser Geist innerlich einen Höllenlärm: »Was kann mir helfen? Wer kann mir helfen? Wie sieht diese Hilfe aus? Wie könnte ein Therapeut mir helfen? Was würde mein spiritueller Lehrer mir sagen? Wenn ich die Hilfe von Außen nicht bekomme, wie kann ich sie mir selbst geben? Wie habe ich mir bloß früher helfen können? Könnte ich es wieder so machen? Oder lieber ganz anders?«

Nehmen wir einmal an, diese mentale Aktivität könnte von einem Moment auf den anderen zur Ruhe kommen. Wir würden plötzlich einfach damit einverstanden sein, wie es gerade ist – selbst wenn es sich äußerst unbequem anfühlt.

Wäre das nicht eine Erleichterung? Zumindest für unseren ewig Rat suchenden Verstand? Er darf endlich Pause machen. Sich eine Auszeit gönnen. Entspannen. Für eine Weile mag es sich immer noch schmerzhaft anfühlen, dass wir nicht bekommen, was wir wollen. Dass wir uns verloren fühlen. Dass wir versagt haben. Doch sobald unser Denken aufhört sich dagegen zu wehren, beginnt ein geheimnisvoller Frieden sich seinen Weg in unser Bewusstsein zu bahnen. Ein Frieden, der die schmerzlichen Anteile unserer Psyche liebevoll umarmt.

Dann zeigt sich mitten in der Hilflosigkeit ein befreiendes Einverständnis: »Es ist in Ordnung, zu versagen«, »Es ist okay, dass ich hilflos bin«, »Es ist erlaubt, mich rettungslos allein zu fühlen«. Mit diesem Einverstanden-Sein fließt uns Trost und Heilung zu. Nicht von Außen, sondern aus einer innen wohnenden Quelle. Aus unserem Selbst, aus unserem göttlichen Kern.

Dann entdecken wir etwas Erstaunliches: Im schrecklichsten Alleinsein blüht unvorbereitet – und doch unbezweifelbar – das Empfinden eines vollkommen zufriedenen All-Eins-Seins auf. Die Hilflosigkeit verwandelt sich in die Gewissheit einer ewig anwesenden göttlichen Hilfe. Verloren gehen wir allenfalls noch in der Ekstase göttlicher Liebe. Verlassen hat uns lediglich unser verzweifelt nach Hilfe suchendes – und doch hilfloses – Denken. Einen besseren Verlust kann es nicht geben.

Todesangst als Lebensquell

Unvermeidliches Aushauchen

Vieles von dem, was wir tun und lassen, wird von Angst angetrieben. Verfolgen wir unsere verschiedene Ängste zurück zu ihrem eigentlichen Kern, stoßen wir auf die grundlegende Angst aller Ängste: die Angst vor dem Tod. Das mögen wir zunächst bezweifeln. Wir schieben Gedanken an den Tod gerne weit von uns weg – in den Schatten des Unbewussten. Doch eine einfache Frage holt diese Anteile rasch ans Licht: »Bin ich bereit, in diesem Augenblick, mein Leben auszuhauchen und zu sterben?« Was geschieht, wenn wir uns diese Frage stellen? Nicht nur beiläufig als abstrakte Möglichkeit in ferner Zukunft. Nein, lassen wir sie ernsthaft wirken, als wären genau diese Minuten tatsächlich die letzten unseres Lebens: »Bin ich bereit zu sterben?«

Meist kommt dann Panik auf. »Jetzt schon? Ich habe noch so viel zu erledigen. Es gibt so viele Orte, die ich noch besuchen möchte. So viele Menschen, mit denen ich noch Zeit verbringen will. Musik, die ich noch nicht gehört habe. So viel Schönes wartet noch auf mich. Wieso jetzt schon gehen?« Solche Ideen zeigen, wie sehr wir die Vielfalt des Lebens genießen. Wie neugierig wir darauf sind, immer mehr und immer anderes zu erfahren. Dieser Lebensdrang ist ganz natürlich. Wir dürfen uns erlauben, alle interessanten und beglückenden Erfahrungen unseres Leben voll auszukosten. Wir gönnen uns pure Lebendigkeit, wann immer sie auftaucht.

Zugleich hat der Durst nach Lebendigkeit seine Kehrseite. Wir ahnen: Die lichten Anteile sind vergänglich. Lebensfreude dauert nicht ewig. Begeisterung erschöpft sich schließlich. Es ist das Gesetz von Leben und Sterben: Alles was wir erfahren wird irgendwann wieder vergehen und ausgelöscht. Diese Auslöschung der Erfahrungswelt nennen wir »Tod«. Wir stellen uns darunter etwas Schreckliches vor. »Um Gottes willen! Der Tod wird mir alles nehmen. Nie wieder werde ich etwas sehen. Nie wieder etwas riechen oder schmecken. Nichts mehr hören. Nichts mehr denken. Nichts fühlen. Das muss die Hölle sein. Im Tod muss ich mich von Allem verabschieden. Alles zurücklassen. Die, die ich liebe. Alles, was ich habe. Alle Erinnerungen. Alle Pläne. Alles versinkt im schwarzen Nichts. Das ist das Schlimmste, was geschehen kann. Nur nicht dran denken«.

Solche Vorstellungen werden von einem Gefühl begleitet: Angst. Es ist der Horror vor der Vernichtung. Der Schrecken vor der Auslöschung. Das Grauen vor der Leere. Diese Angst ist vollkommen unbegründet, auch wenn sie sich extrem bedrohlich anfühlt.

Meist versuchen wir, Todesangst vor uns selbst zu verstecken. »Bloß nicht ans Sterben denken. Es gibt soviel Schönes im Leben. Lass uns das jetzt genießen.« Zur Verdrängung gut geeignet ist jede Art von Hoffnung. »Bis ich alt bin, wird die Wissenschaft etwas erfunden haben, damit ich doch länger leben kann. Vielleicht sogar für immer.« Auch spirituelle Vorstellungen dienen als Beruhigungsmittel: »Die Taoisten haben Techniken entwickelt, wie man den Körper unsterblich machen kann. Das lerne ich.«

Was bleibt, wenn uns doch dämmert, dass unser Körper der Vergänglichkeit nicht entkommen wird? Wir nehmen Zuflucht zu religiösem Trost: »Nach dem Tod komme ich in den Himmel, dort wird Gott mir einen ewigen Körper schenken«, »im Paradies warten meine Geliebten auf mich«, »der Tod ist nur ein Übergang ins nächste Leben, ich werde nicht sterben, sondern einen anderen Körper bekommen«. Eine Weile mögen solche Vorstellungen trösten. Doch irgendwann müssen wir zugeben, dass jede Art von Hoffnung ein Versuch ist, die Todesangst abzumildern. Dabei ist das nicht einmal nötig. Es ist sogar schade. Auch das Erleben der Angst vor dem Tod birgt ein Geschenk, das wir nicht verpassen sollten.

Unsterbliches Sein

Manchmal hören wir Berichte von Menschen, die aufgehört haben, vor dem Tod davonzulaufen. Sie haben eine vollkommen neue Qualität des Lebens entdeckt. Vielleicht geschah die Konfrontation in Folge einer Lebenskrise. Ein Unfall, eine schwere Erkrankung oder sonst ein lebensbedrohliches Ereignis hat ihnen die Unausweichlichkeit des eigenen Todes vor Augen geführt. Diese Menschen wollten oder konnten der Begegnung mit der Todesangst nicht entgehen. Sie fanden den Mut, sich dem Schrecken der Auslöschung ohne Gegenwehr auszusetzen. Sie wagten es, das Grauen zu fühlen, dem Horror unmittelbar ins Auge zu schauen.

Ein besonderes Beispiel dafür ist die Geschichte des jungen Ramanas, jenes indischen Schuljungen, der später zu einem der berühmtesten Weisen Indiens werden sollte: Sri Ramana Maharshi.

Im Alter von 16 Jahren saß er eines Nachmittags zuhause allein in seinem Zimmer. Plötzlich und ohne jede Vorwarnung überkam ihn eine Welle überwältigender Todesangst. Er war sich gewiss, dass das Ende seines Lebens gekommen war. Jetzt müsse er sterben – es gab keinen Zweifel. Die Angst durchflutete seinen ganzen Körper und ließ ihn erzittern. Er verspürte keinen Impuls, sich retten zu wollen. Er rannte nicht zu seiner Mutter, die sich unten im Haus befand. Er rief keinen Arzt zur Hilfe. Stattdessen erwachte in ihm eine ungewöhnliche Neugier auf das, was da gerade geschah. Während er die Bedrohlichkeit des Todes zuließ, beobachtete er seinen Sterbeprozess mit einer Art innerem Abstand. »Gut«, dachte er sich, »ich muss jetzt sterben. Aber was geschieht wirklich?« Um das zu erkunden, legte er sich auf den Boden wie in Todesstarre. Er versetzte sich in einen verstorbenen Körper. Was würde geschehen? »Wenn ich tot bin, wird mein Leichnam zur Verbrennungsstätte getragen und verbrannt. Er wird sich vollständig auflösen.« Er spürte weiter. »Mit der Auslöschung meines Körpers verschwindet meine gesamte Identität und alles, was zu ihr gehört.« Während er der Vorstellungen innerlich nachsann, fragte er sich: »Aber was ist mit dem tiefsten Gefühl meines Daseins? Wenn alles andere verschwindet, verschwindet das auch? Was ist dieses innerste Sein? Ist es dem Vergehen unterworfen? Bleibt es bestehen?« Das alles, berichtete Ramana später, fand nicht als bloßer gedanklicher Prozess statt. Es vollzog sich als lebendiges, intuitives Erforschen. Es schien in jeder Faser seines Körpers zu vibrieren. Das innere Fragen: »Was bleibt, wenn sich meine Identität auflöst? Wer oder was bin ich wirklich?«, bewirkte jetzt eine erstaunliche Verwandlung seines inneren Erlebens. Plötzlich breitete sich regungslose Stille in ihm aus. Alle Angst verschwand. Ein glückseliger Frieden nahm sein ganzes Wesen ein. Die Aufmerksamkeit richtete sich tiefer und tiefer auf dieses Empfinden vollkommener innerer Ruhe. Schließlich verlor sich Ramanas persönliches Ich-Empfinden in der unendlichen Weite eines allumfassenden Bewusstseinsraumes. Es war die Offenbarung, dass sein wahres Wesen jenseits von Geburt und Tod lag. Ganz direkt erfuhr Ramana das ewige, unberührte Sein. Den unsterblichen Urgrund aller Erscheinungen des Lebens. Dieses Sein bleibt unangetastet von jedem

Auf und Ab, jedem Kommen und Gehen, jedem Schwanken zwischen Vergnügen und Leid. Zugleich bildet es die stille Quelle all dessen, was an Erscheinungen geboren wird und wieder stirbt. Ramana fühlte sich nun eins mit dem Urgrund des Seins. Eins mit der Quelle allen Lebens. Von diesem Zeitpunkt an blieb die Erkenntnis des Seins das unverrückbare Zentrum seines Lebens.

Prickelnder Schreck

Ramanas Begegnung mit dem Tod wirkt dramatisch. Die sich daraus ergebene Befreiung ist außergewöhnlich intensiv. Die meisten von uns erfahren sanftere Wellen von Angst. Doch auch sie bieten die Chance zur Befreiung.

Wir können den Schatten der Todesangst in kleinen Gelegenheiten des alltäglichen Lebens erhellen. Jeder Moment, in dem wir einen Schreck erleben, eignet sich dafür. Ein jähes Geräusch lässt uns zusammenzucken. Wir schütteln uns, als wir die Spinne auf unserem Arm entdecken. Eine Hand legt sich unerwartet auf unsere Schulter und lässt uns erschauern. Das sind Momente, in denen der Körper blitzschnell auf Angst schaltet. Sofort rast das Herz, der Blutdruck schnellt in die Höhe, Adrenalin schießt in die Zellen. Das ist eine natürliche und nützliche Reaktion des Körpers. Für den Fall einer realen Bedrohung ist er blitzschnell wach und handlungsbereit. Unser Körper reagiert mit einer automatischen Handlung, die schneller ist als unser bewusstes Ich. Ob die Angst angemessen oder unnötigerweise ausgelöst wurde - wir können solch einen Moment nutzen, um sie direkt zu erfahren. Es mag sein, dass unser Denken schnell mit negativen Kommentaren reagiert: »Das ist ja schrecklich«, »ich will doch keine Angst haben«, »wer hat mir das angetan«, »wie kann ich das beim nächsten Mal vermeiden« Trotzdem könnten wir ausprobieren, den Schrecken und seine Nachwirkungen willkommen zu heißen. Wir spüren ihm nach, als wäre er eine heikle innere Kitzelmassage. Nah an der Unerträglichkeit, aber doch vitalisierend. Wir lassen es weiter zu, dieses Durchfluten unseres Körper mit prickelnder Lebendigkeit, das Aufwallen reiner Lebensenergie. Vielleicht entdecken wir inmitten der Angst schon einen Hauch freudiger Erregung. Es ist die Freude, das Leben so pur zu spüren – unberechenbar, überraschend, überwältigend lebendig. Vielleicht fühlt sich die Begegnung mit dem Schrecken auch ganz anders an. Doch eines steht fest: Der Angstschwall einer Schrecksekunde kann uns wunderbar wach machen.

Mulmige Wachmacher

Manchmal wird der Angstschatten undeutlich ausgelöst. Im Briefkasten finden wir ein Schreiben vom Finanzamt oder von der Polizei. Unser Vorgesetzter macht in einem Nebensatz eine Andeutung, unser Arbeitsplatz wäre nicht mehr sicher. Leichte körperliche Beschwerden lassen uns argwöhnen, dass eine schlimmere Erkrankung dahinter steckt. Solche Auslöser machen uns zunächst nur ein mulmiges Gefühl. Ein emotionales Unwohlsein, von dem wir nicht wissen, woher es eigentlich kommt oder was es bedeutet. Die Brust fühlt sich enger an als sonst. Die Knie scheinen etwas weich. Im Bauch herrscht ein flaues Gefühl. Eine leichte Nervosität lässt sich nicht leugnen. Das sind die Reaktionen unseres Körpers auf die im Unbewussten schwelenden Ängste. Solche Anzeichen können wir als Signal nutzen. Wir können uns fragen: »Erlebe ich vielleicht gerade Angst? Und wenn ja, wovor?«
Welche versteckten Schreckensfantasien erzeugt unser Denken gerade? Vielleicht sind sie deutlich und konkret. Wir sehen uns schon

vor Gericht stehen. Wir haben das Bild, ohne Job unsere Wohnung zu verlieren und auf der Straße zu landen. Eine schmerzhafte Krankheit zehrt unseren Körper auf. In unserer Fantasie liegen wir schon im Sterben – stöhnend in einem Krankenzimmer oder einsam in der Kälte unter einer Brücke.

Manchmal sind die Schreckensfantasien symbolischer Art: Der schwarze Mann, der seine Sense schwingt und uns Glieder und Kopf abtrennt. Oder die Bilder bleiben ganz vage: Ein kalter Schatten kriecht uns von hinten über die Schulter, schnürt uns die Kehle zu und erstickt uns.

Solche Todesangstfantasien finden sich meist am Ende der ängstlichen Bilderreihen unseres Denkens. Es lohnt sich, dieser Fantasieketten anzuschauen. Tun wir es nicht, bleiben sie als Schwelbrand im Unbewussten aktiv. Von dort halten sie unsere Alltagsängste und Sorgen weiter am brennen.

»Was ist das Schlimmste, das passieren kann?«, fragt die spirituelle Lehrerin Byron Katie*, um solche Angstfantasien ins Licht des Bewusstseins zu holen. Wenn wir sie gefunden haben, können wir der Todesangst unmittelbar begegnen. Wir lassen die Fantasie da sein und öffnen uns dem Spüren der Angst. Wir erlauben uns, das Grauen zu erfahren. Wir lassen die Empfindungen des Schreckens in uns wüten. Wir lassen sie stechen, brennen, beißen, schlagen, würgen. Wir brauchen uns nicht zu wehren. Denn wir sind nicht unser Körper, und unser Körper darf sterben. Unser begrenztes Ich kann in der Welle von Todesangst noch mehr verbrennen.

Dann entdecken wir, dass auch die heftigste Todesangst nur ein prickelnder Schreck ist, der uns noch mehr zu unserem unsterblichen Sein erwachen lässt.

Fragen zur Selbsterforschung:
Wann erlebe ich Anflüge von Unsicherheit und schwelender Nervosi-
tät? Wie werden sie ausgelöst? Kann es sein, dass hinter dem Unwohl-
sein eine Art von Todesangst steckt? Welche Schreckensfantasien
könnten ablaufen, die bisher eher unbewusst gewesen sind? Welche
Bilderwelten tun sich auf, an deren Ende der Tod steht? Was wäre das
Schlimmste, das passieren könnte?
Wie wäre es, dieser Fantasie nachzugehen und mit ihr innezuhalten?
Ist es möglich, dem Gefühl der Angst an sich zu begegnen? Sie im Kör-
per nachspürend zu erforschen? Ist es möglich, die körperliche
Schreckreaktion da sein zu lassen, ohne damit etwas zu tun? Ohne sie
zu unterdrücken? Ohne sie zu kommentieren? Ohne dem Impuls zu
folgen, etwas müsste dagegen getan werden? Wie wäre es, die Mög-
lichkeit des Todes und die begleitende Angst willkommen zu heißen?
Und was bleibt, wenn die Welle der Angst wieder verschwindet?

Die Freiheit des Lebens zu genießen, wenn wir frei von Angst sind,
ist wunderbar. Doch solange wir einen Körper haben, wird er
immer wieder Bedrohungen ausgesetzt sein und auch mit Angst
reagieren. Tiefere Freiheit besteht in der Entdeckung, dass wir keine
Angst mehr vor der Angst zu haben brauchen. »Alles was dazu nötig
ist«, sagt der tibetische Lehrer Sogyal Rinpoche*, »ist der Angst mit
einem Lächeln zu begegnen.« Dann endet unsere Sklaverei in den
Ketten des Überlebenstriebes. Wir brauchen uns von Angst weder
einzuschüchtern, noch in die Flucht zu treiben, noch an der Lebenslust hindern zu lassen. Im Gegenteil: Das Auftauchen jeglicher Form
von Angst kann uns die Lebendigkeit jedes Mal lebhafter spüren
lassen. Wir hören auf, uns von der Unberechenbarkeit bedroht zu
fühlen. Wir genießen den nächsten unvorhersehbaren Moment als
Geschenk freudiger Überraschung. Der Schrecken vor dem Tod
dient als wirksamer Wachmacher für das Wunder des Lebens.

Befreiende Pumabisse

Ich erinnere mich an eine Episode meines Lebens, in der ich selbst einer heftigen Welle von Todesangst begegnen musste. Längst hatte ich tiefe Einsichten und Erfahrungen des reinen ungeborenen Seins. Die meiste Zeit meines täglichen Lebens lief harmonisch ab. Innerer Frieden, schlichtes wunschloses Glück, Klarheit, das waren einige der Qualitäten, die immer mehr die Grundlage meines Lebens bildeten. Hätte man mich gefragt »Hast du Angst vor dem Tod?«, hätte ich gesagt: »Nein. Ich weiß, dass ich reines ungeborenes Bewusstsein bin. Das wurde niemals geboren, deshalb kann es auch nicht sterben. Mein Körper kann und wird sterben, doch ich bin dieses unantastbare Bewusstsein.«

Das wäre nicht gelogen gewesen. Es war meine unmittelbare Erfahrung. Ich hatte viele Wellen überwältigender Angst erfahren. Jedes Mal hatte sich dieselbe Erkenntnis gezeigt: Konnte ich die Angst offen zulassen, löste sie sich auf. Dahinter tat sich immer tiefere Gelassenheit auf, immer umfassenderes Vertrauen in das Leben.

Auf einer Urlaubsreise machte ich eine einwöchige Wanderung im Rocky Mountain National Park. Ich war allein unterwegs. Ich genoss die grandiose Landschaft. In einem winzigen Einmannzelt übernachtete ich. In diesem Teil der Rocky Mountains gab es noch echte Wildnis. Hier lebten Raubtiere wie Braunbären, Schwarzbären und Berglöwen ungestört von menschlicher Zivilisation.

Nach einigen Tagen gelangte ich in ein besonders abgelegenes Gebiet. Bis dahin war ich noch anderen Wanderern begegnet. Nun sah ich keinen Menschen mehr. Ich war wirklich allein in der Wildnis. Erst bemerkte ich nicht, dass meine Stimmung sich gewandelt hatte. Statt friedlich durch die Wälder zu spazieren und die Weite der Landschaft zu genießen, war ich nervös geworden. Ich hatte einen Tunnelblick entwickelt. Ich starrte nur noch auf den Weg vor mir oder links und rechts in das undurchdringliche Dickicht. Ich war angespannt und achtete auf jedes Geräusch. Ich ging vorsichtiger, wenn der Weg vor mir eine Biegung machte. Ich lugte misstrauisch um Felsvorsprünge. Meine Hände waren angespannt, stets bereit, zum Messer zu greifen.

Erst nach einer Stunde solcher Anspannung wurde mir bewusst, was los war. Ich hatte Angst. Mein Denken beschäftigte sich mit Gefahren: Könnte nicht jederzeit ein mächtiger Bär auftauchen? Was wäre, wenn ein Puma mich von einem Felsvorsprung anfallen würde.

Mein Körper war in erhöhter Alarmbereitschaft. Auf der einen Seite war das eine natürliche Reaktion. Tatsächlich war ich so wilden Naturgewalten so ausgeliefert wie nie zuvor. Ich war außerhalb der Schutz gebenden Zivilisation. Weit weg von menschlichen Gefährten, die mir zur Seite stehen könnten. Bewaffnet nur mit einem Taschenmesser, mit dem ich vermutlich nicht einmal den Pelz eines Bären hätte durchstoßen können.

Das alles aktivierte die Angst. Als mir das bewusst wurde, musste ich schmunzeln. Ich ging mit mir ins Gericht: »Na, du bist ja ein Heuchler! Zuhause erzählst du, du seist reines unsterbliches Bewusstsein. Und hier schlottern dir die Knie, obwohl der nächste Bär oder Puma vermutlich kilometerweit weg ist.« Dann entschloss ich mich, die Situation für eine Erforschung zu nutzen. Ich warf mein Messer weg. Ich legte meinen Rucksack ab. Ich suchte mir einen möglichst ungeschützten Platz. Bär und Puma sollten mich leicht anspringen oder packen können. Dort setzte ich mich aufrecht hin. Ich schloss die Augen, die am liebsten immer noch umher geguckt hätten, um Gefahren zu sichten .

So saß ich da. Jedem Angriff schutzlos ausgesetzt. Offen dafür, angefallen und zerrissen zu werden. Ich spürte nach Innen. Jetzt erst merkte ich, wie viel Angst ich tatsächlich hatte. Sie wurde innerlich erzeugt. Jetzt wo ich äußeren Schutz und Gegenwehr aufgegeben hatte, tobte mein Denken erst recht. Es bombardierte mich mit Bildern entsetzlicher Bestien und dem, was sie mir antun könnten. Brüllend tobten die wilden Tiere auf mich zu, Klauen schlugen nach mir, Zähne schnappten nach meinen Gliedern. Die Monster waren entschlossen, mich zu zerfetzen und zu verschlingen.

Ein Bild war besonders eindrücklich: Ein mächtiger Puma mit langen Eckzähnen sprang mich an. Mit seinem Biss zielte er direkt auf die linke Seite meines Halses. Währenddessen tobte die Angst in meinem Körper. Das Herz schlug heftig, das Blut pochte, der Atem stockte, die Muskeln zuckten. Ein erstickter Schrei blieb mir in der Kehle stecken.

Zugleich gab es etwas in mir, das sich dieser Angst stellte. »Lass es zu. Wehre dich nicht. Was willst du? Frieden? Bist du bereit, dafür zu sterben?« Es war mehr als eine Stimme in meinem Kopf, die dies sprach. Es schien eine Frage auf Leben und Tod, die aus der Tiefe meines Wesens kam. Und auf diese Frage gab es eine klare Antwort. »Ja. Wenn es sein muss, bin ich bereit zu sterben. Ja. Jetzt.«

Damit eröffnete sich Hingabe. Eine Hingabe, die ich bereits kannte. Viele Male hatte sie sich als Tor zur inneren Freiheit gezeigt. Doch jetzt war sie erneut gefragt. Und so frisch, als hätte es sie nie zuvor gegeben.

Diese Hingabe ließ alles genauso geschehen, wie es geschah. Bedrohung, Angriff, Verletzung, Schmerz und Tod. Zu allem gab es ein friedliches »Ja«. Alles war gut, genauso wie es geschah, genauso wie es geschehen sollte.

Im Augenblick der Hingabe veränderte sich meine gesamte Wahrnehmung. Es war, als sei das Erleben der Todesangst zum Stillstand gekommen. Immer noch sah ich das Bild des Pumas, spürte sogar seine Zähne in meinem Hals. Doch jetzt war alles friedlich. Fast wie eine Verschmelzung von Tier und Mensch. Wie eine Statue, die wildes Leben und Sterben als ästhetisches Miteinander darstellte.

Tiefe Ruhe überkam mich. Alles war in Ordnung. Selbst wenn jetzt der reale Puma aufgetaucht wäre – so fühlte es sich jedenfalls an – wäre alles in Ordnung. Auch wenn er mich tötete. Zugleich sah ich ihn als Bild einer friedlichen Katze vor mir. Sie schaute mich neugierig an und zog ihres Weges.

Waren die alten Weisen in der Wildnis den Tieren auf diese Weise begegnet? Ja, natürlich. Keine Angst. Keine Aggression. Keine Bedrohung. Keine Verteidigung. Kein Angriff. Nur der Frieden dieses Moments.

Ich saß noch lange an diesem wundervollen Platz. Ich spürte die Liebe zu den Pflanzen, den Steinen, den Tieren – und den Raubtieren. Dann nahm ich meinen Rucksack wieder auf, steckte das Taschenmesser ein und wanderte friedlich weiter. Jetzt wusste ich noch klarer, dass nur der Körper stirbt und dass es damit keinerlei Problem gibt. Einem Puma oder Bären bin auch auf dem Rest dieser Wanderung nicht begegnet. Aber jetzt gibt es ja wieder Wölfe in deutschen Wäldern.

Sex im Klartext

Spirituell tabu

Auch wenn in der Öffentlichkeit viel über Sexualität gesprochen wird, es existieren immer noch viele Tabus. Und selbst wenn wir liberal erzogen worden sind, haben wir unbewusste Glaubensmuster aufgesammelt. Das hat Auswirkungen, wenn wir uns für eine spiri-

tuelle Entwicklung öffnen. Die traditionellen religiösen Sichtweisen
mögen Sexualität abgewertet und mit Schuldgefühlen belegt haben.
Viele moderne spirituelle Ansätze unterschätzen die Kraft des Sexu-
altriebs und die Verwirrung, die er schaffen kann. Andere Richtung
überbewerten Sexualität oder verklären sie.

Erleben wir spirituelle Öffnungen, kommt es zu einem sonderbaren
Widerspruch. Auf der einen Seite erleben wir eine befreiende und
womöglich beängstigende sexuelle Bedürfnislosigkeit. Auf der anderen Seite können Impulse von Verlangen und Wollust aufsteigen,
von deren schlummerndem Dasein wir keinen Schimmer hatten.
Dabei handelt es sich um die Dynamik jenes animalischen Sexual-
triebs, der auch in uns wirksam ist. Bisher ist er gebändigt und gezügelt worden. Jetzt, durch die Aufhebung der Verdrängungsschranke, befreit er sich und geht mitunter heftig mit uns durch.
Das kann erschrecken und verunsichern.

Sexhungriges Tier

Zum Verständnis dieses Phänomens ist ein Modell hilfreich, das der
in Harvard ausgebildete Psychiater Krishnananda Trobe* und seine
Frau Amana entwickelt haben. Sie unterscheiden drei Ebenen von
Sexualität. Auf Ebene I dominieren die Kräfte des animalischen
Triebs. Hier lebt das sexhungrige Tier in uns. Nichts daran ist
verkehrt. Unsere Körper sind dafür vorgesehen, sich zu vermehren.
Die Lust am Sex spornt sie an, dieses Ziel der Evolution in die Tat
umzusetzen.

Auf Ebene I zeigt sich das als Bedürfnis nach schnellem und heißem
Sex. Diese Qualität erleben wir, wenn wir frisch verliebt sind oder
eine aufregende Affäre haben. Der Partner und sein Körper sind
noch unbekannt. Alles ist neu, unerforscht, prickelnd. Im Vorder-

grund steht die leidenschaftliche Lust. Die sexuelle Begegnung spielt sich ungehemmt und erfrischend unkompliziert ab. Wir baden im Rausch der Begierde. Wir lassen uns treiben. Wir surfen auf der Welle der Erregung. Wenn es gut läuft, trägt uns die Leidenschaft zum Höhepunkt und entlädt sich im Orgasmus.

So natürlich das Ausprobieren des Ebene-I-Sex` ist, nachhaltig befriedigen wird er uns nicht. Zum einen handelt es sich um kurze, vergängliche Erfahrungen. Auch wenn wir die heißeste erotische Begegnung mit ekstatischem Vorspiel und gigantischem Orgasmus erleben würden – wie lange hielte das an? Verlassen wir das Bett, holen uns alltäglicher Frust und Enttäuschung bald wieder ein.

Und wie viel ekstatischen Beischlaf würden wir brauchen, um endlich wahrhaftig befriedigt, also in Frieden sein zu können? Zwei? Zehn? Hundert? Ebene-I-Sex wird leicht zur Droge. »Nur noch diesen einen geilen Partner, das ist es dann!« Keine Droge hält, was sie verspricht. Unsere Sehnsucht nach innerem Frieden oder echter Verbundenheit wird nicht erfüllt. Wir mutieren zum halb verhungerten Sexjunkie.

Ebene-I-Sex kann zu Leiden und Verwirrung führen, wenn wir uns darauf als Grundlage für eine Beziehung verlassen. Dann vermischt sich das sexuelle Verlangen mit dem Verlangen des Egos. Das äußert sich in Besitzansprüchen, Rivalitäten und Machtspielen. »Du hattest deinen Orgasmus, jetzt bin ich dran«, »schau andere nicht so lüstern an«, »wenn du nicht liebevoller bist, lass ich dich nicht mehr ran.« Der heißen Nacht folgt das Beziehungsdrama.

Weicher Kern im Bett

Hält eine Beziehung länger, klingt der Ebene-I-Sex irgendwann ab. Das ist normal, trotzdem führt es gelegentlich zu Irritationen. Verbreitete Glaubensmuster haben uns eingehämmert, Ebene-I-Sex sei die einzige Art von Sex. Dann können wir auf den Gedanken kommen, etwas müsse falsch sein mit uns oder unserem Partner oder der Beziehung. Das ist keineswegs der Fall.

Wenn wir uns auf die Intimität einer längeren Beziehung einlassen, öffnen wir uns unserem Partner. Wir wagen, mehr von uns zu zeigen – auch von den unbequemen Schattenanteilen unserer Persönlichkeit. Und die spielen auch in die Sexualität hinein, in Form von Unsicherheit, Scham, Bedürftigkeit, Leistungsdruck, Schuldgefühlen. Manchmal wirkt auch der Nachklang von Kränkungen und Grenzüberschreitungen aus vergangenen Beziehungen.

Der verletzliche Kern unserer Seele hat in der Anfangsphase der Beziehung kaum eine Rolle gespielt. Das Verliebtsein, die Begeisterung und Leidenschaft haben die Verletzlichkeit zunächst überdeckt. Doch früher oder später ist es ganz natürlich, dass wir unsere empfindsamen, wunden Seiten in der Beziehung und in der Sexualität erleben. Es ist sogar ein gutes Zeichen für wachsende Intimität. Diese Phase wird im Trobe-Modell als Ebene II bezeichnet.

Oft reagieren wir auf das Auftauchen solcher Gefühle mit Gegenwehr oder Abwehr. Wir wollen die Verunsicherung und Verletzlichkeit am liebsten gleich wieder weg haben. Vielleicht versuchen wir, wieder mehr vom Ebene-1-Sex zu bekommen. »Früher war unser Sex so lustvoll! Was können wir tun, damit es wieder so wird?« Wir überspielen die Verletzlichkeit, kompensieren sie mit sexuellem Leistungsstreben. Oder wir ziehen uns mehr und mehr aus dem Sexleben mit unserem Partner zurück, weil uns die Begegnung mit den verletzlichen Anteilen zu kompliziert und mühsam erscheint.

Ein anderer Lösungsversuch kann darin bestehen, Ebene I außerhalb unserer festen Beziehung zu suchen. Wir gehen fremd. Oder wir hoffen auf neue Verliebtheit und Leidenschaft, indem wir die Beziehung beenden und eine neue suchen.

All die erwähnten Lösungsversuche sind zulässig. Aber ab einem gewissen Punkt unserer Entwicklung spüren wir, dass sie nur Kosmetik für ein tiefer sitzendes Problem sind.

Sex druckbefreit

Es gibt eine ganz andere Möglichkeit, den Schwierigkeiten von Ebene II zu begegnen und sie für befreiende Selbsterforschung zu nutzen. Das kann den Bestand einer Beziehung gewährleisten und die Innigkeit erweitern. Dabei geht es um die Bereitschaft und den Mut, den unbequemen Gefühlen offen zu begegnen – ohne sie abzuwehren und ohne auf Ebene I zurückzuschielen. Dann ist es möglich, dass sich die Sexualität von der herausfordernden Ebene II zu der harmonischen Sexualität der Ebene III hin entwickelt.

Es beginnt damit, dass wir uns mehr und mehr trauen, aufrichtig zu sein mit dem, was an schmerzlichen Gefühlen in der Sexualität auftaucht. Wir dürfen uns selbst und unserem Partner eingestehen, dass wir uns manchmal schämen, manchmal enttäuscht sind oder uns unsicher fühlen. Wir teilen mit, wenn wir uns überrannt fühlen, wenn alte Wunden schmerzen oder Überforderung uns lähmt. Wir geben zu, wenn Leistungsdruck uns antreibt oder blockiert. Und vor allem erlauben wir uns selbst und dem Partner, Phasen sexueller Lustlosigkeit zuzulassen – ohne uns selbst oder einander zu verurteilen oder uns zwanghaft anzutreiben. Wir geben uns die Erlaubnis, auch den unangenehmen Gefühlen Raum zu geben und sie liebevoll anzunehmen. Dann entdecken wir: Das bedrohliche oder schmerz-

liche Erleben kann direkt erfahren werden. Wir können damit in
Frieden sein. Dann löst es sich im Licht des Bewusstseins sanft auf.
Es löst die Wahrnehmung, dass es überhaupt ein Problem sei, so zu
fühlen, wie wir fühlen. Manchmal können wir sogar darüber lachen.
Auf die eine oder andere Weise wird der Schatten erhellt und ver-
schwindet.Dann eröffnet sich uns die Ebene III. Hier kosten wir
eine völlig neue Dimension von Intimität. Wir erleben Zärtlichkeit
und Sexualität frei von Drängen und Zwängen. Wir haben uns vom
animalischen Druck der Ebene I befreit. Wir können den verletzlichen Anteilen der Ebene II mutig begegnen. Und dieser offene Umgang fördert unsere Vertrautheit mit unserem Partner auf unge-
ahnte Weise. Emotionale und sexuelle Nähe verschmelzen zu einer
Art von Innigkeit, die weit über unsere gewöhnlichen Vorstellungen
von Nähe hinausgeht.
Wie Sexualität Ebene III konkret gelebt wird, zeigt sich spontan, von
innen kommend und ohne Verhaltensregeln. Auch der schnelle und
heiße Sex der Ebene I ist nicht ausgeschlossen. Wir dürfen uns an
diesem wilden Vergnügen immer mal wieder erfreuen, wenn es
natürlicherweise entsteht. Doch Ebene-III-Sexualität zeichnet sich
dadurch aus, dass sie der Behutsamkeit und Achtsamkeit Raum gibt.
Sie ist frei vom Drang nach unbedingter Erregung und einem
einseitigen Zielen auf den Orgasmus. Sie orientiert sich an einem
einfühlsamen und offenen Kontakt, in dem den Bedürfnissen und
den Gefühlen der Partner gleichermaßen Raum gegeben werden.
Sexualität ist dann nicht mehr egozentrischer Selbstzweck, sondern
steht im Dienste einer sich immer weiter öffnenden spirituellen Entwicklung.

Verlust von Lust

In unserer spirituell-sexuellen Entwicklung gibt es ungewöhnliche Phänomene. Manche stellen unsere herkömmliche Sichtweise auf den Kopf. Eines dieser Phänomene besteht in der starken Verminderung des sexuellen Verlangens oder sogar seinem gänzliche Wegfallen. Wie kommt das? Wenn uns tiefe Erfahrungen innerer Stille zuteilwerden, kann es sein, dass wir uns zeitweise als vollkommen bedürfnislos erfahren. Die Mystiker aller Religionen sprechen davon, dass es in jedem von uns eine endlose Quelle der Glückseligkeit gibt. Das ist keine Theorie. Wir erfahren das lebendig, wenn unser Denken zur Ruhe kommt. Dann tut sich ein Glück auf, das von keiner Bedingung oder Stimulationen abhängig ist. Eine Seligkeit, die keine Wünsche übrig lässt. Eine allumfassende Befriedigung.

Diese umfassende Zufriedenheit kümmert es nicht, in welchen Lebensumständen wir uns gerade befinden oder wie es dem Körper geht. Für sie ist es gleichgültig, ob wir uns von anderen geliebt fühlen oder nicht. Und sie ist vollkommen unabhängig von unseren sexuellen Bedürfnissen.

Wenn wir in solcher Seligkeit schwelgen, ist es nur natürlich, dass nicht der Hauch eines Gedankens an Sex auftaucht – geschweige denn die Idee, dass wir derartige Impulse ausleben müssten. Im Gegenteil: »Ich bin so zufrieden, dass ich nie wieder irgendeine erotische Begegnung brauche. Warum habe ich mir früher nur soviel Gedanken darum gemacht! Sex ist überhaupt nicht nötig, um glücklich zu sein!« Solche Gedanken sind ein Ausdruck der Unabhängigkeit. Wahre Erfüllung ist sich selbst genug. Sie braucht nichts. Das ist die segensreichste Erkenntnis, die wir jemals haben können.

Diese bedürfnislose Erfüllung verändert unser Erleben. Es mag sein, dass unsere bisherigen Bedürfnisse zum Erliegen kommen. Das kann sich erleichternd anfühlen. »Endlich brauch ich nicht mehr

dem Sex nachzujagen«, »ich bin schon hier und jetzt vollkommen
befriedigt, dazu brauche ich keinen Orgasmus«, »die Seligkeit der
Versenkung ist erfüllender als alle sexuellen Abenteuer.« Das Beispiel von Mönchen und Nonnen oder anderen Menschen, die ein
zölibatäres und zugleich erfülltes Leben führen, sind gute Beispiele.
Glück ist ohne Sex möglich.

Doch dieser eigentlich befreiende Verlust der Lust kann uns auch
befremden. Besonders wenn wir in einer Partnerschaft leben. Den
anderen Partner kann das erheblich verunsichern. »Liebst du mich
nicht mehr, oder warum hast keine Lust mehr?«, »Findest du mich
nicht mehr attraktiv?«, »Hast du jemand anderen kennengelernt?«
Eine Partnerschaft, bei der wir uns als verbindendes Element hauptsächlich auf Sex verlassen, gerät durch eine derartige Veränderungen in echte Schwierigkeiten. Wenn sich die Partner gegenseitig in
ihrer menschlichen und spirituellen Entwicklung unterstützen, ist
das anders. Dann werden die Herausforderungen für beide nützlich
sein. Sie werden Wege finden mit den Schwierigkeiten konstruktiv
umzugehen.

Manchmal ist die Abschwächung des sexuellen Verlangens auch nur
eine Phase. Sie geht vorüber. Wir bekommen wieder Kontakt zu den
normalen menschlichen Bedürfnissen nach Sex und leben sie aus.
Zugleich brauchen wir uns nicht mehr in Triebhaftigkeit zu verlieren und darüber den wahren Frieden des Seins zu übersehen. Wir
genießen Lust und Sinnlichkeit, wenn sie auftauchen. Und genauso
bleiben wir zufrieden mit der Abwesenheit von Lust. Was das Leben
auch gerade servieren mag, wir kosten darin die Befriedigung des
Seins.

Mehr Lust auf Wollust

Ein anderes Phänomen, das bei spiritueller Öffnung auftreten kann, scheint dem vorherigen entgegengesetzt zu sein: die außerordentliche Steigerung animalischer Lust.

Das wird verständlich, wenn wir zwei Erklärungsmodelle verknüpfen: Die »Aufhebung der Verdrängungsschranke« (im Modell Ken Wilbers) und das »sexhungrige Tier in uns« (der Ebene-I-Sex im Trobe-Model). Jedes menschliche Wesen besitzt einen mächtigen animalischen Sexualtrieb. Im Laufe der Erziehung wird er aufgrund gesellschaftlicher Wertvorstellungen gezügelt oder unterdrückt. Dabei werden die Bedürfnisse zu großen Teilen in die Unbewusstheit des Schattens verbannt. Die Verbannung geschieht durch den denkenden Verstand. Mit Geboten und Verboten trennt er zwischen Erlaubtem und Unerlaubtem. Das Erlaubte darf im Bewusstsein präsent bleiben. Das Verbotene wird ins Unbewusste verschoben. Gedankenmuster wachen über unser Sexleben und bauen Sperren auf: »Das sind schmutzige Fantasien«, »das gehört sich nicht«, »das ist pervers«. Die vermeintlich unzüchtigen Anteile unseres Verlangens werden zurückgedrängt ins Dunkel des Unbewussten.

Wenn wir die spirituelle Dimension entdecken, kommt unser gewohntes Denken zur Ruhe. Unsere Gedankenpolizei nimmt ihren Job nicht mehr so ernst. Die sexuelle Verdrängungsfunktion unseres Verstandes wird schwächer. Regungen des sexhungrigen Tiers in uns kommen wieder an die Oberfläche des Bewusstseins. Das ist keine Kleinigkeit. Der animalische Trieb kann sich wild, ungezügelt und rücksichtslos zeigen. Es mag sein, dass das ungehemmte Ausleben unserer Triebhaftigkeit zu unserer Entwicklung gehört. Das kann uns bereichern, etwa wenn wir unter einer strengen moralischen Erziehung gelitten haben. Dann mag es eine regelrechte Befreiung sein, Tabus zu brechen und bislang Verbotenes zu erschließen. Wir lösen uns aus Prüderie und Schuldgefühlen. Wir kosten die Lebensenergie und Lebenslust voll aus.

Von dem spiritueller Lehrer Osho* wird berichtet, er hätte seinen Schülern den freien Sex erlaubt und empfohlen. Aber nur aus einem einzigen Grund: Damit sie erkannten, dass auch das ungehemmte Ausleben des sexuellen Verlangens nicht zu wahrhaftigem Glück führt. Auch die perfekte Tantra-Verschmelzung ist von begrenzter Dauer. Der beste Orgasmus dauert nur ein paar Sekunden. Danach blüht das Ego von neuem auf. Die Mechanismen des Leidens sind nicht durchschaut. Manchmal können wir erst tiefer gehen, wenn wir die Enttäuschung und Frustration des Sexlebens auf Ebene I genügend erfahren haben.

Die bessere Nachricht: Wir können uns der Ebene-I-Sexualität auch bewusst sein, ohne sie ausleben zu müssen. So wie mit jeder anderen Empfindung und jedem anderen Gefühl, lässt sich auch das sexuelle Verlangen unmittelbar erfahren.

Fragen zur Selbsterforschung:
Zu welchen Gelegenheiten erlebe ich sexuelles Verlangen? Wodurch wird es ausgelöst? Welche Fantasien, welche Gedanken tauchen auf? Kann ich mir erlauben, ungehemmte Lust bewusst da-sein zu lassen, ohne mich dafür zu verurteilen?
Wie fühlt sich die Erregung ganz direkt in mir an? In welchen Körperregionen erfahre ich sie und mit welcher Qualität? Wie wäre es, das Verlangen als innere Energie frei fließen zu lassen, ohne es auszuleben? Was geschieht dann?

Den sexuellen Drang unmittelbar zu erfahren, ist manchmal heißer als Feuer. Vielleicht fühlt es sich an wie ein glühender Fluss durch Rumpf und Glieder, der jeden Widerstand hinweg schmilzt. Die Hitze drängt nach Entlastung, nach Ausbruch, sie will sich abkühlen. Es ist nichts verkehrt daran, wenn wir den Sex dann auch ausleben – mit anderen oder mit uns selbst. Wenn wir frei sein wollen, können wir auch ein anderes Experiment wagen. Wie wäre es, diese animalische Kraft einmal vollkommen regungslos zuzulassen, ohne sie zu bremsen – und ohne sie auszuleben. Sie darf uns in Wallung versetzen. Wir erlauben ihr, durch unsere erogenen Zonen zu rauschen. Sie darf sich in unserem Körper ausbreiten. Wohin auch immer sie sich bewegen will, vielleicht bis in die Haarspitzen, sie darf in uns brennen. Wir lassen sie knistern und glühen. Das kann ein beeindruckender Genuss sein. Pure Lebensenergie. Ekstase von Kopf bis Fuß. Ohne dass wir dafür die geringste Stimulation oder Entladung bräuchten.

Auf diese Weise kann sexuelle Energie sich selbst verbrennen. Dann entdecken wir, dass dieser Vulkan uns einen weiteren Zugang zur Bedürfnislosigkeit echter Seligkeit öffnet.

Andere Monster einladen

Wir haben einige der wichtigsten Schattenanteile konkret beleuchtet: Wut, Verlorenheit, Hilflosigkeit, Unsicherheit, Angst, sexuelle Begierde. Wir könnten die Liste erweitern um Neid, Scham, Arroganz, Minderwertigkeit, Selbstzweifel, Selbsthass, Schuldgefühle als Opfer, Schuldgefühle als Täter. Das Auftauchen dieser Schattenanteile mag durch äußere Ereignisse ausgelöst werden. Jemand beurteilt uns ungerecht. Das macht uns wütend. Ein Freund wendet sich von uns ab. Wir fühlen uns verlassen. Eine bedrohliche Situation macht uns Angst. Falls wir die äußeren Umstände direkt verändern

können, dürfen wir das gern tun. Häufig jedoch haben wir wenig
Einfluss darauf. Ist das ein Problem? Keineswegs. Denn immer
bietet sich die Chance, dass wir uns den inneren Erfahrungen und
unserer Beziehung dazu stellen. Hat sich da gerade ein neues, abge-
kapseltes Ich-Empfinden aufgebaut? Wie reagiert dieses Ich auf die
Gegenüberstellung mit dem Dunkel? Kämpft es? Flüchtet es? Unter-
wirft es sich?
Wir können jedes Schattenerleben als eine Art Monster darstellen.
Plötzlich taucht es aus dem Dunklen auf. »Manchmal kommen
deine Monster und scheinen deine schöne Meditation zu stören«,
beobachtet der aus Sri Lanka stammende buddhistische Lehrer
Godwin Samararatne*. »Schicke sie nicht weg. Lade sie ein. Auch
wenn es sich unheimlich anfühlt. Öffne ihnen die Tür. Lass sie
herein. Du könntest Ihnen eine Tasse Tee anbieten. Mach es dir
mit ihnen in deinem Wohnzimmer gemütlich. Sitze eine Zeit lang
still mit ihnen. Oder sprich ein paar freundliche Worte. Höre ihnen
aufmerksam zu. Schenke ihnen ein Lächeln. Dann könnte sich
herausstellen, dass sie gar nicht so schrecklich sind, wie du erst
dachtest. Vielleicht werdet ihr sogar beste Freunde.«
Wenn wir mutig sind, braucht es keine Zeit. Wir lassen das Monster
herein. Lassen es hautnah an uns heran. Dann wandelt es sich in ein
Kuscheltier. Doch manchmal brauchen wir Zwischenschritte. Der
Arzt und Hypnotherapeut Gunther Schmidt hat dafür eine hilfrei-
ches Vorgehen entwickelt. Er lädt seine Klienten ein, mit der Mons-
ter-Konfrontation spielerisch umzugehen. Sollte sich eine Begegnung mit etwas Bedrohlichem überwältigend anfühlen, kann sich
der Klient zunächst Raum verschaffen. Zum Beispiel indem er sich
vorstellt, das Monster so im Raum zu platzieren, so dass er sich
sicher fühlt. Von dort aus kann er neu schauen, was ihm hilft, dem
Monster aus einer Haltung der Gelassenheit zu begegnen. Dann
kann er mit dem Monster Kontakt aufnehmen, vielleicht ein wenig

mit ihm plaudern. Wenn es gut läuft, lösen sich unser Monster und Opfer-Ich auf. Was dann bleibt, ist der weite Raum reinen Bewusstseins und die Stärke, selbst dem Fürchterlichsten furchtlos ins Auge zu schauen.

Lust auf mehr Schatten

»Bis du dich nicht wirklich auf die nächste Kritik freust, ist deine Arbeit nicht getan«, sagt die spirituelle Lehrerin Byron Katie. Damit deutet sie darauf hin, dass es nicht darum geht, ein Lebensthema abzuschließen und darauf zu hoffen, es würde niemals wieder auftauchen. Die weisere Haltung besteht in einer neugierigen, ja freudigen Offenheit für die nächste Herausforderung – egal wie sich zeigen mag. Vielleicht kommen noch ganz unbekannte Monster aus den Tiefen unseres Unbewussten. Vielleicht bringen sie hässliches Material nach oben – oder stellen sich gleich als guter Freund vor. Können wir darauf gespannt sein, wann und wie der nächste Schattenanteil ans Licht kommt?

Fünfter Teil:
Fragen und Antworten

Glücksstress

Ich habe oft das Gefühl, ich könnte glücklich sein, wenn ich nur nicht zu doof wäre, die Dinge aus dem Buch umzusetzen. Das bewirkt einen unglaublichen Stress, erzeugt Schuldgefühle und lähmt mich. Mache ich etwas falsch?

Oft verstehen wir den Begriff »Glück« auf eine oberflächliche Weise. Dann meinen wir damit ein Glücksgefühl, das sich stets froh, heiter und licht anfühlen sollte. »Ich bin gut drauf.« »Ich freue mich.« »Ich habe gute Laune.« Doch das sind irreführende Vorstellungen über Glück. Sie versetzen uns leicht in eine Art Glücksstress. Dann versuchen wir alles, um diese schönen Gefühle innerlich herzustellen. Manchmal benutzen wir auch spirituelle Zugänge und Techniken – wie sie in diesem Buch beschrieben werden – um unangenehme Gefühle in glückliche zu verwandeln. Das mag sogar funktionieren. Allerdings nur dann, wenn wir sie in einer unschuldigen, frischen Herangehensweise nutzen – in einem Geist der Hingabe. Dann erspüren wir das wahre Glück hinter den Gefühlen. Doch dieses Glück ist kein Gefühl. Es ist eine essentielle Eigenschaft unserer wahren Natur. Sie ist sowohl in angenehmen, als auch unangenehmen Gefühlen zu entdecken. Diese Entdeckung geschieht ganz natürlich und zwar gerade dann, wenn wir aufhören Glücksgefühle erzwingen zu wollen; wenn wir uns der gegenwärtigen Erfahrung ganz hingeben; wenn wir in Frieden sind mit dem, was auch immer wir gerade erleben. In Frieden auch mit dem Gefühl des Unglücklichseins. Es ist ein Paradox: Erlauben wir uns, die Suche nach Glücksgefühlen zu beenden, entdecken wir wahres Glück.

Wir alle wissen um diese Wahrheit. Auf die eine oder andere Weise haben wir sie ganz unmittelbar erfahren. Dennoch beharrt unser Denken von Zeit zu Zeit doch darauf, Kontrolle über unsere Gefühle ausüben zu wollen – und versagt damit. Dann ist wieder Hingabe gefragt: Können wir das Unglücklichsein dieses Moments als Geschenk annehmen? Können wir uns auch traurig, wütend, verzweifelt, frustriert sein lassen? Ohne dagegen zu kämpfen oder Glücksgefühle zwanghaft herstellen zu wollen? Können wir unserer eigenen Unzulänglichkeit – selbst der spirituellen Unfähigkeit, unser Unglück zu durchschauen und aufzulösen – sanft und liebevoll begegnen?

Es ist in Ordnung, unglücklich zu sein. Es ist gut so, wie es ist – auch wenn es sich schmerzlich, frustriert oder wütend anfühlt. Wir brauchen nichts tun, um das Unglücklichsein zu verwandeln. Auf mysteriöse Weise verwandelt es sich dann von alleine – oder wir sind einfach in Frieden damit.

Und wenn das nicht klappt? Können wir dann in Frieden damit sein, dass wir nicht in Frieden damit sein können? Eine solche Haltung könnte eine »Meta-Zufriedenheit« offenbaren. Wir brauchen nicht mehr mit uns selbst hadern oder uns beschuldigen: »Mein Gott, bin ich doof, das ich mich wieder im Unglück verrenne, obwohl ich es doch eigentlich besser weiß«. Solche Selbst-Geißelungsgedanken verstärken das Leiden nur noch. Wie wäre es, ihnen nicht zu folgen und sie durch eine offene Haltung zu ersetzen: »Ich erlaube mir, mich vollkommen unglücklich zu fühlen«. Und plötzlich leuchtet eine andere Dimension von Glück hindurch. Ein Glück das sogar mit dem Gefühl des Unglücklichseins glücklich sein kann. Es kann sich darüber freuen oder darüber weinen. Beides ist dasselbe.

Aktive und Passive Gnade

Es gibt doch auch so etwas wie Gnade. Eine Erlösung, die ich mir nicht erarbeiten muss, sondern als von Gott geschenkt erfahre. Zugleich soll ich nach ihren Anleitungen mein inneres Erforschen. Das macht ja auch Sinn. Aber wie geht das beides zusammen?

Ich habe zu dieser Thematik die Begriffe »Aktive Gnade« und »Passive Gnade« geprägt. Passive Gnade bedeutet, dass uns Erlösung und Freiheit ohne jegliches Zutun unserer Person zu Teil wird. Passive Gnade zeigt sich dann, wenn wir ganz spontan spirituelle Einsichten erfahren und dadurch aus der Illusion des Leidens herausfallen in die Freiheit unserer göttlichen Natur. Wirkt passive Gnade, braucht es keinerlei spirituelle Praxis, keine Meditation, kein Gebet, keine bewusste Selbst-Erforschung, keine aktive Ausrichtung unserer Aufmerksamkeit, rein gar nichts. Sie ist ein vollkommen freies Geschenk, das uns das Göttliche unverdient zukommen lässt. Solche Momente sind wunderbar. Wir dürfen das rückhaltlos annehmen, uns dem hingeben und die Offenbarung der Gnade in vollen Zügen genießen.

Für die meisten Menschen reicht es allerdings nicht aus, solche Momente passiver Gnade geschenkt zu bekommen. Leid erzeugende Gedankenmuster überschatten wieder unsere wahre Natur und trüben wieder unseren Blick für das Göttliche. Dann können wir uns einreden »O.K., ich warte einfach auf den nächsten gnadenvollen Moment«. Oder wir nutzen Selbsterforschung, die ein Zutun von unserer Seite aus braucht. Das nenne ich »aktive Gnade«. Es ist auch

Gnade, wenn uns das Göttliche wirkungsvolle Zugänge und Hilfsmittel kennenlernen lässt, mit deren Hilfe wir unserem Geist durchschauen und von Verdeckungen befreien können. Eine tiefgehende Methode der Selbst-Erforschung, wie zum Beispiel die Forschungsfrage Ramanas »Wer oder was bin ich wirklich?« stellt ein Geschenk von unschätzbarem Wert dar. Doch es reicht nicht aus, diese Frage einfach nur zu lesen oder zu hören. Es braucht auch die Entschlossenheit das gnadenvolle Geschenk anzunehmen und es anzuwenden. Wir müssen unseren Geist ausrichten und dem Fingerzeig der Frage folgen. Das kann sich manchmal durchaus nach Arbeit anfühlen. Manchmal braucht es Anstrengung der Anweisung zu folgen und sich nicht ablenken zu lassen. Dennoch ist es Gnade, weil uns auch diese »aktive Gnade« – genauso wie die »passive Gnade«- zur Freiheit führt.

Aktive Gnade kann sich in verschiedensten Formen zeigen: Eine wirksame Meditationstechnik, ein kraftvolles Gebet, eine Bewusstseinsübung, eine Fragetechnik. Sie wird begleitet von Entschlossenheit und Konzentration. Sie wird getragen von einem unbedingten Willen zur Freiheit, von mutigem Hinterfragen und ausgerichtetem Handeln. Aktive Gnade befreit uns von innen heraus aus dem Gefängnis einer eingebildeten Hilf- und Machtlosigkeit. Sie gibt uns Werkzeuge an die Hand. Sie ermahnt und ermutigt uns: »Du lebst in den Mauern eines eingebildeten Gefängnisses. Du hast die Kraft diese Begrenzungen einzureißen. Nutze sie. Krempel die Ärmel hoch. Fang an!«.

Passive Gnade fühlt sich nach Hingabe an. Sie kennzeichnet sich durch Ergebenheit, Demut, Loslassen, Nicht-Tun und Nicht-Handeln. Passive Gnade entspannt uns von der Überheblichkeit zu denken, wir könnten die Erkenntnis des Göttlichen mit Aktivität erzwingen. Sie reißt uns die Werkzeuge wieder aus der Hand und sagt: »Auch dass du dich aus einem Gefängnis befreien musst, hast du dir nur eingebildet. Du kannst und brauchst gar nichts tun, um Wahrheit zu erkennen. Hör mit allem auf. Überlasse alles dem Göttlichen«.

Durch aktive Gnade bringen wir unser Denken soweit zur Ruhe, dass es still genug wird, um für passive Gnade empfänglich zu werden. Passive Gnade lässt uns Ruhen und Ausruhen, um Kraft zu sammeln. Für die Momente, in denen wir aktive Gnade in die Hand nehmen müssen, um die Gitterstäbe unseres illusorischen Gefängnisses auseinanderzusprengen.

Unser gewöhnliches Denken kann die Gleichwertigkeit von aktiver und passiver Gnade nicht verstehen. Es möchte sich am liebsten auf eine Seite festlegen, um ein sicheres Konzept von Wahrheit zu behalten. Doch alle wahren Lehren haben durch das paradoxe Nebeneinander sich vermeintlich widersprechender Sichtweisen gelehrt. Auch Ramana Maharshi war ein Meister darin. Er spornte seine Schüler mit dem Spruch: »Bemüht euch, Mühelosigkeit zu erreichen« an und an anderer Stelle beruhigte er sie: »Überlasst alles dem Göttlichen, es wird für euch sorgen«. Wahrheit, die nicht paradox daher kommt, ist eine Erfindung von Lügnern.

Eine kleine Geschichte, die der spirituelle Lehrer Eli Jaxon-Bear erzählt, illustriert wie wir aktive Gnade verpassen, wenn wir zu passiv bleiben:

Eine Familie wird in ihrem Haus von einer plötzlichen Flutwelle überrascht. Mann, Frau und die zwei Kinder steigen aufs Dach, um sich vor den Wassermassen zu retten. Das Wasser aber steigt stetig an. Die Familie klettert auf den Schornstein. Dabei rutscht die Frau ab und wird von den Wassermassen weggerissen. Ein Kind verliert auch den Halt und droht weggespült zu werden. Der Vater greift nach diesem Kind, lässt dabei aber das andere versehentlich los. Er bekommt das erste nicht zu fassen und so werden beide Kinder weggespült. Das Wasser steigt weiter an. In seiner Verzweiflung betet der Mann: »Oh Herr, du hast mir Frau und Kinder genommen. Aber willst du auch mein Leben, oder kannst du mich retten großer Gott?« Eine dunkle Stimme tönt aus den Wolken »Gut, mein Sohn. Dem sei so. Ich werde dich retten«. Kurz darauf kommt ein Schlauchboot. »Steigen Sie ins Boot«, rufen die Insassen, »wir bringen sie in Sicherheit«. »Nein, nein…« sagt der Mann, »…fahren sie ruhig weiter. Ich vertraue auf die Gnade Gottes. Er hat mir gesagt, dass er mich retten wird«. Die Leute im Boot schütteln den Kopf und fahren weiter. Ein Rettungshubschrauber kommt geflogen. Eine Strickleiter fällt herab. Aber auch hier verweigert sich der Mann. »Gott persönlich hat mir gesagt, dass er mich retten wird. Fliegt weiter«. Kurz darauf steigt das Wasser noch höher. Der Mann ertrinkt jämmerlich.

Nach seinem Tod wird er im Himmel eingelassen. Empört stürmt er auf Gott zu: »Verdammt, jetzt bin ich tot. Du hattest mir doch versprochen mich zu retten?« Gott fasst sich an den Kopf, »komisch … « sagt er langsam und nachdenklich » … ich dachte ich hätte ein Schlauchboot und einen Hubschrauber geschickt«.

Passive Gnade als ein Warten auf Erlösung misszuverstehen, lässt uns die aktive Gnade übersehen, die uns schon jetzt Schritte aufzeigt, der Erlösung ein gutes Stück entgegen zu gehen. Zu glauben, allein aktive Gnade könnte uns Erlösung bringen, führt uns in eine spirituelle Macher-Mentalität, die sich früher oder später selbst erschöpft. Dann kann uns passive Gnade wieder offenbaren, dass Erlösung nicht am Ende eines anstrengenden Weges wartet, sondern immer schon da ist, wo wir gerade sind.

Im Anderen MICH sehen

Alles wirkliche Leben ist Begegnung, sagt Martin Buber und begegnen kann ich nur einem Du. Wenn es kein Ich gibt, können sich Ich und Du nicht begegnen. Gibt es da nicht einen Widerspruch zwischen dem Alles-ist-Eins und dem Antlitz des anderen, der ja eben als der andere erscheint? Sartre meinte sogar: »Die Hölle, das sind die anderen.« Wenn ich aber wahrnehme, dass der andere auch Teil des Ganzen ist, von dem ich ein Teil bin, sind wir dann so eine Art Geschwister?

Die Metapher des Ozeans vereint den vermeintlichen Widerspruch. An der Oberfläche tanzen die Wellen in stetigem Auf und Ab. Hier sehen wir voneinander unterscheidbare Formen. Hier gibt es tatsächlich ein scheinbar getrenntes Ich und Du. Würde man nur diese Oberfläche betrachten, müsste man Martin Buber zustimmen, dass Leben Begegnung zwischen einem Ich und einem Du ist. Sartre spricht mit seiner Aussage »Die Hölle, das sind die Anderen«, schon den leidvollen Charakter dieser Begegnungen an. Zunächst gibt es da eine grundsätzliche Trennung von Ich und Du. Das alleine lässt schon das Ich mit einer existenziellen Einsamkeit zurück. Dann ist da noch das Wirrwarr des sozialen Miteinanders. Hier wirken »die Anderen« als verwirrende Verlockung oder Bedrohung. Hier ist Angriff, Missachtung oder Ausstoßung zu befürchten. Das alles kann das Ich schmerzhaft treffen.

Doch unter der Oberflächenschicht des Ozeans ruhen die unendlichen Wassermassen der Tiefe. Hier herrschen ganz andere Verhältnisse. In der Tiefe hebt sich die Trennung der Wellen auf. Es gibt hier kein Wellen-Ich mehr. Nur das alles verbindende SEIN des Wassers.

Zugleich stellt das Wasser auch den Stoff dar, aus dem die Wellen der Oberfläche geformt sind. Die Form der Wellen unterscheidet sich. Doch Wasser ist ihr eigentliches Wesen. An der Oberfläche scheinen die Wellen so etwas wie Geschwister zu sein – Kinder des Ozeans. Zugleich sind sie mehr als das: Spürt eine Welle in ihre eigene Tiefe fühlt sie das Wasser des Ozeans aus dem sie gemacht ist. Je tiefer sie spürt desto mehr vergisst sie sich selbst – ihren Wellenkörper - und weiß sich als die Gesamtheit des Ozeans. Ihr wird auch klar, dass das Wasser dasselbe Wasser in jeder Welle ist. In diesem Sinne sind die Wellen mehr als Geschwister. Sie sind ein einziges verbundenes Sein.

Die Wassermassen der Tiefe sind ich-los und du-los. Deshalb brauchen sie auch keine Begegnung. Der Begriff »Begegnung« macht hier überhaupt keinen Sinn. Denn wie sollte sich etwas begegnen, was überhaupt nie getrennt war! Die indische Philosophie des Advaitas (Nicht-Zweiheit) stellt diese Wahrheit in den Mittelpunkt ihrer Lehre: Aus der Tiefenperspektive ist jede Trennung (Dvaita) pure Illusion. Die letztendliche Wahrheit ist non-dual, vollkommen ungetrennt.

Meine spirituelle Lehrerin Gangaji sagte einmal zu mir: »Ich bin haargenau dasselbe wie du«. Ich spürte, was sie sagte. Sie meinte nicht unsere Körper, nicht unsere Persönlichkeiten oder unsere Gefühlswelten. Die sind offensichtlich voneinander verschieden. Doch das Gewahrsein, das durch ihre Augen sieht und das Gewahrsein, dass durch meine Augen – und die Augen jedes Menschen – sieht, ist genau dasselbe Gewahrsein. In einer echten Begegnung, zum Beispiel zwischen einem Schüler und seinem spirituellen Lehrer, sehen sich zwei Wellen an und schauen durch das Gegenüber in die Tiefe des Ozeans. Da sind die Formen der Wellen unwichtig. Es geht um die Essenz, um das Wasser, um das Gewahrsein, das immer eins ist, war und sein wird.

Martin Buber wusste um die Schönheit und Lebendigkeit solcher Begegnungen. In ihnen eröffnet sich die Möglichkeit durch das Antlitz des anderen in die Tiefe des Einsseins zu schauen. Das ist keine Theorie sondern eine lebendige Erfahrung, die auch Teilnehmer meiner Seminare immer wieder berichten. Ich lade diese manchmal ein, die gesamte Gruppe der Anwesenden ganz direkt aus der Haltung innerer Stille anzuschauen. Dann erkennen Sie sehr deutlich das Strahlen der ungetrennten, lebendigen Essenz, die durch jedes Augenpaar leuchtet. Über die vermeintliche Trennung in ein Ich und Du können wir dann gemeinsam herzhaft lachen.

Immer wieder Nicht-Wissen

Ich habe schon Erfahrungen innerer Stille gemacht – das ist wunderbar. Manchmal kippt es allerdings in eine mentale Unruhe. Mein Denken versucht die Stille zu analysieren: »Woher kommt sie?« »Was ist Stille genau?« »Wie kann ich sie am besten beschreiben?« Das ufert zu einem frustrierenden Grübeln aus und die Stille ist weg. Können Sie mir dazu etwas sagen?

Unser Denken neigt dazu, verstehen und wissen zu wollen. Und tatsächlich können wir als Menschen sehr viel wissen. Wir wissen, wie man Häuser baut. Wie man Nahrung zubereitet. Wie Maschinen funktionieren. Die Wissenschaft weiß uns Einiges zu sagen. Über die Entstehung des Universums. Über die kleinsten Teilchen der Materie. Über die Entwicklung des Lebens auf der Erde und... und... und... . Doch schauen wir genauer hin, sehen wir, dass unser Wissen mindestens ebenso große Lücken aufweist. Selbst die besten Wissenschaftler ihrer Zunft geben zu: »Wenn wir eine wichtige Frage der Wissenschaft beantwortet haben, tun sich sofort zehn neue Fragen auf.«

In unserem persönlichen Leben geht es uns ähnlich. Am liebsten würden wir genau wissen, was morgen geschieht. Zu verstehen, wie das mit dem Gestern in Zusammenhang steht, wäre auch nicht schlecht. Wir würden gerne wissen, wie wir die beste Entscheidung treffen; was moralisch richtig und was falsch ist; warum wir so handeln, wie wir handeln. Weshalb genau wer wann wo was tut. Und wieso er gerade uns das antut. Und was wissen wir wirklich?

Unser Nichtwissen wird noch deutlicher, wenn wir versuchen, die spirituelle Dimension des Menschen zu beschreiben. Gerade in diesem Bereich versagen oft die Mittel des Verstandes. Worte bleiben unzureichend für die innere Stille oder die allumfassende Liebe, die wir innerlich erfahren. Es mag sein, dass uns manchmal die »perfekte Formulierung« für eine spirituelle Einsicht einfällt, das dürfen wir genießen.

Aber auch solche Einsichten sind nur Fingerzeige auf eine andere, unfassbare Dimension. Wie ein Schriftzug aus kleinen weißen Punkt-Wolken. Am Firmament formieren sie sich für einen Augenblick zu dem Satz »Dies ist der Himmel«. Dann bläst der nächste Windzug wieder alles hinfort. Fühlt es sich nicht viel wohltuender an, das Blau des Himmels zu genießen, ohne die geringste Bezeichnung dafür zu haben? Vielleicht ist der Himmel nicht mal blau?

Die Versuche unseres Denkens, die Stille mit seinen Mitteln zu verstehen, können wir genauso betrachten. Der Verstand darf versuchen zu verstehen. Manchmal schafft er es. Beglückwünschen wir ihn dafür! Zugleich können wir uns immer wieder bereitwillig dem Nicht-Wissen hingeben. Wir erlauben uns immer wieder alles – auch die letzte tolle spirituelle Einsicht – zu vergessen. Ist das nicht eine große Erleichterung?

Angst vor Leere

Ich meditiere seit einiger Zeit mit der Frage »Wer oder was bin ich?«. Manchmal implodiert meine Aufmerksamkeit. Plötzlich scheint alles wie in einen Punkt zusammenzufallen. Aus diesem

Sammelpunkt breitet sich eine Leere aus, die sich so anfühlt, als würde sie alle meine Wahrnehmungen auslöschen, wenn ich sie zulassen würde. Dann bekomme ich Angst und beende die Meditation. Sollte ich lieber mit dem meditieren aufhören?

Ihre Beschreibung hört sich nach den Vorboten der Eröffnung einer transzendenten Leere an. Viele Menschen haben Angst vor der Leere, bzw. vor ihren Vorstellungen davon. Der Tatsache ins Auge zu schauen, dass alles was wir wahrnehmen ausgelöscht werden könnte, löst bei ihnen den blanken Horror aus. Dabei erleben wir alle mindestens einmal in 24 Stunden eine Riesenportion dieser Leere. Und die fühlt sich tatsächlich sehr gut. Es ist der Tiefschlaf, der uns dieses Geschenk macht.

Nehmen wir an, wir würden um Punkt Mitternacht einschlafen. Was geschieht in den wenigen Sekunden davor? Da nehmen wir Abschied von allem. So schön unser Tag auch gewesen sein mag, wir haben genug von den vielen Erfahrungen und all den Erlebnissen. Wir sehnen uns nach Ruhe. Wir wollen vergessen. Nur noch vergessen. Um 23:59 Uhr und 30 Sekunden freuen wir uns, alles vom Tag hinter uns lassen zu können. Erinnerungen verlieren ihren Reiz. Das Grübeln hört auf. Fantasien werden uninteressant. Probleme verblassen. Sorgen verschwinden.

Es ist 23:59 Uhr und 45 Sekunden. Jetzt erlauben wir uns, auch unsere unmittelbare Umgebung zu vergessen. Wir wissen nicht mehr in welchem Haus wir schlafen oder in was für einem Bett. Was sich um uns herum abspielt, wird unwichtig. Selbst wenn neben uns jemand im Bett liegt, wollen wir von dieser Person nichts mehr wissen. Alles ist uns egal. Ganz in uns selbst versunken dämmern wir dem wohligen Tiefschlaf entgegen. Es ist 23:59 Uhr und 55 Sekunden. Nur noch 5 Sekunden bis zum ersehnten Schlummer. Nun verblasst auch die Wahrnehmung unserer Sinne. Wir sehen nichts mehr. Riechen nichts mehr. Auch das Hören kommt zur Ruhe. Schließlich um Punkt 0:00 Uhr vergessen wir uns selbst. Welche Erleichterung. Wir spüren unseren Körper nicht mehr. Kein Schmerz. Nicht die geringste Empfindung. Kein Pulsschlag, kein Atmen wird mehr wahrgenommen. Nun sinken wir endlich in ein seliges Nichts. Eine endlose Leere .Keine Zeit. Kein Raum. Null Erfahrung. Nur noch dunkle, lichtlose Seligkeit. Zutiefst erholsam. Zutiefst friedlich. Unser gesamtes Leben ist auf wunderbare Weise zum Erliegen gekommen. Brauchen wir vor solch einer wohltuenden Auslöschung Angst zu haben? Nein. Ob sich diese Leere im Übergang zum Tiefschlaf oder in der Versenkung der Meditation auftut, wir können sie offenherzig einladen und schauen, was sie uns zu offenbaren hat.

Natürliche Ethik

Nach Ihren Aussagen ist unser persönliches Ich pure Illusion. Doch wenn es unser Ich nicht gibt, wie steht es mit Verantwortung. Öffnet das nicht einem rücksichtslosen Egoismus Tür und Tor: Egal was ich tue, ich kann mich ja immer mit »Es gibt ja gar kein Ich« aus der Verantwortung ziehen?

Es ist möglich, dass wir spirituelle Wahrheit als Ausrede für offensichtlich egoistisches Handeln missbrauchen. Doch dabei handelt es sich schon nicht mehr um die direkte Erfahrung innerer Wahrheit, sondern um deren verzerrte Konzeptualisierung. Erfassen wir innerlich, dass es kein persönliches Ich gibt, machen wir zugleich die unmittelbare Erfahrung des alles verbindenden Einsseins. Daraus ergibt sich das was ich »natürliche Ethik« nenne.
Der buddhistische Mönch Thich Nhat Hanh erläutert dies anhand

einer Geschichte: Stellen wir uns vor, wir nehmen einen Nagel in die linke und einen Hammer in die rechte Hand. Wir wollen den Nagel einschlagen. Doch ein Missgeschick geschieht. Die rechte Hand zielt ungenau und trifft mit dem Hammer den Daumen der linken Hand. Das tut weh. Was geschieht weiter? Wird die linke Hand zur rechten sagen: »Du gemeiner Hund, warum hast du mir das angetan! Ich werde mich an dir rächen. Gib mir den Hammer. Ich werde dasselbe mit dir machen!«? Nein. Das würde keinen Sinn machen. Die Hände wissen und spüren, dass sie zum selben Organismus gehören. Sie sind Teil desselben Körpers. Sie arbeiten gut zusammen. Sie sind feinfühlig füreinander. Die rechte Hand wird mit einer streichelnden Geste die Linke trösten und den verletzen Daumen achtsam versorgen.

In diesem Beispiel könnte man sagen: Die linke und rechte Hand haben kein eigenständiges Ich. Sie werden von einer wesentlicheren, sie verbindenden Instanz gesteuert. Entdecken wir durch Selbsterforschung das absolute Sein, das uns alle verbindet, werden wir auf ganz natürliche Art und Weise Mitgefühl, Rücksichtnahme und Wohlwollen untereinander entwickeln. Da brauchen wir nicht mehr auf die bisher üblichen moralischen Richtlinien zurückgreifen, die oft mit unserem herkömmlichen Verständnis von »Verantwortung« verknüpft sind. Diese bestehen in langen überlieferten Listen. Sie schreiben uns vor, was richtig oder falsch, tugendhaft oder sündig ist; wie wir sittsam handeln sollten oder uns schuldig machen. Für einen erwachten Geist sind diese Listen nicht mehr notwendig. Er spürt von innen heraus, was ethisch verantwortlich ist und was nicht.

Eine hilfreiche Sichtweise auf den Begriff »Verantwortung« vermittelte mir auch meine amerikanische Lehrerin Gangaji. Im Englisch-Amerikanischen wird »Verantwortung« mit »responsability« übersetzt. Das setzt sich aus »response« (Antwort) und »ability« (Fähigkeit) zusammen. »Verantwortung« meint hier also »die Fähigkeit zu Antworten«. Die Fähigkeit auf die Aufgaben des Lebens eine angemessene Antwort zu finden.

Dann können wir uns Fragen: Wann sind wir am besten in der Lage, auf die Herausforderungen des Lebens klar und gut zu antworten? Wenn wir uns mit Schuldgefühlen und moralischem Druck belasten? Wenn wir uns bemühen alles nach strengen Richtlinien, perfekt zu machen, weil wir sonst Bestrafung fürchten? Wenn wir Verantwortung als Last unseres persönlichen Ichs verstehen, mit der Gefahr uns schuldig zu machen?

Oder können wir Antworten, die das Leben von uns fordert, nicht viel leichter finden, wenn wir uns von der Idee, wir würden persönliche Schuld tragen, lossagen? Wenn wir uns befreit zurück entspannen in den Frieden der Ich-Losigkeit und des Nicht-Tuns?

Gerade in der deutschen Kultur gibt es eine große Angst, unser gewohntes, mit Schuld verknüpftes, Verständnis von Verantwortung loszulassen. Historisch ist das aufgrund der in Deutschland geschehenen Völkermorde durchaus verständlich. Vielleicht glauben wir, die Aussage, dass es kein Ich gibt, als Ausrede zu neuen Gräueltaten und Verursachung von Leiden zu missbrauchen. Doch die direkte Erfahrung jedes Menschen, der seiner eigenen Ich-losigkeit auf den Grund geht und darin ruht, ist eine andere: In der Regel wird dadurch das eigene Erleben und Verhalten sehr viel einfühlsamer, liebevoller und auch ethisch verantwortlicher als je zuvor.

Paralleles Erwachen

Ich befinde mich längere Zeit auf dem spirituellen Weg und habe auch schon viele befreiende Erfahrungen gemacht. Ihr Buch hat mir dabei sehr geholfen. Zugleich denke ich manchmal »Es geht

mir schlechter als zuvor.« Gefühle wie Traurigkeit und Verzweiflung, manchmal auch Wut oder Angst fühlen sich sehr viel intensiver an als zuvor. Zeitweise frustriert mich das sehr. Mache ich irgendetwas verkehrt?

Ich benutze manchmal den Begriff »Paralleles Erwachen«: Erwachen wir zu innerer Freiheit werden wir für zwei Ebenen des Seins wach. Auf der einen Seite zeigt sich uns die Tiefenebene des Seins. Hier finden wir innere Gelöstheit und Ruhe. Wir entdecken den Wesenskern der Stille. Er bleibt unangetastet vom Wirrwarr unserer persönlichen Lebensgeschichte. Tauchen wir darin ein, lassen wir alles Relative an der Oberfläche zurück und genießen die Reglosigkeit des Absoluten.

Auf der anderen Seite werden wir auch wacher für die Oberflächenebenen. Das ist weniger angenehm. Hier finden wir die »allzu menschlichen«, ich-bezogenen und verletzlichen Anteile unserer Seele. Dazu gehören unerfüllte Bedürfnisse, verdrängte schmerzhafte Gefühle, menschliche Schwächen, existenzielle Bedrohungen und Enttäuschungen. Bei umfassendem Erwachen werden uns auch dieser schmerzlichen Anteile bewusster und bewusster. Vieles davon beschreibe ich im Kapitel über »Schattenleuchten«.

Bevor wir zu der Stille unseres innersten Wesens erwachen, wirkt unser gewohnheitsmäßiges, zerstreutes Denken auch als Betäubungsmittel. Damit dämpfen wir – mehr oder weniger erfolgreich – die schmerzhaften und bedrohlichen Gefühle unseres Menschseins ab. Wie jemand, der sich zuhause allein und verlassen fühlt. Er stellt Radio und Fernsehen gleichzeitig an, setzt sich die Kopfhörer seines MP3-Players auf und blättert dazu noch in zahllosen Zeitschriften. Die vielen Bilder, Geschichten und Klänge mildern sein Gefühl der Einsamkeit ab, können es aber nicht zum Verschwinden bringen.

Was geschieht wenn dieser Mensch inne hält? Wenn er die Zeitschrift aus der Hand legt, den Kopfhörer absetzt, Radio und Fernseher abstellt? Zunächst wird er die Einsamkeit deutlicher spüren. Jetzt macht sie sich ungedämpft bemerkbar. Sie zerrt an ihm. Sie quält ihn. Sie schmerzt. Bleibt er oder sie aber im Feuer der Erfahrung stehen und verzichtet darauf, sich wieder oberflächlich abzulenken, tritt eine Befreiung ein. Die Einsamkeit löst sich auf. Auf einmal erfreut sich die Person an der Abwesenheit des Lärms. Sie fängt an, die Ruhe zu genießen und zu lieben. Das schmerzliche Gefühl wandelt sich in erfüllte Zufriedenheit.

Im Erwachen zur inneren Stille verhält es sich genauso. Wir ahnen und spüren schon den Balsam der inneren Ruhe – manchmal vollkommen unverhüllt. Doch zeitweise müssen wir auch noch mal die schmerzlichen Schichten unserer Seele fühlen, von denen wir uns bisher mit unseligem Gedankenlärm abzulenken versuchten. Oft erfahren wir die unangenehmen Gefühle zunächst viel eindringlicher und heftiger als zuvor - eben unverblümt, ungedämpft, unmittelbar. Manchmal erleben wir sie sogar als quälend und scheinbar unerträglich. Dennoch lohnt es sich, mit ihnen reglos zu verweilen. Bringen wir die Bereitwilligkeit auf, das Feuer lodern zu lassen, verbrennt nach und nach alles, was den inneren Frieden bisher noch überschattet hat. Dann offenbart sich die Stille umso reiner und strahlender.

Aus dem antiken Griechenland stammt das Symbol des »Phoenix aus der Asche«. Dieser mythische Vogel verbrennt freiwillig. Dann ersteht er aus seiner eigenen Asche wieder auf. In der spirituellen Entwicklung müssen die meisten Menschen solche »Verbrennungsvorgänge« anscheinend mehrmals durchlaufen. Das mag zunächst wenig begeistern. Doch wenn uns dämmert, dass diese Flammen ihre reinigende Kraft jedes Mal noch nachhaltiger entfalten, freuen wir uns sogar irgendwann auf das nächste Feuer. Und wir stellen fest: Je mehr schmerzhaftes Material verbrennt, desto klarer strahlt das stille Bewusstsein, das von all dem unangetastet bleibt.

Gratwanderung der Gefühllosigkeit

Zeitweise erlebe ich mich in der Meditation als vollkommen gefühllos. Ich spüre kein Leid, nichts Unangenehmes, aber auch keine Freude, keine Glückseligkeit oder Dankbarkeit einfach Nichts. Ist das eine Art von Abstumpfung? Vermeide ich da irgendetwas?

Tatsächlich gibt es Versenkungszustände in denen wir ein fundamentales Leersein erleben. Nicht umsonst wird im Zen-Buddhismus ausdrücklich vom »No-Mind« (Nicht-Geist) gesprochen. Übersetzen wir das in unser westliches Körper-Geist-Seele-Verständnis könnten wir es auch »No-Body. No-Mind. No-Emotion« (Nicht-Körper, Nicht-Geist, Nicht-Gefühl) nennen. Andere Sichtweisen – wie zum Beispiel das Integrale Modell von Ken Wilber – nennen dies die Ebene des Kausal-Körpers. Damit ist das reine, unpersönliche Zeugenbewusstsein gemeint. Es ist vollkommen entleert von jeder vorstellbaren Erfahrung. Ein Koan dazu könnte so lauten: »Was sieht ein Spiegel, der einen anderen Spiegel spiegelt?«
Diese absolute Leere in uns selbst zuzulassen, stellt eine Bedrohung für unsere bisherigen Wahrnehmungsmuster dar. »Ich muss doch irgendetwas fühlen oder empfinden oder denken, sonst existiere ich nicht mehr.« Solche Gedanken tauchen kurz vor oder kurz nach dem direkten »Schmecken der Leere« auf. Während dessen erscheint natürlicherweise keinerlei Gedanke – da zeigt sich das pure Nichts in seiner vollen Nicht-Blüte. In der christlichen Mystik spricht Meister Eckhart* es so aus: «Der Glaubende soll so frei werden, dass

auch kein Wissen von Gott in ihm mehr existiert". Tatsächlich fördert das Abtauchen unserer Aufmerksamkeit in die absolute Leere, dass wir uns nachhaltiger im unangetasteten Zeugenbewusstsein gründen. Tut sich uns also diese Leere auf, dürfen wir uns erlauben, sie voll und ganz auszuloten. Gedanken wie »Ich sollte mich doch aber freuen, glücklich oder dankbar fühlen« verleiten uns dazu, wieder zur Oberfläche des gewohnten Grübelns aufzusteigen. Wir brauchen ihnen nicht folgen. Wie wäre es, uns vollkommen leer machen zu lassen, so dass selbst der Gedanken »ich erlebe Leere« verschwinden darf?

In Ihrer Frage klingt allerdings auch ein zweiter wichtiger Aspekt an: Manchmal neigen wir dazu, Erfahrungen des Kausal-Körpers – also Erfahrungen von absoluter Leere – zu missbrauchen. Zum Beispiel indem wir die Leere zu einem neuen Ideal verklären und nichts anderes mehr gelten lassen. Dann haften wir am Kausal-Körper an. Auf die Dauer zeigt sich dies als einen Mangel an Herzenswärme, Dankbarkeit, Liebe und Mitgefühl. Wir ziehen uns zurück auf eine unnahbare, kühle Beobachterhaltung. Vielleicht entwickeln wir sogar eine zynische Missachtung für die relative Ebene menschlichen Leidens. Wir verweigern uns der Entwicklung auf eine wahrhaft non-duale Bewusstseinsebene, von der aus wir das All-Eins-Sein nicht nur aus gesichertem Abstand erkennen, sondern liebend erspüren.

Es ist eine Gratwanderung: Das Erkunden der Leere vertieft Selbsterkenntnis. Es kann aber auch in Distanzierung und Abstumpfung abrutschen. Wir sollten Leere nicht als Zufluchtsort missbrauchen, um uns frostig über die Abgründe menschlichen Schmerzes zu erheben. Dass wir ab und zu in diese spirituelle Falle hineintappen, ist zu erwarten. Dafür dass wir nicht in ihr stecken bleiben, ist ein offenes Herz und emotionale Aufrichtigkeit mit uns selbst die beste Garantie.

Wortlose Wahrheit

Vom Kopf her verstehe ich fast alles, was Sie schreiben. Ich spüre die Wahrheit, die hinter den Worten liegt und denke ganz oft »Ja, das stimmt!«. Und doch kann ich vieles von dem, worüber sie schreiben, nicht lebendig erfahren – es scheint eher Theorie zu bleiben. Was kann ich tun?

Es ist ein gutes Zeichen, wenn sie die Wahrheit hinter den Worten erahnen. In dem Moment wo ein inneres »Ja!« oder »Stimmt!« auftaucht, begeben Sie sich in eine Resonanz mit einem Wissen, dessen Quelle tiefer als Worte und Vorstellungen liegt. Viele Menschen erahnen die Gewissheit spiritueller Wahrheit zuerst auf einer intellektuellen Ebene. Das ist ein guter Anfang. Dann glauben sie, sie müssten es weiterhin gedanklich durchdringen und verstehen. Das ist die Falle.

Ich kann Ihnen versichern, dass alles, was in diesem Buch geschrieben wurde, nur auf einer einzigen Grundlage möglich wurde: Auf der Hingabe an das Nicht-Wissen. Immer wieder, wenn ich bemerkte, dass mein Verstand auf eine anstrengende und rastlose Art versuchte, Wahrheit zu verstehen, erklang in mir eine Stimme. Sie lud mich leise aber kraftvoll ein: »Erlaube dir, das Verstehen-Wollen aufzugeben. Erlaube dir, dich wieder ins Nicht-Wissen fallen zu lassen.« Viele tausend Male gab ich mich diesem Nicht-Wissen hin. Wieder und wieder. Wieder und wieder. Wieder und wieder. Daraus entsprang schließlich nach und nach auch wieder die Möglichkeit des Wissens und der Weisheit. Aber auch jetzt noch folgt nach jedem »schlauen« Satz ein Zurückfallen in vollkommenes Nicht-Wissen. Das ist es, wozu ich sie einladen möchte. Gerade jetzt. Gerade nach diesem Satz…

Wenn Sie dann doch wieder weiterlesen, möchte ich Ihnen noch etwas ans Herz legen: Für viele Menschen ist die Begegnung mit einem spirituellen Lehrer oder einer Lehrerin die wirksamste Hilfe, um in die direkte Erfahrung zu kommen. Bücher können große Kraft entwickeln. Sie können inspirieren und wach rütteln. Aber sich in die Präsenz eines Lehrers zu begeben, der selbst in Stille und Klarheit gegründet ist, übertrifft die Kraft von Büchern oft um ein Vielfaches. Die Speisekarte eines Restaurants können wir rauf und runter studieren und einen schönen Appetit durch die Beschreibungen der Menüs bekommen. Aber erst wenn uns der Kellner das leckere Essen direkt vor die Nase stellt, werden wir es wirklich riechen, kosten und satt werden.

Abfallen von Geschäftigkeit

Seit ich mich der inneren Stille hingebe, geschieht mit mir eine Verwandlung. Ich bin sehr oft in vollkommenen Frieden mit mir und allem, was um mich herum geschieht. Zugleich verliere ich das Interesse an vielen Dingen des alltäglichen Lebens. Ich habe keine Lust mehr auf Freizeitaktivitäten, die ich früher liebte. Kino, Konzerte, Partys interessieren mich kaum noch. Auch »Small Talk« mag ich nicht mehr. Ich wäre am liebsten still oder würde nur über die wirklich wesentlichen Themen sprechen. Das irritiert meine Familie und die meisten meiner Freunde. Manche wenden sich ganz von mir ab. Muss das so sein?

Solange wir innere Stille und deren Reichtum noch nicht entdeckt haben, sind wir oft stark nach Außen orientiert. Viele unseren Lebensgewohnheiten zielen dann auf bedingtes Glück ab. Wir suchen nach Vergnügen, Abwechslung, Aufregung, Wohlgefühl, Erholung,

Ruhe etc. – alles mit der Idee, dies außerhalb von uns finden zu können.

Entdecken wir die Stille in uns, ändert sich diese Orientierung oft – manchmal sanft, manchmal schlagartig. Innere Stille eröffnet uns eine Lebendigkeit und Zufriedenheit, die wenig oder gar keine äußere Stimulation braucht. Wer meditative Zustände kennt, weiß, dass es purer Genuss sein kann, schlicht und einfach nur den eigenen Atem zu spüren oder den inneren Körperraum wahrzunehmen. Manchmal lassen wir uns von reinem Frieden aufsaugen, schwelgen in grenzenloser Seligkeit oder genießen eine Leere in der sämtliche äußeren und inneren Erfahrungen verblassen. Da braucht es keine äußeren Reize, keine besonderen Ereignisse oder Begebenheiten damit wir wahrhaft zufrieden sind. Ein Yogi, der sich im Himalaya in eine Höhle einmauern lässt, um dort drei Jahre in Einsamkeit zu verbringen, ist ein extremes Beispiel solcher Bedürfnislosigkeit. Wir mögen denken »Das muss ja schrecklich sein«. Doch für den Yogi ist es ein reines all-inclusive Vergnügen – vielleicht hängt er nach abgelaufener Zeit sogar noch ein Jahr günstigen Höhlen-Urlaub dran.

Für jeden Menschen zeigen sich die Auswirkungen des Erwachens auf das Alltagsleben anders. Einige leben so weiter wie zuvor. Ihr Leben ändert sich kaum. Soziale Kontakte bleiben erhalten. Dieselben Freunde. Dieselben Hobbys. Derselbe Job. Äußerlich bleibt alles ähnlich. Innerlich wird es aber aus einer anderen Haltung heraus erlebt.

Für Andere zeigen sich drastische Änderungen im Außen. Alte Lebensgewohnheiten fühlen sich nicht mehr stimmig an. Das Interesse an dem, was jahrelang als bedeutend galt, schwindet. Aktivitäten, die nicht mehr im Einklang mit der inneren Erfahrung stehen, fallen ab. Das kann sich auch auf zwischenmenschliche Kontakte beziehen. Auch hier gibt es gewohnte Verhaltensweisen, die vor der Entdeckung innerer Stille bedeutend schienen. Vielleicht haben wir früher viel geredet, um Nähe zu andern herzustellen und zu pflegen. Vielleicht war es uns wichtig, anderen ein bestimmtes Selbstbild von uns mitzuteilen oder es zu verteidigen. Wir wollten persönliche Erfahrungen, Meinungen und Wissen miteinander austauschen, weil das nun mal so üblich ist.

Das Kosten innerer Stille entzieht diesen Antrieben oft ihre Grundlagen. Wir sind weniger oder auch gar nicht mehr daran interessiert, etwas darzustellen, persönliche Nähe durch Gespräche herzustellen oder Kenntnisse auszutauschen. Wir lieben die Stille – innerlich und äußerlich. Das Bedürfnis zu reden, klingt natürlicherweise ab. Vor 2500 Jahren schien es Lao Tse* ähnlich zu gehen. Im Tao Te King schrieb er: »Jene, die wissen, sprechen nicht. Jene die sprechen, wissen nicht«.

Solches Schweigen kann Menschen in unserem Umfeld verunsichern. Die kannten uns bisher ja nur im gewöhnlichen Rede-Modus. Das viele Schweigen kommt ihnen jetzt vielleicht langweilig, unecht oder sogar bedrohlich vor. Bleiben wir unserem Bedürfnis nach Schweigen und Tiefgang trotzdem treu, kann sich darüber manche Beziehungen entzweien. Das kann weh tun. Doch was wäre die Alternative? Unsere Sehnsucht nach Stille und Wahrheit zu verkaufen? Mit der Herde die eingetretenen Pfade weiter trotten und vor uns her blöken? Nein. Wir dürfen ehrlich sein. Wir können dem Anderen möglichst offen mitteilen, welcher Wandel sich in uns vollzogen hat und was wir wirklich im Kontakt mit ihm oder ihr wollen. Es mag eine Herausforderung sein, dafür die richtigen Worte zu finden. In einigen Fällen wird uns unser Gegenüber verstehen. Das kann die Innigkeit der Beziehung intensiveren. In anderen Fällen werden sich Menschen von uns abwenden – für eine Weile oder für immer. Das ist ein Preis, den wir manchmal zahlen müssen. Ist er es wert? Ich meine ja. Oft zeigt sich das starke Bedürfnis nach Rückzug und Schweigsamkeit auch als eine zeitlich begrenzte Phase. Wie ein

Pendel, das zuerst in die Richtung äußerer Geschäftigkeit und Redseligkeit festgehalten wurde. Wird es losgelassen, schlägt es stark in Richtung innerer Einkehr und schweigsamer Zurückhaltung aus. Schwingt es frei, pendelt es sich mit der Zeit ein. Dann entdecken wir auch in den altbekannten Alltagsaktivitäten wieder echten Tiefgang. Der vermeintlich oberflächliche Small Talk entpuppt sich als neue Spielart liebevoller Verbundenheit. Auf Partys erleben wir Begegnungen mit verblüffend offenen Menschen. Die unterhaltsame Kinokomödie erweist sich zugleich als überraschend weiser Lehrfilm. Die Trennung zwischen Reden und Schweigen, Geschäftigkeit und innerer Ruhe, Alltag und Meditation löst sich ins Nichts auf.

Kriterien für befreites Leben

Es gibt heute immer mehr Menschen, die als »spirituelle Lehrer« in Erscheinung treten. Bei manchen habe ich das Gefühl, dass sie tatsächlich eine umfassende innere Freiheit entdeckt haben. Andere wirken dagegen unreif oder auf einigen Gebieten unklar. Gibt es Kriterien, an denen man einen befreiten Menschen erkennen kann?

Solche Kriterien aufzustellen, ist eine heikle Sache. Derjenige der sich anmaßt, die spirituelle Überwachungspolizei zu spielen, steht schnell selbst unter Verdacht, das aus eigener Überheblichkeit zu tun. Zugleich gilt auch die Tatsache, dass Erwachen in vielen unerwarteten Facetten aufleuchtet. Es sprengt unsere herkömmlichen Werturteile und Maßstäbe. Weiterhin färbt auch der »Reifegrad« des Schülers ein, wie er einen Lehrer wahrnehmen wird – egal welche »objektiven« Kriterien wir auch aufstellen werden. Sri Poonjaji antwortete auf die Frage, warum es so viele falsche Lehrer gäbe:

»Weil es so viele falsche Schüler gibt und jeder Schüler braucht einen Lehrer.« Wollen wir trotz dieser Einwände einige Kriterien aufstellen, bietet sich eine Betrachtungsweise an, welche die klassische Dreiteilung in Körper, Geist und Seele nutzt:

Auf der körperlichen Ebene können wir die physische Gegenwart eines Lehrers erspüren. Dabei braucht der Lehrer nichts zu sagen oder zu erklären. Allein seine oder ihre Anwesenheit im Raum übt auf die Menschen im Umfeld eine Wirkung aus. Der Geist kommt zur Ruhe. Sorgen und Planen verschwinden. Innerer Frieden wird zugänglich. Wer schon einmal einen kraftvollen, spirituellen Lehrer live erlebt hat, kann das nachvollziehen. Das verhält sich wie mit einem Magnetfeld. Im Umfeld eines starken Magneten richten sich Eisenspäne ganz automatisch in Richtung des Feldes aus. Der Magnet braucht dafür nichts tun. Es geschieht von alleine. Diese Präsenz kann man erspüren, wenn man sich einfach nur in die Nähe eines Lehrers oder einer Lehrerin begibt.

Auf der seelischen Ebene kennzeichnet den Lehrer eine generelle Herzensoffenheit. Sie zeigt sich als liebevolle, wertschätzende Haltung und der Fähigkeit, sich in die Welt des Schülers einzufühlen. Das bedeutet nicht, dass der Lehrer nicht auch mal als konfrontativ, abweisend oder unfreundlich erlebt wird. Doch die grundlegende Herzensoffenheit durchzieht das Wirken des Lehrers mit dem Geschmack bedingungsloser Liebe. Als innere Atmosphäre des Lehrers kann man auf dieser Ebene oft eine Grundstimmung der Freude, Heiterkeit, Dankbarkeit und Demut dem Leben gegenüber erfühlen.

Auf der mentalen Ebene finden sich Hinweise in der Sprache und geistigen Reflexion des Lehrers. Hier zeichnet er sich dadurch aus, dass er den Schüler zum radikalen Hinterfragen seines gewohnheitsmäßigen Denkens einlädt und ihn auf die Unzulänglichkeit überholter Gedankenmuster hinweist. Dabei spiegelt der Lehrer scharfe Erkenntnisfähigkeit und umfassende Weisheit wieder. Weisheit ist Ausdruck eines tieferen Wissens, das sich jenseits des konzeptuellen Verstehens in der Intelligenz der Stille gründet. Sie räumt auf mit begrenzten Theorien und reißt Vorstellungsgebäude ein, statt an ihnen zu kleben und sie als Wirklichkeit zu verwalten. Es nicht ungewöhnlich, dass ein echter Lehrer paradoxe Ausdrucksweisen benutzt. Die können sich scheinbar widersprechen, lassen aber ein Nebeneinander verschiedener Sichtweisen zu und entlarven den illusorischen Charakter einer vermeintlich »festen Wahrheit«. Zugleich ist sich der Lehrer der Begrenztheit seines eigenen Denkens bewusst. Der Advaita-Meister Sri Nisargadatta sagte gerne: »Alles was ich sage ist eine Lüge, aber das worüber ich spreche ist die Wahrheit«

Jeder Mensch, der als spiritueller Lehrer auftritt, hat vermutlich Stärken und Schwächen in seiner Vermittlung von Wahrheit. Das ist ganz natürlich. Dennoch kann man von einem guten Lehrer erwarten, dass er auf allen Kanälen von Körper, Geist und Seele eine große Durchlässigkeit und Klarheit für das Licht des Erwachens entwickelt hat. Ist das nicht der Fall, mögen wir ihn als »teilerleuchtet« bezeichnen. Dann wird uns auf die Dauer etwas in seiner Vermittlung fehlen. Vielleicht vermissen wir die Liebe, obwohl er geistig brillante Unterweisungen gibt. Vielleicht empfinden wir seine körperliche Präsenz als kraftlos, obwohl er einfühlsam auf uns eingeht. Vielleicht wirkt er präsent und liebevoll, aber es mangelt ihm an durchdringender geistiger Klarheit.

Das ist keine Katastrophe. Entweder holen wir das, was uns bei ihm fehlt, bei anderen Lehrern nach. Oder wir entwickeln uns selbst auf bestimmten Ebenen weiter als unser Lehrer. Dann können wir ihm trotzdem für all das dankbar sein, was er uns vermittelt hat. Und wir erkennen, dass der wahre Lehrer das gesamte LEBEN ist. In all seinen Formen verweist es zurück auf das formlose SEIN in uns.

Epilog: Die unspektakuläre Geschichte eines Erwachens

Als ich mich in einem Sommer Anfang der 90er-Jahre zu einem Schweige-Retreat anmeldete, hatte ich die Geschichte einer gewöhnlichen Suche hinter mir. Ich hatte in der Pubertät über den Sinn des Lebens gegrübelt, hatte Antworten in der Naturwissenschaft gesucht, hatte am Computer zu programmieren begonnen in der Hoffnung, auch der Mensch sei ein entschlüsselbares Programm. Schließlich suchte ich in der Philosophie nach Antworten.

Ich hatte das Leiden kennen gelernt – persönlich in Minderwertigkeitsgefühlen und unglücklichen Beziehungen – und bei anderen, als ich im Zivildienst den untersten sozialen Schichten begegnete und Obdachlose betreute; sowie später, als ich in der Altenpflege arbeitete und mit Krankheit und Tod konfrontiert wurde. Schließlich begann ich, nach den Gründen des Leidens zu forschen und nach Heilung zu suchen: in chinesischer Medizin, Yoga, Shiatsu, Tai Chi. Ich studierte Medizin, stieg um und wurde Heilpraktiker. Ich erfuhr Linderung und tieferes Verständnis. Doch all das reichte nicht.

Als ich von der buddhistischen Meditationsform »Vipassana«* hörte, meldete ich mich für ein vierwöchiges Retreat an. Die ersten Wo-

chen waren die Hölle. Der Tagesablauf bestand aus einem Wechsel
von 45-minütigen Sitz- und Gehmeditationen. Abends vermittelte
der Kursleiter die Grundzüge der buddhistischen Lehre. Doch der
wirksamste Lehrer war die Stille. Zum ersten Mal wurde mir
bewusst, wo die Unruhe herkam, der ich zu entkommen suchte. Es
waren die Gedankenstimmen in meinem Kopf, die diesen Höllenlärm machten. Ein Strom von inneren Kommentaren, Bewertungen,
Hoffnungen, Widerständen, Erinnerungen, Plänen, Fantasien
wälzte sich durch mein Bewusstsein und ließ mir keine Ruhe.»Wenn
ich jemand Besonderes bin, werde ich endlich zur Ruhe kommen.«
Dieser Antrieb, erkannte ich nun, hatte sich in unendlichen Variationen durch mein Leben gezogen. Ich wollte stark sein, leistungsfähig, attraktiv, intelligent, witzig, männlich, charismatisch, liebenswert.

Auch der Bereich der spirituellen Erfahrungen wurde von diesem
Bedürfnis vereinnahmt. Ich trachtete danach, heilen zu können, Gedanken zu lesen, feinstoffliche Energien zu beherrschen. Ich wollte
außersinnliche Fähigkeiten erwerben und als Krönung die Erleuchtung erlangen. Ich sah, dass mein gesamter Denkapparat sich
krampfhaft abmühte, diesen Ansprüchen zu genügen. Wütend und
verzweifelt versuchte er, die ersehnten Erfahrungen durch eigene
Leistung zustande zu bringen. Er rang darum, ein wertvolles Ich
aufzubauen und es zu verteidigen. Nun wurde diese Anstrengung
unerträglich.

Zugleich spürte ich ungeheure Angst. Was wäre, wenn alles umsonst gewesen sein sollte? Wenn mein Bemühen um ein selbstbe-
wusstes Ich nutzlos war? Wenn ich in Wahrheit nichts wäre? Keine
Person? Niemand? Was würde bleiben? Der Tod! Im Laufe des Retreats steigerte sich die Verzweiflung. Ich kämpfte. Ich hatte Angst.
Immer hektischer wirbelte mein Verstand im Bestreben, eine Lösung zu erreichen. Die Frustration führte zu noch verbissenerem

Ehrgeiz. Über viele Tage schaukelte sich dieser Prozess immer weiter auf, bis er zu einem Höhepunkt gelangte. Am Vormittag saß ich wie üblich im Meditationsraum des Hauses. Ich versuchte meinen Geist zu Ruhe zu bringen indem ich ihn auf meinen Atem ausrichtete. Er schweifte dennoch ab. Manchmal zu den Schmerzen in meinem Rücken. Sie peinigten mich seit Tagen. Ich lag im grimmigen Kampf mit ihnen. Aber vor allem driftete mein Denken wieder und wieder zu den uralten Platten der Wunschfantasien: »Wie wäre es wohl, wenn ich die Erleuchtung erlangte? Dann bräuchte ich nie wieder solche unangenehmen Empfindungen in meinem Körper zu ertragen. Alles würde sich wohlig und sanft anfühlen. In einer Hängematte oder auf einem bequemen Sofa liegend würde ich die zu mir pilgernden Menschen empfangen. Mit hellsichtigem Blick könnte ich leicht ihre Gedanken lesen. Eine elegante Geste meiner Hand würde ihnen alle Lasten magisch von der Seele nehmen, ihren Geist und Körper gesunden lassen. Dafür wären sie mir unendlich dankbar und würden mich für immer bewundern. Vielleicht funktioniert es ja jetzt schon mit dem Meditierenden da vorne? Wenn ich nur all meine geistige Sammlung auf ihn richte, dann muss er doch bemerken, welche Kraft von mir ausgeht?«

Ein anderer Teil von mir bemerkte immer deutlicher, wie mühsam und frustrierend es sich anfühlte, diesen Wunschvorstellungen nachzuhängen. Sie erzeugten einen äußerst schmerzhaften Spannungszustand. Hier mein derzeitiges sich erbärmlich fühlendes Mangel-Ich. Dort ein Ideal-Ich mit grandios überhöhten Eigenschaften und Fähigkeiten. Dazwischen mein wütendes Bemühen, das eine in das andere zu verwandeln. Warum funktionierte es nicht? Ich hatte doch schon alles versucht. Alles gemacht. Alles getan. Und nichts hatte genützt. Es war zum Haare ausraufen. Es war zum Verzweifeln.

Mittlerweile hatte sich so viel Anspannung und Druck aufgebaut, dass ich zwischen diesen Polen zu explodieren glaubte. Es war, als würde ich zerrissen.

Im Moment des Zerreißens erwachte etwas anderes. Es war, als riefe eine Stimme mit Macht: »Genug jetzt! Schluss mit der Suche!« Zugleich erschien die Bereitschaft innezuhalten. Was immer in diesem Moment auftauchen mochte, Anspannung, Verzweiflung, Angst vor dem Ende – ich wollte den Mechanismen der Verdrängung und der Jagd keine Aufmerksamkeit mehr schenken. Ich wollte nicht mehr weiter. Ich konnte nicht mehr weiter. Es war kein Entschluss des Verstandes. Keine Entscheidung meiner Person. Vielmehr geschah ein natürliches Abfallen aller Anstrengung in dem Moment, in dem ich sie am intensivsten gespürt hatte.

Im Augenblick dieses Innehaltens öffnete sich alles. Angst und Verzweiflung lösten sich auf. Die Anspannung wandelte sich in wohlige Gelassenheit. Ich spürte einen tiefen Frieden, der in meinem Körper zu vibrieren schien. Die Schmerzen in meinem Rücken spielten keine Rolle mehr. Dann merkte ich, dass dieser Frieden überall um mich herum präsent war. Es gab keine Grenzen. Ich erkannte diesen Frieden als Essenz allen Seins. »Ich bin zu Hause«, das war der einzige Gedanke, der in meinem Bewusstsein als Widerhall dieses Friedens erklang. Doch es war kein gewöhnlicher Gedanke. Das »Ich« darin war keine Person und das »Zuhause« kein Ort. »Zuhause« war ein Begriff, der diesen immensen Frieden und das Gefühl der Glückseligkeit wiedergab. Und »Ich« stand für den innersten Wesenskern, der sich nun grenzenlos anfühlte. Der Gedanke stand wie eine mathematische Formel im Raum: »ICH = ZUHAUSE«. Die Erfahrung war unbezweifelbar.

Zu jenem Zeitpunkt hätte ich diese Erfahrung in Worten nicht ausdrücken können. Mein Verstand war zu langsam oder zu begrenzt, um das direkte Erleben nachzuvollziehen, geschweige denn, es einordnen zu können. Was ich formulieren konnte, war das Gefühl des absoluten Zuhauseseins. Und noch etwas wusste ich: Alles Leiden, das mir jemals geschehen zu sein schien, alle Verletzungen, Unglückssituationen, alle schmerzlichen Empfindungen und Gefühlstiefen waren nicht real gewesen. Der Frieden, den ich jetzt erfuhr, war immer von jeglichem Leiden unberührt gewesen, war es jetzt und würde es immer sein.

Die folgenden Tage des Retreats fühlten sich an wie ein Leben im Paradies. Das stille Sitzen war reiner Genuss. Der Gedanke, irgendetwas erreichen zu müssen, war verschwunden. So stellten sich von selbst tiefe Versenkungszustände von höchster Seligkeit ein. Um mich herum staunte ich über eine Schönheit, die ich vorher nie bemerkt hatte. Selbst die unscheinbarsten Dinge zeigten sich im Glanz der Vollkommenheit. Ein Blatt, ein Käfer, ein Stein – alles war Ausstrahlung des unbeschreiblichen Friedens. Auch die Menschen, die am Retreat teilnahmen, sah ich in ganz anderem Licht. Wo zuvor Bewertungen, ja, verächtliche Verurteilungen gewesen waren, sah ich nun, da mein Geist still war, die göttliche Freundlichkeit, die durch jeden strahlte. Niemand war mir mehr fremd. Es fühlte sich an, als würde ich nur noch Brüdern, Schwestern, Eltern und Geliebten begegnen. Ich empfand mich aufs Innigste mit allen verbunden. Mein Inneres fühlte sich an wie ein Fass, das vor Erfüllung und Liebe überquoll. Die Außenwelt war eine perfekte Reflexion des inneren Friedens. Diesen Tag bezeichne ich heute als Umkehrpunkt. Bis dahin war mein Leben eine leidvolle Suche gewesen. Mit dem Durchbruch von Freiheit wusste ich, dass Erfüllung meine wahre Natur ist. Nun begann eine stetig sich vertiefende Entdeckung der bedingungslosen Freiheit.

Nicht, dass mein körperliches und seelisches Empfinden jetzt ständig reiner Genuss war. Tatsächlich erlebte ich immer wieder Attacken von Leid ebenso wie Impulse, in die Suche nach besonderen

Erfahrungen zu driften, also wieder ein abgesondertes Ich sein zu wollen. In meiner Psyche schienen noch eine Menge Glaubensmuster zu bestehen, die die Offenbarung von Freiheit anzuzweifeln und zu verdecken suchten. Doch ein fundamentaler Einschnitt war geschehen; er kam einem Schnitt an der Wurzel des Leidens gleich. Das Leiden des Ich war ein Baum, dessen Wurzel man unter der Erdoberfläche durchtrennt hatte: In der ersten Zeit ist dem Baum nichts anzusehen. Knospen können noch aufgehen und Äste ein Stück wachsen. Doch ist es nur eine Frage der Zeit, bis das Schicksal des Baumes sichtbar wird. Er vertrocknet und stürzt um.

Ein weiterer Meilenstein war die Begegnung mit spirituellen Lehrern. Ich hatte den Schnitt der Befreiung erlebt. Er war lebendig. Doch meinem Verstand war es unmöglich, die Erfahrung zu formulieren und ihre Bedeutung zu ermessen. Als ich eine Aufnahme von Gangaji hörte, wusste ich: Sie sprach direkt aus der Erfahrung der absoluten Freiheit. Und sie verkörperte diese Freiheit in unbestechlicher Klarheit.

Ich lernte weitere spirituelle Lehrer kennen: Isaac Shapiro, Sri Poonjaji, Mira, Eli Jaxon-Bear. Allen bin ich dankbar. Den machtvollsten Strom der Unterstützung spürte ich jedoch von Gangaji und dem verstorbenen Ramana Maharshi. Auf sichtbaren und unsichtbaren Ebenen boten sie mir Beistand und die Ermutigung, allen noch bestehenden Verdeckungen der Freiheit auf den Grund zu gehen und sie aufzulösen. Diese Vertiefung fand in vielen Spielarten statt. Die Themen meiner Bücher sind ein Ausdruck davon.

Ein Kreis schloss sich, als ich Gangaji zum ersten Mal persönlich begegnete. Mittlerweile waren einige Jahre vergangen. Die Offenbarung von Freiheit war bis zu diesem Zeitpunkt ein inwendiges Geschehen geblieben. Meine äußere Lebenssituation hatte sich kaum geändert. Ich arbeitete, machte Ausbildungen, lebte in Beziehungen. Die wenigsten Menschen bekamen den Wandel mit, der sich in meinem Inneren vollzog. Manchmal sprach ich über meine Erfahrung von Stille und Frieden, doch meist verstanden die anderen nicht, wovon ich redete, oder sie fühlten sich durch meine Schilderung bedroht. Während eines Besuches in den USA forderte Gangaji mich auf, meine Erfahrung von Freiheit öffentlich mit anderen zu teilen. Und so geschah es.

1998 begann ich für Satsang zur Verfügung zu stehen. Seit dieser Zeit begegne ich Menschen, die wie ich ein tiefes Interesse an Freiheit und Selbsterforschung haben. In unserem Zusammensein geschehen Offenbarungen dieser Freiheit. Glaubensmuster fallen ab. Die Neigung, sich mit einem getrennten Einzelwesen zu identifizieren, kommt zur Ruhe. Der essenzielle Frieden leuchtet auf.

Als Lehrer andere Menschen zu begleiten, ist Freude und Bereicherung - brachte aber auch neue Herausforderungen mit sich: Die begrenzte Fähigkeit, über das Unfassbare klar zu sprechen, ließ manchmal Gefühle der Unzulänglichkeit aufblitzen. Uralte Ängste vor Verfolgung als Ketzer zeigten sich. Die Verlockungen einer neuen Lehrer-Identität, und das Vergleichen mit anderen Lehrern erzeugten altbekannte Gefühle des Minderwerts oder der Überheblichkeit. Manchmal ließen sich Menschen erst vollkommen offen auf den Satsang mit mir ein, um sich nach einiger Zeit wieder ab- oder sogar extrem gegen mich zu wenden. Solche Themen brachten ans Licht, wo bei mir selbst noch Rest-Identitäten zu finden waren, wo mein Geist eben doch noch etwas vermeiden oder haben wollte. Und auch hier offenbart sich mir jedes Mal wieder eine frische Gelegenheit, tiefer zu erkennen, dass Freiheit schon immer da ist und wie sie immer klarer und umfassender mein Leben und Lehren durchdringen kann.

Die Essenz dessen, was sich im Satsang vermittelt, ist immer dieselbe geblieben: Es geht um die Entdeckung des reinen, stillen Gewahrseins, das schon immer unsere wahre Natur war, ist und

sein wird. Äußerlich hat sich mein Lehrstil im Laufe der Jahre gewandelt. In der Anfangszeit lag die Betonung vor allem auf Elementen des reinen Stillseins und der puren Selbsterforschung mit der
Frage »Wer oder was bin Ich?«. Das sind sehr kraftvolle Zugänge zu
innerer Freiheit. Immer noch stellen sie zentrale Pfeiler meiner Vermittlung dar. Doch die durch sie möglichen tiefen Einblicke und
Versenkungszustände haben auch Nachteile.

Ich beobachtete bei mir selbst und anderen, wie die Zurückgezogenheit in innere Stille als eine neue – spirituell getarnte – Vermeidungsstrategie missbraucht werden konnte. Statt mit den noch
verbleibenden Schattenanteilen unserer Psyche aufrichtig zu sein
und sie ehrlich zu untersuchen, benutzen wir dann vermeintliche
Ichlosigkeit als spirituelles Kettenhemd. Damit versuchen wir, uns
vor existenziellem menschlichen Schmerz und den dunklen Anteilen des Lebens zu schützen. Doch so ein Kettenhemd wiegt schwer.
Es schnürt auch unser Herz in kaltes Metall. Emotionale Wärme
und annehmendes Mitgefühl werden von einer Schicht kühler
Strenge überzogen. Unsere »tiefe Erleuchtung« wird durchzogen
vom Geschmack unnahbarer Überheblichkeit.

Ich bin froh, eine Lehrerin wie Gangaji und meine Lebenspartnerin
Padma zu haben, die nicht in diese spirituelle Falle geraten sind. Ihr
Beispiel verdeutlichte mir, dass Freiheit auch ein stetig offenes Herz
mit einschließen kann – und muss, wenn sie umfassend sein will.

Entsprechende Themen flossen - ohne dass ich es bewusst gesteuert
hätte- mehr und mehr in den Satsang ein: Die unmittelbare Begegnung mit schmerzhaften Gefühlen. Die Offenlegung von Vermeidungsstrategien. Die Annahme und Transzendenz von Schattenanteile. All das bekam einen höheren Stellenwert. Äußerlich zeigte
sich dies durch die Einbeziehung des Enneagramms, Elementen aus
NLP und Hypnotherapie. Solche Hilfsmittel fördern die Begegnung
mit Schattenanteilen und die Auflösung hartnäckiger Leidensmus-

ter. Ich habe sie in vielen Bereichen als sehr wirksame Ergänzungen zur klassischen Selbst-Erforschung schätzen gelernt. In der von meiner Partnerin und mir 2010 gegründeten »Bodhisattva Schule« bieten wir eine systematische Vermittlung eines breiten Spektrums all dieser Aspekte an.

Einige meiner »Schüler« wandten sich wegen dieses Wandels meines Lehrstils von mir ab. Den Schmerz darüber zuzulassen, vertiefte meine Erkenntnis von Freiheit und öffnete mein Herz noch mehr. Dafür bin ich ihnen dankbar.

Insgesamt fühlt sich die Freiheit für mich heute aufrichtiger, menschlicher und zugleich umfassender an als jemals zuvor. Im Rückblick erscheint es mir so, als musste ich mich erst vom menschlichen Leiden auf eine radikale Weise de-identfizieren – auf eine Art auch distanzieren. Das erleichterte es, mich in der Tiefe des reglosen Gewahrseins gründen. Von dort aus wurde es möglich, den Schmerz und die menschliche Begrenzung auf eine neue Art zu umarmen – jetzt ohne an ihr zu leiden. Und es kommt mir so vor, als könnten diese Phasen sogar natürliche Teile eines universellen spirituellen Reifungsprozesses darstellen. Zumindest sehe ich es bei vielen Menschen immer mal wieder ähnlich ablaufen.

Ich bin sehr dankbar, dass es nun diese erweiterte Neuauflage gibt. Mein Verleger Uwe Dinkhoff verstand es glänzend, »meine neuen Entwicklungen« seit Erscheinung der Ausgabe von »Wunschlos glücklich« aus mir herauszukitzeln und mich dazu zu bewegen, sie in dieses Buch mit aufzunehmen. So habe ich das Gefühl, dass das Buch meine jetzige Sichtweise auf Spiritualität aktualisiert wiedergibt.

Gegenüber meiner Leherin Gangaji habe ich eine Art freiwilliges Gelübde abgegeben: Ich werde alles dafür tun, um die Vermittlung von Wahrheit so direkt und unverfälscht wie möglich geschehen zu lassen. Das gilt auch für dieses neue Buch.

So wie das gesprochene Wort im Satsang, versucht auch das geschriebene Wort, über sich selbst hinauszudeuten auf die wortlose Stille. Wir könnten auf ewig schweigen, nie wieder etwas schreiben und darauf verzichten, je wieder ein Buch in die Hand zu nehmen. Manchmal glaube ich, das wäre die direkteste Vermittlung von Wahrheit. Und doch schreibe ich diese Zeilen, und Sie lesen sie. Lassen Sie sie uns als Hinweise nehmen und uns immer klarer dessen bewusst sein, was jenseits der Gedanken schon hier ist: die friedvolle Stille des Seins.

Danksagung

Nichts von der Klarheit und Inspiration, die dieses Buch vielleicht den Leserinnen und Lesern zu vermitteln vermag, wäre ohne die Begegnung mit Gangaji und ihrer unsagbaren Unterstützung möglich gewesen. Es ist ihre Klarheit und rückhaltlose Vermittlung der tiefsten Wahrheit, die mir die Augen dafür öffnete, dass ein Leben in vollständiger Hingabe an die Erkenntnis von Freiheit möglich ist.

Meine tiefe Dankbarkeit möchte ich hier auch anderen Lehrern aus der Linie von Sri Ramana Maharshi für ihre Unterstützung der kompromisslosen Selbsterforschung zum Ausdruck bringen. Meine Begegnungen mit Isaac Shapiro waren von unschätzbarem Wert, Sri Poonjaji in Indien zu erleben ein so großes Geschenk. Die Begegnungen mit Mira (Ganga) und Eli Jaxon-Bear haben mich ebenso tief beeindruckt. Sie alle verstehe ich als eine Ausstrahlung der ungeheuren spirituellen Kraft namens Sri Ramana Maharshi, dem mein Herz gehört.

Ebenso fließt meine Dankbarkeit jenen Menschen zu, denen ich im Satsang begegnen durfte. Ihre Offenheit und Bereitwilligkeit zur Selbsterforschung eröffneten immer tiefere Ebenen der Erkenntnis, ein immer klareres Durchschauen verdeckender Tendenzen des Geistes und eine immer weitere Offenbarung des essenziellen Seins, das wir alle sind.

Bedanken möchte ich mich auch bei meiner Lebenspartnerin Padma Wolff, die mir immer mit großer Klarheit für inhaltliche Reflexionen und Anregungen zur Verfügung stand.

Mein ganz konkreter Dank gilt den Mitwirkenden an diesem Buch. Für die Original-Ausgabe von »Wunschlos glücklich« waren Dietmar Bittrich, Martina Amann und Birgit Förster eine große Hilfe.

Der – leider schon verstorbene – Michael Stürzer redigierte als Lektor vom Theseus Verlag die Texte mit großem Einfühlungsvermögen und Verständnis. Ich bewundere, wie er mit seiner schweren Erkrankung umgegangen ist und bin dankbar, dass ich ihn – bei einem Besuch in Berlin – auch noch persönlich kennenlernen durfte.

Dietmar Bittrich unterstützte mich auch bei den Texten der erweiterten Ausgabe von »Besser als Glück« wieder mit ganz viel Engagement. Danke Dietmar!

Und natürlich gilt meine Dankbarkeit auch meinem Verleger Uwe Dinkhoff. Durch ihn wurde »Besser als Glück« erst möglich. Seine Wertschätzung für den bisherigen Text, seine zahlreichen Anregungen und sein Engagement für eine wahrhaft qualitativ hochwertige Ausgabe von »Besser als Glück« ließen tatsächlich ein neues Werk entstehen, das – vielmehr als eine bloße Neuauflage von »Wunschlos glücklich« – mein Verständnis von Spiritualität aktualisiert und erweitert wiedergibt.

Erst durch die sorgfältige, kritische und inspirierende Mitwirkung all der erwähnten Menschen wurde der Text in seiner jetzigen Form möglich.

Danke.

Glossar

Advaita-Philosophie oder auch Advaita-Vedanta (Skt.) »Nicht-Zweiheit«, »Nicht-Dualität«. Name von Shankaras* nichtdualistischer Philosophie, die auf die Natur der höchsten Realität hinweist, welche ohne relative Zweiheit ist. Die Erfahrung von Advaita ist mit dem Verstand nicht erfassbar, weil das ich-gebundene Denken nicht aus der Dualität der Subjekt-Objekt-Beziehungen herauszutreten vermag.

Adyashanti ist ein amerikanischer spiritueller Lehrer und Autor und stammt aus San Francisco.
Ananda (Skt.) »Glückseligkeit«. Nach der Lehre des Advaita eine der drei wesentlichen Charakteristika des Absoluten. Die anderen beiden sind Sat (»Sein«) und Chitta (»Bewusstsein«).

Apokryphen sind christliche Texte, die im Entstehungsprozess der Bibel nicht in diese aufgenommen wurden; meist aus inhaltlichen Gründen oder weil sie damals nicht allgemein bekannt waren.

Austin, James H. ist ein amerikanischer Neurowissenschaftler und Autor, der auch eigene Erfahrungen in der Praxis des Zen* gemacht hat. Seine Arbeit beschäftigt sich mit den Verbindungen zwischen neurologischen Mechanismen des menschlichen Gehirns und der Praxis von Meditation.

Bhakti (Skt.) Begriff aus dem Hinduismus: »Liebende Hingabe an das Göttliche« – der Erkenntnisweg der Liebe.

Buddha (Skt.) »Der Erwachte«. Ursprünglich Bezeichnung für Buddha Shakyamuni, den Stifter des Buddhismus (geb. ca. 560 v. Chr.). Im Zusammenhang dieses Buches allgemein für: »zum wahren Selbst Erwachter« (einem Jnani* vergleichbar).

Coaching Der Begriff stammt vom englischen »to coach« (betreuen, trainieren) und bezeichnet eine Vielzahl von Trainings- und Beratungkonzepten zur Entwicklung und Umsetzung persönlicher oder beruflicher Ziele und der dazu notwendigen Kompetenzen.

Dharma (Skt.) »Wahrheit«, »Weg«, »Ordnung«. Im Buddhismus Bezeichnung für die spirituelle Lehre im Sinne der Weitergabe von wahrer Erkenntnis.

Herz-Sutra Einer der bedeutendsten Texte des Mahayana-Buddhismus, in dem die Einheit von Leerheit und Form herausgestellt wird.

Hypnotherapie Begrifflich zusammengesetzt aus »Hypnose« und »Therapie«, ist eine Richtung der Psychotherapie, welche veränderte Bewusstseinszustände (Trance) und/oder die Fokussierung auf ressourcenreiche Bewusstseinszustände therapeutisch nutzt.

Jaxon-Bear, Eli 1947 in New York geboren, Schüler von Sri H. W. L. Poonjaji*; Vertreter einer modernen Synthese (Leela-Therapy) der indischen Advaita-Lehre und des Enneagramms, Ehemann von Gangaji. Gangaji 1942 in Texas geboren, Schülerin von Sri H. W. L. Poonjaji* und von diesem als Botschafterin in den Westen gesandt, um die Einladung zur radikalen Selbsterforschung weiterzugeben. Lehrerin des Autors. Guru (Skt.) »Entferner von Dunkelheit«. Bezeichnung für einen spirituellen Lehrer beziehungsweise eine spirituelle Lehrerin.

Jnana (Skt.) »Erkenntnis«, Wissen um das Absolute. Jnana-Yoga: Der Weg der Verwirklichung durch Erkenntnis – die unmittelbarste Umsetzung der Lehre des Advaita.

Jnani (Skt.) »Weiser«, Wissender um das Absolute. Ein Mensch, der um die Wahrheit seiner selbst weiß und in Erkenntnis der Einheit lebt.

Katie, Byron (geb. 1942 in Texas) ist eine US-amerikanische Lehrerin, Bestsellerautorin und vor allem bekannt als Gründerin der psychologisch-spirituellen Methode ′The Work`.

Kōan ist im chinesischen Chan- bzw. japanischen Zen-Buddhismus eine kurze Anekdote oder Sentenz, die zur inneren Kontemplation gebraucht wird. Verlauf und Pointen dieser speziellen Anekdoten wirken auf den Laien meist vollkommen paradox, unverständlich oder sinnlos, sollen aber den Zen-Schüler zu einer transzendenten Art der Reflexion anregen.

Lao Tse ist ein legendärer chinesischer Philosoph, der im 6. Jahrhundert v. Chr. gelebt haben soll. Er gilt als Begründer des Daoismus (Taoismus). Das »Tao Te King«, die einflussreichste daoistische Schrift, wird ihm zugeschrieben.

Limbisches System ist eine Funktionseinheit des Gehirns, die der Verarbeitung von Emotionen und der Entstehung von Triebverhalten dient, aber auch in starker Vernetzung mit anderen kortikalen und nicht-kortikalen Strukturen des Gehirns steht.

Metzinger, Thomas (geb. 1958) ist ein deutscher Philosoph und Professor für theoretische Philosophie an der Universität Mainz. Seine

Hauptarbeitsgebiete sind die Philosophie des Geistes, die Wissenschaftstheorie der Neurowissenschaften und die Neuroethik.

Meister Eckhart (um 1260) war ein einflussreicher deutscher, spätmittelalterlicher Theologe und Philosoph. Schon als Jugendlicher trat er in den Orden der Dominikaner ein, in dem er später hohe Ämter erlangte. Vor allem als Prediger erzielte er eine starke Wirkung, seine Formulierungskraft beeindruckte Zeitgenossen und Nachwelt. Eckhart wird vielfach als Mystiker charakterisiert.

Mulla Nasrudin Fiktive Gestalt eines närrischen Weisen, die in vielen Lehrgeschichten des Sufismus auftaucht.

Mystik (von griechisch mystikós »geheimnisvoll«) bezeichnet Berichte und Aussagen über die Erfahrung einer göttlichen oder absoluten Wirklichkeit sowie die Zugänge zu oder Bemühungen um eine solche Erfahrung.

Neuronale Netze bilden die Struktur und Informationsarchitektur von Gehirn und Nervensystem von Tieren und Menschen: Neuronen sind in der Art eines Netzes miteinander verknüpft. Zwischen ihnen findet auf chemischem und elektrischem Weg ein Informationsaustausch statt.

Nisargadatta Maharaj (1897–1981) Zigarettenverkäufer in Bombay, der von vielen als Erleuchteter und spiritueller Meister angesehen wurde. Seine Lehre basiert auf dem Advaita-Vedanta*.

No-Mind Natürlicher Zustand der Meditation ohne einen Ich-Gedanken, reine gegenwärtige Intelligenz.

Om shanti (Skt.) Om (auch Aum) ist eine Silbe, die den Hindus als heilig gilt. Der Klang steht für den transzendenten Urklang, aus dessen Vibrationen nach hinduistischem Verständnis das gesamte Universum entstand. Om bezeichnet die höchste Gottesvorstellung, das formlose Brahman, die unpersönliche Weltseele. Shanti bedeutet Frieden. Zusammen werden diese Silben auch zum Abschluss eines Satsangs* gesprochen.

Osho, bürgerlicher Name: Chandra Mohan Jain (1931-1990) war ein indischer Philosophieprofessor und Begründer der Neo-Sannyas-Bewegung.

Retreat Vor allem im Buddhismus empfohlene (zeitlich begrenzte) Form einer Lebensführung, die der Selbsterforschung dient. Für einen Zeitraum von wenigen Tagen bis hin zu Monaten, Jahren oder das ganze Leben verzichtet man bewusst auf gewohnte Aktivitäten und einen Großteil der sprachlichen Kommunikation. Ein Retreat beinhaltet Zeiten formeller Meditation und die Unterstützung durch spirituelle Lehrer.

Roth, Gerhard (geb. 1942) Biologe und Hirnforschen ist Professor für Verhaltensphysiologie an der Universität Bremen.

Schopenhauer, Arthur (1788- 1860) war ein deutscher Philosoph und Hochschullehrer. Schopenhauer entwarf eine Lehre, die gleichermaßen Erkenntnistheorie, Metaphysik, Ästhetik und Ethik umfasst. Er sah sich selbst als Schüler und Vollender Immanuel Kants, dessen Philosophie er als Vorbereitung seiner eigenen Lehre auffasste. Weitere Anregungen bezog er aus der Ideenlehre Platons und Vorstellungen östlicher Philosophien.

Sahaja-Samadhi (Skt.) Sahaja (»natürliche«) Samadhi* (»Versenkung«) bezeichnet ein Verweilen im natürlichen Zustand reinen Bewusstseins, der im Innern stets gegenwärtig ist.

Samadhi (Skt.) Sam-a-dha (»fest-zusammengefügt-sein«). Versenkung, Sammlung, Einheitserfahrung, reines Bewusstsein. In spirituellen Kreisen wird der Begriff heute meist mit Betonung des Aspektes der Versenkung im beglückenden No-Mind*-Zustand verwandt. Unterschiedliche Zusatzbezeichnungen wie sahaja-samadhi* verweisen auf verschiedene Qualitäten und Tiefen von Samadhi.

Samararatne, Godwin (1932 2000) war ein buddhistischer Meditationslehrer aus Sri Lanka und einer der international bekanntesten Persönlichkeiten des Theravada-Buddhismus. Sein Markenzeichen war die einfache, lebensnahe und humorvolle Vermittlung buddhistischer Lehre und Meditationspraxis.

Sangha (Skt.) Ursprünglich Bezeichnung für die Gemeinschaft der praktizierenden Buddhisten. Heute allgemein für spirituelle Gruppe oder Gemeinschaft.

Satguru (Skt.) »Wahrheits-Lehrer«. Dieser Begriff betont, dass der wahre Lehrer das absolute Sein (Sat) selbst ist, das sich in einer menschlichen Form (Guru*) manifestiert, um den Schüler auf seine eigene Natur hinzuweisen.

Satsang (Skt.) Sat (»Wahrheit«), sang (»Gemeinschaft«). Zusammensein von Menschen, die durch gemeinsames Reflektieren und Versenkung nach höchster Einsicht streben. Gemeinschaft mit einem Erleuchteten oder innerer Kontakt mit dem Selbst.

Schmidt, Gunther (geb. 1945) deutscher Arzt mit dem Schwerpunkt Psychotherapie. Er gilt als einer der Pioniere der Verbindung von Systemtherapie und Hypnotherapie nach Milton Erickson zu einem ganzheitlichen Konzept (hypnosystemisches Integrationsmodell).

Shankara (Adi Shankara etwa 788-820) Religiöser Lehrer und Philosoph des Hinduismus. Er systematisierte die Philosophie des Advaita-Vedanta*. Eine zentrale Stellung in seiner Lehre nimmt die Unterscheidung zwischen Wirklichkeit und Nicht-Wirklichkeit ein: »Richtige Unterscheidung lässt uns das wahre Wesens eines Seils erkennen und vertreibt die quälende Angst, die unsere irrtümliche Annahme, es sei eine Schlange, hervorruft.«

Singer, Wolf (* 9. März 1943) ist ein deutscher Neurophysiologe. Für seine wissenschaftlichen Arbeiten und sein darüber hinausgehendes Engagement erhielt er zahlreiche Ehrungen unter anderem das Bundesverdienstkreuz erster Klasse

Sogyal Rinpoche (geb. 1948 in Kham, Tibet) ist tibetischer Meditationsmeister und Lehrer der Nyingma-Tradition des tibetischen Buddhismus.

Sri H. W. L. Poonjaji (1910–1998, auch Papaji genannt) Schüler von Sri Ramana Maharshi*, Lehrer vieler zeitgenössischer westlicher Advaita-LehrerInnen.

Sri Ramana Maharshi (1879–1950) Indischer Weiser (Jnani*) der Neuzeit, der nach seinem Erwachen am Berg Arunachala lebte. Im Vordergrund seiner Vermittlung stand die Methode der Selbsterforschung mit der Frage »Wer bin Ich?«.

Thích Nhất Hạnh (geb, 1926 in Zentralvietnam) ist ein buddhistischer Mönch, Schriftsteller und Lyriker. Thích ist ein Titel vietnamesischer Mönche. Neben dem Dalai Lama ist der Autor zahlreicher Bücher einer der profiliertesten zeitgenössischen Meister der buddhistischen Lehre.

Transpersonalität Vor allem durch die »Transpersonale Psychologie« geprägter Begriff, der auf eine Bewusstseinsebene hinweist, die präpersonales – vorpersonales – und personales Bewusstsein übersteigt.

Trauma Als Trauma oder Psychotrauma (griech.: Wunde) wird eine seelische Verletzung bezeichnet, welche durch die starke psychische Erschütterung aufgrund eines Erlebnisses und dessen traumatischer Verarbeitung hervorgerufen wird. Potenziell traumatisierende Ereignisse können beispielsweise Naturkatastrophen, Geiselnahme, Vergewaltigung oder Unfälle mit drohenden ernsthaften Verletzungen sein. Derartige Ereignisse können in einem Menschen extremen Stress auslösen und Gefühle der Hilflosigkeit oder des Entsetzens erzeugen, sowie das Selbst- und Weltbild dauerhaft oder vorübergehend erschüttern. Hierdurch können die normalen Verarbeitungsprozesse im Gehirn blockiert werden und es kommt zur Ausbildung von psychischen Symptomen. Die Symptommuster sind dabei weitgehend unabhängig davon, wodurch bei den Betroffenen eine Traumatisierung ausgelöst wurde.

Trobe, Krishnananda und Amana, ein amerikanisches Paar. K. Trobe ist Psychiater, ausgebildet an der Harvard University und der University of California, USA. A. Trobe kommt aus Dänemark und ist Therapeutin. Beide bieten Seminare zum Thema Partnerschaft und Sexualität an.

Vasanas (Skt.) Unterschwellige Tendenzen des denkenden Geistes, die durch frühere Handlungen, Gedanken und Wünsche geformt wurden; der Einfluss von allem, was im Geist unbewusst geblieben ist und dadurch die Neigung zu Fehlidentifikationen darstellt.

Vipassana (Skt.) »Einsichts-Meditation«. Eine buddhistische Meditationsform, bei der vor allem eine intensive Praxis der Aufmerksamkeitsschulung im Vordergrund steht. In der Vipassana-Meditation geht es um ein bewertungsfreies und auf die unmittelbare Gegenwart ausgerichtetes Wahrnehmen von Empfindungen, Gefühlen und mentalen Inhalten. Dabei wird das Erkennen der vergänglichen Aspekte jeglicher Wahrnehmung betont und die Auflösung der Identifikation mit den Inhalten aller Wahrnehmungen angestrebt. Häufig wird Vipassana in der Form von Retreats* praktiziert.

Wilber, Ken (geb. 1949) ist ein US-amerikanischer Autor im Bereich der Integralen Theorie, der vor allem über Psychologie, Philosophie, Mystik und Spirituelle Evolution schreibt. Im Jahr 1998 gründete er das Integrale Institut. Er lebt und arbeitet in Denver.

Zen oder Zen-Buddhismus ist eine in China ab etwa dem 5. Jahrhundert der christlichen Zeitrechnung entstandene Strömung oder Linie Buddhismus. Der chinesische Name Chan stammt von dem Sanskritwort Dhyana. Dhyana bedeutet frei übersetzt so viel wie »Zustand meditativer Versenkung«, was auf das grundlegende Charakteristikum dieser buddhistischen Strömung verweist, die daher auch gelegentlich als Meditations-Buddhismus bezeichnet wird.

Zeugenbewusstsein Bewusstseinszustand, bei dem Sinnesempfindungen, Gedanken und Gefühle mit einer Haltung der Nicht-Reaktion wahrgenommen – bezeugt – werden. Ein solcher Bewusstseinszustand ist Ziel vieler meditativer Praktiken. Im Advaita-Vedanta wird betont, dass das Zeugenbewusstsein letztendlich unpersönlich und ohne individuelle Einheit eines Bezeugenden ist. Dort wird es nicht als ein vergänglicher Zustand, sondern vielmehr als der natürliche transpersonale* Wesenskern des Menschen verstanden.

Literatur

Austin, James H
Zen and the Brain
The Mitpress,
Massachusetts, 1999

Adyashanti
Tanzende Leere
Erleuchtung für Herz,
Bauch und Kopf
Goldmann, München, 2007

Adyashanti
In Gnade fallen
Einsichten in das Ende des
Leidens
Noumenon, Hamburg, 2011

Almaas, A.H.
Facetten der Einheit
Das Enneagramm
der Heiligen Ideen
Kamphausen, Bielefeld, 2004

Balsekar, Ramesh S.
Pointers
Wegweisende Gespräche mit
Sri Nisargadatta Maharaj
Kamphausen, Bielefeld, 1999

Bittrich, Dietmar
Die Erleuchteten kommen
Goldmann, München, 2002

Ebert, Gabriele
Ramana Maharshi
Sein Leben
Lüchow, Berlin, 2003

Forum-Erleuchtung
Erleuchtung – Phänomen
und Mythos
Silent Press, Berlin, 2012

Gangaji
Du bist Das.
Satsang mit Gangaji, Band I
und II
Lüchow, Berlin, 1997/1998

Gangaji
Freiheit und Entschlossenheit
Lüchow, Berlin, 2002

Gangaji
Der Diamant in deiner Tasche
Licht und Liebe
in sich entdecken
Goldmann, München, 2009

Gangaji
Der verborgene Schatz
Die Wahrheit hinter deiner
Lebensgeschichte
Goldmann, München, 2011

Gangaji
Ein Leben wie Du
Gangajis Biographie
Advaita Media, Saunstorf, 2004

Godman, David
Leben nach den Worten Sri
Ramana Maharshis
Die spirituelle Biographie des
Sri Annamalai Swami
Lüchow, Berlin, 2002

Jaxon-Bear, Eli
Das spirituelle Enneagramm
München, 2003
Jaxon-Bear, Eli
Lied der Freiheit
Lüchow, Berlin, 1999

Jaxon-Bear, Eli
Plötzliches Erwachen
Ego, Seele und direkte
Selbsterkenntnis
Goldmann, München, 2006

Jäger, Willigis
Kontemplation –
ein spiritueller Weg
Kreuz, Freiburg, 2012

Jäger, Willigis
Ewige Weisheit
Kösel, München, 2010

Katie, Byron
Lieben was ist
Goldmann, München, 2002

Katie, Byron
Eintausend Namen für Freude
Leben in Harmonie
mit dem Tao
Goldmann, München, 2012

Maitri, Sandra
Neun Porträts der Seele
Die spirituelle Dimension
des Enneagramms
Kamphausen, Bielefeld, 2002

Metzinger, Thomas
Der Ego-Tunnel
Eine neue Philosophie
des Selbst.
Von der Hirnforschung zur
Bewusstseinsethik
Berlin Verlag, Berlin, 2009

Poonja, H. W. L.
Der Gesang des Seins
Hugendubel, München, 1997

Poonja, H. W. L.
Sei still
Satsang mit H. W. L. Poonja
Kamphausen, Bielefeld, 2002

Poonja, H. W. L.
Wach auf, Du bist frei
Kamphausen, Bielefeld, 1993

Porep, Rüdiger
Nan Yar? – Wer bin Ich? –
Ramana Maharshi
Kamphausen, Bielefeld, 2002

Premananda
Facetten des Erwachens –
Europäische Meister
Open-Sky-PressLondon, 2010

Ramana Maharshi
Die Botschaft des Ramana
Maharshi.
Antworten von Sri Ramana
Maharshi an seine Schüler
Lüchow, Berlin, 2003

Ramana Maharshi
Sei, was du bist
O.W. Barth, München,1990

Richard, Ursula
Stille in der Stadt
Ein City-Guide für kurze
Auszeiten und überraschende
Begegnungen
Kösel, München, 2011

Salvesen, Christian
Advaita
Philosophie und Praxis einer
universellen spirituellen Lehre
O.W. Barth, München, 2003

Satyamayi, Mata
Über das Selbst
Ramana Maharshi
Kamphausen, Bielefeld, 2002

Schmidt, Gunther
Einführung in die hypnosyste-
mische Therapie und Beratung
Carl-Auer, Heidelberg, 2011

Schmidt, Gunther
Liebesaffären zwischen
Problem und Lösung
Hypnosystemisches Arbeiten
in schwierigen Kontexten
Carl-AuerHeidelberg, 2010

Shapiro, Isaac
Es geschieht ganz von selbst
Lüchow, Berlin, 2001

Shapiro, Isaac
Wellen des Friedens
Lüchow, Berlin, 2000

Singer, Wolf
Der Beobachter im Gehirn
Essays zur Hirnforschung
Suhrkamp, Berlin, 2002

Singer Wolfgang, Richard,
Matthieu
Hirnforschung und Meditation
Ein Dialog
Suhrkamp, Berlin, 2008

Sri Nisargadatta Maharaj
ICH BIN, Teil 1 und Teil 2
Kamphausen, Bielefeld, 2002

Tolle, Eckhard
Jetzt
Die Kraft der Gegenwart
Kamphausen, Bielefeld, 2003

Tolle, Eckhard
Leben im Jetzt
Goldmann, München, 2002

Trobe, Krishananda /Trobe
Amana
Wenn Sex intim wird
Die drei Stufen zur
verbindlichen Partnerschaft
Innenwelt, Köln, 2008

Wolinsky, Stephen
Ich bin dieses Eine
Begegnungen mit
Sri Nisargadatta Maharaj
Kamphausen, Bielefeld, 2002

Zimmer, Heinrich
Der Weg zum Selbst
Diederichs, Düsseldorf, 2001

Internetseiten

www.besseralsglueck.de
Website zum Buch mit vielen zusätzlichen Informationen

www.satsang-mit-torsten.de
Website des Autors mit einer Übersicht zu Veranstaltungen von
Satsangs und Lesungen

www.sevaa.de
Informationen zu Seminaren mit Padma Wolff

www.bodhisat.de
Informationen zur „Bodhisattva Schule" von Torsten Brügge und
Padma Wolff

www.gangaji.org
Informationen zur amerikanischen Lehrerin Gangaji

www.leela.org
Informationen zur Eli Jaxon-Bear und seiner Leela-Therapy

www.ramana-maharshi.org
Informationen zum indischen Weisen Sri Ramana Maharshi

www.isaacshapiro.org
Informationen zu Isaac Shapiro

www.thework.com/deutsch
Informationen zu der spirituellen Lehrerin Byron Katie und ihrer
Art der Selbsterforschung

www.jetzt-tv.net/index.php?id=torstenbruegge
Online-Videoportal u.a. mit Beiträgen von Torsten Brügge und
Padma Wolff

Lisa Böhm

Das Seelenrad des Lebens

Systemische Astrologie und Aufstellungen
auf dem Horoskoprad

Wer bin ich? Wozu lebe ich? Was ist mir wertvoll? Wie will ich leben?
Mit Hilfe des Horoskoprads, dem Seelenrad des Lebens, können
wir diesen Fragen nachgehen, unsere Stärken und Schwächen erforschen und unsere Potenziale entdecken. Die Seelenverbindun-
gen zum Familiensystem, in das wir hinein geboren sind, behindern
oder unterstützen uns dabei, bei uns selbst anzukommen. Durch
das Spüren und Fühlen der Positionen auf dem Seelenrad werden
die systemischen Zusammenhänge erfahrbar. So wird es uns möglich, andere Perspektiven einzunehmen, unabhängiger und freier zu
werden, sich neu zu orientieren und selbstgewiss seinen eigenen,
stimmigen Weg zu gehen. Ein Grundlagenwerk der Systemischen
Astrologie und ein Arbeitsbuch für die systemorientierte Selbstex-
ploration zugleich.

481 Seiten, mit 13 Farbtafeln, Kartoniert, 21,0 x 14,8 cm
ISBN 978-3-942006-03-3

Mehr Infos und Leseproben unter:
www.seelenrad.de